本书系教育部2020年度高校思想政治理论课教师研究专项一般项目
（项目批准号：20JDSZK039）阶段性成果；
2020年度福建省社会科学规划项目（项目批准号：FJ2020B001）阶段性成果。

情理交融 史论结合

——"思想道德与法治"课程教学指导用书

苏瑞莹 著

QINGLI JIAORONG SHILUN JIEHE
——SIXIANG DAODE YU FAZHI
KECHENG JIAOXUE ZHIDAO YONGSHU

团结出版社
UNITY PRESS

©团结出版社，2024年

图书在版编目（ＣＩＰ）数据

情理交融 史论结合："思想道德与法治"课程教
学指导用书/苏瑞莹著. --北京: 团结出版社,2024.7
ISBN 978-7-5234-0882-7

Ⅰ.①情… Ⅱ.①苏… Ⅲ.①思想政治教育—高等学
校—教学参考资料 Ⅳ.①G641

中国国家版本馆 CIP 数据核字(2024)第 066915 号

责任编辑：郭　强
封面设计：品诚文化

出　版：团结出版社
　　　　（北京市东城区东皇城根南街84号　邮编：100006）
电　话：（010）65228880　65244790
网　址：http://www.tjpress.com
E-mail：zb65244790@vip.163.com
经　销：全国新华书店
印　装：四川科德彩色数码科技有限公司

开　本：185mm×260mm　　　16 开
印　张：17　　　　　　　　　　　字　数：342 千字
版　次：2024 年 7 月　第 1 版　　印　次：2024 年 7 月 第 1 次印刷

书　号：978-7-5234-0882-7
定　价：69.00 元
　　　　（版权所属，盗版必究）

⋯⋯::⋯⋯ 前　言

　　"一切向前走，都不能忘记走过的路；走得再远，走到再光辉的未来，也不能忘记走过的过去，不能忘记为什么出发。""历史是最好的教科书，也是最好的清醒剂。"党的十八大以来，习近平总书记站在历史的角度，从历史的大视野出发，就历史是什么、历史的重要性、如何对待历史，以及怎样学习历史等几个方面发表了一系列重要讲话，从而形成了具有历史担当意识的历史思维方法，其论史，贯通中外，纵横古今，点面结合，融汇八方，既有宏观性的理论阐述，也有较具体的研究指导，内容丰富，观点精粹。他在坚持唯物史观的基础上，不仅论述了历史发展动力、历史学的强大功能、历史与现实的融通关系、对历史应持的正当态度，以及学习历史的重大意义，而且高度重视党史、新中国史、改革开放史和社会主义发展史对青年大学生的凝心铸魂作用，强调要给学生讲清楚被实践证明了的历史逻辑和现实逻辑，增强学生的中国特色社会主义道路自信、理论自信、制度自信、文化自信，坚定理想信念，使青年学生立志肩负起民族复兴的时代重任。

　　思政课作为落实立德树人根本任务的关键课程，作为铸魂育人的主阵地，是高校开展历史学习、历史教育的重要载体。思考如何推进历史学习教育深度融入高校思政课教学，充分发挥历史资政育人的作用，既是高校深化思政课改革创新的内在要求，亦是落实党中央关于巩固拓展党史学习教育成果重大决策部署的客观需要，对于教育引导青年学子正确认识世界和中国发展大势，从中国共产党探索中国特色社会主义的历史发展和伟大实践中，认识和把握人类社会发展的历史必然性，认识和把握中国特色社会主义的历史必然性，不断树立为共产主义远大理想和中国特色社会主义共同理想而奋斗的信念和信心等均具有特殊重要意义。

　　在《习近平首次点评"95后"大学生》一文中，引用了全国高校思想政治工作会议上习近平讲话摘录：要把社会主义核心价值观贯穿于高校办学育人全过程……加强中华优秀传统文化和革命文化、社会主义先进文化教育，加强党史、新中国史、改革开放史、社会主义发展史教育……

　　2018年9月10日，在全国教育大会上的讲话中，习近平总书记强调要在学生中加强中国历史特别是"中国近现代史、中国革命史、中国共产党史、中华人民共和国史、中国改革开放史等的教育"，清楚认识到"只有社会主义才能救中国，只有坚持和发展中国特色社会主义才能实现中华民族伟大复兴""增强学生的中国特色社会主义道路自信、理论自信、制度自信、文化自信"。这样就把历史学习教育与"四个自信"紧密结合起立，让青少年肩负起民族复兴的时代重任。

2019年3月18日，在学校思想政治理论课教师座谈会上，习近平对思政课教师应具有的宏观历史视野提出了具体要求："历史是最好的老师。思政课教师的历史视野中，要有5000多年中华文明史，要有500多年世界社会主义史，要有中国人民近代以来170多年斗争史，要有中国共产党近100年的奋斗史，要有中华人民共和国70年的发展史，要有改革开放40多年的实践史，要有新时代中国特色社会主义取得的历史性成就、发生的历史性变革，通过生动、深入、具体的纵横比较，把一些道理讲明白、讲清楚。"可以看出，习近平这一论述中所要求的思政课教师的历史视野，不仅涵盖了党史、新中国史、改革开放史、社会主义发展史，还包括中华文明史和新时代中国特色社会主义的历史性成就、历史性变革。

2019年8月，中共中央办公厅、国务院办公厅印发的《关于深化新时代学校思想政治理论课改革创新的若干意见》（以下简称《意见》）提出了"调整创新思政课课程体系"的要求，明确要求"各高校要重点围绕习近平新时代中国特色社会主义思想，党史、国史、改革开放史、社会主义发展史，宪法法律、中华优秀传统文化等设定课程模块，开设系列选择性必修课程"。

2020年1月8日，在"不忘初心、牢记使命"主题教育总结大会上，习近平总书记的重要讲话中更是强调指出，"要把学习贯彻党的创新理论作为思想武装的重中之重，同学习马克思主义基本原理贯通起来，同学习党史、新中国史、改革开放史、社会主义发展史结合起来"，可以说，从党史、新中国史、改革开放史、社会主义发展史的角度强调进行历史的学习教育，这在我们党的历史上是第一次。也充分说明了，在理论学习中重视历史的教育功能，是中国共产党的一个极为鲜明的特点。

2020年4月，教育部等八部门联合印发的《关于加快构建高校思想政治工作体系的意见》更是将加强"四史"教育作为"加强政治引领"的重要内容。明确要求将"四史"教育更加全面、具体地融入高校思想政治理论课（以下简称"思政课"）课程体系和教学体系之中，把"四史"教育与学习马克思主义基本原理、学习中国共产党的创新理论特别是习近平新时代中国特色社会主义思想等贯通起来，以大力推进新时代高校思政课的改革创新。

2021年5月，中共中央办公厅印发了《关于在全社会开展党史、新中国史、改革开放史、社会主义发展史宣传教育的通知》，对在中国共产党成立100周年之际开展"四史"宣传教育作出了安排部署；同时，教育部办公厅也发布通知，要求在全国大中小学思政课中开展以党史教育为重点的"四史"教育，引导学生弄清楚当今中国所处的历史方位和自己所应担负的历史责任，深刻理解中华民族从站起来、富起来到强起来的历史逻辑、理论逻辑和实践逻辑，增强学生听党话、跟党走的思想自觉和行动自觉。

聚焦高校大学生群体，习近平总书记在 2020 年 6 月 27 日给复旦大学《共产党宣言》展示馆党员志愿服务队全体队员的回信中指出："心有所信，方能行远。面向未来，走好新时代的长征路，我们更需要坚定理想信念、矢志拼搏奋斗。希望广大党员特别是青年党员认真学习马克思主义理论，结合学习党史、新中国史、改革开放史、社会主义发展史，在学思践悟中坚定理想信念，在奋发有为中践行初心使命。" 10 月 29 日中共十九届五中全会通过的"十四五"规划和 2035 年远景目标建议，把学习"四史"作为"十四五"时期为建设社会主义文化强国打下坚实基础而必须"着力提高社会文明制度"的"根本"措施，要求："推动理想信念教育常态化制度化，加强党史、新中国史、改革开放史、社会主义发展史教育，加强爱国主义、集体主义、社会主义教育，弘扬党和人民在各个历史时期奋斗中形成的伟大精神"。

以上这一系列重要论述，不仅深刻彰显了新时代党和国家奋勇前进、气势恢宏的历史格局、现实定力和未来气度，同时也充分体现了习近平总书记要求"学史明理、学史增信、学史崇德、学史力行"的学风和方法。从而为高校思想政治理论课深刻领会、积极落实习近平总书记讲话精神，切实加强历史学习和历史教育的育人作用提供了重要指导。

基于此，以高校大学生"四史"学习教育为研究对象，以高校思想政治理论课"以史育人"教学模式的改革与创新为主线，系统研究"四史"学习教育融入高校思政课教学所应遵循的理念原则和优化路径，以进一步增强思政课教学的政治高度、时代广度、历史厚度、思想深度和情感温度，就成为新时代高校思政课改革创新的重要任务。而"思想道德与法治"（以下简称"德法"）课，作为大学生入学后的第一门思政课，在教学中融入"四史"教育，不仅能为课程教学提供丰富的教学素材，增强"思想道德与法治"课教学的历史厚重感，使"思想道德与法治"课教学做到有史有料、有情有理、有根有魂，而且能够进一步增强"思想道德与法治"课的"定力"，进一步发挥"思想道德与法治"课思想引领的"定向"作用，从而更好地引导大学生学史明理、学史增信、学史崇德、学史力行。

目 录 | CONTENTS

绪论　担当复兴大任　成就时代新人

· ● ●

　　时间之河川流不息，每一代青年都要面对和回答时代的问卷。我们所处的新时代，是中国特色社会主义新时代，也是大学生成长成才、成就事业的好时代。我们面临的新时代，既是近代以来中华民族发展的最好时代，也是实现中华民族伟大复兴的最关键时代。当代青年是同新时代共同前进的一代，既拥有广阔发展空间，也承载着伟大时代使命。当代大学生要成为担当民族复兴大任的时代新人，必须有理想、敢担当、能吃苦、肯奋斗，不断提升思想道德素质和法治素养，不负时代，不负韶华，努力为新时代贡献青春力量。

——教材摘录

一、教学目的

（一）教学主要目标

总体目标： 阐述中国特色社会主义进入新时代的伟大意义及内涵，新时代中国特色社会主义建设的新征程、新使命，展现新时代给青年大学生提供的难得人生际遇、广阔发展舞台，讲明大学生在崭新时代里所肩负的使命、所应有的素质，认识提升思想道德素质和法治素养的重要性，立志为新时代贡献青春力量，为学习"思想道德与法治"课程奠定良好基础。

知识目标： 掌握新时代的科学内涵；了解如何做担当复兴大任时代新人；明确思想道德与法治之间的关系。

能力目标： 提高对新的历史方位时代背景的把握；增强成长成才的能力；认识思想道德素质和法治素养的重要性。

情感目标： 引导新时代大学生认同作为时代新人所应承担的历史使命和时代责任，树立正确的世界观、人生观、价值观，知行合一，勇做时代的弄潮儿。

（二）教学设计理念及基本思路

　　按照争做时代新人的一根主线，遵循从理论认知到价值认同，再到行为实践的内在规律，秉承贴近学生、贴近生活、贴近实际的教学理念，坚持问题导向和目标导向，辨析新时代与时代新人，中国梦与个人梦两对关系，融入课程思政案例、"党史学习"要求，虚拟仿真实验三项元素，围绕沉浸导课、三维（新时代、新使命、新征程）剖析、共同探索、总结提升的四维进路，在讲好中国故事过程中，以透彻的学理分析回应学生青春之问，时代之问，引导学生感悟真理，回溯历史、观察现实、参与实践，认识、认同、融入新时代，理解并自觉做立大志、明大德、成大才、担大任，堪当民族复兴重任的时代新人。

二、教学重难点

（一）教学重点

向学生讲清楚中国特色社会主义进入新时代的意义及内涵，分析我国在新时代所面临的一系列机遇与挑战；引导学生明确时代新人的要求与使命担当，明晰青年一代有理想、有本领、有担当，国家就有前途，民族就有希望。

（二）教学难点

辨析中国特色社会主义新时代与大学生成长发展的内在关系，理解时代新人战略提出的理论依据、历史必然和现实要求。

（三）解决方法

坚持以培养勇担民族复兴大任的时代新人为教学目标，开发了大量激发学生时代认同、家国情怀、使命担当等情感共鸣的资源，让学生在潜移默化中收获春风化雨的灵魂洗礼，充分反映思政课的政治立场和政治方向；坚持以习近平新时代中国特色社会主义思想为指导，将教材体系完整转化为教学体系，融入了马克思主义中国化时代化的最新成果，以彻底的理论性以理服人；秉承三贴近的教学理念，运用虚拟现实（VR）技术、学习通等信息化手段，探索实现虚拟课程内容之间的有机整合，借助学习强国 App、微信公众号、中国大学 MOOC（慕课）、微课等线上教学资源，结合校内思政教学实践基地、志愿活动等组建线上线下多元立体化教学资源，增强课程的亲和力、感染力、吸引力，激发学生的学习主动性和积极性；同时，针对学生思想困惑，通过探究式教学法，强化因材施教，拉近师生距离，让学生参与到整个教学过程中，实现师生实时互动，生生实时分享，以更好地引导学生全面提升综合素养，学会融入新时代，明确新目标，独立自主开启大学生活的新征程。

三、教学导入

情景再现导入课程，用 VR 技术虚拟实验室置身其中，欣赏《觉醒年代》影视片段，记住陈独秀在《敬告青年》中提出的 6 条人生倡言，引导时代青年开展世纪对话，思考21世纪的新时代青年又该承担怎样的责任和使命？并通过师生共话"我的大学我的梦"活动，激发学生情感共鸣，经过一番研讨总结之后，结合习近平总书记多次强调指出的，努力成为堪当民族复兴重任的时代新人，来点题切入授课主题，明确学习进路。强化学生对于大学新阶段及新时代方位的感知，引导学生认识到只有定位青春坐标，明晰历史方位，才能在自己所处的时代条件下谋划人生，创造历史。

四、"情理交融　史论结合"的教学设计

大学时期是新的人生阶段，也是一段特殊而宝贵的人生新旅，青春、梦想、友谊、爱情、学业、职业……这些人生中最珍贵而美好的课题，都将扑面而来，与你们相遇。

【教师提问】如何为人生新旅做好准备？

【教学策略】学习通发布讨论，通过学生对人生新旅程的思考，明确人生的重要性。

【设计意图】通过提问，引发学生思考，启发学生认识时代背景、明确发展努力方向。

第一节　我们处在中国特色社会主义新时代

什么是时代？时代，简单而言，就是对时间的分期。这个时间，既有个体时间，也就是个体生命周期的阶段性划分；也有社会时间，也就是社会历史的分期，往往是具有特定阶段性特征的历史时期。

青年是标志时代的最灵敏的晴雨表，时代的责任赋予青年，时代的光荣属于青年。这段话中有两个关键词：一是青年，二是时代。习近平在这段话中精辟论述和阐释了青年与时代的深刻联系。那么，为何青年与时代有如此深刻的内在联系，又该如何认识青年与时代的深刻关联？

【经典语录】

人们自己创造自己的历史，但是他们并不是随心所欲地创造，并不是在他们自己选定的条件下创造，而是在直接碰到的、既定的、从过去承继下来的条件下创造。

——马克思：《路易·波拿巴的雾月十八日》

【经典语录】

只有首先分析从一个时代转变到另一个时代的客观条件，才能理解我们面前发生的各种重大历史事件。

——列宁：《打着别人的旗帜》

【教学活动】请同学们谈谈，你认为青年和时代有怎样的关联？

【设计意图】通过马克思和列宁的案例，引导学生认识到人总是生活于特定时代环境和时代条件之下，认识时代是人们在时代中生活、学习、创业的基本条件。

知识点 一　何谓"新时代"

新时代是我们理解当前所处历史方位的关键词。经过长期奋斗，中国特色社会主义进入了新时代，这意味着近代以来久经磨难的中华民族迎来了从站起来、富起来到强起来的伟大飞跃，迎来了实现中华民族伟大复兴的光明前景；意味着科学社会主义在21世纪的中国焕发出强大生机活力，在世界上高高举起了中国特色社会主义伟大旗帜；意味着中国特色社会主义道路、理论、制度、文化不断发展，拓展了发展中国家走向现代化的途径，给世界上那些既希望加快发展又希望保持自身独立性的国家和民族提供了全新选择，为解决人类问题贡献了中国智慧和中国方案。

知识案例

【案例精选一】十组数据看新时代中国发展之变

10年砥砺奋进，10年伟大变革。新时代10年，在以习近平同志为核心的党中央坚强领导下，14亿多中国人民团结奋斗，推动中华民族伟大复兴号巨轮乘风破浪、行稳致远。

新时代10年，是经济社会发展取得历史性成就、发生历史性变革、转向高质量发展的10年，是赢得历史主动、精神主动、发展主动的10年。

121万亿元：经济总量跃上新台阶　交出高质量发展答卷

经济大盘——"稳"。

10年来，中国经济年均增长6％以上，国内生产总值（GDP）从59.3万亿元增长到121万亿元，按年平均汇率折算，经济总量达18万亿美元，稳居世界第二位。我国人均GDP从6300美元上升到12741美元，人民生活水平大幅提升。

10年来，中国经济实力实现历史性跃升。2013至2022年，中国经济总量占世界经济比重从12.3％提升到18％以上。这一期间，中国经济对世界经济增长的平均贡献率超过30％，居于首位。

发展质量——"升"。

10年来，我国从制造大国加快转向制造强国，服务业稳居国民经济第一大产业，绿色成为经济发展鲜亮底色，消费成为拉动经济第一大引擎，区域协调发展战略扎实推进，城镇化率稳步提高，粮食安全、能源安全和人民生活得到有效保障，"三新"经济增加值占GDP的比重已超过17％，中国开放的大门越开越大……

9899 万：消除绝对贫困　迈向共同富裕新征程

9899 万，平均每年减贫 1000 多万人，相当于一个中等国家的人口数量。

这是彪炳史册的人间奇迹。10 年间，我们打赢脱贫攻坚战，攻克一个又一个贫中之贫、坚中之坚，取得举世瞩目的成就：现行标准下 9899 万农村贫困人口全部脱贫，832 个贫困县全部摘帽，12.8 万个贫困村全部出列。

这是全面建成小康社会的标志性工程。10 年间，我们历史性地解决了绝对贫困问题，如期全面建成小康社会，提前 10 年实现《联合国 2030 年可持续发展议程》中的减贫目标，赢得国际社会广泛赞誉。

脱贫摘帽不是终点，而是新生活、新奋斗的起点。

超 4 亿：中等收入群体稳步增长　市场潜力持续释放

10 年间，中国形成了世界上规模最大、最具成长性的中等收入群体——超过 4 亿人。

2022 年，在疫情严重冲击下，中国仍以 44 万亿元的社会消费品零售总额，稳居全球第二大消费市场、第一大网络零售市场，连续第 14 年成为全球第二大进口市场。

"中国市场具有显著的规模优势。近年来，营商环境持续优化，制度机制不断完善，企业发展有了良好的环境，人民群众收入也在稳步提升，社会主义市场经济的发展前景更为广阔，我们信心更足。"宁德时代董事长曾毓群委员说。

10 年间，我国居民人均可支配收入从 16500 元增加到 36883 元。随着脱贫攻坚各项政策和乡村振兴战略纵深推进，农村居民人均可支配收入增速持续快于城镇居民，城乡居民人均可支配收入比由 2.88∶1 降至 2.45∶1。

当前，中等收入群体正引领中国消费市场实现"增量创新"。在住房、新能源汽车、养老服务等各个领域，新消费需求不断涌现，市场活力持续增强。

未来 15 年，中等收入群体预计超过 8 亿，将进一步推动超大规模市场不断发展。

3 万亿元：科研经费创新高　创新驱动显成效

3 万亿元，创历史新高。

我国全社会研发经费从 2012 年的 1 万亿元增加到 2022 年的 3.09 万亿元，研发投入强度从 1.91% 提升到 2.55%；基础研究投入占全社会研发经费比重由 4.8% 提升至 6.3%；研发人员总量稳居世界首位。

10 年间，我国战略科技力量建设迈出新步伐，科技事业发生了历史性、整体性、格局性重大变化。

10 年间，我国科技创新实力从量的积累迈向质的飞跃，从点的突破迈向系统能力提升。基础研究和原始创新不断加强，一些关键核心技术实现突破，战略性新兴产业发展壮大，载人航天、探月探火、深海深地探测、超级计算机、卫星导航、量子信息、核电技术、新能源技术、大飞机制造、生物医药等取得重大成果，进入创新型国家行列。

碳纤维，是应用在航空航天等领域的新型材料。碳纤维制备技术国家工程实验室主任、中国科学院山西煤炭化学研究所研究员吕春祥代表正带领团队强力推进国产碳纤维技术实现高水平自立自强。

"创新是引领发展的第一动力。放眼世界，新一轮广度和深度都前所未有的科技革命和产业变革正在加速演进。我国应当抓住这一重要战略机遇，发挥集中力量办大事的优势，解决重大科技瓶颈问题，推动科技强国建设。"吕春祥说。

152 个国家："一带一路"朋友圈越来越大　持续推进高水平对外开放

2023 年，是共建"一带一路"倡议提出十周年。这 10 年，中国与 151 个国家、32 个国际组织签署 200 余份共建"一带一路"合作文件。2013 年至 2022 年，我国与沿线国家进出口年均增长 8.6%，双向投资不断迈上新台阶。

10 年间，中国举办服贸会、进博会、消博会等一系列国际经贸盛会，统筹推进 21 个自由贸易试验区和海南自由贸易港建设。区域全面经济伙伴关系协定（RCEP）生效以来，中国对 RCEP 贸易伙伴进出口额、非金融类直接投资额均较上年明显增长；2022 年中国对外贸易规模再创历史新高，连续 6 年保持世界第一货物贸易国地位……

10 年来，我国实行更加积极主动的开放战略，形成更大范围、更宽领域、更深层次对外开放格局。中国经济对世界经济增长的贡献总体上保持在 30% 左右，成为世界经济增长的最大引擎。

600 万千米：现代交通网络四通八达　构筑现代化基础设施体系

截至 2022 年底，我国综合交通网总里程突破 600 万千米，是 10 年前的 1 倍多。我国建成全球最大的高速铁路网、全球最大的高速公路网、世界级港口群，航空航海通达全球。

传统基建补短板、强弱项，新基建增后劲、塑优势。

截至 2022 年底，我国累计建设开通 5G 基站 231 万个，实现"县县通 5G""村村通宽带"，已建成全球规模最大、技术领先的网络基础设施，千兆接入能力覆盖所有地级市。

"四横三纵"的国家水网主骨架和大动脉加快成型，建成全球电压等级最高、装机规模最大、资源配置能力最强的特大型电网……10 年间，我国在重大科技设施、水利工程、交通枢纽、信息基础设施、国家战略储备等方面取得了一批世界领先的成果，基础设施整体水平实现跨越式提升。

时空被重新定义——快捷的交通基础设施让城市与城市、区域与区域之间的时空距离缩短，许多城市与地域进入了"一小时通勤圈""两小时生活圈"和"八小时交通圈"。

梦想正触手可及——中国已形成全球最大最活跃最具潜力的数字服务市场。14 亿多人口中，网民规模超过 10 亿，比 2012 年增长了 80％多。手指一点，世界近在眼前。

1300 万：就业形势总体稳定 建成世界规模最大社保体系

新时代 10 年，党中央高度重视就业工作，近年来更是明确把就业摆在"六稳""六保"之首，强化就业优先政策，推动就业工作取得历史性成就。

10 年来，城镇新增就业年均 1300 万人以上，累计促进失业人员再就业 5501 万人；重点群体就业平稳，8000 多万高校毕业生总体就业水平保持稳定，农民工总量增至 2.9 亿人；建成世界上规模最大的教育体系、社会保障体系、医疗卫生体系……

98.62％：安全感持续提高，凸显"中国之治"优势

新时代 10 年，平安中国建设迈向更高水平，群众安全感指数从 2012 年的 87.55％上升到 2021 年的 98.62％。国际社会普遍认为中国是世界上最安全的国家之一。

10 年间，夯实"中国之治"基石，社会治理实践创新取得重大进展。党的全面领导贯穿到基层治理全过程，共建共治共享的社会治理制度进一步健全……新时代 10 年，人人有责、人人尽责、人人享有的社会治理共同体不断完善。

10 年间，推进全面依法治国，立治有体，施治有序。曾经的"立案难"在司法改革的进程中逐步变为"有案必立、有诉必理"，曾经办事"跑断腿"变成"异地可办、一网通办"；2018 年以来，各地累计清理取消 2.1 万多项证明，"减证便民"工作成效显著……新时代 10 年，依法治国、依法执政、依法行政共同推进，我国全面依法治国总体格局基本形成。

58 亿吨：系统推进碳达峰碳中和 推动发展方式绿色转型

10 年间，中国以年均 3％的能源消费增速支撑了平均 6.6％的经济增长，是全球能耗强度降低最快的国家之一。中国超额完成到 2020 年碳排放强度下降 40％至 45％的目标，累计减排二氧化碳 58 亿吨，建成全球规模最大碳市场和清洁发电体系。

从党的十八大将生态文明建设纳入"五位一体"总体布局，到党的十九大把"污染防治攻坚战"列为决胜全面建成小康社会的三大攻坚战之一，再到把"增强绿水青山就是金山银山的意识"等内容写入党章，建设美丽中国不断向纵深推进。

43 项：非物质文化遗产数世界第一 展现中华文化之美

随着 2022 年 11 月"中国传统制茶技艺及其相关习俗"申遗成功，目前我国共有 43 个项目列入联合国教科文组织非物质文化遗产名录、名册，居世界第一。

昆曲、皮影戏、书法、篆刻……越来越多的非遗入选项目，为世界文化多样性贡献了"中国色彩"，也在推动中华文化走向世界中深化国人的文化自信。

10 年来，中华优秀传统文化创造性转化、创新性发展迈出铿锵步伐，文化事业日益繁荣，"博物馆热""古籍热""非遗热"蔚然成风，文化遗产正在以更鲜活的方式走进人们的精神生活。

数据显示，目前我国备案博物馆总数已超过 6000 家，10 年增长约一倍，超九成实现免费开放；"非遗＋旅游""非遗＋老字号""非遗进社区、校园"已融入民众日常生活；国家文化公园建设进入快车道……

文化兴国运兴，文化强民族强。"中华民族伟大复兴不仅需要强大的物质力量，也需要凝聚精神力量。"中国旅游研究院院长戴斌委员说，10 年来，文化互鉴和保护传承力度加大，中华文化之美不断彰显。新征程上，高扬文化自信之帆，中国的明天一定会更加美好。

（资料来源：中华人民共和国中央人民政府网，2023 年 3 月 5 日；2023 年 12 月 12 日）

【案例精选二】非凡十年：中国的十个维度

2012 年—2022 年，行进在中华民族伟大复兴的历史征程上，中国人民书写下极不寻常、极不平凡的时代篇章。

党的十八大以来，以习近平同志为核心的党中央团结带领全国各族人民，采取一系列战略性举措，推进一系列变革性实践，实现一系列突破性进展，取得一系列标志性成果，推动党和国家事业取得历史性成就、发生历史性变革。

一项项重点工程、一个个国之重器、一次次创新突破……新时代的伟大变革中，不同维度的独特标识记录下中国的非凡十年。

中国高度

这是对梦想的攀登。

8848.86 米！2020 年 5 月 27 日，五星红旗再次插上世界最高峰峰顶。

成功登顶的珠峰高程测量登山队队员，与珠峰大本营连线，实时传播高清视频画面。

5G 信号如何抵达世界之巅？

2020 年 4 月，从海拔 5200 米的珠峰大本营出发，40 名铺设组成员肩扛传输光缆，带着 46 头牦牛组成的运输队，在冰川山路跋涉，运送近 8 吨的建设物资，完成特种传输光缆铺设。

海拔 6500 米——4 月 30 日下午，世界海拔最高的 5G 基站投入使用。加上此前在海拔 5300 米、5800 米建成的基站，5G 信号已实现对珠峰北坡登山路线及峰顶的覆盖。

刷新高度的，不只是 5G 信号。

世界海拔最高的电气化铁路——拉林铁路，穿行于雪域高原，最高海拔 3650 米；

世界海拔最高的民用机场——四川稻城亚丁机场，海拔 4411 米；

世界海拔最高的火车站——青藏铁路唐古拉站，海拔 5068 米；

世界海拔最高的并网光伏电站——西藏羊易光伏电站，海拔 4700 米；

……

中国的发展达到崭新高度——党的十八大以来，我国经济总量从 53.9 万亿元提升到 121 万亿元，人均国内生产总值从 6300 美元提高到超过 1.2 万美元，多年对世界经济贡献率超过 30%。

追求、抵达、再出发，中国人向上攀登的脚步不会停歇。

中国速度

2021 年，时速 600 千米高速磁浮交通系统在青岛下线，中国继续引领世界铁路技术的突破；"九章""祖冲之号"问世让中国量子计算机实现算力全球领先……

速度，折射科技实力的提升——

2021 年 12 月 10 日，长征四号乙运载火箭成功发射，中国长征系列运载火箭的发射次数正式刷新为"400"。37 年、7 年半、4 年多、33 个月，这是长征系列运载火箭 4 个"百次发射"所花费的时间，中国人探索太空的脚步不断加快。

速度，凝聚发展进步的动力——

光纤网络接入带宽实现从十兆到百兆再到千兆的指数级增长，移动网络实现从"3G 突破"到"4G 同步"再到"5G 引领"的跨越，实现全国行政村"村村通宽带"……10 年来，我国信息通信业实现迭代跨越，建成全球规模最大、技术领先的网络基础设施，打通经济社会发展的信息"大动脉"。

速度，彰显社会制度的优势——

火神山医院、雷神山医院在 10 多天时间里拔地而起，在最短时间内实现了医疗资源和物资供应从紧缺向动态平衡的提升，第一时间研发出核酸检测试剂盒……抗击新冠疫情中一次次快速出击，体现了同舟共济、守望相助的家国情怀，也是中国制度优势的生动写照。

中国跨度

经过近 300 天的飞行、4 亿千米的奔赴，"天问一号"成功"落火"；

嫦娥四号首探月背，距地球约 38 万千米；

我国首颗太阳探测科学技术试验卫星"羲和号"，运行于平均高度为 517 千米的太阳同步轨道……

"探火""奔月""逐日"，跨越星球是我们从未停止的脚步。

跨度，丈量着时间与空间，更记录下新时代中国奋力前行的铿锵步伐。

放眼神州，以"跨越"实现"联通"。一个个重大项目，跨越山川，跨越江海，让流动的中国更显活力。

伶仃洋上，总长约 55 千米的港珠澳大桥宛若一条巨龙，一桥飞架三地。

天山之上，乌尉公路"咽喉"工程——全长 22.1 千米的天山胜利隧道正加紧施工。建成后，这条"雪域天路"将穿越天山，成为贯通南北疆的幸福之路。

放眼神州，以"创新"促进"跨越"。一个个高技术产品，成为我国实施创新驱动发展战略的注脚。

2022年9月，C919大型客机成功获颁型号合格证，成为我国大飞机事业的重要里程碑。C919立项至今15年，攻克无数艰难险阻，见证中国航空工业的跨越。

10年来，我国高技术产品质量更优。在一批中央企业攻关带动下，中国高铁、载人航天、北斗导航等大国重器成为国家新名片。

中国精度

2020年12月6日清晨，一份"宇宙快递"正在交接。21秒内，一"抱"一"抓"，一次堪称"教科书式"的交会对接，让历经千难万险采集到的月球样品一气呵成踏上来地球的路。

"太空穿针"惊险浪漫，背后有百千米测量范围内、测距精度达0.2米的微波雷达保驾护航。

国之重器，累积于每一次对精度的追求。0.01毫米，这是极小径铣刀的直径，仅相当于1/8头发丝粗细；±0.06角秒，这是纳米时栅的最高测量精度，相当于360度圆周内任意1度的1/60000，达到现有检测仪器水平的极限。

致广大而尽精微。

涉及9000多万人的脱贫攻坚，需要前所未有地精准到人——近2000万人次进村入户，开展贫困人口动态管理和信息采集工作；需要规模巨大的精准组织——户户有责任人，村村有帮扶队；需要实事求是地精准施策——根据不同致贫原因实施"六个精准""五个一批"，因地制宜、因人施策。

翻开擘画中国2021年到2025年发展的"十四五"规划，"大"文件中却有不少"细"安排：人均预期寿命提高1岁，地级及以上城市$PM_{2.5}$浓度下降10%，每千人口拥有注册护士数提高到3.8人……

天下大事，必作于细。这是中国追梦路上的鲜明特色。

中国深度

世界最深的实验室在哪里？

四川凉山，锦屏山隧道中部，2400米地下，有一处安静地点——中国锦屏地下实验室。

建设深地实验室，曾是发达国家的专利。21世纪初，锦屏大河湾建起两座水电站，后来隧道贯通。正在寻找暗物质研究场地的清华大学，联系到国投集团雅砻江流域水电开发有限公司，希望利用隧道开展研究。仅用一年半时间，实验室建成。

与国际其他的地下实验室相比，这座实验室岩石覆盖最深、宇宙线通量最小、可用空间大，正助力我国在暗物质和天体物理研究领域进入全球第一方阵。

在这里，中国高校取得近30项暗物质研究成果；世界最强流深地核天体物理加速器成功出束，测量灵敏度、统计精度、曝光量等均在国际领先。

中国不断向未知的空间开拓，向科技的极限求索，挺进深海、进军深地、探索深空——

深海——2020年，我国"奋斗者"号载人潜水器在"地球第四极"马里亚纳海沟坐底，坐底深度10909米；2021年，我国首个自营勘探开发的1500米深水大气田"深海一号"投产，海洋油气勘探开发迈向"超深水"。

深井——2022年，塔里木盆地，中国石油首口超9000米的深井鸣笛开钻，标志中国石油超深井钻井能力更进一步。

深空——"中国天眼"，把中国空间测控能力由地球同步轨道延伸至太阳系外缘；由佳木斯深空测控站、喀什深空测控站、阿根廷深空测控站组成的中国深空测控网，测控覆盖率达90%以上。

中国力度

金沙江上，白鹤滩水电站，一座拱形大坝横亘在高耸的山谷间，承受1650万吨的最大水推力。

海南文昌航天发射场，长征五号B运载火箭将中国空间站天和核心舱送入太空。这个被称为"胖五"的我国近地轨道运载能力最大的火箭，起飞重量约850吨，近地轨道运载能力达到25吨级。

湖南株洲，单机功率28800千瓦、牵引力2280千牛的"神24"电力机车，能在12‰的坡道上牵引1万吨货物列车……

"新时代坚持和发展中国特色社会主义，根本动力仍然是全面深化改革。"

全面深化改革向广度和深度进军。10年来，我国改革全面发力、多点突破、蹄疾步稳、纵深推进，各领域基础性制度框架基本确立，许多领域实现历史性变革、系统性重塑、整体性重构。

全面深化改革进一步解放和发展社会生产力。坚持使市场在资源配置中起决定性作用，让各类市场主体有更多活力和更大空间去发展经济、创造财富。我国市场主体总数突破1.6亿户，带动近3亿人就业，成为经济发展动力源。

从农村承包地"三权"分置改革到宅基地制度改革试点，一系列制度创新催生巨大内生动力。从司法体制、生态文明体制改革，到改革完善住房制度、医药卫生体制，一批批改革实招聚焦群众"急难愁盼"，增进人民福祉。

在开放中创造机遇，在合作中破解难题：外商投资法和优化营商环境条例施行，取消外资逐案审批制；授权全国所有地级及以上城市开展外商投资企业注册登记，通关便利化水平进一步提升；构建广交会、进博会、服贸会等经贸平台……中国以开放姿态拥抱世界，激活自身发展的澎湃春潮，为全球经济注入强大动能。

中国厚度

黑土地，被称为"耕地中的大熊猫"，在自然条件下形成1厘米厚的黑土层需要200年至400年。近年，我国东北地区正在进行黑土地"保卫战"，通过推广农业科技等措施，夯实"大国粮仓"根基。以黑土面积最大的黑龙江省为例，根据多年监测数据，黑土区旱地平均耕层厚度由 19.8 厘米加深到 23.3 厘米。

底子厚，底气才能足。土地如此，发展亦然。

今日中国，正在厚植创新的基础。10 年来，我国全社会研发投入从 2012 年的 1.03 万亿元增长到 2021 年的 2.79 万亿元，其中基础研究经费的增长曲线迅速上扬，2021 年为 1817 亿元，年均增长 15.4%。

今日中国，正在传承创新厚重的文化。10 年来，中华文明探源工程、"考古中国"成果丰硕；《复兴文库》《中华传统文化百部经典》编纂、出版，熔古铸今、激活经典；博物馆热、文物热、非遗热纷纷兴起，国潮国风成为新时尚……

今日中国，正在打造雄厚的实力。我国建成全球最完整、规模最大的工业体系，拥有联合国产业分类中全部工业门类，使我国实体经济底盘更稳、产业升级根基更牢，220 多种工业产品产量居世界首位。我国建成全球最大的 5G 网、高速铁路网、高速公路网、网络零售市场。

中国密度

2022 年，一款新的动力电池在中国问世，能量密度达到 255 瓦时/千克，可实现整车 1000 千米续航。

2012 年至 2021 年，全国单位 GDP 建设用地使用面积下降 40.85%，国土经济密度明显提高。

小到电池能量密度，大到国土经济密度，提升意味着什么？

简言之，质量高了，含金量高了。

所谓"寸土寸金"，今天的中国，各地各部门、各行各业不断探索，让"寸土产出更多的金"。

"密度"提升，从节约集约利用资源入手。"用最少的资源环境代价取得最大的经济社会效益"，已成为中国人的普遍共识和努力方向。与 2012 年相比，2021 年我国能耗强度、碳排放强度、水耗强度分别下降 26.4%、34.4%、45%，主要资源产出率提高约 58%。

"密度"提升，关键在于创新能力。中国全球创新指数排名第 11 位，比 2012 年跃升 23 位，已进入创新型国家行列。无论是发展集成电路、生物医药、人工智能等新产业，还是布局数字经济、绿色低碳、元宇宙等新赛道，都是各地切实转变发展方式、追求高质量发展的注解。

"密度"提升，需要产业提质增效。中国新能源汽车产业突破了电池、电机、电控等关键技术，建立了上下游贯通的完整产业体系。新能源汽车产销量连续 7 年世界第一。借助新能源赛道，中国汽车产业"换道超车"的愿望正走向现实。

中国广度

2022 年 7 月，地处欧洲东南部的克罗地亚，一座长 2440 米、宽 22.5 米的公路斜拉桥佩列沙茨大桥通车，克罗地亚总理普连科维奇称赞这座桥"实现了将克罗地亚南北领土连为一体的夙愿"。

4年前，由中国路桥公司牵头的中国企业联合体中标大桥项目，这是中国企业首次中标欧盟基金项目。

像佩列沙茨大桥这样的工程，正成为中国贡献的崭新地标……

在希腊，中远海运集团运营的比雷埃夫斯港，不仅是希腊最大港口，也是全球发展最快的集装箱港口之一。

推动共建"一带一路"，马尔代夫有了第一座跨海大桥，塞尔维亚斯梅代雷沃钢厂重现辉煌，蒙内铁路让非洲运输更便捷……

在这个蓝色星球，中国与世界更加联通——

平均每分钟有7300多万元人民币的货物在中国和世界之间吞吐；

平均每天有40多列火车在中国与约200个欧洲城市间穿梭；

从共建"一带一路"到国家级"展会矩阵"，从门类齐全的"世界工厂"到商机无限的"世界市场"，中国发展惠及全球。

今天的中国，"朋友圈"扩大。中国建交国总数增至181个，同110多个国家和地区组织建立伙伴关系，伙伴关系网络覆盖全球。

中国温度

从百姓不断改善的生活，最能感受中国发展的温度。

大凉山腹地，绝壁千仞。一座2556级的钢铁"天梯"，让"悬崖村"告别下山需要爬17段危险藤梯的历史，村民搬下"悬崖"，开启新生活。

历时8年艰苦卓绝的奋斗，现行标准下9899万农村贫困人口全部脱贫，中国历史性地解决了绝对贫困问题。第一个百年奋斗目标实现，在中华大地上全面建成小康社会。

幼有所育、学有所教、劳有所得、病有所医、老有所养、住有所居、弱有所扶，实现人们的美好愿望，正不断取得新进展。

3.5亿人次的农村学生，吃上营养均衡的餐食，这得益于我国实施的营养改善计划；

10.4亿人参加基本养老保险，退休人员的养老金水平不断提高。近3700万老年人正在享受老年人高龄津贴、养老服务补贴、失能老年人护理补贴等；

13.6亿人参保基本医疗保险，能用更低的价格、用上更多的新药好药，不少人开始享受跨省异地就医直接结算的便利……

这样的温暖，日渐充盈着中国人生活的不同切面。推进全体人民共同富裕，中国人将有更暖心的日子。

（资料来源：新华网，2022年10月11日；2023年12月12日）

【设计意图】以上两个案例，通过盘点新时代十年来中国发展之变的方方面面，使学生认识到新时代十年来所取得的历史性成就和所发生的历史性变革，从而深刻认识到中国特色社会主义道路、制度、理论的优越性，在对比中增强对新时代历史定位的深刻理解，从而坚定信心，为实现中华民族伟大复兴的中国梦而奋斗。

【教学活动】展播视频《从数字看新时代十年（2012—2022）》或《十组数据见证新时代伟大成就》。

【设计意图】使学生对新时代的内涵有深入的了解和真切的感悟，激发学生的爱国情感和责任意识。

【经典语录】

中国特色社会主义进入了新时代，勤劳勇敢的中国人民更加自信自尊自强。中国这个古老而又现代的东方大国朝气蓬勃、气象万千，中国特色社会主义道路、理论、制度、文化焕发出强大生机活力，奇迹正在中华大地上不断涌现。

——习近平

这个新时代，是承前启后、继往开来、在新的历史条件下继续夺取新时代中国特色社会主义伟大胜利的时代，是决胜全面建成小康社会，进而全面建成社会主义现代化强国的时代，是全国各族人民团结奋斗、不断创造美好生活、逐步实现全体人民共同富裕的时代，是全体中华儿女勠力同心、奋力实现中华民族伟大复兴的中国梦的时代，是我国不断为人类作出更大贡献的时代。

党的十八大以来，在奋进新时代的伟大实践中，以习近平同志为核心的党中央团结带领全国各族人民，完成了脱贫攻坚、全面建成小康社会的历史任务，实现了第一个百年奋斗目标，成功推进和拓展了中国式现代化。在习近平新时代中国特色社会主义思想的指引下，实现中华民族伟大复兴进入了不可逆转的历史进程。新征程上，中华民族追梦之路更清晰、筑梦之基更坚实、圆梦之策更精准，正在意气风发向着全面建成社会主义现代化强国的第二个百年奋斗目标迈进。今天，我们生逢中华民族发展的最好时期，拥有更优越的发展环境、更广阔的成长空间，比历史上任何时期都更接近、更有信心和能力实现中华民族伟大复兴的目标，同时必须准备付出更为艰巨、更为艰苦的努力。

当今世界，正处于"百年未有之大变局"中，新的阶段性特征正在不断呈现。全球治理体系和国际秩序变革加速推进，国际力量对比更趋平衡，和平发展大势不可逆转，不合理的世界格局和旧的经济政治秩序难以为继，新的世界秩序正在酝酿和重构之中。时代本质没有发生根本改变。尽管我们所处的时代同马克思所处的时代相比发生了巨大而深刻的变化，但从世界社会主义 500 年的大视野来看，我们依然处在马克思主义所指明的历史时代。

【教学活动】请同学们在学习通平台交流对"百年未有之大变局"的看法，进而深刻认识百年变局中的"变"与"不变"。

知识点 二　青年与时代的内在关联

作为中国特色社会主义建设事业的建设者和接班人，实现第二个百年奋斗目标，进而实现中华民族伟大复兴的中国梦，大学生无疑肩负着特殊的历史使命和历史责任。回望中华民族的民族复兴史，我们不难发现，在实现民族复兴梦想的伟大征程中，青年不懈追求的梦想是始终与振兴中华的责任担当紧密相连的。在革命战争年代，青年一代满怀革命理想，为争取民族独立、人民解放冲锋陷阵、抛洒热血；在社会主义革命和建设时期，青年一代响应党的号召，向困难进军，向荒原进军，保卫祖国，建设祖国，在新中国的广阔天地忘我劳动、艰苦创业；在改革开放和社会主义现代化建设新时期，青年一代发出团结起来、振兴中华的时代强音，争当改革先锋，为祖国的繁荣富强开拓奋进、锐意创新；在中国特色社会主义新时代，广大青年接过历史的接力棒，为实现民族复兴的历史宏愿矢志不渝，用臂膀扛起如山的责任，用青春和汗水创造新的奇迹。

知识案例

【案例精选三】党史上的青年英杰

李大钊、陈独秀、毛泽东、周恩来、陈延年、陈乔年、邓中夏、赵世炎……当这些先进分子和革命青年出现在屏幕上时，他们成了 2021 年这个春天最火的"青年"。2021 年热播的电视剧《觉醒年代》中，一百年前中国的先进分子和一群热血青年演绎的追求真理、燃烧理想的澎湃岁月，感动了无数人。

没有人永远年轻，却永远有人正年轻。百年党史上，永远不乏风华正茂的年轻人，怀揣一腔热血，投身到革命、建设与改革事业中。他们的青春与热血，铸就了今日之中国。

我们不妨把目光投射到这伟大的岁月中，看看那些可爱的青年人。

1920 年春，浙江义乌分水塘村。一个不到 30 岁的青年正在夜以继日地翻译，反复推敲字词语句。这时，他的母亲特意为儿子包了粽子改善伙食，并叮嘱他吃粽子时记得蘸红糖水。过会儿，母亲在外面喊着说："你吃粽子要加红糖水，吃了吗？"他说："吃了吃了，甜极了。"母亲推开门，却发现儿子嘴上全是墨水，手边的红糖水并未蘸动。当时，这位叫陈望道的青年，正在呕心沥血翻译《共产党宣言》。于是由此引出一句话：真理的味道非常甜。此书一经问世，即刻引起强烈反响，进步知识分子竞相购买、争相阅读，初版时刊印的 1000 册书很快便销售一空。截至 1926 年 5 月，由陈望道翻译的《共产党宣言》已重印达 17 版之多。习近平总书记指出，100 年前，陈望道同志翻译了首个中文全译本《共产党宣言》，为引导大批有志之士树立共产主义远大理想、投身民族解放振兴事业发挥了重要作用。

对革命事业忘我投入的，还有大批青年女性。

1947 年，孟良崮战役打得正酣。山东蒙阴县六位 20 岁左右的女性，张玉梅、伊廷珍、杨桂英、伊淑英、冀贞兰、公方莲，她们出身贫寒，但她们英勇支前，为子弟兵送军粮、做军鞋、看护伤病员，置自己的生命于不顾。陈毅元帅把她们称作"沂蒙六姐妹"。习近平总书记感慨，在沂蒙这片红色土地上，诞生了无数可歌可泣的英雄儿女，沂蒙六姐妹、沂蒙母亲、沂蒙红嫂的事迹十分感人。

……

青年，热血沸腾的年龄，铁骨铮铮的年龄。为党为国为家，无数青年人抛头颅洒热血，哪怕献出生命也无悔。信仰的力量，让青年人无所畏惧。

他们如此年轻，却如此坚决。

1928 年，年仅 28 岁的夏明翰，在身陷牢狱后仍坚贞不屈，在给妻子的家书中发出"坚持革命继吾志，誓将真理传人寰"的豪迈誓言，更是在英勇就义前留下了"砍头不要紧，只要主义真。杀了夏明翰，还有后来人"的千古绝唱。1929 年，年仅 34 岁的刘仁堪，在就义前痛斥敌人，被敌人残忍地割下了舌头，他仍然用脚蘸着流下的鲜血写下"革命成功万岁"六个大字。1934 年，年仅 21 岁的江善忠，为掩护红军伤病员，在敌人搜山中，把敌人引到三面绝壁的芒槌石顶峰，留下血书，"死到阴间不反水，保护共产党万万年"。1935 年，年仅 36 岁的方志敏，牺牲前留下的铮铮誓言是，"敌人只能砍下我们的头颅，决不能动摇我们的信仰"。

他们的名字，时隔多年依然熠熠生辉。

赵世炎，参加过著名的"五四运动"，也曾领导过震惊中外的上海三次工人大罢工，1927 年，年仅 26 岁的他不幸被捕，壮烈牺牲。王良，参加过秋收起义，参与创建井冈山革命根据地，年纪轻轻即升任红四军军长，1932 年，年仅 27 岁的他在率红四军奉命回师赣南根据地途中遭敌匪袭击，不幸壮烈牺牲。江竹筠，著名的"江姐"，被捕后，关押于位于重庆的国民政府军统渣滓洞集中营，遭酷刑仍不屈服，拒不交出军统所要的中共地下党情报，1949 年，年仅 29 岁的她壮烈牺牲于歌乐山电台岚垭刑场。王朴，22 岁开始为党工作，因《挺进报》案件，重庆和川东地下党的组织遭到严重破坏，因叛徒出卖而被捕，无论面对酷刑还是诱惑都不为之所动，1949 年，年仅 28 岁的他被敌人杀害于重庆大坪。陈然，曾任中共重庆地下党主办的《挺进报》特别支部书记并负责《挺进报》的秘密印刷工作，1949 年，年仅 26 岁的他在重庆大坪壮烈牺牲。

新中国成立后，这样的例子依然数不胜数。

雷锋，一个富有永恒魅力的名字。1962 年，年仅 22 岁的他因公殉职。有人梳理雷锋日记，发现有 100 多处提到"人民"，"把有限的生命投入无限的为人民服务之中去"，他对自己抠门对别人大方，攒钱捐给灾区，送给有困难的战友，时常义务劳动，在火车上帮旅客端茶送水……1963 年 3 月 5 日，毛泽东主席发出"向雷锋同志学习"

号召。

2018年9月28日，习近平总书记在辽宁抚顺调研时，向雷锋墓敬献花篮，参观了雷锋纪念馆。他说，雷锋是一个时代的楷模，雷锋精神是永恒的。每个时代都有每个时代的楷模。要实现中华民族伟大复兴，还要不断闯关夺隘，需要不断涌现新的时代楷模。

王杰是20世纪60年代涌现出来的伟大共产主义战士，他为了保护身边12名民兵和人武干部的生命而光荣牺牲，成为全党全军全社会学习的模范。王杰牺牲时，年仅23岁。他热爱学习，写下了10多万字的日记。日记公布后，在全社会引起强烈反响。2017年12月13日，习近平总书记到第71集团军视察时强调，王杰精神过去是、现在是、将来永远是我们的宝贵精神财富，要学习践行王杰精神，让王杰精神绽放新的时代光芒。

再如改革开放年代，深圳用40年实现了由一座落后的边陲小镇到具有全球影响力的国际化大都市的历史性跨越，其背后是直到现在，常住人口平均年龄只有30多岁，仍然"年轻"的城市。

青年英杰数不胜数。

在我们党领导人民进行革命、建设、改革的伟大历史进程中，总是青年英雄辈出。习近平总书记曾专门盘点，中共一大召开时毛泽东是28岁，周恩来参加中国共产党时是23岁，邓小平参加旅欧中国少年共产党时是18岁。杨靖宇牺牲时是35岁，赵一曼牺牲时是31岁，江姐牺牲时是29岁，红三十四师师长陈树湘牺牲时是29岁，邱少云牺牲时是26岁，雷锋牺牲时是22岁，黄继光牺牲时是21岁，刘胡兰牺牲时只有15岁。守岛32年的王继才第一次登上开山岛时是26岁，航天报国的嫦娥团队、神舟团队平均年龄是33岁，北斗团队平均年龄是35岁。

"这样的青年英杰数不胜数！我们要用欣赏和赞许的眼光看待青年的创新创造，积极支持他们在人生中出彩，为青年取得的成就和成绩点赞、喝彩，让青春成为中华民族生气勃发、高歌猛进的持久风景，让青年英雄成为驱动中华民族加速迈向伟大复兴的蓬勃力量！"2019年4月30日，习近平总书记在纪念五四运动100周年大会上的讲话中强调。

2021年4月19日，习近平总书记在清华大学考察时指出：当代中国青年是与新时代同向同行、共同前进的一代，生逢盛世，肩负重任。广大青年要爱国爱民，从党史学习中激发信仰、获得启发、汲取力量，不断坚定"四个自信"，不断增强做中国人的志气、骨气、底气，树立为祖国为人民永久奋斗、赤诚奉献的坚定理想。要锤炼品德，自觉树立和践行社会主义核心价值观，自觉用中华优秀传统文化、革命文化、社会主义先进文化培根铸魂、启智润心，加强道德修养，明辨是非曲直，增强自我定力，矢志追求更有高度、更有境界、更有品位的人生。要勇于创新，深刻理解把握时代潮流和国家需要，敢为人先、敢于突破，以聪明才智贡献国家，以开拓进取服务社会。要实学实干，脚踏实地、埋头苦干，孜孜不倦、如饥似渴，在攀登知识高峰中追求卓越，在肩负时代重任时行胜于言，在真刀真枪的实干中成就一番事业。

那些在百年党史中留下奋斗身影的青年，将是代代青年人的榜样。

面对未来，中国青年有着更加重要的使命。"我相信，当代中国青年一定能够担当起党和人民赋予的历史重任，在激扬青春、开拓人生、奉献社会的进程中书写无愧于时代的壮丽篇章！"习近平总书记这样勉励广大青年。

（资料来源：人民网，2021 年 5 月 12 日）

【教师总结】 通过对党史上青年英杰的故事进行介绍，阐明一代人有一代人的长征，一代人有一代人的担当。1921—1949 青年的时代使命是在血与火的疆场上抛洒热血，实现民族独立；1949—1978 青年的时代使命是在一穷二白的废墟上建功立业，实现国家富强；1978—2012 青年的时代使命是在改革创新的浪潮中大显身手，实现民族振兴；在新时代的中国，经济建设主战场、文化发展大舞台、社会建设新领域、科技创新最前沿、基层实践大熔炉，都是当代大学生贡献聪明才智、书写青春篇章的热土福地。作为民族复兴伟大进程的见证者和参与者、社会主义事业的生力军，当代大学生也应接过历史的接力棒，为实现民族复兴的历史宏愿矢志不渝，用臂膀扛起如山的责任，用青春和汗水创造新的奇迹，在世界百年未有之大变局中实现复兴伟业，让国家强大。

第二节　新时代担当民族复兴大任的时代新人

青年兴则国家兴，青年强则国家强。青年一代有理想、有本领、有担当，国家就有前途，民族就有希望。大学生是国家宝贵的人才资源，肩负着人民的重托、历史的重任。我们要肩负历史使命，坚定前进信心，立大志、明大德、成大才、担大任，努力成为堪当民族复兴重任的时代新人，让青春在为祖国、为民族、为人民、为人类的不懈奋斗中贡献蓬勃能量。

【经典语录】

当代青年是同新时代共同前进的一代。我们面临的新时代，既是近代以来中华民族发展的最好时代，也是实现中华民族伟大复兴的最关键时代。广大青年既拥有广阔发展空间，也承载着伟大时代使命。青年是国家的希望、民族的未来。我衷心希望每一个青年都成为社会主义建设者和接班人，不辱时代使命，不负人民期望。对广大青年来说，这是最大的人生际遇，也是最大的人生考验。

——习近平在北京大学师生座谈会上的讲话（2018 年 5 月 2 日）

知识案例

【案例精选四】中国共产党的新人观

中国共产党成立以来，围绕不同历史时期的中心工作，针对造就一代又一代新人做了大量论述，逐步形成了中国共产党新人观。百年来，中国共产党新人观是在继承与发展马克思主义新人观的基础上，随着时代变化和中心工作不断丰富完善，既有深厚的理论基础，又有发展的历史逻辑。在全党开展党史学习教育之际，探讨中国共产党新人观，对于培养担当民族复兴大任的时代新人无疑具有重要的理论价值和现实意义。

中国共产党新人观是对马克思主义新人观的继承与发展

不同时代对人的发展提出不同的要求，中国共产党新人观是多种因素共同作用的结果。马克思、恩格斯、列宁等马克思主义经典作家在探讨人的本质、人的自由全面发展等问题时，产生时代"需要新人"、历史"创造新人""建设共产主义社会的新一代人"等系列重要论述。可以说，马克思主义新人观是中国共产党新人观的直接理论来源。

马克思恩格斯根据唯物史观，考察了整个人类历史发展的一般规律，认为共产主义必须建立在以彻底消灭私有制为前提的社会生产力高度发展，产品极大丰富条件之上。而要实现这一历史任务，就必须有能够承担这一历史使命的主体，即"一种全新的人"。按照马克思恩格斯的观点，随着生产力的发展、社会的进步，社会形态、发展阶段的变化不但需要新人，也必定创造出新人。由此可见，培养符合社会发展需要的时代新人，对任何一个国家来说都具有举足轻重的地位。党的十八大以来，我国取得历史性成就和历史性变革，中国特色社会主义进入了新时代，这是我国发展新的历史方位。习近平总书记强调："进入新发展阶段，是中华民族伟大复兴历史进程的大跨越。"新时代承载着新内涵，新阶段昭示着新任务，也必然需要"育新人"。

无论在无产阶级革命时期，还是在社会主义建设时期，列宁都十分关注新人的培塑问题。列宁在实践中致力于训练、培养和教育"建设共产主义社会的新一代人"，不仅丰富和发展了马克思主义新人观，而且推动了马克思主义新人观从理论走上实践。列宁还指出，一代新人不可能在旧的社会制度中形成，新人必须由新型社会制度造就。社会主义"把真正大多数劳动者吸引到这样一个工作舞台上来，在这个舞台上，他们能够大显身手，施展自己的本领，发现有才能的人"。可见，列宁是在新的时代条件下，使马克思和恩格斯的一系列原则性设想具体化了，对中国共产党新人观的形成提供了重要的参考价值。在此基础上，中国共产党人把马克思主义经典作家新人观深深植根于中华民族的土壤里，使其新人观得以形成、发展和成熟。

中国共产党新人观是一个不断完善发展的历史生成过程

中国共产党自诞生之日起就肩负着争取民族独立、人民解放，实现国家富强、人民富裕的历史重任，为了完成时代使命，在新民主主义革命时期、社会主义革命和建设时期、改革开放和社会主义现代化建设新时期以及中国特色社会主义进入新时代，中国共产党在百年的伟大实践中描绘出了一代又一代新人在不同历史发展阶段上的样态。可见，中国共产党新人观是在中国革命、建设和改革的实践中形成和发展起来的。

概而言之，早在五四新文化运动时期，就产生了"新青年"的概念表述。五四"新青年"秉持着爱国主义理想信念，并围绕它开展了一系列的反帝爱国运动，将爱国情、强国志、报国行自觉融入实现伟大梦想的奋斗之中。抗日战争时期，在民族危亡的时刻，"培养和造就千百万无产阶级革命事业的接班人"，成为救国救民的关键之举。新中国成立之后，"塑造新人"成了与建设新社会并行的目标。社会主义建设时期，为了加快社会主义建设的步伐，培养"共产主义新人"应运而出。随着改革开放的兴起，培养"四有"新人、"四有"公民、"四个新一代"等成为社会主义现代化建设的人才要求。随着中国特色社会主义进入新时代，为了实现中华民族伟大复兴的目标，培养担当民族复兴大任的时代新人就显得尤为重要。

通过"新人"的概念演变，从中可以得出规律性认识。首先，"新人"概念的提出，往往在历史转折期或新时期（时代）。因此，培养"新人"对于每一个历史转折期具有重要意义。例如，从"新青年""无产阶级革命新人""共产主义新人""四有"新人到"时代新人"的演变，每一个人才培养目标，都是时代的要求，与时代进步、民族复兴、国家发展相契合。其次，"新人"概念流变中蕴含着一以贯之的育人理念。今年是中国共产党百年华诞，百年征程波澜壮阔，百年初心历久弥坚。百年以来，中国共产党立德树人的核心内涵、培养目标是一以贯之、与时俱进的。最后，"新人"在所在时期（时代）承担着责任使命。不同时期、阶段的新人，都与其所处的时代息息相关。显然，把握担当民族复兴大任的时代新人，还是要聚焦于实现中华民族伟大复兴的中国梦这一目标。

中国共产党新人观在新时代有着最新发展和现实要求

历史和现实告诉我们，青年一代有理想、有本领、有担当，国家就有前途，民族就有希望。习近平总书记在清华大学建校 110 周年校庆日前夕莅校考察时指出：广大青年要肩负历史使命，坚定前进信心，立大志、明大德、成大才、担大任，努力成为堪当民族复兴重任的时代新人。诚然，不同的时代，有不同的新人，中国特色社会主义进入新时代，培养担当民族复兴大任的时代新人已上升为党和国家在新时代的育人目标。

时代新人，新在哪里？首先，新在时空。时代新人产生于中国特色社会主义新时代的时空领域，新时代对时代新人提出新的要求，同时，时代新人也需要融入时代，并且对时代有引领作用。其次，新在内涵。正如习近平总书记所指出，"青年一代的理想信念、精神状态、综合素质，是一个国家发展活力的重要体现，也是一个国家核心竞争力的重要因素。"时代新人是与他人，与以往不同的人，必然要具备"有理想、有本领、有担当"的素质构成与坚定、奋进、开拓、奉献等精神状态。最后，新在使命。每一个时代有该时代所要完成的任务，总体任务不同，人才培养的使命要求也不一样。作为中国特色社会主义事业进入新阶段后的主体力量，时代新人必然承担着民族复兴的大任。

……

可见，作为90后、00后的广大青年最宝贵、最鼎盛的人生阶段与中华民族伟大复兴的两大目标高度吻合。习近平总书记也指出，当代中国青年是与新时代同向同行、共同前进的一代，生逢盛世，肩负重任。生逢盛世的新时代青年的成长与发展，将与国家的繁荣昌盛、与民族的伟大复兴紧紧联系在一起。正可谓，中国梦是国家的梦，民族的梦，也是每一个中国人的梦。新时代青年要从党史学习中激发信仰，获得启发，汲取力量，不断坚定"四个自信"，担当起党和人民赋予的历史重任，做堪当重任的时代新人，将"小我"融入"大我"，让青春在为祖国、为民族、为人民、为人类的不懈奋斗中绽放绚丽之花。

（资料来源：摘自栾淳钰《党的新人观：理论依据、历史生成与现实要求》，人民论坛网，2021年5月29日）

【设计意图】通过追溯时代新人的历史发展，即建党百年来经历了从无产阶级革命新人、社会主义新人、"四有"新人到时代新人的演变，引导同学们思考认识并感悟到担当民族复兴大任的时代新人提出具有生成依据，也是历史发展必然，而且一代又一代新人在所在时期或时代必然承担着责任和使命。

知识点 一　立大志

立大志，把握人生方向。

远大志向是人生航向的"指明灯"，是建功立业的"方向标"，是砥砺前行的强大精神动力。树立远大志向，才能把握正确的人生方向。

为学须先立志。志既立，则学问可次第着力。立志不定，终不济事。

——朱熹：《朱子语类》

【教师讲解】释义：2020年第17期《求是》杂志发表习近平主席重要文章《思政课是落实立德树人根本任务的关键课程》中引用，语出朱熹《朱子语类》，意思是读书成才，必须先立下志向。只有志向立下了，才能够使得学问逐渐巩固加深。如果立志不坚定，最终难以取得成功。

解析：习近平主席引用此典旨在强调，当代青少年要成为社会主义合格建设者和接班人，必须树立正确的世界观、人生观、价值观，把实现个人价值同党和国家前途命运紧紧联系在一起。教育者要引导学生厚植爱国主义情怀，把爱国情、强国志、报国行自觉融入坚持和发展中国特色社会主义、建设社会主义现代化强国、实现中华民族伟大复兴的奋斗之中。

【学生活动】学生可以从历史的角度，结合在中国革命、建设、改革历史时期做出伟大贡献的人物来确定自己的伟大志向，为中华民族伟大复兴拼搏。

【教师总结】百余年前，一群热血青年铸就了辉煌。如今新时代的青年，在新时代的这片热土上，锐意进取，奋发前进，他们用自己的奋斗向青春致敬。

知识点 二　明大德

明大德，擦亮青春底色。

要做社会主义核心价值观的践行者，要在自觉培育和践行社会主义核心价值观中做表率、树榜样，将核心价值观内化为精神追求，外化为自觉行动。

【经典语录】

核心价值观，其实就是一种德，既是个人的德，也是一种大德，就是国家的德、社会的德。国无德不兴，人无德不立。如果一个民族、一个国家没有共同的核心价值观，莫衷一是，行无依归，那这个民族、这个国家就无法前进。

——习近平在北京大学师生座谈会上的讲话（2014 年 5 月 4 日）

【教师讲解】"自强不息，厚德载物。"在中国的传统文化当中非常重视立德修身。"国无德不兴"讲的是，一个国家、一个民族、一个社会的情感认同和日常行为。正如习近平总书记强调的："核心价值观，其实就是一种德，既是个人的德，也是一种大德，就是国家的德、社会的德。国无德不兴，人无德不立。"核心价值观承载的是一种积极进取的追求。强调社会主义核心价值观是一种"德"，既是个人之"小德"，也是国家之"大德"，有着重要的新的现实意义。

知识案例

【案例精选五】中国青年五四奖章获得者任纪兰

在贫苦中，任纪兰任劳任怨，乐观开朗，让青春朝气驱赶种种不幸；在艰难中，她无怨无悔，背母上学，用拳拳孝心书写成长历程；待学成归来，她回馈家乡，教书育人。虽然艰辛填满了走过的日日夜夜，她依然笑容灿烂如花，内心坚毅如初。

【学生活动】解读社会主义核心价值观。

【学生活动】品读中华优秀传统文化、革命文化、社会主义先进文化。

【教师总结】社会主义核心价值观有着深厚的中华优秀传统文化底蕴和基因。中华文化博大精深，道德价值源远流长，德作为一种核心价值观元素，是国家、民族文化自觉的必然结果，深深根植于我国优秀传统文化之中，表达了国家、社会和个人最本质的价值诉求，体现了我们社会评判是非的价值标准。将社会主义核心价值观明确为一种"德"，无疑承接了中华民族道德至上的价值取向与文化精神。这不仅巩固了社会主义核心价值观的传统文化根基，实现了核心价值观与传统文化互通与共融，有助于求取核心价值观的"最大公约数"，还有利于弘扬中华优秀文化，守护中华民族共有的精神家园。

知识点 三　成大才

成大才，练就过硬本领。

大志非才不就，大才非学不成。理想之"魂"必须附于才干之"体"方可彰显价值意蕴。

【经典语录】

非学无以广才，非志无以成学。

——诸葛亮：《诫子书》

【教师讲解】 2014年5月4日，习近平总书记来到北京大学考察，参加师生座谈会并发表重要讲话。他在讲话中引用"非学无以广才，非志无以成学"，要求广大青年要勤学，下得苦功夫，求得真学问。

"非学无以广才，非志无以成学"出自诸葛亮的《诫子书》，意思是说，不刻苦学习就无从增长见识、提高才干，没有坚定不移的志向就难以完成学业、学有所成。

知识案例

【案例精选六】强国有我　青春有为

中国 5G 技术年轻的核心研发人员申怡飞

中国 5G 技术年轻的核心研发人员申怡飞，2019 年年初，申怡飞团队开创的极化码方案，被写入 5G 行业标准。只有 21 岁的申怡飞，成为中国 5G 年轻的开创者！

中国年轻的女科学家刘明侦

中国年轻女学者刘明侦，钙钛矿太阳电池实验大获成功。

实现我国民营火箭领域零的突破的"中国牛人"舒畅

实现我国民营火箭领域零的突破的"中国牛人"舒畅，中国零壹空间创始人，将第一枚民营火箭"OS－X，重庆两江之星"成功发射！

操控光子芯片的"魔术师"沈亦晨

操控光子芯片的"魔术师"沈亦晨，他的光子芯片将会使 AI 芯片的计算能力提升

1000 倍，同时能耗降低 100 倍，这将是人类发展史上里程碑式的进步。

用石墨烯超导破解世界百年物理难题的"天才少年"曹原

用石墨烯超导破解世界百年物理难题的中国"天才少年"曹原，未来在能源行业，能为全球省下数千亿资金。

【学生活动】学生分组讨论，结合自己的专业谈谈要肩负民族复兴大任应该掌握什么本领。

【经典语录】

要勇于创新，深刻理解把握时代潮流和国家需要，敢为人先、敢于突破，以聪明才智贡献国家，以开拓进取服务社会。要实学实干，脚踏实地、埋头苦干、孜孜不倦、如饥似渴，在攀登知识高峰中追求卓越，在肩负时代重任时行胜于言，在真刀真枪的实干中成就一番事业。

——习近平在清华大学考察时的讲话（2021 年 4 月 19 日）

【教师总结】"青春虚度无所成，白首衔悲亦何及。"深处日新月异的新时代，面对世界百年未有之大变局，知识更新周期大大缩短，大学生要有本领不够的危机感、能力不足的紧迫感，自觉加强学习、勤奋探索，勇于实践，全面发展。

知识点 四 担大任

担大任，肩负历史使命。

一代人有一代人的使命。要大力发扬奋斗精神，克服满足现状、坐享其成、不劳而获、好逸恶劳的思想，积极应对具有许多新的历史特点的伟大斗争，以不怕困难、不惧风雨、不言失败的顽强精神，逢山开路、遇水架桥的拼搏精神。

【观看视频】《"座椅"，向你诉说青春的抉择！》

通过视频观看，使学生明确青年志存高远，青春岁月就不会像无舵之舟漂泊不定，就能奋发作为，在民族复兴大业中书写壮丽华章。

知识案例

【案例精选七】"最美退役军人"宋玺：当兵就当最好的兵

宋玺，女，山西长治人，1994 年出生，中共党员，北京大学 2012 级本科生，北京大学心理与认知科学学院 2018 级硕士研究生、北京大学专职辅导员。2018 年 10 月，入选中央宣传部和退役军人事务部共同开展的"最美退役军人"20 名候选人之一。2018 年 11 月 10 日，获颁"最美退役军人"证书。2018 年 12 月，中央宣传部、退役军人事务部决定授予宋玺同志"最美退役军人"称号。2019 年 1 月，当选"2018 北京榜样"在宋玺入伍的 2015 年，全国有 80 万大学生报名参军，这个数字，在 2020 年变成了 120 万。在完成北京大学临床心理学专业硕士研究生的学业后，宋玺成为北京大学一名专职辅导员。

【学生活动】学生列举中国共产党精神谱系：长征精神、红旗渠精神、航天精神等。

【教师总结】青年强，则国家强。当代中国青年生逢其时，施展才干的舞台无比广阔，实现梦想的前景无比光明。广大青年要坚定不移听党话、跟党走，怀抱梦想又脚踏实地，敢想敢为又善作善成，立志做有理想、敢担当、能吃苦、肯奋斗的新时代好青年，让青春在全面建设社会主义现代化国家的火热实践中绽放绚丽之花。

第三节　不断提升思想道德素质和法治素养

要成为担当民族复兴大任的时代新人，大学生应通过思想道德素质和法治素养的不断提升，切实提高思想觉悟、道德水准和文明素养，夯实全面发展的基础，展现新时代奋进者、开拓者、奉献者的新风貌和新姿态。

知识点 一　学习"思想道德与法治"课的重要意义

根据辩论结果融入习近平总书记的话。

青少年阶段是人生的"拔节孕穗期"，这一时期心智逐渐健全，思维进入最活跃状态，最需要精心引导和栽培。"蒙以养正，圣功也。"就是说青少年教育最重要的是教给他们正确的思想，引导他们走正路。

——习近平在学校思想政治理论课教师座谈会上的讲话（2019 年 3 月 18 日）

知识案例

【案例精选八】用好马克思主义"望远镜""显微镜"

中国人民大学一级教授邬沧萍，解释"望远镜"和"显微镜"的含义。用自身经历阐明马克思列宁主义的科学性。

【教师讲解】邬沧萍教授是中国人口学、老年学学科的重要开拓者和奠基人。2017年，新京报曾采访邬沧萍，问及在开拓人口学、老年学的过程中，中国人民大学对其影响最深的是什么时，他的答案是马克思主义，"马克思主义就像是望远镜和显微镜，让我在人口学、老年学研究中敢于担纲。"在 20 世纪 50 年代，上马克思主义夜大学，四门功课，八次考试全优，数九寒冬，在露天广场，带着小马扎听党课。

【课堂活动】小组讨论：为什么一名学习统计学的年轻教师却用了大量时间来听政

治课、学习马克思主义，并使其终身受益，成就一位学术大家？

【教师总结】正像邬沧萍先生所自述，他从政治课上学习的马克思主义，给予了他人生和事业发展的望远镜和显微镜，让他既能看得远，又能看得深。因此，不论各位同学学习什么学科和专业，思政课都是我们成长成才的关键课程。

设问：思想道德与法治是一门什么课？

【教师总结】"思想道德与法治"课，是高校思想政治理论课课程体系中的一门重要课程，也是大学生迈入大学之后的第一门思想政治理论课。这是一门针对大学生成长过程中面临的思想道德与法治问题，开展马克思主义的人生观、价值观、道德观、法治观教育，帮助同学们提升思想道德素质和法治素养的必修课。

知识点 二　思想道德建设与法治建设的关系

【观看视频】《德润天下　法安人心》

【课堂活动】学习通讨论：请同学们结合视频思考：为什么一个人在社会生活中安身立命、成长成才，必须学习和遵守道德和法律规范？

【经典语录】

法律是成文的道德，道德是内心的法律，法律和道德都具有规范社会行为、维护社会秩序的作用。治理国家、治理社会必须一手抓法治、一手抓德治，实现法律和道德相辅相成、法治和德治相得益彰。要发挥好法律的规范作用，以法治体现道德理念、强化法律对道德建设的促进作用。要发挥好道德的教化作用，以道德滋养法治精神、强化道德对法治文化的支撑作用。

——《习近平总书记系列重要讲话读本（2016 年版）》

【教师点评】思想道德和法律虽然在调节领域、调节方式、调节目标等方面存在很大不同，但是二者都是上层建筑的重要组成部分，共同服务于一定的经济基础。

【教师提问】刚刚我们讨论了道德与法律的关系，那么在我国思想道德建设和法治建设的关系是怎样的呢？

【教师点评】思想道德建设为法治建设提供思想指引和价值基础；法治建设为思想道德建设提供制度支撑和法律保障。

孟子有句话叫"徒善不足以为政，徒法不能以自行"，意思是仅仅心存善念不足以去为政治国，单纯效法古制也不能完全适用于现在。

德治和法治犹如车之两轮、鸟之两翼，共同作用于社会建设和国家治理，为党和国家事业发展提供坚实的思想基础、精神支撑和制度保障。

知识点 三 如何学好"思想道德与法治"课?

1. 劳于读书:多读书,学习理论知识

知识案例

【案例精选九】习近平的读书故事

2013 年 3 月 19 日,习近平在接受金砖国家媒体联合采访时谈到自己最大的爱好是读书,读书已成为他的一种生活方式。

习近平对读书的执着至少可以追溯到 1969 年。那年他不到 16 岁,带着满满一箱子书来到梁家河,开始七年的知青生涯。上山放羊,他揣着书,把羊放到山坡上觅草,抽空就开始看书。晚上回到窑洞,他点上煤油灯,一看就是半宿,第二天早起,吐出来的痰都是黑的。此后,读书这个爱好伴随着习近平数十年,融入他工作、生活的每一个片段,并日积月累,积淀成为他治国理政的大智慧。

【观看视频】《习近平的读书故事》(2 分钟)

【课堂活动】请同学们结合视频谈一谈你喜欢读什么书。

【教师点评】总书记爱读书,在很多的国际会议和很多活动中反复强调读书的重要作用。从 2014 年至今,"全民阅读"已经连续 10 次写入政府工作报告,"十四五"规划和 2035 远景目标更是明确要"深入推进全民阅读,建设'书香中国'"。同学们,希望你们多读书,读好书,在"爱读书"中丰富精神世界;在"读好书"中点亮智慧之光;在"善读书"中指导人生实践。

2. 善于思考:认真思考,学会分析问题,提升解决问题的能力

【经典语录】

年轻干部精力充沛、思维活跃、接受能力强,正处在长本事、长才干的大好时期,一定要珍惜光阴、不负韶华,如饥似渴学习,一刻不停提高。要发扬"挤"和"钻"的精神,多读书、读好书,从书本中汲取智慧和营养。

——习近平在中央党校(国家行政学院)中青年干部培训班开班式上的讲话(2021 年 9 月 1 日)

知识案例

【案例精选十】古代发明牛人:祖冲之

祖冲之是我国南北朝时期一位杰出的科学家。他学习古代著作,但从不盲从古人。

他独立思考，敢于大胆怀疑、提出问题，登上了当时科学的顶峰。在数学方面，他把圆周率推算到小数点后第七位，这不仅远远地超过了前朝古人，而且比欧洲科学家取得相同的成果早了一千来年。

【教师提问】 祖冲之的事迹说明什么问题？你还知晓现在哪些善于思考的事迹？学生抢答并说出思考对人生成长的重要意义。

【教师讲解】 学而不思则罔，思而不学则殆。讲述成长路上的小故事，思考对于人生成长道路有着至关重要的推动作用。

3. 勤于实践

【经典语录】

希望广大青年用脚步丈量祖国大地，用眼睛发现中国精神，用耳朵倾听人民呼声，用内心感应时代脉搏，把对祖国血浓于水、与人民同呼吸共命运的情感贯穿学业全过程、融汇在事业追求中。

——习近平在中国人民大学考察时的讲话（2022 年 4 月 25 日）

【教师讲解】 中国有句古话：读万卷书，行万里路。意思是说要努力读书，让自己的才识过人并让自己的所学的知识，能在生活中体现，同时增长见识，理论结合实际，学以致用。

青年红色筑梦之旅是中国互联网大学生创新创业大赛举办的同期实践活动，5 年来，全国共有 483 万名大学生参与青年红色筑梦之旅活动，累计有 98 万个创新创业项目精准对接农户 255 万余户、企业 6.1 万余家，签订合作协议 7 万余项。学生们走进革命老区、贫困地区、城乡社区，用专业知识和创新创业成果，为脱贫攻坚、乡村振兴交出一份沉甸甸的青春答卷。

五、实践教学

（一）课内自选实践

【项目一】我的大学——参观校史馆

活动目的：通过开展参观校史馆、解说校史校情活动，引导学生全方位了解学校历史和传统，了解学校现状和未来发展规划，从而在对学校的感性认识中建立热爱学校的情感，进而热爱所学专业，增强学习动力。每人撰写一篇心得体会或报告，通过汇报展示，培养学生运用文字、图片等材料进行讲解的能力。

【项目二】名师访谈

拜访学校或学院的名师，请他们介绍自己的治学和人生经验，帮助同学们认识大学学习规律和要求，了解本专业发展的前景，确立自己的学习目标。访谈结束后整理访谈记录，撰写访谈报告。

（二）课外自主实践

【项目一】开展国情社情考察活动

根据集体或自身实际情况，深入城镇、乡村，通过观发展新貌、看身边变化、听亲身故事，切身感受新时代中国特色社会主义现代化建设特别是新时代十年伟大变革和历史性成就。通过参观博物馆、展览馆、图片展等，体会人民群众在物质和精神需求方面发生的巨大变化，深刻了解中华大地的沧桑巨变和蓬勃气象。开展"随手拍"活动，对在经济、政治、文化、社会、生态文明建设中展现出的重大事件、重要地点、重点区域进行拍摄记录，领会改革开放以来特别是中国特色社会主义进入新时代时期对我国顺利实现"两个一百年"战略目标的重大意义，以进一步增强青年学子的四个自信。实践活动结束后整理调研记录，撰写调研报告，并开展实践活动成果评选。

【项目二】开展红色寻迹活动

通过参观革命纪念地和爱国主义教育基地，学习回顾先辈奋斗历程，加强党史国史、近现代史、改革开放史、社会主义发展史宣传教育，引导青年学子感受红色情怀，传承红色精神，感念党的恩情。继承革命传统、传承红色基因。实践活动结束后结合心得体会撰写主题征文作品并开展活动成果评选。

六、教学总结

本专题是本课程的开篇之作，帮助大学生认识并适应人生的新阶段，做好人生职业规划。立足新时代，引导、激励大学生作为时代新人应以民族复兴为己任，以积极的姿态去迎接崭新的大学生活，为能成为中国特色社会主义事业的合格建设者和可靠接班人，以及成为走在时代前列的奋进者、开拓者、奉献者而努力奋斗。同时，作为本课程的第一堂课，要让学生认识本课程的性质、特点以及学习本课程的方法与意义，使学生对本课程产生兴趣与期待。

七、经典语录

"青"听"习"语

十八大以来，习近平总书记多次通过演讲、座谈等方式与青年频频互动，对当代中国青年寄予了殷切期望。

谈理想："志当存高远"

要以国家富强、人民幸福为己任，胸怀理想、志存高远，投身中国特色社会主义伟大实践，并为之终生奋斗。……心中有阳光，脚下有力量，为了理想能坚持、不懈怠，才能创造无愧于时代的人生。

——2016 年 4 月 26 日，习近平在知识分子、劳动模范、青年代表座谈会上的讲话有信念、有梦想、有奋斗、有奉献的人生，才是有意义的人生。当代青年建功立业的舞台空前广阔、梦想成真的前景空前光明，希望大家努力在实现中国梦的伟大实践中创造自己的精彩人生。

——2014 年 5 月 4 日，习近平总书记在北京大学师生座谈会上的讲话

历史和现实都告诉我们，青年一代有理想、有担当，国家就有前途，民族就有希望，实现中华民族伟大复兴就有源源不断的强大力量。

——2013 年 12 月 5 日，习近平给华中农业大学"本禹志愿服务队"回信

"得其大者可以兼其小。"只有把人生理想融入国家和民族的事业中，才能最终成就一番事业。希望你们珍惜韶华，奋发有为，勇做走在时代前面的奋进者、开拓者、奉献者，努力使自己成为祖国建设的有用之才、栋梁之材，为实现中国梦奉献智慧和力量。

——2013 年 5 月 2 日，习近平给北京大学考古文博学院 2009 级本科团支部全体同学回信

谈学习："人才有高下，知物由学"

"人才有高下，知物由学。"梦想从学习开始，事业靠本领成就。广大青年要自觉加强学习，不断增强本领。……广大青年要如饥似渴、孜孜不倦学习，既多读有字之书，也多读无字之书，注重学习人生经验和社会知识。

——2016 年 4 月 26 日，习近平在知识分子、劳动模范、青年代表座谈会上的讲话

为学之要贵在勤奋、贵在钻研、贵在有恒。鲁迅先生说过："哪里有天才，我是把别人喝咖啡的工夫都用在工作上的。"大学阶段，"恰同学少年，风华正茂"，有老师指点，有同学切磋，有浩瀚的书籍引路，可以心无旁骛求知问学。此时不努力，更待何时？要勤于学习、敏于求知，注重把所学知识内化于心，形成自己的见解，既要专攻博览，又要关心国家、关心人民、关心世界，学会担当社会责任。

——2014 年 5 月 4 日，习近平在北京大学师生座谈会上的讲话

青年人正处于学习的黄金时期，应该把学习作为首要任务，作为一种责任、一种精神追求、一种生活方式，树立梦想从学习开始、事业靠本领成就的观念，让勤奋学习成为青春远航的动力，让增长本领成为青春搏击的能量。

——2013 年 5 月 4 日，习近平同各界优秀青年代表座谈时的讲话

谈价值观："就像穿衣服扣扣子"

广大青年要自觉践行社会主义核心价值观，不断养成高尚品格。

——2016 年 4 月 26 日，习近平在知识分子、劳动模范、青年代表座谈会上的讲话

青年的价值取向决定了未来整个社会的价值取向，而青年又处在价值观形成和确立的时期，抓好这一时期的价值观养成十分重要。这就像穿衣服扣扣子一样，如果第一粒扣子扣错了，剩余的扣子都会扣错。人生的扣子从一开始就要扣好。"凿井者，起

于三寸之坎，以就万仞之深。"青年要从现在做起、从自己做起，使社会主义核心价值观成为自己的基本遵循，并身体力行大力将其推广到全社会去。

——2014 年 5 月 4 日，习近平在北京大学师生座谈会上的讲话

广大青年要把正确的道德认知、自觉的道德养成、积极的道德实践紧密结合起来，自觉树立和践行社会主义核心价值观，带头倡导良好社会风气。

——2013 年 5 月 4 日，习近平同各界优秀青年代表座谈时的讲话

谈创新："苟日新，日日新，又日新"

要敢于做先锋，而不做过客、当看客，让创新成为青春远航的动力，让创业成为青春搏击的能量，让青春年华在为国家、为人民的奉献中焕发出绚丽光彩。

——2016 年 4 月 26 日，习近平在知识分子、劳动模范、青年代表座谈会上的讲话

青年是国家和民族的希望，创新是社会进步的灵魂，创业是推动经济社会发展、改善民生的重要途径。青年学生富有想象力和创造力，是创新创业的有生力量。

——2013 年 11 月 8 日，习近平致 2013 年全球创业周中国站活动组委会的贺信

广大青年一定要勇于创新创造。创新是民族进步的灵魂，是一个国家兴旺发达的不竭源泉，也是中华民族最深沉的民族禀赋，正所谓"苟日新，日日新，又日新"。生活从不眷顾因循守旧、满足现状者，从不等待不思进取、坐享其成者，而是将更多机遇留给善于和勇于创新的人们。青年是社会上最富活力、最具创造性的群体，理应走在创新创造前列。

——2013 年 5 月 4 日，习近平同各界优秀青年代表座谈时的讲话

谈笃实："道不可坐论，德不能空谈"

踏踏实实做事，踏踏实实做人。

——2016 年 4 月 26 日，习近平考察中国科技大学时与大学生对话

道不可坐论，德不能空谈。于实处用力，从知行合一上下功夫，核心价值观才能内化人们的精神追求，外化为人们的自觉行动。

青年有着大好机遇，关键是要迈稳步子、夯实根基、久久为功。心浮气躁，朝三暮四，学一门丢一门，干一行弃一行，无论为学还是创业，都是最忌讳的。

——2014 年 5 月 4 日，习近平在北京大学师生座谈会上的讲话

广大青年要牢记"空谈误国、实干兴邦"，立足本职、埋头苦干，从自身做起，从点滴起，用勤劳的双手、一流的业绩成就属于自己的人生精彩。要不怕困难、攻坚克难，勇于到条件艰苦的基层、国家建设的一线、项目攻关的前沿，经受锻炼，增长才干。要勇于创业敢闯敢干，努力在改革开放中闯新路、创新业，不断开辟事业发展新天地。

——2013 年 5 月 4 日，习近平同各界优秀青年代表座谈时的讲话

（来源：中国共产党新闻网，2016 年 5 月 4 日，节选）

八、拓展阅读

☆【精选品读一】

习近平：高举中国特色社会主义伟大旗帜为全面建设社会主义现代化国家而团结奋斗（节选）

——在中国共产党第二十次全国代表大会上的报告

（2022 年 10 月 16 日）

中国共产党已走过百年奋斗历程。我们党立志于中华民族千秋伟业，致力于人类和平与发展崇高事业，责任无比重大，使命无上光荣。全党同志务必不忘初心、牢记使命，务必谦虚谨慎、艰苦奋斗，务必敢于斗争、善于斗争，坚定历史自信，增强历史主动，谱写新时代中国特色社会主义更加绚丽的华章。

……

同志们！十八大召开至今已经十年了。十年来，我们经历了对党和人民事业具有重大现实意义和深远历史意义的三件大事：一是迎来中国共产党成立一百周年，二是中国特色社会主义进入新时代，三是完成脱贫攻坚、全面建成小康社会的历史任务，实现第一个百年奋斗目标。这是中国共产党和中国人民团结奋斗赢得的历史性胜利，是彪炳中华民族发展史册的历史性胜利，也是对世界具有深远影响的历史性胜利。

……

十年来，我们坚持马克思列宁主义、毛泽东思想、邓小平理论、"三个代表"重要思想、科学发展观，全面贯彻新时代中国特色社会主义思想，全面贯彻党的基本路线、基本方略，采取一系列战略性举措，推进一系列变革性实践，实现一系列突破性进展，取得一系列标志性成果，经受住了来自政治、经济、意识形态、自然界等方面的风险挑战考验，党和国家事业取得历史性成就、发生历史性变革，推动我国迈上全面建设社会主义现代化国家新征程。

——我们创立了新时代中国特色社会主义思想，明确坚持和发展中国特色社会主义的基本方略，提出一系列治国理政新理念新思想新战略，实现了马克思主义中国化时代化新的飞跃，坚持不懈用这一创新理论武装头脑、指导实践、推动工作，为新时代党和国家事业发展提供了根本遵循。

——我们全面加强党的领导，明确中国特色社会主义最本质的特征是中国共产党领导，中国特色社会主义制度的最大优势是中国共产党领导，中国共产党是最高政治领导力量，坚持党中央集中统一领导是最高政治原则，系统完善党的领导制度体系，全党增强"四个意识"，自觉在思想上政治上行动上同党中央保持高度一致，不断提高政治判断力、政治领悟力、政治执行力，确保党中央权威和集中统一领导，确保党发挥总揽全局、协调各方的领导核心作用，我们这个拥有九千六百多万名党员的马克思主义政党更加团结统一。

——我们对新时代党和国家事业发展作出科学完整的战略部署，提出实现中华民族伟大复兴的中国梦，以中国式现代化推进中华民族伟大复兴，统揽伟大斗争、伟大工程、伟大事业、伟大梦想，明确"五位一体"总体布局和"四个全面"战略布局，确定稳中求进工作总基调，统筹发展和安全，明确我国社会主要矛盾是人民日益增长的美好生活需要和不平衡不充分的发展之间的矛盾，并紧紧围绕这个社会主要矛盾推进各项工作，不断丰富和发展人类文明新形态。

——我们经过接续奋斗，实现了小康这个中华民族的千年梦想，我国发展站在了更高历史起点上。我们坚持精准扶贫、尽锐出战，打赢了人类历史上规模最大的脱贫攻坚战，全国八百三十二个贫困县全部摘帽，近一亿农村贫困人口实现脱贫，九百六十多万贫困人口实现易地搬迁，历史性地解决了绝对贫困问题，为全球减贫事业作出了重大贡献。

——我们提出并贯彻新发展理念，着力推进高质量发展，推动构建新发展格局，实施供给侧结构性改革，制定一系列具有全局性意义的区域重大战略，我国经济实力实现历史性跃升。国内生产总值从五十四万亿元增长到一百一十四万亿元，我国经济总量占世界经济的比重达百分之十八点五，提高七点二个百分点，稳居世界第二位；人均国内生产总值从三万九千八百元增加到八万一千元。谷物总产量稳居世界首位，十四亿多人的粮食安全、能源安全得到有效保障。城镇化率提高十一点六个百分点，达到百分之六十四点七。制造业规模、外汇储备稳居世界第一。建成世界最大的高速铁路网、高速公路网，机场港口、水利、能源、信息等基础设施建设取得重大成就。我们加快推进科技自立自强，全社会研发经费支出从一万亿元增加到二万八千亿元，居世界第二位，研发人员总量居世界首位。基础研究和原始创新不断加强，一些关键核心技术实现突破，战略性新兴产业发展壮大，载人航天、探月探火、深海深地探测、超级计算机、卫星导航、量子信息、核电技术、新能源技术、大飞机制造、生物医药等取得重大成果，进入创新型国家行列。

——我们以巨大的政治勇气全面深化改革，打响改革攻坚战，加强改革顶层设计，敢于突进深水区，敢于啃硬骨头，敢于涉险滩，敢于面对新矛盾新挑战，冲破思想观念束缚，突破利益固化藩篱，坚决破除各方面体制机制弊端，各领域基础性制度框架基本建立，许多领域实现历史性变革、系统性重塑、整体性重构，新一轮党和国家机构改革全面完成，中国特色社会主义制度更加成熟更加定型，国家治理体系和治理能力现代化水平明显提高。

——我们实行更加积极主动的开放战略，构建面向全球的高标准自由贸易区网络，加快推进自由贸易试验区、海南自由贸易港建设，共建"一带一路"成为深受欢迎的国际公共产品和国际合作平台。我国成为一百四十多个国家和地区的主要贸易伙伴，货物贸易总额居世界第一，吸引外资和对外投资居世界前列，形成更大范围、更宽领域、更深层次对外开放格局。

——我们坚持走中国特色社会主义政治发展道路，全面发展全过程人民民主，社会主义民主政治制度化、规范化、程序化全面推进，社会主义协商民主广泛开展，人民当家作主更为扎实，基层民主活力增强，爱国统一战线巩固拓展，民族团结进步呈现新气象，党的宗教工作基本方针得到全面贯彻，人权得到更好保障。社会主义法治国家建设深入推进，全面依法治国总体格局基本形成，中国特色社会主义法治体系加快建设，司法体制改革取得重大进展，社会公平正义保障更为坚实，法治中国建设开创新局面。

——我们确立和坚持马克思主义在意识形态领域指导地位的根本制度，新时代党的创新理论深入人心，社会主义核心价值观广泛传播，中华优秀传统文化得到创造性转化、创新性发展，文化事业日益繁荣，网络生态持续向好，意识形态领域形势发生全局性、根本性转变。我们隆重庆祝中国人民解放军建军九十周年、改革开放四十周年，隆重纪念中国人民抗日战争暨世界反法西斯战争胜利七十周年、中国人民志愿军抗美援朝出国作战七十周年，成功举办北京冬奥会、冬残奥会，青年一代更加积极向上，全党全国各族人民文化自信明显增强、精神面貌更加奋发昂扬。

——我们深入贯彻以人民为中心的发展思想，在幼有所育、学有所教、劳有所得、病有所医、老有所养、住有所居、弱有所扶上持续用力，人民生活全方位改善。人均预期寿命增长到七十八点二岁。居民人均可支配收入从一万六千五百元增加到三万五千一百元。城镇新增就业年均一千三百万人以上。建成世界上规模最大的教育体系、社会保障体系、医疗卫生体系，教育普及水平实现历史性跨越，基本养老保险覆盖十亿四千万人，基本医疗保险参保率稳定在百分之九十五。及时调整生育政策。改造棚户区住房四千二百多万套，改造农村危房二千四百多万户，城乡居民住房条件明显改善。互联网上网人数达十亿三千万人。人民群众获得感、幸福感、安全感更加充实、更有保障、更可持续，共同富裕取得新成效。

——我们坚持绿水青山就是金山银山的理念，坚持山水林田湖草沙一体化保护和系统治理，全方位、全地域、全过程加强生态环境保护，生态文明制度体系更加健全，污染防治攻坚向纵深推进，绿色、循环、低碳发展迈出坚实步伐，生态环境保护发生历史性、转折性、全局性变化，我们的祖国天更蓝、山更绿、水更清。

——我们贯彻总体国家安全观，国家安全领导体制和法治体系、战略体系、政策体系不断完善，在原则问题上寸步不让，以坚定的意志品质维护国家主权、安全、发展利益，国家安全得到全面加强。共建共治共享的社会治理制度进一步健全，民族分裂势力、宗教极端势力、暴力恐怖势力得到有效遏制，扫黑除恶专项斗争取得阶段性成果，有力应对一系列重大自然灾害，平安中国建设迈向更高水平。

——我们确立党在新时代的强军目标，贯彻新时代党的强军思想，贯彻新时代军事战略方针，坚持党对人民军队的绝对领导，召开古田全军政治工作会议，以整风精神推进政治整训，牢固树立战斗力这个唯一的根本的标准，坚决把全军工作重心归正到备战打仗上来，统筹加强各方向各领域军事斗争，大抓实战化军事训练，大刀阔斧深化国防和军队改革，重构人民军队领导指挥体制、现代军事力量体系、军事政策制度，加快国防和军队现代化建设，裁减现役员额三十万胜利完成，人民军队体制一新、结构一新、格局一新、面貌一新，现代化水平和实战能力显著提升，中国特色强军之路越走越宽广。

——我们全面准确推进"一国两制"实践，坚持"一国两制"、"港人治港"、"澳人治澳"、高度自治的方针，推动香港进入由乱到治走向由治及兴的新阶段，香港、澳门保持长期稳定发展良好态势。我们提出新时代解决台湾问题的总体方略，促进两岸交流合作，坚决反对"台独"分裂行径，坚决反对外部势力干涉，牢牢把握两岸关系主导权和主动权。

——我们全面推进中国特色大国外交，推动构建人类命运共同体，坚定维护国际公平正义，倡导践行真正的多边主义，旗帜鲜明反对一切霸权主义和强权政治，毫不动摇反对任何单边主义、保护主义、霸凌行径。我们完善外交总体布局，积极建设覆盖全球的伙伴关系网络，推动构建新型国际关系。我们展现负责任大国担当，积极参与全球治理体系改革和建设，全面开展抗击新冠疫情国际合作，赢得广泛国际赞誉，我国国际影响力、感召力、塑造力显著提升。

——我们深入推进全面从严治党，坚持打铁必须自身硬，从制定和落实中央八项规定开局破题，提出和落实新时代党的建设总要求，以党的政治建设统领党的建设各项工作，坚持思想建党和制度治党同向发力，严肃党内政治生活，持续开展党内集中教育，提出和坚持新时代党的组织路线，突出政治标准选贤任能，加强政治巡视，形成比较完善的党内法规体系，推动全党坚定理想信念、严密组织体系、严明纪律规矩。我们持之以恒正风肃纪，以钉钉子精神纠治"四风"，反对特权思想和特权现象，坚决整治群众身边的不正之风和腐败问题，刹住了一些长期没有刹住的歪风，纠治了一些多年未除的顽瘴痼疾。我们开展了史无前例的反腐败斗争，以"得罪千百人，不负十四亿"的使命担当祛病治乱，不敢腐、不能腐、不想腐一体推进，"打虎"、"拍蝇"、"猎狐"多管齐下，反腐败斗争取得压倒性胜利并全面巩固，消除了党、国家、军队内部存在的严重隐患，确保党和人民赋予的权力始终用来为人民谋幸福。经过不懈努力，党找到了自我革命这一跳出治乱兴衰历史周期率的第二个答案，自我净化、自我完善、自我革新、自我提高能力显著增强，管党治党宽松软状况得到根本扭转，风清气正的党内政治生态不断形成和发展，确保党永远不变质、不变色、不变味。

……

同志们！新时代的伟大成就是党和人民一道拼出来、干出来、奋斗出来的！在这里，我代表中共中央，向全体中国共产党员，向全国各族人民，向各民主党派、各人民团体和各界爱国人士，向香港特别行政区同胞、澳门特别行政区同胞和台湾同胞以及广大侨胞，向关心和支持中国现代化建设的各国朋友，表示衷心的感谢！

新时代十年的伟大变革，在党史、新中国史、改革开放史、社会主义发展史、中华民族发展史上具有里程碑意义。走过百年奋斗历程的中国共产党在革命性锻造中更加坚强有力，党的政治领导力、思想引领力、群众组织力、社会号召力显著增强，党同人民群众始终保持血肉联系，中国共产党在世界形势深刻变化的历史进程中始终走在时代前列，在应对国内外各种风险和考验的历史进程中始终成为全国人民的主心骨，在坚持和发展中国特色社会主义的历史进程中始终成为坚强领导核心。中国人民的前进动力更加强大、奋斗精神更加昂扬、必胜信念更加坚定，焕发出更为强烈的历史自觉和主动精神，中国共产党和中国人民正信心百倍推进中华民族从站起来、富起来到强起来的伟大飞跃。改革开放和社会主义现代化建设深入推进，书写了经济快速发展和社会长期稳定两大奇迹新篇章，我国发展具备了更为坚实的物质基础、更为完善的制度保证，实现中华民族伟大复兴进入了不可逆转的历史进程。科学社会主义在二十一世纪的中国焕发出新的蓬勃生机，中国式现代化为人类实现现代化提供了新的选择，中国共产党和中国人民为解决人类面临的共同问题提供更多更好的中国智慧、中国方案、中国力量，为人类和平与发展崇高事业作出新的更大的贡献！

（资料来源：中华人民共和国中央人民政府网，2022 年 10 月 25 日）

☆【精选品读二】

习近平在庆祝中国共产主义青年团成立 100 周年大会上的讲话
（2022 年 5 月 10 日）

共青团员们，青年朋友们，同志们：

青春孕育无限希望，青年创造美好明天。一个民族只有寄望青春、永葆青春，才能兴旺发达。

今天，我们在这里隆重集会，庆祝中国共产主义青年团成立 100 周年，就是要激励广大团员青年在实现中华民族伟大复兴中国梦的新征程上奋勇前进。

首先，我代表党中央，向全体共青团员和各级共青团组织、团干部，致以热烈的祝贺和诚挚的问候！

共青团员们、青年朋友们、同志们！

中华民族是历史悠久、饱经沧桑的古老民族，更是自强不息、朝气蓬勃的青春民族。在 5000 多年源远流长的文明历史中，中华民族始终有着"自古英雄出少年"的传统，始终有着"长江后浪推前浪"的情怀，始终有着"少年强则国强，少年进步则国进步"的信念，始终有着"希望寄托在你们身上"的期待。千百年来，青春的力量，青春的涌动，青春的创造，始终是推动中华民族勇毅前行、屹立于世界民族之林的磅磅力量！

青年的命运，从来都同时代紧密相连。1840年鸦片战争以后，中国逐步成为半殖民地半封建社会，国家蒙辱、人民蒙难、文明蒙尘，中华民族遭受了前所未有的劫难。一批又一批仁人志士为救国救民而苦苦追寻，一大批先进青年在"觉醒年代"纷纷觉醒。伟大的五四运动促进了马克思主义在中国的传播，拉开了新民主主义革命的序幕，也标志着中国青年成为推动中国社会变革的急先锋。

青春力量一经觉醒，先进思想一经传播，中华大地便迅速呈现出轰轰烈烈的革命新气象。在马克思列宁主义同中国工人运动的紧密结合中，中国共产党应运而生。中国共产党一经诞生，就把关注的目光投向青年，把革命的希望寄予青年。党的一大专门研究了建立和发展青年团作为党的预备学校的问题。1922年5月5日，在中国共产党直接关怀和领导下，中国共产主义青年团宣告成立。这在中国革命史和青年运动史上具有里程碑意义！

坚定不移跟党走，为党和人民奋斗，是共青团的初心使命。一百年来，在党的坚强领导下，共青团不忘初心、牢记使命，走在青年前列，组织引导一代又一代青年坚定信念、紧跟党走，为争取民族独立、人民解放和实现国家富强、人民幸福而贡献力量，谱写了中华民族伟大复兴进程中激昂的青春乐章。

新民主主义革命时期，共青团广泛传播马克思主义，用先进思想启迪青年觉醒、凝聚青春力量，团结带领广大团员青年踊跃投身反帝反封建的工人运动、农民运动、学生运动，积极参加党领导的革命武装，在打倒军阀、抗日救亡、推翻国民党反动统治的伟大斗争中冲锋陷阵，展现出不怕牺牲、浴血斗争的精神风貌。刀光剑影，枪林弹雨，广大团员青年对党忠贞不渝，经受住了生与死的考验，为中国革命胜利贡献了青春、建立了重要功勋！

社会主义革命和建设时期，共青团积极参与中华民族有史以来最为广泛而深刻的社会变革，组建青年突击队、青年垦荒队、青年扫盲队，开展学雷锋活动，团结带领广大团员青年激发"敢教日月换新天"的豪情，喊出"把青春献给祖国"的响亮口号，向科学进军，向困难进军，向荒原进军，展现出敢于拼搏、辛勤劳动的精神风貌。艰难困苦，千难万险，广大团员青年主动作为、勇挑重担，哪里最困难、哪里就有团的旗帜，哪里有需要、哪里就有团员青年的身影，为祖国建设贡献了青春、建立了重要功勋！

改革开放和社会主义现代化建设新时期，共青团适应党和国家工作中心战略转移，解放思想，锐意进取，广泛开展争当新长征突击手、"五讲四美三热爱"、希望工程、青年志愿者、青年文明号、保护母亲河等一大批青春气息浓烈的创造性活动，团结带领广大团员青年发出"团结起来、振兴中华"的时代强音，在现代化建设各条战线上勇立潮头，展现出敢闯敢干、引领风尚的精神风貌。革故鼎新，建设四化，广大团员青年勇作改革闯将，开风气之先，为改革开放和社会主义现代化建设贡献了青春、建立了重要功勋！

中国特色社会主义新时代，共青团积极投身伟大斗争、伟大工程、伟大事业、伟大梦想波澜壮阔的实践，坚持守正创新、踔厉奋发，全面深化自身改革，团结带领广大团员青年在脱贫攻坚战场摸爬滚打，在科技攻关岗位奋力攀登，在抢险救灾前线冲锋陷阵，在疫情防控一线披甲出征，在奥运竞技赛场奋勇争先，在保卫祖国哨位威武守护，在党和人民最需要的时刻冲得出来、顶得上去，展现出自信自强、刚健有为的精神风貌。"清澈的爱，只为中国"，成为当代中国青年发自内心的最强音。伟大梦想，伟大使命，广大团员青年自觉担当重任，深入基层一线，让青春在实现中华民族伟大复兴的中国梦中绽放异彩，为党和国家事业取得历史性成就、发生历史性变革贡献了青春、建立了重要功勋！

时代各有不同，青春一脉相承。一百年来，中国共青团始终与党同心、跟党奋斗，团结带领广大团员青年把忠诚书写在党和人民事业中，把青春播撒在民族复兴的征程上，把光荣镌刻在历史行进的史册里。

历史和实践充分证明，中国共青团不愧为中国青年运动的先锋队，不愧为党的忠实助手和可靠后备军！

……

共青团员们、青年朋友们、同志们！

在中国共产党坚强领导下，全国各族人民万众一心、齐心协力，胜利实现了第一个百年奋斗目标，在中华大地上全面建成了小康社会，正在意气风发向着全面建成社会主义现代化强国的第二个百年奋斗目标迈进。

实现中国梦是一场历史接力赛，当代青年要在实现民族复兴的赛道上奋勇争先。时代总是把历史责任赋予青年。新时代的中国青年，生逢其时、重任在肩，施展才干的舞台无比广阔，实现梦想的前景无比光明。在庆祝中国共产党成立100周年大会上，共青团员、少先队员代表响亮喊出"请党放心、强国有我"的青春誓言。这是新时代中国青少年应该有的样子，更是党的青年组织必须有的风貌。

在新的征程上，如何更好把青年团结起来、组织起来、动员起来，为实现第二个百年奋斗目标、实现中华民族伟大复兴的中国梦而奋斗，是新时代中国青年运动和青年工作必须回答的重大课题。共青团要增强引领力、组织力、服务力，团结带领广大团员青年成长为有理想、敢担当、能吃苦、肯奋斗的新时代好青年，用青春的能动力和创造力激荡起民族复兴的澎湃春潮，用青春的智慧和汗水打拼出一个更加美好的中国！

这里，我给共青团提几点希望。

第一，坚持为党育人，始终成为引领中国青年思想进步的政治学校。志存高远方能登高望远，胸怀天下才可大展宏图。火热的青春，需要坚定的理想信念。我们党用"共产主义"为团命名，就是希望党的青年组织永远站在理想信念的高地上，用党的科学理论武装青年，用党的初心使命感召青年，用党的光辉旗帜指引青年，用党的优良作风塑造青年。新时代的中国青年，更加自信自强、富于思辨精神，同时也面临各种社会思潮的现实影响，不可避免会在理想和现实、主义和问题、利己和利他、小我和大我、民族和世界等方面遇到思想困惑，更加需要深入细致的教育和引导，用敏锐的眼光观察社会，用清醒的头脑思考人生，用智慧的力量创造未来。共青团作为广大青年在实践中学习中国特色社会主义和共产主义的学校，要从政治上着眼、从思想上入手、从青年特点出发，帮助他们早立志、立大志，从内心深处厚植对党的信赖、对中国特色社会主义的信心、对马克思主义的信仰。要立足党的事业后继有人这一根本大计，牢牢把握培养社会主义建设者和接班人这个根本任务，引导广大青年在思想洗礼、在实践锻造中不断增强做中国人的志气、骨气、底气，让革命薪火代代相传！

第二，自觉担当尽责，始终成为组织中国青年永久奋斗的先锋力量。奋斗是青春最亮丽的底色，行动是青年最有效的磨砺。有责任有担当，青春才会闪光。青年是常为新的，最具创新热情，最具创新动力。党和人民事业发展离不开一代又一代有志青年的拼搏奉献。只有当青春同党和人民事业高度契合时，青春的光谱才会更广阔，青春的能量才能充分迸发。青年是社会中最有生气、最有闯劲、最少保守思想的群体，蕴含着改造客观世界、推动社会进步的无穷力量。共青团要团结带领广大团员青年勇做新时代的弄潮儿，自觉听从党和人民召唤，胸怀"国之大者"，担当使命任务，到新时代新天地中去施展抱负、建功立业，争当伟大理想的追梦人，争做伟大事业的生力军，让青春在祖国和人民最需要的地方绽放绚丽之花！

第三，心系广大青年，始终成为党联系青年最为牢固的桥梁纽带。共青团是党领导的群团组织，也是青年人自己的组织。团的最大优势在于遍布基层一线、深入青年身边。要紧扣服务青年的工作生命线，履行巩固和扩大党执政的青年群众基础这一政治责任，既把青年的温度如实告诉党，也把党的温暖充分传递给青年。要千方百计为青年办实事、解难事，主动想青年之所想、急青年之所急，充分依托党赋予的资源和渠道，为青年提供实实在在的帮助，让广大青年真切感受到党的关爱就在身边、关怀就在眼前！

第四，勇于自我革命，始终成为紧跟党走在时代前列的先进组织。对共青团来说，建设什么样的青年组织、怎样建设青年组织是事关根本的重大问题。"常制不可以待变化，一途不可以应无方，刻船不可以索遗剑。"共青团只有勇于自我革命，才能跟上时代前进、青年发展、实践创新的步伐。要把党的全面领导落实到工作的全过程各领域，走好中国特色社会主义群团发展道路，聚焦不断保持和增强政治性、先进性、群众性的目标方向，推动共青团改革向纵深发展。要敏于把握青年脉搏，依据青年工作生活方式新变化新特点，探索团的基层组织建设新思路新模式，带动青联、学联组织高扬爱国主义、社会主义旗帜，不断巩固和扩大青年爱国统一战线。要自觉对标全面从严治党经验做法，以改革创新精神和从严从实之风加强自身建设，严于管团治团，在全方位、高标准锻造中焕发出共青团昂扬向上的时代风貌!

"人生万事须自为,跬步江山即寥廓。"追求进步,是青年最宝贵的特质,也是党和人民最殷切的希望。新时代的广大共青团员,要做理想远大、信念坚定的模范,带头学习马克思主义理论,树立共产主义远大理想和中国特色社会主义共同理想,自觉践行社会主义核心价值观,大力弘扬爱国主义精神;要做刻苦学习、锐意创新的模范,带头立足岗位、苦练本领、创先争优,努力成为行业骨干、青年先锋;要做敢于斗争、善于斗争的模范,带头迎难而上、攻坚克难,做到不信邪、不怕鬼、骨头硬;要做艰苦奋斗、无私奉献的模范,带头站稳人民立场,脚踏实地、求真务实,吃苦在前、享受在后,甘于做一颗永不生锈的螺丝钉;要做崇德向善、严守纪律的模范,带头明大德、守公德、严私德,严格遵纪守法,严格履行团员义务。广大共青团员要认真接受政治训练、加强政治锻造、追求政治进步,积极向党组织靠拢,以成长为一名合格的共产党员为目标、为光荣。

长期以来,广大团干部发扬优良传统,认真履职尽责,为党的青年工作作出了重要贡献。团干部要铸牢对党忠诚的政治品格,高扬理想主义的精神气质,心境澄明,心力茁壮,让人迎面就能感受到年轻干部应有的清澈和纯粹。要自觉践行群众路线、树牢群众观点,同广大青年打成一片,做青年友,不做青年"官",多为青年计,少为自己谋。要培养担当实干的工作作风,不尚虚谈、多务实功,勇于到艰苦环境和基层一线去担苦、担难、担重、担险,老老实实做人,踏踏实实干事。要涵养廉洁自律的道德修为,心有所畏、言有所戒、行有所止,不断锤炼意志力、坚忍力、自制力,做一个一心为公、一身正气、一尘不染的人。

共青团员们、青年朋友们、同志们!

革命人永远是年轻。中国共产党立志于中华民族千秋伟业,百年恰是风华正茂。列宁曾经引用恩格斯的话说过:"我们是未来的党,而未来是属于青年的。我们是革新者的党,而总是青年更乐于跟着革新者走。我们是跟腐朽的旧事物进行忘我斗争的党,而总是青年首先投身到忘我斗争中去。"历史和现实都证明,中国共产党是始终保持青春特质的党,是永远值得青年人信赖和追随的党。

在实现中华民族伟大复兴的征程上,中国共产党是先锋队,共青团是突击队,少先队是预备队。入队、入团、入党,是青年追求政治进步的"人生三部曲"。中国共产党始终向青年敞开大门,热情欢迎青年源源不断成为党的新鲜血液。共青团要履行好全团带队政治责任,规范和加强少先队推优入团、共青团推优入党工作机制,着力推动党、团、队育人链条相衔接、相贯通。各级党组织要高度重视培养和发展青年党员,特别是要注重从优秀共青团员中培养和发展党员,确保红色江山永不变色。

李大钊说过:"青年者,国家之魂。"过去、现在、将来青年工作都是党的工作中一项战略性工作。各级党委(党组)要倾注极大热忱研究青年成长规律和时代特点,拿出极大精力抓青年工作,做青年朋友的知心人、青年工作的热心人、青年群众的引路人。各级党组织要落实党建带团建制度机制，经常研究解决共青团工作中的重大问题，热情关心、严格要求团干部，支持共青团按照群团工作特点和规律创造性地开展工作。

共青团员们、青年朋友们、同志们！

早在两千多年前，孔子就说："后生可畏，焉知来者之不如今也？"青年之于党和国家而言，最值得爱护、最值得期待。青年犹如大地上茁壮成长的小树，总有一天会长成参天大树，撑起一片天。青年又如初升的朝阳，不断积聚着能量，总有一刻会把光和热洒满大地。党和国家的希望寄托在青年身上！

1937 年，毛泽东同志为陕北公学成立题词时说："要造就一大批人，这些人是革命的先锋队。这些人具有政治远见。这些人充满着斗争精神和牺牲精神。这些人是胸怀坦白的，忠诚的，积极的，与正直的。这些人不谋私利，唯一的为着民族与社会的解放。这些人不怕困难，在困难面前总是坚定的，勇敢向前的。这些人不是狂妄分子，也不是风头主义者，而是脚踏实地富于实际精神的人们。中国要有一大群这样的先锋分子，中国革命的任务就能够顺利地解决。"今天，党和人民同样需要一大批这样的先锋分子，党中央殷切希望共青团能够培养出一大批这样的先锋分子。这是党的殷切期待，也是祖国和人民的殷切期待！

（资料来源：中华人民共和国中央人民政府网，2022 年 5 月 10 日）

☆【精选品读三】

总书记心中的新时代好青年

百年前，一批热血澎湃的青年擎起真理的火炬，开辟震古烁今的事业。

百年后，无数意气风发的青年担当历史的重任，投身民族复兴的征程。

时光流转，时代巨变，青春一脉相承。

在党的二十大上，习近平总书记发出伟大号召——"广大青年要坚定不移听党话、跟党走，怀抱梦想又脚踏实地，敢想敢为又善作善成，立志做有理想、敢担当、能吃苦、肯奋斗的新时代好青年，让青春在全面建设社会主义现代化国家的火热实践中绽放绚丽之花。"

（一）做有理想的青年

一叶红船，在风雨飘摇中启航。1921 年夏，浙江嘉兴南湖，他们神情坚毅，目光坚定。

中国共产党宣告成立，如惊雷划破暗夜，给暮霭沉沉的旧中国带来希望的光芒。一大代表平均年龄 28 岁，正是毛泽东当时的年纪。

2021 年 7 月 1 日，北京天安门广场，红旗如海，鲜花绚烂。

在中国共产党百年庆典上，青少年代表佩戴着闪耀的团徽、鲜艳的红领巾，响亮喊出"请党放心、强国有我"的铿锵誓言。习近平总书记感慨系之："这是新时代中国青少年应该有的样子"。

志在千秋业，多为青年计。"中国共产党是始终保持青春特质的党，是永远值得青年人信赖和追随的党。"

在习近平总书记心中，青春的力量，青春的涌动，青春的创造，始终是推动中华民族勇毅前行、屹立于世界民族之林的磅礴力量！

从小到大，上过无数堂课。其中一堂，让来自澳门的华中科技大学学生李启宇终生难忘。

2019年12月19日，习近平总书记的身影出现在澳门濠江中学附属英才学校。此前半年多，李启宇的同学们给习爷爷写了封信，没想到很快收到了来自北京的回信，落款人：习近平。

"笔友"间难得的见面，一番话意味深长——

"中华文明是唯一没有断流的古老文明。五千年的历史是我们文化自信的源泉。""了解鸦片战争以后中华民族的屈辱史，我们才能更深刻理解现在中国人民对中华民族伟大复兴的强烈愿望。"

志，气之帅也。

在纪念马克思诞辰200周年大会上，习近平总书记引用马克思的高中毕业作文《青年在选择职业时的考虑》——"如果我们选择了最能为人类而工作的职业，那么，重担就不能把我们压倒"。

青年者，国家之魂。青年的理想信念，关乎民族的未来。

2013年5月4日，党的十八大后第一个五四青年节，习近平总书记来到中国航天科技集团公司中国空间技术研究院，参加主题团日活动。

裴先锋的发言充满着朝气和锐气。这名"90后"农村孩子，通过勤学苦练，短短几年就成为技术过硬的电焊技师，在世界技能大赛中夺得焊接项目银牌，实现了这一赛事中国人奖牌零的突破。

谈及自己的成长体会，裴先锋说："练就国家建设需要的过硬本领，才能实现自己的青春梦想，才能成就自己的美好人生。"

总书记赞许道："你通过奋发努力，成就的青春事业与党和国家的事业、人民的事业高度契合，这样事业的光谱就更广阔，能量也会更强。"

一代人有一代人的际遇，一代青年有一代青年的使命。

习近平总书记深刻指明中国青年运动的时代主题，为新时代好青年的人生理想指明方向——为实现中华民族伟大复兴的中国梦而奋斗。

正因如此，当面对一张张朝气蓬勃的面孔，总书记总是在历史的坐标上指引青年一代之于国家民族的意义：

"你们这批人，生逢盛世，此其时也，你们将成为'两个一百年'的股肱之臣、栋梁之材。要撑得住。这只中国龙啊要有骨干、要撑得住，她才能够更高地腾飞。"

"我们有决心为青年跑出一个好成绩，也期待现在的青年一代将来跑出更好的成绩。"

（二）做敢担当的青年

跨年夜，华灯初上，习近平总书记的二〇二三年新年贺词如约而至。

贺词中，习近平总书记赞颂青春、寄语青年："明天的中国，希望寄予青年。青年兴则国家兴，中国发展要靠广大青年挺膺担当。"

穿越历史风云，责任担当始终是进步青年的鲜明特质。

家住武汉东湖新城社区的谢小玉，青春记忆里有终生难忘的一笔。世纪疫情突袭，回家过寒假的她，成为社区最年轻的志愿者。

在最艰难的时刻，谢小玉见到了前来看望他们的习近平总书记。

在社区党群服务中心，总书记亲切地问这个戴着黑框眼镜、稚气未脱的年轻人："你有没有 20 岁？""做志愿者苦不苦？"

迎着总书记温暖的目光，谢小玉坦言："我想做些有意义的事情。"

从谢小玉身上，总书记看到了新时代青年的无畏担当："过去有人说他们是娇滴滴的一代，但现在看，他们成了抗疫一线的主力军"。

有责任有担当，青春才会闪光。

疫情汹汹，"95 后"社区医生甘如意冒着寒风冷雨、穿过白昼黑夜，独自骑行 300 千米，返回"风暴"中的武汉；

决战脱贫，不满 30 岁的黄文秀放弃大城市的工作机会，主动请缨扎根大山，开启"心中的长征"，谱写了无悔的青春之歌；

火情告急，四川木里年轻的森林消防员们奋不顾身，用青春的忠诚阻挡蔓延的山火，将战斗的英姿定格在凉山万顷林海之中；

……

只要国家和人民一声召唤，总有青春的身影，向困难的纵深挺进。

"只要青年都勇挑重担、勇克难关、勇斗风险，中国特色社会主义就能充满活力、充满后劲、充满希望。"习近平总书记强调。

"清澈的爱，只为中国"，这是 18 岁的陈祥榕烈士写下的战斗口号。卫戍边疆安宁，这位年轻的军人用生命保卫了家国的尊严。

班长孙涛记得，他和陈祥榕有过一段对话："你一个'00 后'的新兵，口号怎么这么'大'？"

"班长，这跟年龄没关系，我就是这么想的，也会这么做的。"

2022 年 5 月 10 日，在庆祝中国共产主义青年团成立 100 周年大会上，习近平总书记深情地说："'清澈的爱，只为中国'，成为当代中国青年发自内心的最强音。"

青春之火，为民族而燃烧；青年之心，为祖国而跳动。

2023年3月5日，在全国两会江苏代表团审议现场，"80后"的魏巧代表向总书记讲起自己返乡创业的经历。

这位来自镇江市镇江新区永兴农机机械化专业合作社的年轻理事长，6年前辞去北京的工作回到乡村，成为数字化大田种植的行家里手。

"像魏巧这样的同志到农村去，很好！"乡村振兴的希望田野，是青年人干事创业的舞台。

林海田野、海岛边疆、车间厂房……放眼中国，奋力打拼的青年身影忙碌在新时代的广阔天地里。

"时代呼唤担当，民族振兴是青年的责任。"

习近平总书记的话语鼓舞着青年人的心："青年怀壮志，立功正当时，此时不搏更待何时，责任担当，舍我其谁！"

（三）做能吃苦的好青年

2022年盛夏，习近平总书记来到新疆兵团军垦博物馆。

展厅内，总书记在一面偌大的照片墙前驻足。黑白的光影，定格着一张张青春的脸庞和一段筚路蓝缕的岁月。20世纪50年代，在"保卫边疆、建设边疆"的感召下，无数来自祖国各地的青年儿女，挥别故土上天山。

他们在戈壁荒滩上，吃着窝头就盐碱水、睡着没门窗的地窝子，爬冰卧雪、人拉肩扛，城市拔地而起，青丝成了白发。

"你们是从艰苦奋斗中走过来的，作出了不可磨灭的贡献。"面对兵团老中青三代建设者代表，总书记饱含深情地说。

青春的记忆，永不褪色。

1969年新年刚过，辗转火车、卡车、徒步，不到16岁的习近平，从北京来到陕北。

十里山路，挑沉甸甸的两捆麦子长时间不换肩；寒冬腊月，第一个跳到粪池里去起粪；打坝夯石，满手掌的水泡磨出了血也从来不"撒尖儿"……在黄土高原深处的梁家河，知青习近平什么活儿都干，什么苦都吃，是乡亲们眼中"吃苦耐劳的好后生"。

回望那段日子，他说：艰难困苦能够磨炼一个人的意志。七年上山下乡的艰苦生活对我的锻炼很大，后来遇到什么困难，就想起那个时候在那样的困难条件下还可以干事，现在干吗不干？

青春，应该在哪里用力、对谁用情、如何用心？这是青年习近平常常思考的人生命题。

1987年，时任厦门市副市长的习近平对刚从厦大毕业的青年人张宏樑这样说："我上的是梁家河的高中、梁家河的大学。上了这个高中和大学，对老百姓才会有很深的感情。你们一定要下基层，才能培养出对老百姓的感情，才能提高自己，干出实事，做出实效。"

"禾苗在地里墩一墩，才能吃土更深、扎根更实，在风雨中抗倒伏、立得住。年轻人在基层墩一墩，把基础搞扎实了，后面的路才能走得更稳更远。"2013年全国组织工作会议上，习近平总书记语重心长地说。

1990年五四青年节那一天，即将离开宁德调任福州的习近平对前来交接工作的同志提议："我们地委班子交接也搞个创新吧，今天不在办公室交接，到基层去！"

于是他们便在飘着细雨的清晨出发，辗转多地看企业、看工厂、看乡村，向百姓问实情、听心声、话离别……在坦洋村，习近平同当地干部群众袒露心扉："青山不老，绿水长流，喝过坦洋工夫茶，人走情常在。我的心和你们的心是永远贴在一起的。"

那一年，习近平37岁。

2022年夏天，四川宜宾学院求实会堂里，习近平总书记被热情的学子们围拢着。

即将毕业的刘江告诉总书记自己还当过兵，总书记关切地问："在哪儿当的兵？"

"武警新疆总队巴音郭楞支队博湖中队。"

"在那边待了几年？"

"两年。"

"有这个经历很好，钢铁就是这样炼成的。"总书记称赞道。

冒着零下30多摄氏度的严寒，迎风踏雪来到内蒙古阿尔山边防哨所，同边防线上巡逻执勤的官兵一起站岗，招呼年纪最小的吴景伟站到自己身旁合影；

临近春节，来到北京前门石头胡同看望快递小哥，得知大家年三十才能返乡过年，动情地称赞他们"像勤劳的小蜜蜂，是最辛勤的劳动者"；

给河北保定学院西部支教毕业生群体代表回信，肯定他们奔赴条件艰苦的西部和边疆地区，扎根基层教书育人的选择，鼓励广大青年"好儿女志在四方，有志者奋斗无悔"……

习近平总书记的关心鼓励，激励着新时代青年在基层艰苦劳动、服务人民、磨砺自我。

"青年时代，选择吃苦也就选择了收获，选择奉献也就选择了高尚。"

"年轻一代要继承和发扬吃苦耐劳、自力更生、艰苦奋斗的精神，摒弃骄娇二气，像我们的父辈一样把青春热血镌刻在历史的丰碑上。"

言语谆谆，承载着最深的期许。

（四）做肯奋斗的青年

青春的韵律，总是与时代同频共振。

从"青年之于社会，犹新鲜活泼细胞之在人身""青年之文明，奋斗之文明也"的思考，到"与人奋斗，其乐无穷""敢教日月换新天"的豪迈……时代场景变换，中国青年的奋斗印记始终清晰可见。

1939 年 5 月，在延安庆贺模范青年大会上，毛泽东同志深刻指出，"中国的青年运动有很好的革命传统，这个传统就是'永久奋斗'""什么是模范青年？就是要有永久奋斗这一条"。

2018 年 5 月，北大燕园内的师生座谈会上，习近平总书记引用了这篇《永久奋斗》中的讲话，寄语莘莘学子：

"幸福都是奋斗出来的，奋斗本身就是一种幸福""每个青年都应该珍惜这个伟大时代，做新时代的奋斗者"。

青春理想、青春活力、青春奋斗，是中国精神和中国力量的生命力所在。

2013 年五四青年节，总书记来到青年朋友们中间，同大家共话青春。

"登顶世界高峰，探秘神奇的大自然，是我从小的梦想。"作为我国首位成功登顶珠峰的在校女大学生，来自中国地质大学的陈晨向总书记汇报了自己的感受。

"我非常敬佩你。"听了陈晨的发言，习近平总书记感触良多，"对珠穆朗玛峰，我是'高山仰止，景行行止，虽不能至，心向往之'。我 20 岁出头时，担任大队党支部书记，到四川学习农村发展沼气技术，办完事后，在大雪封山时登上峨眉山，十分艰险，下山时到小饭馆吃担担面，人家已经尊我们为英雄了。"

总书记接着说："人的一生只有一次青春。现在，青春是用来奋斗的；将来，青春是用来回忆的。"

青春由磨砺而出彩，人生因奋斗而升华。选择"佛系"，就无法攀登事业的高峰；选择"躺平"，就难以领略极致的风光。

2021 年 6 月 23 日，习近平总书记同神舟十二号航天员进行了一场特殊的"天地通话"，为这场对话保驾护航的"80 后""90 后"也"火"出了圈。

几个月后召开的中央人才工作会议上，总书记提到了这个细节——"大部分都是年轻人，三四十岁，但都是重要岗位的担当者。"

青年是常为新的，最具创新热情，最具创新动力。

北斗卫星团队核心人员平均年龄 36 岁，量子科学团队平均年龄 35 岁，中国天眼FAST 研发团队平均年龄 30 岁……"墨子""天问""嫦娥"，寄托着民族复兴梦想的事业中，处处可见青年人的身影。

青春无边，奋斗以成。

北京冬奥，非凡的"冰雪盛会"，身披五星红旗的"00 后"小将苏翊鸣明亮如火。

"出生在一个伟大的国家，成长在一个最好的时代"，夺冠后的苏翊鸣给总书记写了一封信，汇报刻苦训练、突破自我、实现梦想的奋斗历程。

"翊鸣同学：你好！来信收悉。"不久后，苏翊鸣收到了温暖的鼓励，也收到了沉甸甸的期望，"希望你们心系祖国，志存高远，脚踏实地，在奋斗中创造精彩人生，为祖国和人民贡献青春和力量。"

奋斗，是青春最亮丽的底色；奋斗，许岁月以不朽的荣光。

回望波澜壮阔的历史长河，正因一代又一代"青春之我"接续奋斗，才有今日"此生无悔入华夏"的深情告白，才有今时"平视世界"的自信底气。

奔赴光荣与梦想的远征，新时代青年更须在青春的赛道上奋力奔跑，用青春的能动力和创造力激荡起民族复兴的澎湃春潮，用青春的智慧和汗水打拼出一个更加美好的中国！

（资料来源：求是网，2023 年 5 月 4 日）

九、章节题库

十、教学参考

1. 习近平. 之江新语 [M]. 杭州：浙江人民出版社，2007.

2. 习近平. 在全国高校思想政治工作会议上的讲话 [EB/OL]. 教育部政府门户网，2016-12-8.

3. 习近平. 在庆祝改革开放 40 周年大会上的讲话 [EB/OL]. 新华网，2018-12-18.

4. 习近平. 在北京大学师生座谈会上的讲话 [EB/OL]. 新华网，2018-5-2.

5. 习近平. 在纪念五四运动 100 周年大会上的讲话 [EB/OL]. 人民网，2019-4-30.

6. 习近平. 在全国抗击新冠肺炎疫情表彰大会上的讲话 [EB/OL]. 新华网，2020-9-8.

7. 钟宪章. 奋斗新时代 [M]. 北京：国家行政学院出版社，2018.

8. 任仲文. 做新时代的追梦人 [M]. 北京：人民日报出版社，2019.

9. 孙运德，刘平，唐音. 新时代中国青年的榜样 [M]. 北京：人民日报出版社，2019.

第一章　领悟人生真谛　把握人生方向

　　怎样才能不虚度人生？怎样才能创造无愧于时代的人生？这是常常萦绕在大学生心头的青春之问。面对世界的深刻复杂变化，面对纷繁多样的社会现象，面对各种思潮的相互激荡，面对学业、情感、职业选择等多方面的考量，大学生要学会在科学理论指导下树立正确的人生观，把自己的人生追求同国家发展进步、人民伟大实践紧密结合起来，通过不懈努力实现人生价值。

——教材摘录

一、教学目的

（一）教学主要目标

　　总体目标：通过本章的学习，引导学生系统地掌握关于人生及人生观的基本理论，科学认识"人的本质""人应该怎样生活""什么是有意义的人生"等问题，自觉树立服务人民、奉献社会的正确人生观，做实践的主体、做生活的强者，为中华民族伟大复兴事业贡献自己的力量，成就出彩人生。

　　知识目标：了解人生观的科学内涵，理解人生目的是人生观的核心，社会属性是人的本质属性，正确认识个人与社会的辩证关系，明确服务人民、奉献社会的人生追求是科学高尚的人生观。了解人生价值的科学内涵、理解人生的自我价值和社会价值的辩证统一关系，明确人生价值的评价标准与方法、实现条件。明确如何正确对待人生矛盾。

　　能力目标：培养学生科学认识和正确处理人生问题的立场、观点和方法；学会选择与践行崇高的人生目的、积极进取的人生态度和科学的人生价值观；增强辩证对待人生矛盾、抵制错误人生观和成就出彩人生的能力。

　　情感目标：引导学生自觉将人生的自我价值和社会价值有机统一起来，乐于立足基层职业岗位，积极追求服务人民、奉献社会的人生目的。自觉提升人生境界，主动将个人发展和社会进步结合起来，把个人梦融入中国梦，自觉在服务人民，奉献社会的实践中谱写无愧于时代的人生华章。

（二）教学设计理念及基本思路

本专题按照"我是谁""为了谁""成为谁"的基本思路，从学生关注的热播剧人物切入，通过问题链设置，与学生一起探讨和解决"怎样认识人生""树立什么样的人生观"等现实问题。"我是谁"解读了人的本质，还原对人生观和人生意义的本真认识，阐释个人与社会的关系，阐明个体的人只有在社会中才能充分占有自己的本质；"为了谁"在分析我是谁的基础上，破解学生思想上的困惑：人生为了什么？什么样的人生才更有意义？"成为谁"在分析上述问题的基础上，启发学生将人生追求同国家发展进步和人民伟大实践密切结合起来，确立服务人民奉献社会的高尚人生观。通过探究讨论加深学生思考，通过理论讲授为学生提供启迪，由浅入深，从感性认识到理性思考。最后通过播放短片《28岁的你》，展现中国共产党百年风华中先辈们28岁的重要经历，聚焦年轻人面临的共同人生选择，引发情感共鸣。同时通过回望百年红色征程中，擎旗屹立的五四青年，奋起反抗的抗战青年，精诚奋斗的建国青年，一马当先的改革青年，引导学生理解青年和祖国的关系从不是单纯地被裹挟在时代大潮里的一颗石子，而是历史的参与者、奉献者和铸造者。引导学生明白，作为新时代青年，更应心系国家前途、民族命运和人民幸福，自觉自愿地投身到利国利民的事业中去，以成就出彩人生。从而层层递进、在不断启发中让学生水到渠成得出结论，解开对人生观的迷茫，明确青年的使命担当，达到本课的情感价值目标。

二、教学重难点

（一）教学重点

帮助学生认识马克思关于人的本质界定，以及个人与社会的辩证关系、人生目的与人生态度、人生价值三者之间的辩证关系、人生的自我价值和社会价值的辩证关系；掌握"服务人民、奉献社会"人生追求的依据和意义。

（二）教学难点

引导学生把握正确幸福观、得失观、苦乐观、顺逆观、生死观、荣辱观的基本内容和要求，辩证对待人生矛盾；确立创造出彩人生必须与历史同向、与祖国同行、与人民同在的观念。

（三）解决方法

以学生为中心，坚持问题导向和"八个相统一"要求，充分发挥教师在教学过程中"导"的作用和学生"学"的主体作用。课堂上教师结合教学内容，持续追问学生回答"人生三问"，并将促进学生正确回答"人生三问"作为内在的逻辑不断推进，教学过程中设计了三次小组分享对"人生三问"的回答，逐步引导学生运用马克思主义人生观基本理论回答"人生三问",直到最后,教师引导学生做出时代的回答。强化学理阐释教学环节,利用学习思政课 App、学习强国、人民网、新华网、求是网、央视网等线上平台与资源,结合党史案例,运用马克思主义唯物主义原理深入分析个人与社会,人生目的与人生态度、人生价值三者之间的辩证关系及人生的自我价值和社会价值的辩证关系。运用情境教学、案例分析、小组讨论等方法,强化师生互动、生生互动交流,促进学生积极思考"如何辩证地看待人生矛盾""为什么以及如何树立服务人民、奉献社会的人生目的""如何成就出彩人生"等问题,党史知识穿插整个教学过程,具知识性、理论性、趣味性、灵活性于一体。

三、教学导入

情景再现导入课程,选择了建党百年热播剧《觉醒年代》中,新青年陈延年、陈乔年兄弟俩心系天下,为革命事业鞠躬尽瘁笑着就义的视频片段,并以"人为什么活着""什么样的人生才有意义"两个问题切入。提问目标明确,视频具有震撼力,既激发起学生强烈的学习兴趣,又引导其达成共识,理性的认识人生追求是让人生变得有意义的前提。

四、"情理交融　史论结合"的教学设计

我是谁? 我从哪里来? 我要到哪里去? 这是古希腊哲学家苏格拉底的哲学命题。是对人生意义、人生价值的终极追问。

我是谁? 问的是我们能否看清自己、发现自己的独特性;我从哪里来? 问的是我们是否清楚自己的人生际遇;我要到哪里去? 促进我们每个人都要思考自己的人生目标。

同学们面对世界的深刻复杂变化,面对纷繁样的社会现象,面对学业、情感、职业选择等多方面的考量,我们该如何回答这三问?

习近平总书记嘱托我们:"关键是要学会思考、善于分析、正确抉择,做到稳重自持、从容自信、坚定自励。要树立正确的世界观、人生观、价值观,掌握了这把总钥匙,再来看看社会万象、人生历程,一切是非、正误、主次,一切真假、善恶、美丑,自然就洞若观火、清澈明了,自然就能作出正确判断、作出正确选择。"

大学生该如何思考和规划自己的人生之路?

【教学活动】可用学习通平台互动人生三问。

【设计意图】设计问题情境,引领学生自觉思考人生三问,促进学生建立对运用人生观理论解决人生问题的期待。

第一节　人生观是对人生的总看法

何为人生观？人生观就是人们关于人生目的、人生态度、人生价值等问题的总观点和总看法。在我们的生命历程中，在观察、思索、判别所处时代和环境的过程中，会做出不同的选择。想要思考人生、树立正确的人生观，就要从正确认识人和人的本质开始。

知识点 一　如何认识人的本质？

历史上，许多思想家从不同角度提出关于"人是什么"的种种见解，不断深化着人类对自身存在的反思，为科学认识人的本质提供了大量的思想资源。

我们一起来分析一下，在马克思主义诞生之前的思想家们都是从哪个角度来区别和认识人的，试分析这些认识的共同点是什么？错在哪里？

知识案例

【案例精选一】历史上关于"人是什么"的代表性观点

在马克思主义诞生之前，有人从人性善恶的角度去认识人，如中国古代的孟子强调"人性善"，认为人有恻隐之心，有羞恶之心，有辞让之心，有是非之心。认为人的善良本性是存在于内心的，必须有意识地去探索它、发展它，才能成为一种美德。如果放弃它，那就人失掉或被埋没。荀子强调"人性恶"，认为人性是"生而有好利焉"，"生而有疾恶焉"，"生而有耳目之欲、有好声色焉"。"人之性恶，其善者伪也"。善是后天环境和教化学习的结果。所谓"礼义者，圣人之所生也，人之所学而能，所事而成者也……可学而能、可事而成之在人才，谓之伪"。有人从人与一般动物生理特征上的区别来认识人，如古希腊的柏拉图曾将人定义为"双足而无羽毛的动物"；有人根据某种特殊的社会属性来揭示人的本质，如古希腊的亚里士多德指出"人是天生的政治动物"；有人试图通过归纳人类共有的某种抽象存在物来揭示人的本质，如德国的费尔巴哈强调理性、爱、意志力是人类的本质……这些认识从一般的或抽象的人性论出发，都没能正确地揭示人的本质。

【设计意图】以问题为引领，引导学生分析历史上关于人的本质问题的思想错在哪里，训练学生辩证思维的能力。

【教师讲解】有人从人性善恶的角度去认识人，如中国古代的孟子强调"人性善"，荀子强调"人性恶"；有人从人与一般动物生理特征上的区别来认识人，如古希腊的柏拉图曾将人定义为"双足而无羽毛的动物";有人根据某种特殊的社会属性来提示人的本质,如古希腊的亚里士多德指出"人是天生的政治动物";有人试图通过归纳人类共有的某种抽象存在物来揭示人的本质,如德国的费尔巴哈强调理性、爱、意志为是人类的本质……

【教师提问】这些认识的共同点是什么?

【教师评析】这些认识有的强调人与生俱来的自然属性,有的强调人的某种特殊社会属性,实际上都是从一般的或抽象的人性论出发来认识人,没能正确地揭示人的本质。

知识点 二　马克思主义关于人的本质的认识

马克思运用辩证唯物主义和历史唯物主义的立场、观点、方法,揭开了人的本质之谜。他指出:"人的本质不是单个人所固有的抽象物,在其现实性上,它是一切社会关系的总和。"这一论断关注的是现实的、具体的人,强调从社会关系出发去把握变化着的人的本质,为人们认识人生、形成正确的人生观提供了科学的方法论。

其基本观点如下:一是人是处在一定社会关系中从事社会实践的现实的、具体的人;二是社会属性是人的本质属性;三是社会关系的总和决定了人的本质;四是要从社会关系出发去把握变化着的人的本质。

【教师提问】何为现实的、具体的人?

【教师评析】所谓现实的人"不是处在某种虚幻的离群索居和固定不变状态中的人,而是处在现实的,可以通过经验观察到的,在一定条件下进行的发展过程中的人"。马克思定义的现实的人是以物质生产活动为基础的人;处于一定历史条件下的个人;从事活动的进行物质生产的个人,有思想、观念和意识的个人。是从事具体实践活动的人,不仅要满足自身对物质资料的需求,还有对自身获得社会地位和获得他人认同的需求。

从与动物相区别的层次看,人的本质是劳动。人的属性具有多样性,如有欲望、有理性、会思考、能制造工具、能进行生产劳动,上述属性可分为两类:自然属性和社会属性。人与动物的根本区别在于社会性。一旦人们开始生产自己所需要的物质生活资料的时候,就把自己与动物区分开来了。人的有意识的生命活动就是人改造自然、创造人类世界的劳动。劳动是人的本质活动,标志着人的生命活动的性质,以制造工具和使用工具为标志的劳动是把人和动物区别开来的第一个历史活动。

从人与人相区别的层次看,人的本质是一切社会关系的总和。经济关系即生产关系在社会关系总和中起着支配作用。社会关系处于不断变化中,人必然随着社会关系的变化而变化。在阶级社会中,人们所处的社会集团不同,所处的社会地位不同,因而人与人不同,人的社会性表现为阶级性。

【小组分享】回答人生三问。试试从自己的社会关系，如家庭关系、地缘关系、经济关系、道德关系等多个方面回答"我是谁？"，再以自己成长的经历、境遇回答"我从哪里来？"，结合前面两个问，说说自己的人生追求，回答"我要到哪里去？"。

【设计意图】第二次提出人生三问，引导学生根据人的社会性理论进行回答，在小组分享。

知识点 三 个人与社会的辩证关系

人是社会的人，社会是人们相互交往的产物，人生的内容与社会活动密不可分。个人与社会的关系问题是认识和处理人生问题的重要着眼点和出发点。

知识案例

【案例精选二】帮助别人快乐自己的郭明义

1977 年，郭明义穿上绿军装走进军营，介绍他入伍的首长正是当年雷锋的入伍介绍人。郭明义当兵 5 年内共获 5 次嘉奖，退伍时，连长拍着他的肩膀说："明义呀！你在部队是学雷锋标兵，回到社会上一定要沿着雷锋的路一直走下去。"

退伍后，郭明义回到家乡辽宁，到鞍钢工作，而鞍钢也是雷锋唯一工作过的工业企业。郭明义愈发坚定了向雷锋学习的决心。雷锋做什么，他就做什么。雷锋捐款，他就去捐款。四川某地地震时，他将自己几个月的生活补助都捐给了灾区。

听说无偿献血可以救人，他便坚持了 20 年的无偿献血，加起来一共 6 万多毫升，据说能抢救 75 名危重患者的生命。很多人受郭明义影响，也开始主动献血。郭明义还发起很多次无偿献血、造血干细胞血液采集活动，献血总量超过 100 多万毫升，2000 多人也因此加入中华骨髓库。

在望城的山间小道上，一颗小小的螺丝钉同时映入了张兴玉和雷锋的眼帘。雷锋当时不甚在意，一脚踢飞了螺丝钉。张兴玉却上前几步，弯腰捡起来，把螺丝钉上的灰擦干净，郑重地交给雷锋说："留着，会有用处的。"就这样一弯腰，一句话，一个老共产党员的言行便影响了一个年轻人的一生。而雷锋的事迹也影响了郭明义的一生。郭明义当过汽车驾驶员、公路管理员，也在车间团支部书记等很多岗位任过职。无论身处何地，只要有群众反映问题，比如房屋漏水、暖气不热、工资被拖欠，通过他转达，通常都能督促相关部门尽快解决。

郭明义曾将道德模范的 10 多万元慰问金捐给了困难群众；曾把自己住过的房子办理更名过户手续后捐给了内蒙古来鞍山的一名打工者；曾取出自己的 25 万元住房公积金用于帮助四川凉山州喜德县两户困难家庭建了住房……而他一家三口却一直住在一个 40 平方米大的房子里。很多人觉得他傻，他却在听到这个评价后感到高兴。"雷锋就被人说过傻，这证明我的路走对了！"

2009年7月，在各级组织的支持帮助下，郭明义发起成立了"郭明义爱心团队"。自2012年以来，团队累计募捐800多万元，救助了10000多名困难学生、退役军人、困难群众；团队还参与精准扶贫、助力乡村振兴，为贫困户提供资金、农具、技术等等，想办法帮他们脱贫。现在全国二十多个省区市都成立了"郭明义爱心团队"，共有1400多支分队、240多万名志愿者，这在全国范围内都可以说是一支极具影响力的队伍。

雷锋在日记里写过：活着就一个目的，做一个对人民有用的人。郭明义做到了。感动中国给了郭明义这样的颁奖辞："他总看别人，还需要什么；他总问自己，还能多做些什么。他舍出的每一枚硬币，每一滴血都滚烫火热。他越平凡，越发不凡，越简单，越彰显简单的伟大。"

【设计意图】通过本案例，让学生了解郭明义一生乐于助人的事迹、感受他奉献他人与奉献社会的优秀品质，引导学生思考郭明义作为个人在社会中所扮演的角色，以及对社会产生的影响，进而深入理解个人与社会的辩证关系，即二者对立统一的关系如何体现，个人与社会的关系最根本的是什么及其原因。

【案例精选三】美国驻华大使点赞中国高铁速度

2022年6月12日，美国驻华大使伯恩斯乘坐高铁从北京前往武汉。途中，他在社交媒体上发布信息，点赞中国高铁速度："刚刚，我乘坐令人赞叹的复兴号列车，以每小时308千米的高速经过了黄河。"话语中难掩惊叹、赞美之情，也引发美国网友感叹：真心希望美国也能有这样的高铁列车。

为何当中国高铁已经成为一张闪亮的国家名片时，一些西方发达国家的高铁却迟迟不能建成？

这一事例说明高铁属于社会公共产品，建设高铁是实现社会利益的一种体现，也是为了很好地满足社会成员个人利益。而高铁的建成，这种社会利益的实现，需要各方支持、相互妥协，甚至需要个人在一定范围内牺牲自己的眼前利益。因此，高铁建设不仅涉及科技进步，还涉及个人利益与社会利益关系处理的问题。

中国高铁的成功，是大量群众舍小家、为大家，为实现社会公共利益作出自我牺牲的结果。而一些西方发达国家的高铁迟迟未能建成，背后最根本的原因在于，资本主义制度下，个人利益与社会利益的矛盾往往不可调和。他们实行土地私有制，仅仅土地征用这一项工作往往就难以完成。

【设计意图】案例分析，采用对比的方式，引导学生全面、辩证地看待问题，激发学生的爱国情。

【小组讨论】每年有数万名大学毕业生，放弃大城市的工作机会，报名参加志愿服务"西部计划""三支一扶"计划，服务西部、扎根基层。他们为什么会舍弃优越的城市生活而深入艰苦边远地区、贫困的农村？

【设计意图】 设计讨论环节，以新时代青年的实际行动激励大学生正确处理好个人利益与国家利益。

知识点 四 人生观与世界观、价值观的关系

人生观是人们关于人生目的、人生态度、人生价值等问题的总观点和总看法。世界观是人们对生活在其中的世界以及人与世界的关系的总体看法和根本观点。价值观是人们关于价值的根本观点，为人们在社会生活中判断善恶、美丑、福祸、荣辱、利害提供基本准则。

知识案例

【案例精选四】毛泽东的思想转变

毛泽东在青年时期就立志救国救民，但是其世界观经历了一个转变过程。他曾经与斯诺谈到他在湖南省立第一师范求学的经历，自称"那时我是一个唯心主义者"。同时期，他在读《伦理学原理》时写下大量批注，认为"人类之目的，在实现自我而已"，在人生观上相信个人主义。而当他成长为一名马克思主义者后，在科学世界观的指导下，看到了人民群众在历史发展中的作用，才树立起全心全意为人民服务的高尚人生追求。

【设计意图】 通过案例，引导学生明晰世界观决定人生观，人生观对世界观的巩固、发展和变化起着重要作用。

【案例精选五】张桂梅做"峡谷里的灯盏"为党育人为国育才

1974年，张桂梅从东北来到云南，支援边疆建设。1997年4月，张桂梅被查出重病，但她忍着剧痛，直到把学生送进考场才住院手术。在那段艰难的日子里，华坪给了她温暖。县里发出倡议为张桂梅募捐，一名家住山里的妇女，把仅有的5元钱回程路费都捐给了她。手捧着乡亲们的"情义"，张桂梅的泪水夺眶而出："华坪给了我第二次生命，我想为华坪做些事。"从那时起，张桂梅的生命就和华坪、和教育扶贫连在了一起。2008年9月，张桂梅创办的华坪女子高中迎来了第一批新生。为了不让一名女孩因贫困失学，她翻山越岭，走遍了丽江边远山区的每一个村寨，14年的时间里，2000多名可能辍学的贫困女孩走出了大山，走进了大学校门……

【教学活动】 张桂梅说："在华坪的20多年，是我一生中最精彩、最幸福的时光。"分析张桂梅的价值观，说说价值观与人生观的关系。

【教师评析】 大学生思考人生问题，应该正确认识和处理个人与社会、个体利益与集体利益之间的关系，把自己的人生追求同社会的发展进步紧密结合起来，在为社会

作贡献的过程中成长进步，实现自己的人生价值。

【案例精选六】从习近平总书记的青春岁月中找寻青春答案

"我不到16岁就从北京来到了中国陕北的一个小村子当农民，在那里度过了七年青春时光……年轻的我，在当年陕北贫瘠的黄土地上，不断思考着'生存还是毁灭'的问题，最后我立下为祖国、为人民奉献自己的信念。"2015年10月21日，伦敦金融城市长晚宴上，中国国家主席习近平提到自己40年前插队的梁家河时说。

就在此前一个月，2015年9月22日，美国西雅图，中国国家主席习近平在华盛顿州当地政府和美国友好团体联合欢迎宴会上，深情回忆了自己在梁家河的插队生活，有两句话在大洋上空久久回荡——

"我了解乡亲们最需要什么！"

站在世界舞台向世人阐释中国，习近平没有用宏大的场景描述，也没有用细微的统计数字，而是选择了一个独具意义的村庄——梁家河，用一个村子的变化，让世人清楚看到全中国几十年的发展。

习近平借梁家河之例特别指出："中国梦是人民的梦，必须同中国人民对美好生活的向往结合起来才能取得成功。"

这是他的青春所知、青春所得，也是他不变的初心。

40多年前，进梁家河的那道沟是一条很难走的土路。狭窄川道中间，一条弯弯曲曲的羊肠小道通往山里。初来乍到，偏远、闭塞、贫穷的梁家河，似乎完全不同于想象中的红色土地。

到遥远的陕北梁家河插队，是习近平主动要求的。然而，直到塌下心来，他才真切地认识了陕北，了解了实际，融入了这里的人民。七年青春岁月，习近平在陕北这块革命圣地上取到了父辈革命者书写的"真经"。

志当存高远。插队之初，15岁的习近平还没有完成中学学业，他梦寐以求用现代知识充实自己的内心和头脑。但1973年，面临推荐上大学的机会，习近平却说："我为什么就不能在梁家河扎根呢？我为什么就不能在这里为老百姓干好事呢？自己的路自己走，自己的事自己干！"那时的习近平，已经展现出高远的志向、宏大的抱负、独特的人生设计，形成了成熟而坚定的世界观、人生观和价值观。正因为如此，七年艰苦历练，习近平成了"年龄最小、去的地方最苦、插队时间最长的知青"，成为梁家河的真正一员，成长为有定力、有抱负的党支部书记。他把梁家河作为奋斗的起点，从此走上了不平凡的人生道路。他不仅把人留下了，更把心留下了。这非同寻常的人生选择，把他的一切同党和国家的前途命运紧紧连在了一起，同人民群众的安危冷暖和根本利益紧紧连在了一起。

党的十八大以来，中国共产党之所以能在以习近平同志为核心的党中央坚强领导下，取得一系列历史性成就，赢得人民群众的衷心拥护，答案就在这里。"人生的扣子从一开始就要扣好。"梁家河七年知青经历,就是习近平人生的"第一粒扣子"。"青年面临的选择很多,关键是要以正确的世界观、人生观、价值观来指导自己的选择。无数人成功的事实表明,青年时代,选择吃苦也就选择了收获,选择奉献也就选择了高尚。青年时期多经历一点摔打、挫折、考验,有利于走好一生的路。"这是习近平总书记 2015 年五四青年节对广大青年提出的殷切期望,也是对他自己青年时代人生经历的生动概括。习近平总书记曾勉励广大青年:"每一代青年都有自己的际遇和机缘,都要在自己所处的时代条件下谋划人生、创造历史。"他说:"人生的道路要靠自己来选择,如何选择一条正确的道路,关键是要有坚定的理想信念。"

当代青年是同新时代共同前进的一代,每个青年都应该坚定理想、牢记使命,争做新时代的弄潮儿,成为实现中华民族伟大复兴梦的使命担当!

【设计意图】通过本案例的教学,让同学们了解习近平在延安的锻炼经历,学习他在知青岁月中表现得优秀品质,引导学生树立正确的人生观、世界观和价值观。教师还可组织学生讨论,人生观、世界观和价值观之间的关系是怎样的,树立正确的人生观、世界观和价值观对于人的发展有什么样的影响。

第二节 正确的人生观

大学时期是世界观、人生观、价值观形成的关键时期。大学生应深入领会马克思主义关于人生问题的基本理论,准确掌握解决人生问题的科学方法,树立正确的人生观,明确人生目的、端正人生态度、认识人生价值,为创造有意义有价值的人生奠定良好的基础。

知识点 一 人生为什么要有所追求?

何为人生目的?人生目的是人们在社会实践中关于自身行为的根本指向和人生追求,在人生实践中具有重要作用。它是对"人为什么活着"的回答,是人生观的核心。

【教学活动】观看视频《如何活出有态度的青春?》,聆听汪品先院士的故事。

【教学活动】小组分享收获:如何活出有态度的青春?

【设计意图】以问题为引领,引导训练学生建立问题意识,促进学生思考人生问题。

知识案例

【案例精选七】别样青春——青年马克思

1844 年 8 月 28 日那天,两位年轻人相约巴黎摄政咖啡馆见面。他们相见恨晚,畅饮开怀之际一同痛骂社会的不公。他们一个出身富裕，一个商业骨干，却号召"全世界的无产者联合起来"，反对资本主义，实现共产主义，他们上下求索、朝夕不倦，屡屡碰壁也不曾放弃，为什么？因为他们心中怀揣希望，希望可以通过自己的努力让身处底层群众的艰辛与痛苦可以得到解脱。为此他们做了个伟大决定，要建立一个新的社会去代替资产阶级旧社会，让那些因出身和所属阶级带来困扰的劳苦大众可以得到解放。于是他们让自己的活力与希望在青春中竞相迸发，他们用志不改的坚定、道不变的执着不断探索，最终缔造奇迹，创立了关于全世界无产阶级和全人类彻底解放的学说——马克思主义。而作为青少年的他们，其实也曾跟我们大多数人的青春一样意气风发，也曾深刻地考虑过自己的未来。

1835 年，17 岁的马克思中学毕业了，那年他写了一篇题为《青年在选择职业时的考虑》的毕业论文。但令人由衷惊讶的是，作为处于青少年时期的马克思，在考虑职业的选择时，他并没有考虑到底应该选择哪种具体职业，而是在把这个问题上升到对世界的认识、对社会的认知以及对人生的态度加以深思和回答的基础之上，在这篇寓意在立志的作文末段，慷慨激昂地写道："如果我们选择了最能为人类福利而劳动的职业，那么，重担就不能把我们压倒，因为这是为大家而献身；那时我们所感到的就不是可怜的、有限的、自私的乐趣，我们的幸福将属于千百万人，我们的事业将默默地、但是永恒发挥作用地存在下去，而面对我们的骨灰，高尚的人们将洒下热泪。"很难想象，一个从小没有长在红旗下、长大也没有接受红色教育、只有十几岁的特里尔中学毕业生，竟能立下这样一番志向——为人类服务。更重要的是，在以后漫长的人生岁月中，纵使海枯石烂，天荒地老；纵使沧海桑田，物是人非；他都一往无前，矢志不移地忠实于少年时代的誓言，不曾改变。

那么，马克思为什么在少不更事时便立下滔天志向，且终生不渝？马克思凭什么胸怀大爱、心系苍生、悬"笔"济世？作为伟大导师的马克思何以能够成为一个符号、标签和图腾，将自己名字命名的主义刻在千千万万无产阶级的斗争旗帜上？

那是因为他始终怀揣希望，坚信共产主义社会必将能够实现。为了这一希望，他始终坚守自己的信仰并为之奋斗一生。

灼灼韶华，风禾尽起，这份希望的绵延、信仰的赓续随着历史的车轮滚滚向前，在一百多年后的华夏大地不断激励着中国青年。他们始终满怀对祖国和人民的赤子之心，为人民战斗、为祖国献身、为幸福生活奋斗，谱写了时代华章，奏响了青春之歌。

【设计意图】通过青年时期马克思确立人生追求的案例，激励大学生自觉把个人成长同国家和民族的前途命运相联系，确立远大的社会理想，由此激发学生心中的责任感和使命感。

【教师提问】人生目的在人生实践中具有怎样的重要作用？在学生讨论的基础之上，引出人生目的三个方面的作用。

知识案例

【案例精选八】"七一勋章"获得者黄大发

年轻时的黄大发，抱着对党的无限忠诚，面对贵州草王坝村山高坡陡、缺水致贫的状况，立下开渠引水脱贫的宏志。他带领村民经过 36 年不懈努力，在悬崖绝壁上开凿出一条主渠长 7200 米、支渠长 2200 米的"生命渠"，为改善山区群众用水条件、实现脱贫致富作出巨大贡献。他也因此被誉为"当代愚公"，"一生只为一条渠"是他这一生的真实写照。

首先，人生目的决定人生道路。

人生目的规定了人生的方向，指引着人生具体实践。确立不同的人生目的，意味着不同的人生道路选择，也就意味着不同的人生结果。在这个意义上，树立什么样的人生目的，就会有什么样的人生。

人生目的一旦确定，人生努力的根本方向也就明确了。黄大发年轻时立下开渠引水脱贫的宏志，此后几十年间，用尽所能克服重重困难，用实干兑现"水过不去、拿命来铺"的誓言，他也因此被授予"七一勋章"，荣获"时代楷模""最美奋斗者""全国诚实守信道德模范""感动中国 2017 年度人物"等荣誉称号。一定意义上，"一生只为一条渠"正是他当初明确人生目的、作出人生选择的结果。

其次，人生目的决定人生态度。

人生态度表明以怎样的心态和方式对待生活，度过人生。不同的人生目的会使人持有不同的人生态度，人生目的的变化会引起人生态度的改变。越是高尚的人生目的，越能引导人将各种困难和挑战转化为人生前进途中的阶梯。

柏拉图说：人生的态度是，抱最大的希望、尽最大的努力，做最坏的打算。

正确的人生目的使人无所畏惧、顽强拼搏、积极进取、乐观向上。

错误的人生目的会使人或投机钻营、违法犯罪，或虚度光阴、放纵人生，或悲观消沉、厌世轻生。

知识案例

【案例精选九】焊接领域的"大国工匠"艾爱国

艾爱国是第一位从湘钢走出来的焊接大师。从世界最长跨海大桥——港珠澳大桥，到亚洲最大深水油气平台——南海荔湾综合处理平台，这些国际国内超级工程中，都活跃着他的身影；从助力中国船舶制造业提升国际竞争力，比肩世界一流水平，到突破国外企业"卡脖子"技术，填补国内技术空白，都离不开他的焊接绝活。他是工匠精神的杰出代表，荣获"七一勋章"等多项国家级荣誉。50 余年坚守焊工岗位，为冶金、矿山、机械、电力等国家重点行业攻克 400 多项焊接技术难题，改进焊接工艺 100

多项，年过七旬仍奋斗在科研生产第一线，是当之无愧的焊接行业"领军人"。

最后，人生目的决定人生价值选择。

人生价值是指人的生命及其实践活动对于社会和个人所具有的作用和意义。当选定某种人生目的时，实际上意味着对某种生活所具有价值的确认。

人生目的决定着人们对人生价值的评判。选择什么样的人生目的，走什么样的人生道路，处理个人与社会、理想与现实、付出与收获、生与死等一系列人生历程中的重大问题时，人们总会有所取舍、有所好恶、对于赞成什么、反对什么、认同什么、抵制什么，总会有一定的标准，这个标准，就是我们的价值观。

正确的人生目的会使人懂得人生的价值首先在于奉献。错误的人生目的会使人把人生价值理解为向社会或他人进行索取。

知识案例

【案例精选十】"时代楷模"彭士禄

作为烈士后代，儿时经历坎坷，却坚信共产主义必胜，愿意为之而奋斗终身，最终投身于救国、救家、救百姓的伟大事业中。1956年，在苏联留学的彭士禄被问及能否将研究方向改为原子能核动力专业时，他坚定地回答："只要祖国需要，我当然愿意！"此后，他响应党中央号召，隐姓埋名投身核潜艇研制事业，为我国第一艘核潜艇的成功研制作出了重要贡献，成为中国核动力事业的开拓者和奠基者之一。

自树立了共产主义的理想信念，确立了为中华复兴而努力的高尚人生追求后，彭士禄将全部精力投入建造核潜艇和核电站中去，从不计较个人利益得失，从未向组织提出任何个人要求。无论是1956年按照要求改换专业，还是长期隐匿深山从事科技研发，他始终以国家的利益为先，勇挑重担，身先士卒，忘我工作，把毕生精力奉献给祖国的核动力事业。

【案例精选十一】"人民英雄"国家荣誉称号获得者陈薇

这么多年来，我不知道埃博拉危险吗？我不知道新冠危险吗？我没有家庭吗？不是的。我一直觉得我们是军人，来自人民、反哺于人民，我们承担了更多的困难，我们承担了危险，人民会受到更少的病魔的折磨，过上健康的生活。

——陈薇

陈薇一次次与致命病毒短兵相接、一次次在"无形战场"拼死搏杀，不是没有动摇过，但最终她能够坚持下来，是因为她始终把人民放在心上，把维护人民的生命安全和身体健康作为自己的责任和使命，以自己的实际行动把"人民"二字镌刻在新时代的答卷上，无愧于"人民英雄"的称号。

【小组讨论】讨论：从彭士禄、陈薇的人生目的，看彭士禄、陈薇的人生价值体现在哪里？

【教师评析】人生目的、人生态度、人生价值三者相互影响、紧密联系。其中，人生目的决定着人们对待实际生活的态度和对人生价值的评判，人生态度影响着人们对人生目的的持守和人生价值的实现，人生价值制约着人们对人生目的和人生态度的选择。准确把握人生方向，树立正确的人生观，就在于深刻认识人生目的、人生态度、人生价值的内涵与意义。

知识点 二　怎样的人生值得追求？

在马克思主义发展史上，从马克思和恩格斯提出的"为绝大多数人谋利益"，到列宁提出的"为千千万万劳动人民服务"，再到毛泽东精辟概括的"为人民服务"，反映了为人民服务思想和命题的形成及发展的过程，反映了无产阶级人生观、道德观的形成、发展和完善的过程。在不同的历史时期，中国共产党的几代中央领导人，都结合革命、建设和改革的实践，阐述了为什么要树立为人民服务人生观的深刻道理。不论在革命战争年代，还是在和平建设时期，服务人民、奉献社会这一高尚的人生追求，熏陶、感染了一代代革命者和建设者，对中国革命、建设、改革事业产生了重要的推动作用。

知识案例

【案例精选十二】时传祥：宁愿一人脏，换来万人净

15 岁时，时传祥受生活所迫当了掏粪工，受尽了压迫与欺凌。中华人民共和国成立后，劳苦大众翻身作主人，时传祥提出"宁愿一人脏，换来万人净"的口号，在环卫工人的岗位上全心全意为人民服务，1959 年被评选为"全国劳动模范"。

在时传祥的影响下，他的四个子女也一直从事着城市清洁工作，其中三儿子时纯利在 1990 年获得了全国"五一劳动奖章"，时传祥的孙女时新春也在 2006 年获得全国"五一劳动奖章"。这种兢兢业业、为人民服务的精神在这个平常又不平凡的家庭不断传承。

【小组讨论】从时传祥身上感受到的人生追求。

【教师评析】只有确立服务人民、奉献社会的人生追求，才能清楚把握人生奋斗目标，才能以正确的人生态度对待人生，才能掌握正确的人生价值标准。

新时代大学生要把为国家和人民事业无私奉献作为人生的最高追求，在服务人民、奉献社会中收获成长和进步。

【小组分享】回答人生三问。运用所学习的马克思主义人生观的基本理论，从我们所处的时代、青年的责任与使命，回答"我是谁？""我从哪里来？""我要到哪里去？"。

【教学拓展】选择一部文学作品阅读，并写出读后感，不少于 1000 字。推荐作品：

《活着》《平凡的世界》《老人与海》。

知识点 三　保持积极进取的人生态度

没有积极进取的人生态度，再崇高的人生追求也难以真正实现。走好人生之路，需要大学生正确认识、处理生活中各种各样的困难和问题，保持认真务实、乐观向上、积极进取的人生态度。

知识案例

【案例精选十三】邓小平三落三起的人生

邓小平一生三落三起、历经人生荣辱。一位外国传记作家曾感叹：邓小平"用非凡的能力战胜了政治上的三起三落和无数阴谋诡计，并且每次都向他生命的目标更接近一步。在我们的世纪里，我在东方和西方都没有见过像邓小平那样走过如此崎岖曲折的生活道路，却又卓有成就的政治家"。

"古之立大事者，不惟有超世之才，亦必有坚忍不拔之志。"处常人之不能处，忍常人之不能忍。每一次落难，邓小平都以顽强的毅力接受着命运的考验。江西第一次"落难"，他受到党内"最后严重警告"处分。在关押审查期间，"左"倾路线的执行者不仅在政治上，而且在生活上无情压迫他。陆定一的妻子唐义贞实在看不过去，到老乡家里买了鸡，偷偷疏通看守人员，把邓小平带到家中解馋。到"文化大革命"第二次被打倒时，不但邓小平本人受到迫害，他的家人也惨遭株连：长女邓林虽然从美术学院毕业，但因为是全国第二号"走资派"的女儿，不给分配工作，只好下放到河北一个农场里去劳动；长子邓朴方，则受迫害致残；次女邓楠，仍然在北大物理系，但不准许她回家；三女邓榕，在北京师范大学附属女子中学毕业，被下放到陕西农村插队落户；次子邓质方，在北京大学第一附属中学毕业，不到 15 岁，便被下放到山西农村。在江西的艰难岁月里，邓小平和卓琳的工资大幅下降，200 多元要维持全家 8 口人的生活，生活的拮据可想而知。后来邓朴方被批准到江西与他们同住。卓琳不顾自己身体不好，每日为儿子端饭送水；年迈的祖母也总是努力做可口的饭菜给他补养身体；邓小平则承担最重最累的活：给儿子擦澡翻身。对一个已经 67 岁的老人来说，体力上和精神上的消耗是可想而知的。一家人同甘共苦，互敬互爱，共渡难关。

经过长期艰苦的磨砺，邓小平练就了极强的应变能力和心理承受能力。对于个人和家庭的不幸与屈辱，他淡然处之。也许内心波涛起伏，但外表却平静似水，沉静刚毅。邓小平的女儿毛毛描述道："我父亲为人性格内向，沉稳寡言，五十多年的革命生涯，使他养成了临危不惧、遇喜不亢的作风，特别是在对待个人命运上，相当达观。在逆境之中，他善于用乐观主义精神对待一切，并用一些实际的工作来调节生活，从不感到空虚与彷徨。"

1985 年 7 月 15 日，邓小平在人民大会堂会见特立尼达和多巴哥总理钱伯斯。对当看到 81 岁高龄的邓小平仍然身体硬朗、精神饱满时，钱伯斯深感到惊奇，忍不住向邓小平请教保持身体健康的秘诀。邓小平答道：许多客人问过我，我的回答是四个字：乐观主义，天塌下来不要紧，有人顶着。他还说：我是三下三上的人，对什么问题都持乐观的态度，相信自己的信念总会实现，如果没有这样的信念，我是活不到今天的。

生性达观、内心光明、襟怀坦荡、处变不惊，这是时代风云留给邓小平的真实风格烙印，是一份历史的珍贵馈赠。

从一个人读一部历史。20 世纪的中国，风云激荡，沧海桑田。100 年间，在无数仁人志士前仆后继的奋斗中，中华民族从极度衰败、备受屈辱、国家濒临灭亡边缘，最终奇迹般地重新站立、一步步走向繁荣富强。近代以来，无数革命者有着共同的、特殊的历史命运，他们在寻觅救国救民真理的道路上，无不历尽艰辛，经受了各种磨难和考验。邓小平，作为一个几乎与 20 世纪同龄的人，他从青年时代起即投身革命的洪流，时代的熔炉，三落三起的磨砺，锻造了他作为一代伟人的性格和品质，成就了他领导党和人民开创建设中国特色社会主义的宏伟大业！

【设计意图】邓小平一生经历三落三起，依然能够微笑面对人生，根本原因就在于他对共产主义事业有执着的追求，并以此作为自己的奋斗目标和方向。通过本案例教学，引导广大青年大学生要学习这种积极进取、乐观向上的人生态度，树立正确的人生目的，以积极进取、顽强拼搏的人生态度不断开拓人生新境界，实现人生价值。

知识点 四　人生价值的评价与实现

对人生价值及其相关问题的正确认识，是人们自觉朝着选定的目标努力前行，创造有价值的人生的重要前提。

知识案例

［］⁺【案例精选十四】慈善大亨邵逸夫

邵逸夫，原名邵仁楞，1907 年 11 月出生于浙江宁波。他是中国电影史上有声电影的开山鼻祖，缔造了"东方好莱坞"邵氏影城，创造了香港无线 TVB 的电视神话，开设了"港星摇篮"训练班，培养了许多一线巨星。邵逸夫叱咤风云影视圈和商界八十载，被称为"华语影视大亨"。

邵逸夫不是香港最有钱的人，却是香港富豪中屈指可数的大慈善家。据不完全统计，邵逸夫历年在社会公益和慈善事务等方面的贡献超过 100 亿港元，捐建内地各类教育等项目超过 6000 个。他主要通过自己名下的基金会与教育部合作，来支持社会的教育、科技、公益等慈善事业。全国逸夫楼的拔地而起，便足以表明邵逸夫回馈社会的赤子之心。

1987年后，邵逸夫对故乡宁波开始倾注爱心，先后捐资4000多万元发展教育文化事业，荣获"爱乡楷模""荣誉市民"的称号。1994年，邵逸夫向牛津大学捐赠300万英镑，成立了中国研究所。2002年11月，邵逸夫基金创立邵逸夫奖，下设天文学奖、生命科学与医学奖、数学科学奖三个奖项，巨额奖金媲美"诺贝尔奖"。2011年，邵逸夫退休时，还不忘将公司2.59%的股权馈赠给数家教育及慈善机构。

邵逸夫在许多重大灾害中也积极捐资助建。比如20世纪90年代初江浙一带发生台风和洪涝灾害，他一次性资助了150多所受灾中小学；1999年，捐出2500万港元，救助9·21的台湾地震灾民；2005年，为南亚海啸灾区捐出1000万港元；2008年，汶川大地震后，捐款1亿港元，帮助重建；2009年，为台湾台风水灾捐款1亿新台币；2010年，在青海玉树大地震后捐款1亿港币等。

2008年，中华人民共和国民政部授予邵逸夫"中华慈善奖终身荣誉奖"，以褒扬他的慈善义举。

【设计意图】教师通过本案例，让学生了解身边逸夫楼的来源、了解邵逸夫先生慷慨回馈社会的奉献精神，并从中引导学生理解人生价值的评价与实现等相关知识点，以及如何正确地评价人生价值。

【案例精选十五】黎明出发 点亮万家

张黎明是国家电网天津滨海供电公司运维检修部配电抢修一班班长、滨海黎明共产党员服务队队长。从踏上工作岗位至今，他扎根电力抢修一线三十余年，从一名普通工人成长为行业里响当当的电力"蓝领创客"，点亮了中国千万家灯火，在平凡的岗位中彰显了一名知识型、技能型、创新型的新时代产业工人的先进本色。

30多年来，张黎明走遍了辖区内的所有线路，巡线8万多千米，亲手绘制抢修线路图1500多张，对线杆位置、交通状况等烂熟于心，他被誉为电力抢修的"活地图"。多年的一线工作经验，让张黎明练就了一手事故诊断的绝活，为高效完成抢修任务赢得了宝贵时间。在岗期间，他累计完成了故障抢修作业近2万次，在安全问题上实现零事故。

张黎明在工作中很擅于总结，他累计总结近万个电路故障成因，形成涵盖30大类300多种故障抢修经验的《抢修百宝书》，无私共享给同事们，让大家能够像查字典一样效率成倍地找出故障诱因，完成工作。

他常说："只有敢想、敢干、不怕失败，创新、创造、不断突破，才能为这个时代贡献'工人智慧'。"随着人工智能时代的到来，张黎明在扎实干好本职工作的基础上，还紧跟时代、不断创新，发明创造了一项项新技术、新设备，推动电力抢修行业的发展和进步。他曾和同事们反复试验，发明了"可摘取式低压刀闸"，将线路变压器发生保险片短路烧毁故障的抢修时间，从过去的 45 分钟一下子缩短至 8 分钟，这项发明获得了国家专利并得到广泛推广。

2011 年，"张黎明创新工作室"诞生，还孵化出"星空""蒲公英"等 8 个创新工作坊，培养出一批批新时代"蓝领创客"。一路以来，张黎明带领团队开展技术革新 400 余项，获得国家专利 158 项，其中 20 多项成果填补了智能电网的建设空白。

张黎明还利用闲暇之余为老百姓换插座、修灯泡……他带领团队开展志愿服务近万次，为老旧小区楼道自费安装节能灯，重新点亮了 600 多层老楼道。一路风雨兼程，情注万家灯火，张黎明用实际行动谱写了新时代的劳动者之歌。

【设计意图】大学生只有深刻理解正确评价人生价值的标准，才能做到在自己的岗位上尽职尽责，兢兢业业，从而成就人生的辉煌。在教学过程中，教师可通过本案例让学生了解张黎明在平凡岗位中的不平凡的一生，引导学生深入理解评价一个人的人生价值的正确态度和正确方法，可组织学生讨论，还有哪些劳动模范体现了爱岗敬业、实干创新等精神，以及普通老百姓如何在平凡岗位中实现人生价值。

【案例精选十六】全面小康 减贫奇迹

2021 年，在迎来中国共产党成立 100 周年的重要时刻，我国脱贫攻坚战取得了全面胜利，现行标准下 9899 万农村贫困人口全部脱贫，832 个贫困县全部摘帽，12.8 万个贫困村全部出列，区域性整体贫困得到解决，完成了消除绝对贫困的艰巨任务，创造了又一个彪炳史册的人间奇迹！铸就这一历史奇迹的正是这数百万人的倾力奉献、苦干实干。他们不仅创造出巨大的物质财富，也凝结出重要的精神财富——脱贫攻坚精神，实现了物质贡献和精神贡献的统一。

【设计意图】引导学生感悟，评价人生价值，既要看一个人对社会作出的物质贡献，也要看他对社会作出的精神贡献。

第三节 创造有意义的人生

美好的人生目标要靠社会实践才能转化为现实。大学生要在科学高尚的人生观指引下，正确对待人生矛盾，自觉抵制错误观念，努力提升人生境界，成就出彩人生。

知识案例

【案例精选十七】始终胸怀"一把烈焰"——从红色故事中感悟中国共产党人革命乐观主义精神

长征途中，老一辈革命家萧劲光"发明"了一道特别的美味。那是在翻越雪山时，精疲力尽的红军战士稍事休息，准备向山顶进行进。萧劲光望着皑皑白雪忽发奇想，舀起一缸子雪说："我们吃'冰激凌'吧！"大家也纷纷学着自制"冰激凌"，就着干粮有说有笑地吃起来，将疲惫丢在了脑后。

长征是艰苦卓绝的，同时也是充满革命乐观主义精神的。

"红军不怕远征难，万水千山只等闲。"千山万水、千难万险、千辛万苦，在红军将士眼里，皆以"等闲"视之。美国著名记者埃德加·斯诺在他的《西行漫记》中这样记录："这是一次丰富多彩、可歌可泣的远征……这些千千万万青年人的经久不衰的热情、始终如一的希望、令人惊诧的革命乐观精神，像一把烈焰，贯穿着这一切，他们不论在人类面前，或者在大自然面前、上帝面前、死亡面前都不承认失败……"

腥风血雨九死一生，艰苦岁月以苦为乐。革命乐观主义精神是中国共产党人的革命人生观和生活态度，它表现为中国共产党人对革命事业充满希望，不畏艰难困苦，始终保持高昂士气，积极面对革命征程中的苦乐顺逆。这种精神不仅激荡在两万五千里的艰苦跋涉中，更充盈在百年党史的砥砺奋进中，是党战胜一个又一个巨大挑战、取得一个又一个人间奇迹的重要精神力量。

在井冈山，面对敌人的军事"围剿"、经济封锁，面对物质生活资料的极其匮乏、面对生活条件的极端艰苦，红军将士唱着"红米饭，南瓜汤，秋茄子，味好香，餐餐吃得精打光。干稻草来软又黄，金丝被儿盖身上，不怕北风和大雪，暖暖和和入梦乡"，确保"边界红旗始终不倒"的歌谣，革命乐观主义精神令人由衷赞叹和敬仰。1949年，当人民解放军节节胜利的消息传到渣滓洞狱中时，难友们一片欢腾。尤令敌人惊恐不安的，是那些用草纸书写的一张张潇洒大度的对联——"两个天窗出气，一扇风门伸头"，横批："乐在其中"；"歌乐山下悟道，渣滓洞中参禅"，横批："极乐世界"；"洞中才数日，世上已千年"，横批："万象更新"。在上甘岭战斗的坑道里，指战员想方设法布置"阵地之家"，给防炮洞起名叫"立功洞""抗美洞""胜利洞"。除夕夜，对敌机投下的照明弹幽默比喻，说是"敌人给我们送来了节日礼花"；跳进敌军炮弹炸出的弹坑，调侃说"敌人给我们送来了炮弹火炉"……

无数共产党员不论是面对艰难困苦，还是生死存亡，始终乐观豁达、积极进取，甚至认为"和苦斗争，本身就是件甜事""把笑作为临死前的最后一项任务"，原因何在？因为他们心中都有一个坚定而单纯的信念：共产党人就要为中国人民谋幸福、为中华民族谋复兴。为了这一理想信念，生死都可以置之度外，那么在其他困厄面前始终保持乐观，也是很自然的了。

一路走来，我们不知爬了多少坡、过了多少坎，经历了多少风风雨雨，克服了多少艰难险阻。这些锻造和锤炼，让积极昂扬的革命乐观主义精神，在神州大地上激荡，在历史长河中潮涌。新冠疫情发生之时，我们没有悲观消极，而是将疫情挑战转变为发展机遇，努力在危机中育新机、于变局中开新局。线上课堂、居家办公、虚拟会展、远程问诊、无接触餐厅等新技术、新业态、新模式快速发展，不仅缓解着疫情造成的冲击，也给中国经济带来新机遇……实践反复证明，革命乐观主义精神，是人民军队的胜利因子，也是中华民族的宝贵财富。

对共产党人而言，乐观不是盲目的，更不是空想，而是见于实实在在的行动中。开国少将左齐早年在战斗中失去右臂，不但没有消沉，反而写了首小诗给左臂"打气"，告诉它"你应该负起责任"。随部队来到南泥湾，他不便参加生产，就主动做烧饭、送饭等后勤工作，独臂忙碌的景象极大感染了战士们，大家更加拼命地把"烂泥湾"变成"好江南"。张爱萍将军面对筹建海军时种种现实困难，运筹帷幄，在短短一年时间里，奇迹般地建设了一支初具规模的中国人民解放军海军。核潜艇专家黄旭华告别家人，隐姓埋名工作30年，从踌躇满志的少年到白发苍苍的老年，却深感"我快乐了一辈子"。"排雷英雄战士"杜富国，"奋力一挡"后虽失去双眸双臂，但他乐观向上，苦练吐字发声，成为一名播音员，把扫雷故事讲给更多的人听，让更多的人了解他的战友们……

说到底，乐观就是一场坚持不懈的战斗。有困难，就千方百计克服；没有条件，就想方设法创造。"青松寒不落，碧海阔逾澄。"我们今天再难，也难不过昔日的筚路蓝缕。先辈们在艰苦卓绝的情况下都能走向胜利，拥有良好发展条件的我们，还有什么理由不鼓起斗志、找出办法呢？"苦不苦，想想红军两万五；累不累，想想革命老前辈。"这不是一句顺口溜，而是榜样的参照。让我们始终胸怀"一把烈焰"，去拼、去干，就像习近平主席指出的那样，"既然走上这条路，那你不论遇到多少艰难险阻，都要像当过河卒子那样，拼命向前"，最终抵达繁花满树的强军事业彼岸。

【设计意图】教师通过中国共产党百年奋斗史中革命乐观主义精神的经典案例的介绍，让学生了解一代又一代的革命者身上坚韧不拔、永不言弃的坚毅品质，引导学生辩证看待人生矛盾，树立正确的苦乐观和顺逆观等。

【案例精选十八】铁人王进喜

王进喜出生在甘肃省玉门市赤金堡一个贫穷的农民家庭里，6岁时牵着双目失明的父亲沿街乞讨，15岁来到玉门油矿做苦工，直到玉门油矿解放。1950年春，王进喜通过考试成为新中国第一代钻井工人，他敬业吃苦，从未喊累。1956年，王进喜光荣加入中国共产党，并率先提出"月上千，年上万，祁连山上立标杆"的口号，带领全队的钻井工人用钻井进尺深达7万多米，创造了月进尺5009米的全国钻井最高纪录。

1959年9月，因突出成绩被评为全国劳动模范的王进喜受邀来京，参加新中国成立十周年国庆观礼。他独自走在北京城的大街上，发现行驶在马路上的公共汽车都背着个"煤气包"，此时他才得知，国家紧缺石油，他感到一种莫大的耻辱，这位坚强的西北汉子，蹲在沙滩北大红楼附近的街头哭了起来。从此，这个"煤气包"成为他为国分忧、为民族争气的思想动力之源。

当时，国内的石油生产，一年只能达到500万吨，而对石油的需求量，却超过了1000万吨，一顶"贫油国"的帽子沉甸甸地扣在中国人的头上。1960年春，我国石油战线传来一个天大的好消息——在东北发现大庆油田。得知此消息的王进喜欣喜若狂，他立即要求带领1205钻井队加入石油大会战。3月25日，王进喜一行人到达萨尔图，在这期间，他组织全队工人用"人拉肩扛"的方法搬运和安装钻机，用"盆端桶提"的办法运水保开钻。用他自己的话说，就是"有条件要上，没有条件创造条件也要上"。4月14日，井场上到处是钻井队工人忙碌的身影，王进喜大步跨上钻台，握住冰冷的刹把，大喊一声："开钻了！"威武雄壮的声音，正如王进喜在诗中所写的那样："石油工人一声吼，地球也要抖三抖！"

5月1日，天刚蒙蒙亮，一根几百斤重的钻杆突然滚下来，砸在了在井场上指挥工人放井架的王进喜的腿上，他强忍着疼痛，举起双手，继续指挥大家放井架，细心的工人就发现，王进喜的裤腿和鞋袜都被鲜血浸红了。受了腿伤的王进喜并没有留在医院治疗，而是挂着拐杖一瘸一拐地在井场忙前忙后。轰隆一声，钻机上几十斤重的方瓦飞了起来，他最担心的井喷还是发生了。在这十分危急的时刻，王进喜早已将腿伤抛到九霄云外，他当机立断，用水泥代替压井喷所需的重晶石粉调泥浆，可井场没有搅拌机，水泥都沉到了池底。这时，全场的工人都傻眼了，只见王进喜将双拐一甩，纵身一跃，跳进了泥浆池，用自己的身体来搅拌泥浆。随后，几个年轻的小伙子也跟着跳了进去。他们整整奋战了3个小时，才将危险的井喷压制住。王进喜的身上被碱性很强的泥浆烧得起了泡，豆大的汗珠从他的脸上划过，此时他才感到腿伤剧痛难耐。

王进喜凭着如此敬业拼搏的精神，获得了"铁人"的称号。他那无坚不摧的铁人精神，一直鼓舞着全国的石油工人，为中国的石油事业做出贡献。

【设计意图】教师利用本案例中铁人王进喜的人生经历，引导学生学习他在童年的苦难经历中磨炼意志、吃苦耐劳、乐观向上的良好品质；学习他在工作中遇到困难时不气馁、不退缩、迎难而上的进取精神；学习他"宁可少活二十年，拼命也要拿下大油田"的顽强意志和冲天干劲。科学认识生活、学习、工作中遇到的各种问题，勇敢面对和正确处理各种人生矛盾，将有限的生命投身到无限的民族复兴伟大事业中。

五、实践教学

（一）课内自选实践

【项目一】一封家书

让学生给父母写一封家书，向父母介绍自己的大学生活，汇报自己对大学生活的规划，明确各阶段奋斗目标，加强青年大学生与父母的情感沟通，为大学生成长成才打下坚实的思想基础。

【项目二】观赏政论片《百年潮·中国梦》

通过观赏《百年潮·中国梦》，使学生全面把握"中国梦"的历史成因和时代内涵，深刻理解"中国梦"连接着过去与现在、历史与未来，连接着国家与个人、中国与世界，中国人民为实现中华民族伟大复兴而勃发的正能量。

（二）课外自主实践

【项目】我为我的大学代言

通过摄影展，引导青年大学生增进对大学校园的了解和喜爱，使其在发现大学校园美丽风光的同时，增强对大学的认同感，从而更好更快地融入大学生活，找到学习的动力，提高学习积极性，培养阳光健康的心态。

六、教学总结

对大学生进行世界观、人生观、价值观教育是一个既重要又艰难的问题。在本主题教学中，教师在充分把握学生的思想特点、发展需求以及普遍关切的热点、难点、焦点和深层次问题的基础之上，注意回归社会生活，通过发挥信息技术的正效应，积极探索理论教育和实践活动相结合、线上线下融合发展的教学新模式。通过列举历史、现实社会中大量的典型案例，坚持以正面引导为主，通过讲事实、说道理，深刻剖析，针砭时弊，以案说理，教会学生辩证看待社会问题。同时直面大学生普遍关注的现实问题，引导大学生参与讨论，给学生表达观点的机会，通过讨论、表达甚至辩论，更好地激发大学生深入思考，在真实的感悟中实现情感升华，以真正实现"晓之以理""动之以情""导之以行"。

七、经典语录

"青"听"习"语

人生之路，有坦途也有陡坡，有平川也有险滩，有直道也有弯路。青年面临的选择很多，关键是要以正确的世界观、人生观、价值观来指导自己的选择。无数人生成功的事实表明，青年时代，选择吃苦也就选择了收获，选择奉献也就选择了高尚。青年时期多经历一点摔打、挫折、考验，有利于走好一生的路。要历练宠辱不惊的心理素质，坚定百折不挠的进取意志，保持乐观向上的精神状态，变挫折为动力，用从挫折中吸取的教训启迪人生，使人生获得升华和超越。

——2013年5月4日，习近平在同各界优秀青年代表座谈时的讲话

青年的价值取向决定了未来整个社会的价值取向，而青年又处在价值观形成和确立的时期，抓好这一时期的价值观养成十分重要。这就像穿衣服扣扣子一样，如果第一粒扣子扣错了，剩余的扣子都会扣错。人生的扣子从一开始就要扣好。"凿井者，起于三寸之坎，以就万仞之深。"青年要从现在做起、从自己做起，使社会主义核心价值观成为自己的基本遵循，并身体力行大力将其推广到全社会去。

——2014 年 5 月 4 日，习近平在北京大学师生座谈会上的讲话

新时代中国青年要增强学习紧迫感，如饥似渴、孜孜不倦学习，努力学习马克思主义立场观点方法，努力掌握科学文化知识和专业技能，努力提高人文素养，在学习中增长知识、锤炼品格，在工作中增长才干、练就本领，以真才实学服务人民，以创新创造贡献国家！

——2019 年 4 月 30 日，习近平在纪念五四运动 100 周年大会上的讲话》

八、拓展阅读

☆【精选品读一】

马克思：青年在择业时的考虑（节选）

如果我们经过冷静的考察，认清了所选择的职业的全部分量，了解它的困难以后，仍然对它充满热情，仍然爱它，觉得自己适合于它，那时我们就可以选择它，那时我们既不会受热情的欺骗，也不会仓促从事。

但是，我们并不总是能够选择我们自认为适合的职业；我们在社会上的关系，还在我们有能力决定它们以前就已经在某种程度上开始确立了。

我们的体质常常威胁我们，可是任何人也不敢藐视它的权利。

诚然，我们能够超越体质的限制，但这么一来，我们也就垮得更快；在这种情况下，我们就是冒险把大厦建筑在残破的废墟上，我们的一生也就变成一场精神原则和肉体原则之间的不幸的斗争。但是，一个不能克服自身相互斗争的因素的人，又怎能抗御生活的猛烈冲击，怎能安静地从事活动呢？然而只有从安静中才能产生出伟大壮丽的事业，安静是唯一能生长出成熟果实的土壤。尽管我们由于体质不适合我们的职业，不能持久地工作，而且很少能够愉快地工作，但是，为了恪尽职守而牺牲自己幸福的思想激励着我们不顾体弱去努力工作。如果我们选择了力不胜任的职业，那么我们决不能把它做好，我们很快就会自愧无能，就会感到自己是无用的人，是不能完成自己使命的社会成员。由此产生的最自然的结果就是自卑。还有比这更痛苦的感情吗？还有比这更难于靠外界的各种赐予来补偿的感情吗？自卑是一条毒蛇，它无尽无休地搅扰、啃啮我们的胸膛，吮吸我们心中滋润生命的血液，注入厌世和绝望的毒液。

如果我们错误地估计了自己的能力，以为能够胜任经过较为仔细的考虑而选定的职业，那么这种错误将使我们受到惩罚。即使不受到外界的指责，我们也会感到比外界指责更为可怕的痛苦。

如果我们把这一切都考虑过了，如果我们的生活条件容许我们选择任何一种职业，那么我们就可以选择一种使我们获得最高尊严的职业，一种建立在我们深信其正确的思想上的职业，一种能给我们提供最广阔的场所来为人类工作，并使我们自己不断接

近共同目标即臻于完美境界的职业，而对于这个共同目标来说，任何职业都只不过是一种手段。

尊严是最能使人高尚、使他的活动和他的一切努力具有更加崇高品质的东西，是使他无可非议、受到众人钦佩并高出于众人之上的东西。

但是，能给人以尊严的只有这样的职业，在从事这种职业时我们不是作为奴隶般的工具，而是在自己的领域内独立地进行创造；这种职业不需要有不体面的行动（哪怕只是表面上不体面的行动），甚至最优秀的人物也会怀着崇高的自豪感去从事它。最合乎这些要求的职业，并不总是最高的职业，但往往是最可取的职业。

但是，正如有失尊严的职业会贬低我们一样，那种建立在我们后来认为是错误的思想上的职业也一定会成为我们的沉重负担。

这里，我们除了自我欺骗，别无解救办法，而让人自我欺骗的解救办法是多么令人失望啊！

那些主要不是干预生活本身，而是从事抽象真理的研究的职业，对于还没有确立坚定的原则和牢固的、不可动摇的信念的青年是最危险的，当然，如果这些职业在我们心里深深地扎下了根，如果我们能够为它们的主导思想而牺牲生命、竭尽全力，这些职业看来还是最高尚的。

这些职业能够使具有合适才干的人幸福，但是也会使那些不经考虑、凭一时冲动而贸然从事的人毁灭。

相反，重视作为我们职业的基础的思想，会使我们在社会上占有较高的地位，提高我们自己的尊严，使我们的行为不可动摇。

一个选择了自己所珍视的职业的人，一想到他可能不称职时就会战战兢兢—这种人单是因为他在社会上所处的地位是高尚的，他也就会使自己的行为保持高尚。

在选择职业时，我们应该遵循的主要指针是人类的幸福和我们自身的完美。不应认为，这两种利益会彼此敌对、互相冲突，一种利益必定消灭另一种利益；相反，人的本性是这样的：人只有为同时代人的完美、为他们的幸福而工作，自己才能达到完美。如果一个人只为自己劳动，他也许能够成为著名的学者、伟大的哲人、卓越的诗人，然而他永远不能成为完美的、真正伟大的人物。

历史把那些为共同目标工作因而自己变得高尚的人称为最伟大的人物；经验赞美那些为大多数人带来幸福的人是最幸福的人；宗教本身也教诲我们，人人敬仰的典范，就曾为人类而牺牲自己——有谁敢否定这类教诲呢？

如果我们选择了最能为人类而工作的职业，那么，重担就不能把我们压倒，

因为这是为大家作出的牺牲；那时我们所享受的就不是可怜的、有限的、自私的乐趣，我们的幸福将属于千百万人，我们的事业将悄然无声地存在下去，但是它会永远发挥作用，而面对我们的骨灰，高尚的人们将洒下热泪。

（摘编自：《马克思恩格斯全集》第 1 卷，人民出版社，1995 年版）

☆【精选品读二】

习近平在纪念五四运动 100 周年大会上的讲话

（2019 年 4 月 30 日）

共青团员们，青年朋友们，同志们：

100 年前，中国大地爆发了震惊中外的五四运动，这是中国近现代史上具有划时代意义的一个重大事件。

今年是五四运动 100 周年，也是中华人民共和国成立 70 周年。在这个具有特殊意义的历史时刻，我们在这里隆重集会，缅怀五四先驱崇高的爱国情怀和革命精神，总结党和人民探索实现民族复兴道路的宝贵经验，这对发扬五四精神，激励全党全国各族人民特别是新时代中国青年为全面建成小康社会、加快建设社会主义现代化国家、实现中华民族伟大复兴的中国梦而奋斗，具有十分重大的意义。

青年朋友们、同志们！

五四运动，爆发于民族危难之际，是一场以先进青年知识分子为先锋、广大人民群众参加的彻底反帝反封建的伟大爱国革命运动，是一场中国人民为拯救民族危亡、捍卫民族尊严、凝聚民族力量而掀起的伟大社会革命运动，是一场传播新思想新文化新知识的伟大思想启蒙运动和新文化运动，以磅礴之力鼓动了中国人民和中华民族实现民族复兴的志向和信心。

五四运动，以彻底反帝反封建的革命性、追求救国强国真理的进步性、各族各界群众积极参与的广泛性，推动了中国社会进步，促进了马克思主义在中国的传播，促进了马克思主义同中国工人运动的结合，为中国共产党成立做了思想上干部上的准备，为新的革命力量、革命文化、革命斗争登上历史舞台创造了条件，是中国旧民主主义革命走向新民主主义革命的转折点，在近代以来中华民族追求民族独立和发展进步的历史进程中具有里程碑意义。

——五四运动以全民族的力量高举起爱国主义的伟大旗帜。五四运动，孕育了以爱国、进步、民主、科学为主要内容的伟大五四精神，其核心是爱国主义精神。爱国主义是我们民族精神的核心，是中华民族团结奋斗、自强不息的精神纽带。五四运动时，面对国家和民族生死存亡，一批爱国青年挺身而出，全国民众奋起抗争，誓言"国土不可断送、人民不可低头"，奏响了浩气长存的爱国主义壮歌。

历史深刻表明，爱国主义自古以来就流淌在中华民族血脉之中，去不掉，打不破，灭不了，是中国人民和中华民族维护民族独立和民族尊严的强大精神动力，只要高举爱国主义的伟大旗帜，中国人民和中华民族就能在改造中国、改造世界的拼搏中迸发出排山倒海的历史伟力！

——五四运动以全民族的行动激发了追求真理、追求进步的伟大觉醒。五四运动前后，我国一批先进知识分子和革命青年，在追求真理中传播新思想新文化，勇于打破封建思想的桎梏，猛烈冲击了几千年来的封建旧礼教、旧道德、旧思想、旧文化。五四运动改变了以往只有觉悟的革命者而缺少觉醒的人民大众的斗争状况，实现了中国人民和中华民族自鸦片战争以来第一次全面觉醒。经过五四运动洗礼，越来越多中国先进分子集合在马克思主义旗帜下，1921 年中国共产党宣告正式成立，中国历史掀开了崭新一页。

历史深刻表明，有了马克思主义，有了中国共产党领导，有了中国人民和中华民族的伟大觉醒，中国人民和中华民族追求真理、追求进步的潮流从此就是任何人都阻挡不了的！

——五四运动以全民族的搏击培育了永久奋斗的伟大传统。早在 80 年前，毛泽东同志就指出："中国的青年运动有很好的革命传统，这个传统就是'永久奋斗'。"通过五四运动，中国青年发现了自己的力量，中国人民和中华民族发现了自己的力量。中国人民和中华民族从斗争实践中懂得，中国社会发展，中华民族振兴，中国人民幸福，必须依靠自己的英勇奋斗来实现，没有人会恩赐给我们一个光明的中国。

历史深刻表明，只要中国人民和中华民族勇于为改变自己的命运而奋斗牺牲，我们的国家就一定能够走向富强，我们的民族就一定能够实现伟大复兴！

五四运动以来的 100 年，是中国青年一代又一代接续奋斗、凯歌前行的 100 年，是中国青年用青春之我创造青春之中国、青春之民族的 100 年。

100 年来，中国青年满怀对祖国和人民的赤子之心，积极投身党领导的革命、建设、改革伟大事业，为人民战斗、为祖国献身、为幸福生活奋斗，把最美好的青春献给祖国和人民，谱写了一曲又一曲壮丽的青春之歌。

实践充分证明，中国青年是有远大理想抱负的青年！中国青年是有深厚家国情怀的青年！中国青年是有伟大创造力的青年！无论过去、现在还是未来，中国青年始终是实现中华民族伟大复兴的先锋力量！

青年朋友们、同志们！

今天，在中国共产党领导下，我们开辟了中国特色社会主义道路，形成了中国特色社会主义理论体系，建立了中国特色社会主义制度，发展了中国特色社会主义文化，推动中国特色社会主义进入了新时代。中国人民拥有了前所未有的道路自信、理论自信、制度自信、文化自信，中华民族伟大复兴展现出前所未有的光明前景！

新时代中国青年运动的主题，新时代中国青年运动的方向，新时代中国青年的使命，就是坚持中国共产党领导，同人民一道，为实现"两个一百年"奋斗目标、实现中华民族伟大复兴的中国梦而奋斗。

青年是整个社会力量中最积极、最有生气的力量，国家的希望在青年，民族的未来在青年。今天，新时代中国青年处在中华民族发展的最好时期，既面临着难得的建功立业的人生际遇，也面临着"天将降大任于斯人"的时代使命。新时代中国青年要继续发扬五四精神，以实现中华民族伟大复兴为己任，不辜负党的期望、人民期待、民族重托，不辜负我们这个伟大时代。

第一，新时代中国青年要树立远大理想。青年的理想信念关乎国家未来。青年理想远大、信念坚定，是一个国家、一个民族无坚不摧的前进动力。青年志存高远，就能激发奋进潜力，青春岁月就不会像无舵之舟漂泊不定。正所谓"立志而圣则圣矣，立志而贤则贤矣"。青年的人生目标会有不同，职业选择也有差异，但只有把自己的小我融入祖国的大我、人民的大我之中，与时代同步伐、与人民共命运，才能更好实现人生价值、升华人生境界。离开了祖国需要、人民利益，任何孤芳自赏都会陷入越走越窄的狭小天地。

新时代中国青年要树立对马克思主义的信仰、对中国特色社会主义的信念、对中华民族伟大复兴中国梦的信心，到人民群众中去，到新时代新天地中去，让理想信念在创业奋斗中升华，让青春在创新创造中闪光！

第二，新时代中国青年要热爱伟大祖国。孙中山先生说，做人最大的事情，"就是要知道怎么样爱国"。一个人不爱国，甚至欺骗祖国、背叛祖国，那在自己的国家、在世界上都是很丢脸的，也是没有立足之地的。对每一个中国人来说，爱国是本分，也是职责，是心之所系、情之所归。对新时代中国青年来说，热爱祖国是立身之本、成才之基。当代中国，爱国主义的本质就是坚持爱国和爱党、爱社会主义高度统一。

新时代中国青年要听党话、跟党走，胸怀忧国忧民之心、爱国爱民之情，不断奉献祖国、奉献人民，以一生的真情投入、一辈子的顽强奋斗来体现爱国主义情怀，让爱国主义的伟大旗帜始终在心中高高飘扬！

第三，新时代中国青年要担当时代责任。时代呼唤担当，民族振兴是青年的责任。鲁迅先生说，青年"所多的是生力，遇见深林，可以辟成平地的，遇见旷野，可以栽种树木的，遇见沙漠，可以开掘井泉的"。在实现中华民族伟大复兴的新征程上，应对重大挑战、抵御重大风险、克服重大阻力、解决重大矛盾，迫切需要迎难而上、挺身而出的担当精神。只要青年都勇挑重担、勇克难关、勇斗风险，中国特色社会主义就能充满活力、充满后劲、充满希望。青年要保持初生牛犊不怕虎、越是艰险越向前的刚健勇毅，勇立时代潮头，争做时代先锋。一切视探索尝试为畏途、一切把负重前行当吃亏、一切"躲进小楼成一统"逃避责任的思想和行为，都是要不得的，都是成不了事的，也是难以真正获得人生快乐的。

新时代中国青年要珍惜这个时代、担负时代使命，在担当中历练，在尽责中成长，让青春在新时代改革开放的广阔天地中绽放，让人生在实现中国梦的奋进追逐中展现出勇敢奔跑的英姿，努力成为德智体美劳全面发展的社会主义建设者和接班人！

第四，新时代中国青年要勇于砥砺奋斗。奋斗是青春最亮丽的底色。"自信人生二百年，会当水击三千里。"民族复兴的使命要靠奋斗来实现，人生理想的风帆要靠奋斗来扬起。没有广大人民特别是一代代青年前赴后继、艰苦卓绝的接续奋斗，就没有中国特色社会主义新时代的今天，更不会有实现中华民族伟大复兴的明天。千百年来，中华民族历经苦难，但没有任何一次苦难能够打垮我们，最后都推动了我们民族精神、意志、力量的一次次升华。今天，我们的生活条件好了，但奋斗精神一点都不能少，中国青年永久奋斗的好传统一点都不能丢。在实现中华民族伟大复兴的新征程上，必然会有艰巨繁重的任务，必然会有艰难险阻甚至惊涛骇浪，特别需要我们发扬艰苦奋斗精神。奋斗不只是响亮的口号，而是要在做好每一件小事、完成每一项任务、履行每一项职责中见精神。奋斗的道路不会一帆风顺，往往荆棘丛生、充满坎坷。强者，总是从挫折中不断奋起、永不气馁。

新时代中国青年要勇做走在时代前列的奋进者、开拓者、奉献者，毫不畏惧面对一切艰难险阻，在劈波斩浪中开拓前进，在披荆斩棘中开辟天地，在攻坚克难中创造业绩，用青春和汗水创造出让世界刮目相看的新奇迹！

第五，新时代中国青年要练就过硬本领。青年是苦练本领、增长才干的黄金时期。"青春虚度无所成，白首衔悲亦何及。"当今时代，知识更新不断加快，社会分工日益细化，新技术新模式新业态层出不穷。这既为青年施展才华、竞展风采提供了广阔舞台，也对青年能力素质提出了新的更高要求。不论是成就自己的人生理想，还是担当时代的神圣使命，青年都要珍惜韶华、不负青春，努力学习掌握科学知识，提高内在素质，锤炼过硬本领，使自己的思维视野、思想观念、认识水平跟上越来越快的时代发展。

新时代中国青年要增强学习紧迫感，如饥似渴、孜孜不倦学习，努力学习马克思主义立场观点方法，努力掌握科学文化知识和专业技能，努力提高人文素养，在学习中增长知识、锤炼品格，在工作中增长才干、练就本领，以真才实学服务人民，以创新创造贡献国家！

第六，新时代中国青年要锤炼品德修为。人无德不立，品德是为人之本。止于至善，是中华民族始终不变的人格追求。我们要建设的社会主义现代化强国，不仅要在物质上强，更要在精神上强。精神上强，才是更持久、更深沉、更有力量的。青年要把正确的道德认知、自觉的道德养成、积极的道德实践紧密结合起来，不断修身立德，打牢道德根基，在人生道路上走得更正、走得更远。面对复杂的世界大变局，要明辨是非、恪守正道，不人云亦云、盲目跟风。面对外部诱惑，要保持定力、严守规矩，用勤劳的双手和诚实的劳动创造美好生活，拒绝投机取巧、远离自作聪明。面对美好岁月，要有饮水思源、懂得回报的感恩之心，感恩党和国家，感恩社会和人民。要在奋斗中摸爬滚打，体察世间冷暖、民众忧乐、现实矛盾，从中找到人生真谛、生命价值、事业方向。

新时代中国青年要自觉树立和践行社会主义核心价值观，善于从中华民族传统美德中汲取道德滋养，从英雄人物和时代楷模的身上感受道德风范，从自身内省中提升道德修为，明大德、守公德、严私德，自觉抵制拜金主义、享乐主义、极端个人主义、历史虚无主义等错误思想，追求更有高度、更有境界、更有品位的人生，让清风正气、蓬勃朝气遍布全社会！

青年朋友们、同志们！

中国共产党自成立之日起，就始终把青年工作作为党的一项极为重要的工作。一代又一代中国共产党人，大多数都是在青年时代就满怀信仰和豪情加入了党组织，并为党和人民奋斗终身。党的队伍中始终活跃着怀抱崇高理想、充满奋斗精神的青年人，这是我们党历经百年风雨而始终充满生机活力的一个重要原因。中国共产党立志于中华民族千秋伟业，必须始终代表广大青年、赢得广大青年、依靠广大青年，用极大力量做好青年工作，确保党的事业薪火相传，确保中华民族永续发展。

把青年一代培养造就成德智体美劳全面发展的社会主义建设者和接班人，是事关党和国家前途命运的重大战略任务，是全党的共同政治责任。各级党委和政府、各级领导干部以及全社会都要充分信任青年、热情关心青年、严格要求青年，关注青年愿望、帮助青年发展、支持青年创业，做青年朋友的知心人、青年工作的热心人、青年群众的引路人。

我们要主动走近青年、倾听青年，做青年朋友的知心人。当代青年思想活跃、思维敏捷，观念新颖、兴趣广泛，探索未知劲头足，接受新生事物快，主体意识、参与意识强，对实现人生发展有着强烈渴望。这种青春天性赋予青年活力、激情、想象力和创造力，应该充分肯定。同时，青年人阅历不广，容易从自身角度、从理想状态的角度来认识和理解世界，难免给他们带来局限性。这是青年成长的规律，我们要尊重这个规律。信任是理解的前提。要尊重青年天性，照顾青年特点，经常到青年中去，同青年零距离接触、面对面交流，了解他们的思想动态、价值取向、行为方式、生活方式，倾听他们对社会问题和现象的看法，对党和政府工作的意见和建议。即便听到了尖锐的甚至是偏颇的批评，也要有则改之、无则加勉，成为青年愿意讲真话、交真心、诉真情的知心朋友。青年要向年长者学习，年长者也要向青年学习，相互取长补短，相互信任帮助。

我们要真情关心青年、关爱青年，做青年工作的热心人。青年处于人生道路的起步阶段，在学习、工作、生活方面往往会遇到各种困难和苦恼，需要社会及时伸出援手。当代青年遇到了很多我们过去从未遇到过的困难。压力是青年成长的动力，而在青年成长的关键处、要紧时拉一把、帮一下，则可能是青年顶过压力、发展成才的重要支点。我们要关注青年所思、所忧、所盼，帮助青年解决好他们在毕业求职、创新创业、社会融入、婚恋交友、老人赡养、子女教育等方面的操心事、烦心事，努力为青年创造良好发展条件，让他们感受到关爱就在身边、关怀就在眼前。

我们要悉心教育青年、引导青年，做青年群众的引路人。青年要顺利成长成才，就像幼苗需要精心培育，该培土时就要培土，该浇水时就要浇水，该施肥时就要施肥，该打药时就要打药，该整枝时就要整枝。要坚持关心厚爱和严格要求相统一、尊重规律和积极引领相统一，教育引导青年正确认识世界，全面了解国情，把握时代大势。既要理解青年所思所想，为他们驰骋思想打开浩瀚天空，也要积极教育引导青年，推动他们脚踏实地走上大有作为的广阔舞台。当青年思想认识陷入困惑彷徨、人生抉择处于十字路口时要鼓励他们振奋精神、勇往直前，当青年在工作上取得进步时要给予他们热情鼓励，当青年在事业上遇到困难时要帮助他们重拾信心，当青年犯了错误、做了错事时要及时指出并帮助他们纠正，对一些青年思想上的一时冲动或偏激要多教育引导，能包容要包容，多给他们一点提高自我认识的时间和空间，不要过于苛责。要积极鼓励青年到艰苦的一线吃苦磨炼、增长才干，放手让青年在重要领域和重要岗位上攻坚克难、施展才华，积极为青年创造人人努力成才、人人皆可成才、人人尽展其才的发展条件。

青年朋友们、同志们！

自古英雄出少年。在漫漫历史长河中，人类社会青年英雄辈出，中华民族青年英雄辈出。《共产党宣言》发表时马克思是 30 岁，恩格斯是 28 岁。列宁最初参加革命活动时只有 17 岁。牛顿和莱布尼茨发现微积分时分别是 22 岁和 28 岁，达尔文开始环球航行时是 22 岁，爱因斯坦提出狭义相对论时是 26 岁。贾谊写出"西汉一代最好的政论"时不到 30 岁，王勃写下千古名篇《滕王阁序》时才 20 多岁。在我们党领导人民进行革命、建设、改革的伟大历史进程中更是青年英雄辈出。中共一大召开时毛泽东是 28 岁，周恩来参加中国共产党时是 23 岁，邓小平参加旅欧中国少年共产党时是 18 岁。杨靖宇牺牲时是 35 岁，赵一曼牺牲时是 31 岁，江姐牺牲时是 29 岁，红三十四师师长陈树湘牺牲时是 29 岁，邱少云牺牲时是 26 岁，雷锋牺牲时是 22 岁，黄继光牺牲时是 21 岁，刘胡兰牺牲时只有 15 岁。守岛 32 年的王继才第一次登上开山岛时是 26 岁，航天报国的嫦娥团队、神舟团队平均年龄是 33 岁，北斗团队平均年龄是 35 岁。这样的青年英杰数不胜数！我们要用欣赏和赞许的眼光看待青年的创新创造，积极支持他们在人生中出彩，为青年取得的成就和成绩点赞、喝彩，让青春成为中华民族生气勃发、高歌猛进的持久风景，让青年英雄成为驱动中华民族加速迈向伟大复兴的蓬勃力量！

青年朋友们、同志们！

共青团是党的助手和后备军，是党的青年工作的重要力量。在中国青年运动的光辉历程中，共青团发扬"党有号召、团有行动"的优良传统，为党争取青年人心、汇聚青年力量，在革命、建设、改革各个历史时期作出了积极贡献、发挥了重要作用。党旗所指就是团旗所向。共青团要毫不动摇坚持党的领导，增强"四个意识"、坚定"四个自信"、做到"两个维护"，坚定不移走中国特色社会主义群团发展道路，不断保持和增强政治性、先进性、群众性，坚持把培养社会主义建设者和接班人作为根本任务，把巩固和扩大党执政的青年群众基础作为政治责任，把围绕中心、服务大局作为工作主线，认真履行引领凝聚青年、组织动员青年、联系服务青年的职责，不断创新工作思路，增强对青年的凝聚力、组织力、号召力，团结带领新时代中国青年在实现中华民族伟大复兴中国梦的进程中不断开拓创新、奋发有为。

关心和支持青年是全社会的共同责任。一切党政机关、企业事业单位，人民解放军和武警部队，各人民团体和社会团体，广大城乡基层自治组织，各新经济组织和新社会组织，都要关心青年成长、支持青年发展，给予青年更多机会，更好发挥青年作用。

青年朋友们、同志们！

青年是国家的未来，也是世界的未来。中国梦与世界梦息息相通，中华民族应该对人类社会作出更大贡献。新时代中国青年，要有家国情怀，也要有人类关怀，发扬中华文化崇尚的四海一家、天下为公精神，为实现中华民族伟大复兴而奋斗，为推动共建"一带一路"、推动构建人类命运共同体而努力。

青年朋友们！一代人有一代人的长征，一代人有一代人的担当。建成社会主义现代化强国，实现中华民族伟大复兴，是一场接力跑。我们有决心为青年跑出一个好成绩，也期待现在的青年一代将来跑出更好的成绩。衷心希望新时代中国青年积极拥抱新时代、奋进新时代，让青春在为祖国、为人民、为民族、为人类的奉献中焕发出更加绚丽的光彩！

再过几天，就是五四青年节了。在这里，我代表党中央，向全国各族青年致以节日的热烈祝贺！

（资料来源：中华人民共和国中央人民政府网，2021 年 10 月 1 日）

☆【精选品读三】

习近平送你一份《逆境修炼指南》

在实现人生价值的时候，别人做事从"零"开始，青年习近平却要从"负数"开始。面对逆境，他没有消沉，反而形成了更为稳重顽强的性格，比同龄人更具有刻苦学习的精神和拼搏奋进的顽强意志。

乐观

习近平曾在一次访谈中回忆起当时出发去延安插队的情景。他说："在去延安的专列上，我记得很清楚，那是 1969 年的 1 月份，全部都哭啊，那整个专列上没有不哭的。就是我在笑。当时车底下我的亲属都说，你怎么还在笑啊？我说我不走才得哭啊，我不走在这儿有命没命我都不知道了，我走这不是好事吗？我哭什么呢？他们听后就破涕为笑了。"

融入

习近平回忆称：我一去最受不了的就是跳蚤，不知道现在还有没有了，当时那个跳蚤，我这个皮肤很过敏，一咬就是成片的红包，最后红包就变成水泡了，水泡就烂掉，哎呀，痛不欲生啊。但是三年以后过去了，那也真是叫"牛肉马皮"了，不怕咬了。

对于饮食，习近平回忆称：五谷杂粮，那哪是五谷杂粮？是糠菜半斤粮，慢慢地我们就学会什么都吃了，没有吃的还不吃吗？最后最爱吃老百姓送来的东西。这家送一个玉米糕，那家送来一个高粱米的团子，吃得都很好。酸菜成为我最爱的美味佳肴，以至于到后来，我到现在还想念那个酸菜。

千锤百炼

如何适应高强度劳动，习近平回忆称：我刚去上了山就气喘吁吁，后来给我们评的分是六分，当时六分是什么呢？刚刚参加劳动的小女孩，十五六岁，我们当时也十五六岁，拿跟我们一样的工分，我们觉得简直是一种歧视，实际上是自己没本事。但是这一年下来我就干得没黑没白，风里雨里我们都在窑洞里铡草，牲口圈里铡草，然后一样一样地学。当然这些，一年过去了以后全掌握了，体力也上来了。后来就被评成十分，十分还是里边最壮的劳动力。像我们到夏天担麦子，那最多也就是二百斤，十里山路一口气就下来了。

坚持读书

王宪平回忆道：每天下地干活回来，近平吃完饭就看书，到了晚上，他就点一盏煤油灯看书。当时的煤油灯很简陋，把用完的墨水瓶里灌上煤油，瓶口插个铅笔筒，再插上灯芯，点燃了照明。近平就拿本书，凑着那点儿亮光看书，因为离得太近，煤油烟经常熏得他脸上、鼻子上都是黑的。就是在这样艰苦的环境下，近平每天都要看到大半夜，困得不行了才睡觉。

积极创新

有一天，已是梁家河村支书的习近平翻着《人民日报》，一条消息吸引了他：四川不少地方实现了沼气化。想想村里人冬天要拉煤的辛苦，他动了心思。几天后，他请了假，自费跑去四川绵阳考察沼气池建造。那时延安没通火车，习近平坐了两天汽车到西安，然后又坐火车辗转到四川。回村后，习近平给乡亲们讲沼气的好处，然而乡亲们却听得云山雾绕。他决定先建好第一口沼气池，用事实来说服村民。几个月后，村民们用第一口沼气池的沼气烧饭照明时，都夸这个后生"有知识、点子多"。梁家河的这口沼气池成了陕西省有史以来的第一口沼气池。到1975年，习近平领着村民建起了几十口沼气池，基本上解决了村民烧饭，照明的问题。

我们需要向总书记学习，把苦与累看作人生最好的历练，把这份物质上的、身体上的磨砺积蓄转化为精神上的、心灵上的升华，将个人的理想抱负同国家的前途、民族的命运相结合，新时代是奋斗者的时代，乘风破浪潮头立，扬帆起航正当时！

（资料来源：紫光阁微平台，2018年5月7日，节选）

☆【精选品读四】

人生的境界

冯友兰

人与其他动物的不同，在于人做某事时，他了解他在做什么，并且自觉地在做。正是这种觉解，使他正在做的对于他有了意义。他做各种事，有各种意义，各种意义合成一个整体，就构成他的人生境界。不同的人可能做相同的事，但是各人的觉解程度不同，所做的事对于他们也就各有不同的意义。每个人各有自己的人生境界，与其他任何个人的都不完全相同。若是不管这些个人的差异，我们可以把各种不同的人生境界划分为四个概括的等级。从最低的说起，他们是：自然境界，功利境界，道德境界，天地境界。

一个人做事，可能只是顺着他的本能或其社会的风俗习惯。就像小孩和原始人那样，他做他所做的事，而并无觉解，或不甚觉解。这样，他所做的事，对于他就没有意义，或很少意义。他的人生境界，就是我所说的自然境界。

一个人可能意识到他自己，为自己而做各种事。这并不意味着他必然是不道德的人。他可以做些事，其后果有利于他人，其动机则是利己的。所以他所做的各种事，对于他，有功利的意义。他的人生境界，就是我所说的功利境界。

还有的人，可能了解到社会的存在，他是社会的一员。这个社会是一个整体，他是这个整体的一部分。有这种觉解，他就为社会的利益做各种事，或如儒家所说，他做事是为了"正其义不谋其利"。他真正是有道德的人，他所做的都是符合严格的道德意义的道德行为。他所做的各种事都有道德的意义。所以他的人生境界，是我所说的道德境界。

最后，一个人可能了解到超乎社会整体之上，还有一个更大的整体，即宇宙。他不仅是社会的一员，同时还是宇宙的一员。它是社会组织的公民，同时还是孟子所说的"天民"。有这种觉解，他就为宇宙的利益而做各种事。他了解他所做的事的意义，自觉他正在做他所做的事。这种觉解为他构成了最高的人生境界，就是我所说的天地境界。

这四种人生境界之中，自然境界、功利境界的人，是人现在就是的人；道德境界、天地境界的人，是人应该成为的人。前两者是自然的产物，后两者是精神的创造。自然境界最低，往上是功利境界，再往上是道德境界，最后是天地境界。它们之所以如此，是由于自然境界，几乎不需要觉解；功利境界、道德境界，需要较多的觉解；天地境界则需要最多的觉解。道德境界有道德价值，天地境界有超道德价值。

（摘编自：冯友兰《人生的境界》，北京大学出版社，1996年版）

九、章节题库

十、教学参考

1. 习近平. 在纪念马克思诞辰 200 周年大会上的讲话［EB/OL］. 新华网，2018-5-4.

2. 习近平. 在纪念五四运动 100 周年大会上的讲话［EB/OL］. 新华网，2019-4-30.

3. 中共中央文献研究室. 毛泽东邓小平江泽民论世界观人生观价值观［M］. 北京：人民出版社，1997.

4. 中央党校采访实录编辑室. 习近平的七年知青岁月［M］. 北京：中共中央党校出版社，2017.

5. 中共中央文献研究室. 习近平关于青少年和共青团工作论述摘编［M］. 北京：中央文献出版社，2017.

6. 中共中央宣传部理论局. 新时代面对面：理论热点面对面·2018［M］. 北京：学习出版社，人民出版社，2018.

7. 中共中央宣传部，中央广播电视总台. 平"语"近人——习近平总书记用典［M］. 北京：人民出版社，2019.

8. 马斯洛. 实现人生价值［M］. 呼和浩特：内蒙古人民出版社，2003.

第二章　追求远大理想　坚定崇高信念

．●●

　　漫漫人生，唯有激流勇进、奋力拼搏，方能中流击水，抵达理想的彼岸。科学的理想信念，既是指引人们穿越迷雾、辨识航向的灯塔，也是激励人们乘风破浪、搏击沧海的风帆。大学是立德树人、培养人才的地方，是青年人学习知识、增长才干、放飞梦想的地方。追求远大理想，坚定崇高信念，在为实现中国特色社会主义共同理想而奋斗的过程中实现个人理想，是同学们自身成长成才的现实需要，也是国家和人民的殷切期盼。

——教材摘录

一、教学目的

（一）教学主要目标

　　总体目标：通过本章的学习，使学生能够系统学习理想信念的理论知识，坚定对马克思主义、共产主义的信仰，增强对中国特色社会主义的信念和实现中华民族伟大复兴的信心。能正确看待理想和现实的矛盾，树立科学的奋斗目标，将个人理想与国家的前途、民族的命运相结合，契合到实现中华民族伟大复兴的中国梦中，志存高远、脚踏实地、艰苦奋斗，在民族复兴的伟大实践中成就自己的精彩人生。

　　知识目标：使学生认识理想信念的内涵与特征，理解作为精神之"钙"的理想信念对于人生的意义；把握信仰马克思主义、树立中国特色社会主义共同理想、胸怀共产主义远大理想的理论、历史、实践依据和极端重要性；理解理想与现实的关系、个人理想与社会理想的统一，懂得必须把实现理想的道路建立在脚踏实地的奋斗上。

　　能力目标：使学生充分理解马克思主义是科学性与革命性统一、具有鲜明的实践品格、具有持久生命力的科学理论；懂得只有社会主义才能救中国、只有中国特色社会主义才能发展中国的道理；明白实践和奋斗是实现理想的必由之路，确认个人理想应以社会理想为指引、社会理想是个人理想的凝练和升华。

　　情感目标：引导学生确立马克思主义信仰，坚定中国特色社会主义共同理想和共产主义远大理想，增强把个人理想融入中国特色社会主义建设伟大进程、在实现中国梦的伟大实践中实现人生理想的自觉性。

（二）教学设计理念及基本思路

本专题以"确立崇高科学的理想信念"为主线，以"增强大学生的使命意识和责任意识"为宗旨，以《长征——人类的传奇》这一红色经典故事作为课程导入，在引导学生思考并回答"到底是一种什么样的力量使这支红军部队能够毫无畏惧地奔向一个目标"这一问题的基础之上，进一步通过对"红军烈士陈树湘：断肠明志　绝对忠诚"等经典故事的介绍，引导大学生深刻地明白心中有信仰，脚下有力量。而后围绕着补足精神之钙、筑牢信仰之基、坚定奋斗之志三大模块，按照"为什么""是什么"以及"怎么做"的逻辑展开，通过开启赵一曼的信来明确为何要有理想信念，李大钊的信分析要坚定什么样的理想信念，袁隆平的信探寻如何实现崇高的理想信念。以书信讲党史、讲信念，通过环环相扣的问题链与层层递进的情境链推进，引发大学生透过先辈们的一封封书信，体会他们为人母、为人子的对亲人的无比的眷恋之情和对国家对民族的拳拳赤子之心，进而激发学生对英雄的致敬、怀念与追寻。在崇高理想信念的指引下，自觉地肩负起实现中华民族伟大复兴中国梦的历史重任，同时把理想信念的道路建立在脚踏实地的奋斗上。在教学目标的设置上力求达到以事说理、以事喻理、以事彰理；以情促知，以知导行，知行合一；从而达到提高教与学效果的目的。

二、教学重难点

（一）教学重点

向学生讲清楚理想信念的含义与特征，理想信念对大学生成长成才的重要意义；引导学生探崇高科学理想信念之要，做到真求；明崇高科学理想信念之由，做到真信；绽崇高科学理想信念之花，做到真行。

（二）教学难点

引导学生了解理想与现实、个人理想与社会理想的关系；认识理想实现过程的长期性、曲折性和艰巨性；把握树立崇高科学的理想信念的途径；明晰把个人理想融入社会理想之中，在实现中国梦的实践中注入青春的成事之道。

（三）解决方法

以"学习强国"等学习平台内容为资源，以"讲好中国故事"为抓手，通过精选中国历史特别是中国近现代史、中国革命史、中国共产党史、中华人民共和国史、中国改革开放史特别是新时代坚持和发展中国特色社会主义的感动中国的先进典型、时代楷模和英雄群体等的故事的介绍等，发挥好讲事析理、以事明理的作用。从而更好地指导学生通过对来源真实的案例进行思考、感悟，以充分调动学生参与课堂教学的积极性，引起学生一定的态度体验。

三、教学导入

情景再现导入课程，用 VR 虚拟实验室置身其中，欣赏《长征——人类的传奇》影视片段，引发学生思考并回答，到底是一种什么样的力量使这支红军部队能够明知征途有艰险，却毫无畏惧、万死无辞，前仆后继地奔向一个目标？又是什么样的一种力量使这支红军部队能够突破国民党军的围追堵截，跨越万水千山，战胜无数艰难险阻，谱写了惊天地、泣鬼神的伟大革命篇章？在学生思考并讨论完的基础之上，教师通过组织学生阅读李大钊的《青春》，学习《在纪念红军长征胜利 80 周年大会上的讲话》，帮助学生感悟先辈精神品质，初步感悟树立坚定崇高理想信念的重要意义。培养学生主动思考、探究学习的能力。直面本专题所要讲授的新课。

四、"情理交融　史论结合"的教学设计

理想信念是人的精神世界的核心，是人精神上的"钙"。没有理想信念，理想信念不坚定，精神上就会"缺钙"，就会得"软骨病"。一个人精神上"缺钙"，就容易精神空虚甚至陷入精神荒漠，既不可能感受精神生活的丰满充实，更不可能承担时代所赋予的历史重任。

【教学活动】观看视频《长征——人类的传奇》。

【背景音乐】歌曲《红军不怕远征难》。

知识案例

【案例精选一】历史的丰碑——长征

二万五千里长征，一次改变中国命运的征程已在人们的评说中过去了大半个世纪。长征是人类战争史上的奇迹，它特有的魅力就像是一部最完美的神话，突破时代和国界，在世界上广为传扬。

回首风雨来时路，漫漫征程，说不完的艰难困苦，道不尽的严峻险阻。冰封的皑皑雪山、人迹罕至的茫茫草地、峡谷急流、有乌江天险、有弯弯赤水、有大渡激流……加之天上每日几十架飞机的侦察轰炸，地下几十万大军的围追堵截，路上说不尽的艰难险阻以及粮食的严重短缺，可以说，每一条都足以让人恐惧、绝望。可长征中的人，却利用自己的两只脚，长驱直至两万余里，纵横驰骋于湘鄂川黔滇等十余省。

他们血战湘江、强渡乌江、四渡赤水河、巧渡金沙江、强渡大渡河、飞夺泸定桥、攻占腊子口、鏖战独树镇、伏击袁家沟口、激战嘉陵江、勇克包座、转战乌蒙山，抢渡普渡河，击退上百万穷凶极恶的追兵阻敌，进行重要战役战斗 600 多次……二万五千里长征路，二万五千里血与汗的洗礼。所到之处，哪里没有浸透着红军战士的不散

热血？哪里没有谱写着一曲动人的壮歌？长征向全世界宣告，红军才是英雄好汉。他们排除万难，经历了九死一生的激烈战斗，战胜了任何人都难以想象的艰难困苦。他们在一条布满荆棘和鲜血的道路上一步步艰难地走来，走向了光明和胜利。

【教师提问】到底是一种什么样的力量使这支红军部队能够明知征途有艰险，却毫无畏惧、万死无辞，前仆后继地奔向一个目标？又是什么样的一种力量使这支红军部队能够突破国民党军的围追堵截，跨越万水千山，战胜无数艰难险阻，谱写了惊天地、泣鬼神的伟大革命篇章？

【教师评析】是革命必胜的信念，是解放天下大众的伟大理想，才使得他们能够把生死置之度外而阔步前行。湘江水被鲜血染红，祁连山下尸首成堆，雪山草地吞噬了无数红军战士的生命……巍峨的雪山掩盖了革命烈士的躯体，却埋藏不了他们满腔为国为民的赤诚之心；茫茫的沼泽地吞噬了革命烈士的身躯，却掩藏不住他们的信念；如雨的子弹夺去了革命烈士的生命，却夺不去他们的精神。

【名句赏析】习近平总书记就曾经指出："长征是一次理想信念的伟大远征。""长征的胜利，是中国共产党人理想的胜利，是中国共产党人信念的胜利。""长征胜利启示我们：心中有信仰，脚下有力量；没有牢不可破的理想信念，没有崇高理想信念的有力支撑，要取得长征胜利是不可想象的。"

第一节　理想信念的内涵及重要性

理想信念是人类特有的精神现象。人既需要物质资料来实现生存和发展，也需要理想信念来充实精神生活。正确坚定的理想信念，激励人们为一定的社会理想和生活目标而不断努力追求。

知识点 一　什么是理想信念

理想是人们在实践中形成的、有实现可能性的、对未来社会和自身发展目标的向往与追求，是人们的世界观、人生观和价值观在奋斗目标上的集中体现。理想是多方面和多类型的，根据不同的标准，可以分为个人理想和社会理想，近期理想和远期理想，生活理想、职业理想、道德理想和政治理想等。

信念同理想一样，也是人类特有的精神现象。信念是人们在一定的认识基础上确立的对某种思想或事物坚信不疑并身体力行的精神状态。信念是认知、情感和意志的有机统一体，为人们矢志不渝、百折不挠地追求理想目标提供了强大的精神动力。

知识案例

【案例精选二】习近平的知青岁月

1968 年，毛泽东主席发出号召："知识青年到农村去，接受贫下中农再教育，很有必要。"全国 1700 万青年学生响应号召，陆续离开了城市，走向农村。习近平报名下乡插队，他所在的"知青专列"开往延安。三十多年前，二十岁出头的习仲勋与刘志丹、谢子长等在此创建陕甘边革命根据地。三十多年后，不满十六岁的北京知青习近平在此迈出了他人生的第一步。

山道弯弯，沙尘漫漫，知青们的兴奋逐渐被黄土高原的荒凉磨灭，年轻人们开始躁动起来。习近平一路上没怎么说话，他带了两个箱子，里面全都装满了书。抵达延安后，习近平一行十五人被分派到梁家河。

扎根农村，便意味着必须脱胎换骨。

初来乍到，北京的知青们便被陕北农民的劳动强度震惊了。因为无法适应凌晨四点上工，喜欢睡懒觉的知青们一开始每天实际只能拿到 6.5 工分，与当地的十六岁女孩同分。习近平决心融入乡村生活，发起倔劲儿，干活不"撒奸儿"，最终达到了强壮劳动力的标准：10 工分。梁家河最让人难忍的是跳蚤，知青们开发出了各种"战术"与跳蚤们开展了"敌我矛盾"的斗争，最终战败。知青们索性养成了老乡的习惯：任尔上下叮咬，我自酣睡不动。跳蚤们得了"血食"，人却只能经常饿肚子。知青们不会加工粮食，有时候只能盯着麦子干着急，粮食不够的时候，只有中午才能吃上一顿干饭。没有麻籽油，取点杏仁儿炒炒，挤出一点油丝味。习近平的胃开始消化以前从来没见识过的"山珍"。知青们不大会打柴，只能常吃夹生饭，幸亏老乡们拿出来储存的玉米秆接济，温暖了他们的灶台和胃，也温暖了他们的心。

梁家河不通电，天黑之后，只有习近平的窑洞还透出一丝微弱的光亮。习近平常常看书到深夜，古今中外，文史理化，涉猎百科。习近平找到所有能找到的书来读，并且思考、借鉴、批判。农闲时，习近平在给老乡们扫盲的基础上，还讲解这些书中的知识和自己的心得，用精神食粮来回馈老乡们的恩情。老乡们也喜欢来他这里串门子，一起谈天说地，习近平真正成为梁家河的一分子。

1973 年，习近平被抽调到赵家河大队工作，当地争议最多的事就是神车沟的治理。习近平多方动员，调动老乡们的干劲，每天早晨六点带着大伙儿上山劳动，不到三个月就把神车沟的坝给打好了。当时大家栽下的树苗现如今已经长成了一排排挺拔的白杨树，老乡们亲切地称其为"知青林"。第二年，公社党委终于批准了习近平的第十份入党申请，随后梁家河大队推选他为党支部书记。为人民服务的信念激励着有志青年。习近平憧憬着在沟口运用新技术打成一座水坠坝，他不厌其烦地说服了村里的老人们。在县里专家的指导下，习近平带着老乡们终于把坝打成，从此，薄地变良田。1974 年的一天，积极关心国家大事的习近平得知四川省大办沼气的事迹，行动派的他立刻前往四川"取经"。习近平回村反复测量后，将试验池选在了知青居住点附近。面对各方面的质疑，习近平"撸起袖子加油干"，决心要把沼气池办成，以实践来检验真理，终于在当年试验成功。"沼气不过秦岭"的谬论在这陕西省的第一口沼气池前不攻自破。习近平真抓实干，铁业社、代销店、缝纫社、磨坊、菜园、甜水井……老乡们的生活变得越来越好。

1975 年，习近平被清华大学录取，返城深造。"第二天离开的时候，我因为睡得比较晚，早上一起来推开门呢，外面都站满了乡亲们，但是都没有吵我，因为我在里边睡觉，静静地等。反正我那次是哭了"，"当年，我人走了，但我把心留在了这里"。

［资料来源：公众号"微天心"：《习大大与梁家河｜学习梁家河陈列馆（一）》］

【设计意图】教师通过本案例的介绍，同时，通过适当介绍知识青年下乡的时代背景，并请学生说说他们这代年轻人对于"知青下乡"的认识和了解，谈谈对下乡插队的艰苦生活状态的看法等，带动学生们从日常生活角度来感受体悟习近平总书记的知青生活，理解理想信念的内涵与特征，感悟确立正确坚定的理想信念，才能矢志拼搏奋斗。

知识点 二　理想信念是精神之"钙"

理想指引方向，信念决定成败。如果说社会是大海，人生是小舟，那么理想信念就是引航的灯塔和远航的风帆。没有理想信念的人生，就像失去了方向和动力的小船，在生活的波浪中随处漂泊，甚至会沉没于急流之中。理想信念是人生发展的内在动力。在大学期间，大学生不仅要提高知识水平，增强实践才干，更要树立崇高的理想信念。

知识案例

【案例精选三】千年思想家马克思的理想信念

卡尔·马克思（1818～1883），马克思主义的创始人，第一国际的组织者和领导者，全世界无产阶级和劳动人民的伟大导师。马克思从小勤奋好学，善于独立思考。1830 年，他进入特利尔中学。中学时代，他受到法国启蒙思想的影响，已有为人类谋幸福的崇高理想。1835 年夏天，马克思即将中学毕业，他的一篇作文引起了他的老师的注意，这篇文章的题目是《青年在选择职业时的考虑》。文中有几段这样写道："如果我们选择了最能为人类谋福利而劳动的职业，那么，重担就不能把我们压倒，因为这是为大家而献身；那时我们所感到的就不是可怜的，自私的，有限的乐趣，我们的幸福将属于千百万人，我们的事业将默默地，永恒地发挥作用存在下去，而面对我们的骨灰，高尚的人们将洒下热泪。"文章中深刻的思想内容为教师们所惊叹，给老师们留下了深刻的印象。

马克思从此把为全人类谋幸福作为自己的理想，并具有坚定的信念，一生不为艰辛，努力奋斗，他和恩格斯共同创立的马克思主义学说，是指引全世界劳动人民为实现社会主义和共产主义伟大理想而进行斗争的理论武器和行动指南。在伦敦海格特公墓的马克思墓碑上，镌刻着马克思的一句名言："哲学家们只是用不同的方式解释世界，而问题在于改变世界。"

我国最早的马克思主义者，中国共产党的创始人之一李大钊曾说过："一个人如果没有努力为之追求的理想和信念，就等于没有灵魂。"在那个满是屈辱和血泪的年代，有多少满怀共产主义理想、信念的生命，以热血呼喊着心中的渴望。正是有了像李大钊一样无数先烈对共产主义理想、信念的不懈追求和奋斗不息，才换来了我们今天和平发展的大好时代。不是吗，一个国家，一个民族、一个政党，如果没有执着的信念，奋斗的目标，没有那种置之死地而后生，为实现自己的理想和目标努力拼搏的精神，那么，他最终将被历史所淘汰。

【案例精选四】朱德入党记

袁世凯窃取辛亥革命果实之后倒行逆施，妄想复辟帝制，蔡锷等人宣布云南独立，出兵讨袁，护国战争爆发。时任护国军第三支队长的朱德率部在棉花坡战役中英勇奋战，重创敌军，这一战成了护国战争的转折点。护国战争虽然再造共和，但并没有改变北洋军阀的专制统治。朱德感慨山河破败、民不聊生，在动荡的时代中迷茫地寻找救国救民的道路。

十月革命为中国送来了马克思列宁主义，五四运动显示出了工人阶级的伟大力量，朱德为民主自由的新思潮所触动，毅然舍弃高官厚禄，投向共产主义的光辉事业。

朱德经多方打探在上海见到了陈独秀，向他介绍个人经历，表达出了自己的入党决心。成为共产党员必须经过严峻斗争的考验，只有这样才能证明有坚定的革命意志。陈独秀考虑到朱德的旧军人身份，没有贸然接受他的入党请求，不过却送给他几本马克思主义经典著作，帮助他加深对马克思主义的认识。遭到碰壁同时也受到激励的朱德没有就此放弃，决意到欧洲，到马克思的故乡，到革命的发源地，去接触原汁原味的革命真理。沿途见到许多从国内到南洋谋生的人们依然过着穷困潦倒的日子，特别是看到非洲人民的生活状况后，朱德痛感"世界上的悲惨的事情不单单是在中国"，更加憧憬起共产主义社会的美好未来。

在巴黎，朱德得知中国留学生成立了旅欧中国少年共产党，即前往柏林拜见负责人周恩来。得知朱德来意后，周恩来没有直接表态，而是和他进行深入交流。在了解了朱德的个人经历、寻求组织的过程以及对革命的见解后，周恩来被他救国救民的热忱、追求真理的精神和加入组织的决心所打动，决定介绍他入党，并帮助办理入党手续。在国内党组织批准前，朱德暂为候补党员。

陈独秀在收到朱德的入党介绍信后，几经考虑，最后决定同意吸收朱德入党。但按照当时的规定，朱德不是工人，入党须上报中国共产党中央执行委员会批准。1922年11月，由周恩来和张申府作入党介绍人，经中共中央批准，朱德正式加入中国共产党，但对外的政治身份依然是国民党党员。自此，朱德同志终于实现了自己的理想，走上了新的革命道路。在中国共产党的领导下，朱德以"秘密党员"的身份在中国留德学生中执行"宣传主义，吸引同志"的任务，教育、团结了一大批国民党左派分子和进步学生加入革命阵营中。直到1927年8月南昌起义爆发后，他的党员身份才得以公开。

为了实现救国救民的愿望，为了追寻革命真理，为了加入中国共产党，朱德费尽了周折，但始终坚定自己的信念，经受住了种种考验。在他看来，中共党员的称号是给他的最高褒奖和荣誉。朱德在土地革命战争、抗日战争、解放战争、社会主义中国建设等诸多历史时期中，始终保持着对党和人民的高度忠诚与热情，践行了共产主义事业奋斗终生的庄重誓言，把自己的全部精力和才能毫无保留地献给了共产主义事业，直到生命的最后一刻。

【设计意图】理想信念，是一个人思想和行为的定向器，崇高坚定的理想信念，可以催人奋进，即使前路坎坷，也能使人矢志不渝地朝着既定的目标奋斗。通过对朱德入党的曲折经历的了解，教师引导学生认识理想信念的重要性，并就实现理想的过程中遇到的困难和解决办法进行讨论分析，从而树立科学崇高的理想信念，并为之努力奋斗。

第二节　坚定信仰信念信心

"志不求易者成，事不避难者进。"实现中华民族伟大复兴的中国梦需要一代一代青年矢志奋斗。同学们生逢其时、肩负重任，应当志存高远、脚踏实地，切实增强对马克思主义、共产主义的信仰，增强对中国特色社会主义的信念，增强对实现中华民族伟大复兴的信心，把个人理想追求融入党和国家事业之中。

知识案例

【案例精选五】中共一大13位代表的命运结局

从南湖到遵义，从瑞金到北京，从陕北窑洞的"兴国之光"到中华民族伟大复兴的中国梦，98年来，中国共产党人栉风沐雨、披荆斩棘，始终高举信仰的旗帜，引领着中国不断前进。回头看那奋进的路，有旭日初升的希冀，更有血雨腥风的坎坷，这不仅考验着一个政党的生命力，也考验着每一个共产党员的信仰和信念。

历史在经过时间的沉淀后才能看得更加清晰。回顾历史，中共一大的13位代表，为了信仰，在上海的石库门内围桌而议，但在历经血与火的考验后，走上了不同的道路。有的一生革命，矢志不渝，成为新中国的缔造者；有的血洒疆场，为革命献出宝贵的生命；有的却背弃信仰，叛变投敌，成为民族的罪人。

【教师提问】不同的信仰所起的作用是不同的。正确的信仰对于社会和人生具有正面价值和积极意义，而错误的或不良的信仰则会对人生和社会带来危害，甚至毁灭人的一生。

知识点 一　增强对马克思主义的信仰

坚定的理想信念，必须建立在对马克思主义的坚定信仰上，建立在对历史规律的深刻把握上。马克思主义坚持远大理想和现实目标相结合、历史必然性和发展阶段相统一，坚信人类社会必然走向共产主义。马克思主义作为我们立党立国的根本指导思想，是近代以来中国历史发展的必然结果，是中国人民长期探索的历史选择。

知识案例

【案例精选六】心中有信仰，脚下有力量

选择信仰很艰难，而坚守信仰更难。在坚守信仰的路上，铺满了荆棘，更有可能付出鲜血和生命的代价。

1934年11月26日，一个年仅14岁的红军小战士在枪林弹雨中冒死写下了这句标语，当时他还不知道，为实现这句誓言，他的战友们将要付出多么巨大的代价！湘江战役，红军长征途中最惨烈的战役，渡过湘江后，中央红军和中央机关从出发时的8万多人锐减至3万多人。牺牲者中，就有红34师师长陈树湘。

湘江边7天的恶战，使红34师从8000多人锐减到不足1000人，虽然完成了掩护主力渡湘江的任务，但红34师也被敌人阻截在湘江南岸，陈树湘向全师发布了最后的命令：寻找敌兵薄弱的地方突围，到湘南开展游击战争；万一突围不成，誓为苏维埃流尽最后一滴血！最终，在数十倍敌人的围追堵截之下，红34师全师尽没，陈树湘也在身受重伤的情况下被敌人搜获。最后他以断肠这一悲壮的方式实践自己的诺言：为苏维埃流尽最后一滴血！

"断头今日意如何？创业艰难百战多。此去泉台招旧部，旌旗十万斩阎罗。"这是陈毅在广东和江西边界的梅岭被敌人围困20多天后，奋笔写下的"绝笔"诗。死后也要召集那些此前牺牲的旧部，在阴间革阎王爷这个统治者的命！革命和写诗都到了不要命的境界，这样的信仰，该是何等彻底的自觉与豪迈。有什么力量可以战胜这样的共产党人呢？

晚年的张学良曾经回忆，当年和红军作战失败后，他曾经同部下讨论为什么打不过共产党，他问自己的将领，谁能在缺衣少食、围追堵截中把这样的队伍带出来，而

且依旧保持着高昂的士气和强悍的战斗力？还不早把人带跑光了？红军为什么打不散，散了还会回来，主要是共产党、红军信仰他的主义，甚至每一个兵，都信仰他们的主义。那么，他们所信仰的主义是什么呢？那就是"马克思主义"，或称为"共产主义"。

那么，这一信仰的宗旨是什么呢？

张思德，一个在 1933 年就参加了红军的老同志，曾经在战斗中一人夺得敌人两挺机枪，多次负伤。经历三过草地的长征到达延安后，他的职务还只是一个班长。1942 年部队整编，他又到中央警卫团当普通战士。经常做的事情就是打扫卫生、铺石垫路、修补窑洞、编草鞋、喂战马，样样事情做得有声有色。1944 年，他主动报名到离延安 70 多里路的安塞县（今安塞区）生产农场烧木炭。一天，炭窑在雨中崩塌，危急时刻，他一把将战士小白推出窑口，自己却被埋在土里牺牲了。

他没有留下什么豪言壮语，更没有留下到处传扬的大功大业，唯一留下的这张照片，一个二十多岁的年轻人，看上去像一个四五十岁的普通农民。然而，他却拥有充满幸福感的开心笑容。这个笑容让人动情，让人看到了普通共产党人的信仰和宗旨。

在张思德的追悼会上，毛泽东把共产党人的宗旨概括为"为人民服务"，并说"我们这个队伍完全是为着解放人民的，是彻底地为人民的利益工作的。"

回望百年中国近代史，怀抱各种主义和信仰的政党，似乎都相信自己拥有未来，为什么恰恰是中国共产党掌握了未来呢？因为，在信仰的碰撞和交锋中，共产党人信仰的不仅是真理，还在于他们能够前仆后继、舍生忘死地去实践自己的信仰，去践行自己的宗旨和使命。终于，随着新中国的成立，中国人从此站立起来了，中华民族的复兴，开启了新的历史纪元。

【教师评析】 教师通过对陈树湘以及张思德故事的介绍，引导大学生深刻地明白心中有信仰，脚下有力量。要接好历史的接力棒，走好新时代的长征路，就应自觉做共产主义远大理想和中国特色社会主义共同理想的坚定信仰者、忠实实践者，从而为崇高理想信念而矢志奋斗，用勤劳的双手成就属于自己的人生精彩。

知识点（二） 增强对共产主义的信仰

新时代的青年大学生，除了应该坚定对马克思主义的信仰外，同时还应胸怀共产主义远大理想。作为共产主义信仰的社会理想和价值目标，共产主义远大理想其实就是社会进步和人类解放的共同理想。

知识案例

【案例精选七】共产主义在路上

习近平总书记指出：共产主义决不是"土豆烧牛肉"那么简单，不可能唾手可得、一蹴而就，但我们不能因为实现共产主义理想是一个漫长的过程，就认为那是虚无缥缈的海市蜃楼，就不去做一个忠诚的共产党员。

回望五百年历程，社会主义从空想变为科学，从理想变为现实，历经风雨坎坷，焕发出昂扬生机，昭示着共产主义崇高理想最终实现的历史必然。从16世纪初期空想社会主义诞生，到1848年《共产党宣言》的发表，社会主义实现了从空想到科学的伟大飞跃。浸透过巴黎公社社员鲜血的石墙上，巴黎公社的原则永存。"阿芙乐尔号"的一声炮响，宣告世界上第一个社会主义国家的诞生，也为东方的中国送来了马克思主义。南湖岸边红船起航，长征路上雄关如铁，长江岸边风雨苍黄，天安门下礼炮鸣响，中国共产党团结带领中国人民进行28年浴血奋战，为实现中华民族伟大复兴开辟了新纪元。

社会主义在20世纪取得了举世瞩目的辉煌成就，但也在发展中出现了曲折。东欧剧变、苏联解体，告诉我们，放弃了社会主义道路，放弃了无产阶级专政，放弃了共产党的领导地位，放弃了马克思列宁主义，把社会主义建设和党的建设中的失误归咎于领袖个人，把纠正领袖的错误发展成全盘否定苏共的奋斗历史，直到丑化和歪曲历史，从根本上动摇了原来的理想信念，是最终酿成制度剧变、国家解体的历史悲剧的根本原因。但正如邓小平同志指出的："一些国家出现严重曲折，社会主义好像被削弱了，但人民经受锻炼，从中吸取教训，将促使社会主义向着更加健康的方向发展。"

小岗破冰，深圳兴涛，海南弄潮，浦东逐浪，雄安扬波。中国特色社会主义巨轮在疾风暴雨中破浪前行。中国，这个世界上最大的发展中国家，在短短30多年里摆脱贫困并跃升为世界第二大经济体。中国桥梁、中国航天、中国电商、中国交通、中国超算，一张又一张中国名片，向世界展示着社会主义制度的优越性。

回望百余年来历史，正如邓小平同志指出的，"在我们最困难的时期，共产主义的理想是我们的精神支柱，多少人牺牲就是为了实现这个理想"。从"革命理想高于天"的战争年代，到"坚持发展是硬道理"的改革岁月，再到"将改革开放进行到底"的时代宣言，正是由于一代又一代的中国共产党人始终胸怀共产主义远大理想，始终把共产主义信仰写在自己的旗帜上，才使得他们能够和人民群众一道，虽历经种种挫折和磨难，但始终勇毅笃行，团结和带领全国各族人民一道勇往直前，最终揭开了现代中国历史的新篇章。

【教师评析】今日的中国，尽管时代变了，观念变了，人物变了，但共产党人的理想信念不能变，对中国特色社会主义，对共产主义必胜的信念不能变。而现在，这个理想信念已传承到我们每一位青年人这里，我们有责任坚定地把它传承下去。或许，有的人会认为，共产主义理想离现实太遥远，是无法实现的，这实际上割裂了共产主义远大理想与现实的辩证统一关系。事实上，共产主义是现实运动和长远目标相统一的过程。作为一种崇高的社会理想，它不仅是关于无产阶级解放的学说，同时也是一种现实运动。它既是面向未来的，又是指向现实的，不仅反映了人们对未来社会的美好向往，更是一个从现实的人出发，不断满足人的现实利益需求、推进人的全面发展、推动社会发展进步的历史过程与现实运动。共产主义的思想和实践早已存在于我们的现实生活中，那种认为"共产主义是渺茫的幻想""共产主义没有经过实践检验"的观点，是完全错误的。

知识点 三　增强对中国特色社会主义的信念

中国特色社会主义，承载着几代中国共产党人的理想和探索，寄托着无数仁人志士的夙愿和期盼，凝聚着亿万人民的奋斗和牺牲，是近代以来中国社会发展的必然选择。在中国共产党领导下，坚持和发展中国特色社会主义，实现中华民族伟大复兴，要求我们必须增强对中国特色社会主义的坚定信念。

知识案例

【案例精选八】中国特色社会主义是实现中华民族伟大复兴的必由之路

首先，从历史的角度来看，回望拥有五千多年文明历史的中华民族的发展历程，既创造了举世瞩目的辉煌，也经历了大大小小数不清的苦难，特别是自第一次鸦片战争后，中国社会所陷入的内忧外患的极度黑暗境地，中国人民和中华民族所经历、所遭受的深重苦难等更是世所罕见。为改变中华民族的命运，无数不甘屈服的仁人志士"以爱国相砥砺，以救亡为己任"，进行了各式各样可歌可泣、艰苦卓绝的探索和抗争。太平天国运动，戊戌变法，义和团运动、辛亥革命，不甘屈服的中国人民一次次抗争、一次次失败、又一次次奋起，但终究未能改变旧中国的社会性质和中国人民的悲惨命运。事实说明，旧式的农民战争，不触动封建根基的自强运动和改良主义，资产阶级革命派领导的革命，照搬西方资本主义的其他种种方案，都不能完成中华民族救亡图存的民族使命和反帝反封建的历史任务。

中国到底该往何处去？

中国的路在哪里？

谁又能够承担起实现中华民族伟大复兴这一历史使命？

这一历史重任最终落到了以马克思主义为指导、以工农联盟为基础的中国共产党人身上。

在将马克思主义的基本原理与中国具体实际相结合的过程中，中国共产党找到了路，什么路呢？那就是用社会主义制度救国。正是社会主义制度，使中华民族结束百年屈辱历史，走上了独立、民主、富强的道路。因此，历史证明，要救国，没有其他的出路，只有社会主义，这是历史的选择。毛泽东曾经说过："一切都试验过了，一切都失败了，现实在给人们换脑筋，只有走社会主义道路才能救中国，只有共产党的领导才能救中国。"

其次，从现实的角度来看，回拨世界社会主义发展的历史时钟，从空想的"乌托邦"，到十月革命的炮响，再到今天社会主义创新思想的提出，抒写几多辉煌篇章，也就经历几多曲折过往。而20世纪80年代以来世界社会主义的发展所经历的风波、所遭遇的挫折，尤其是东欧剧变更是将世界社会主义由低潮带入低谷。就在人们发出马克思主义真的"终结了吗"，世界社会主义将向何处去，资本主义真的"不战而胜"的疑问和困惑中，中国特色社会主义挺身而出，用改革开放四十多年的辉煌成就向世人交了一份有说服力的答卷：相比西方资本主义深陷危机难以自拔，照搬华盛顿共识的发展中国家和转型国家为社会失序和经济停滞所困，中国特色社会主义不仅守住了社会主义的强大阵地，而且成为世界社会主义的中流砥柱。如今的中国已经成为世界第二大经济体和对外投资国、世界最大贸易国和最大外汇储备国；支付宝、网购、共享单车和中国高铁等奇迹般地崛起；天宫、蛟龙、天眼、悟空、墨子、C919大飞机等重大科技成果相继问世；超级计算机在世界上无国可比；强军兴军已迈出坚实的步伐；构建人类命运共同体的中国特色大国外交引领国际秩序；旨在解决发展难题的"一带一路"倡议不断推进……可以说，这一系列伟大成就都深刻说明了中国离实现中华民族伟大复兴的目标更近了。

【教师评析】习近平总书记曾指出，一个国家实行什么样的主义，关键要看这个主义能否解决这个国家面临的历史性课题。我们实行的中国特色社会主义是科学社会主义，不是别的什么主义。中国特色社会主义建设所取得的世界性、历史性成就都告诉我们，只有中国特色社会主义才能发展中国。所以，对于处于新时代的青年学生，应坚定中国特色社会主义信念，树立起我们自己的道路自信、理论自信、制度自信和文化自信。

知识案例

【案例精选九】"小船"成长为"航母"

近百年前，在浙江嘉兴南湖的一艘小小红船上诞生了一个伟大政党——中国共产党。1921年7月30日，中共"一大"在上海秘密举行。因突遭法国巡捕搜查，会议被迫休止。8月2日上午，毛泽东、董必武、邓恩铭、李达、张国焘等"一大"代表，从上海乘火车转移到嘉兴，在南湖的一艘小船上完成了大会议程，正式宣告了中国共产党的诞生。

"红船"作为"母亲船"，既孕育了中国共产党，也孕育出"红船精神"。2005年6月，时任浙江省委书记的习近平在《光明日报》发表署名文章，将"红船精神"提炼为"开天辟地、敢为人先的首创精神，坚定理想、百折不挠的奋斗精神，立党为公、忠诚为民的奉献精神"。中国共产党领导人民取得革命、建设和改革的种种成就，都离不开"红船精神"的引领与支撑。2017年10月31日，习近平总书记带领新一届中央政治局常委同志前往上海和浙江嘉兴，瞻仰中共一大会址和南湖红船，宣示党中央坚定的政治信念，不忘初心、牢记使命，砥砺前行。

"红船精神"早已成为中国共产党的精神之源、精神之基和精神之本。正是"红船精神"的激励与鼓舞、陶冶与鞭策，才让中国共产党永葆马克思主义执政党本色，永远走在时代前列，永远做中国人民和中华民族的主心骨，始终为人民谋幸福，为民族谋复兴，为世界谋大同。也正是对"红船精神"的坚守与践行、光大与发扬，才让中国共产党"敢教日月换新天"，不仅深刻地改变了中国，也深刻地影响和塑造着世界。

光阴荏苒，物换星移。百年后的今天，在中国共产党的领导下，党和国家取得了历史性变革和历史性成就，当年的"小船"已经成长为"航母"。如今，"红船精神"依旧作为一盏奋进明灯，指引着当代中国"复兴号"巨轮乘风破浪，驶向更美好的明天。

【教师评析】伟大的实践产生伟大的精神，伟大的精神推进伟大的事业。有共同理想，才能有共同步调。在教学过程中，教师可借助"红船精神"，引导学生体会中国共产党的成长、发展和壮大，从中告诫大学生们中国共产党人所为之奋斗的事业，是伟大而壮丽的事业，需要一代又一代共产党人为之接力探求、不懈奋斗。中国共产党领导是中国特色社会主义最本质的特征，是中国特色社会主义制度的最大优势，是党和国家的根本所在、命脉所在，是全国各族人民的利益所系、命运所系。大学生要牢固确立在中国共产党领导下走中国特色社会主义道路，为实现中华民族伟大复兴而奋斗的共同理想和坚定信念。

知识点 四　增强对实现中华民族伟大复兴的信心

在几千年历史长河中，中国人民始终心怀梦想、不懈追求，我们不仅形成了小康生活的理念，而且秉持天下为公的情怀，盘古开天、女娲补天、伏羲画卦、神农尝草、夸父追日、精卫填海、愚公移山等我国古代神话深刻反映了中国人民勇于追求和实现梦想的执着精神。

中国人民相信，山再高，往上攀，总能登顶；路再长，走下去，定能到达。近代以来，实现中华民族伟大复兴成为中华民族最伟大的梦想，中国人民百折不挠、坚忍不拔，以同敌人血战到底的气概、在自力更生的基础上光复旧物的决心、自立于世界民族之林的能力，为实现这个伟大梦想进行了180多年的持续奋斗……

知识案例

【案例精选十】中华民族实现伟大复兴梦想的奋斗历程

1867年的某一天，13岁的严复，走进福州船政学堂学习驾驶，开始他一生为中国

"寻求富强"的梦想轨迹。

1898 年，甲午战争后的第 3 年，严复翻译的《天演论》付梓问世。一时间，"天演""物竞""适者生存"等新名词很快充斥报纸刊物，成为社会文化生活中最活跃的字眼儿。

因受《天演论》的影响，鲁迅改变了自己的世界观，更多的中国人走出国门，去西洋和东洋了解列强之所以强大的原因。

那些年间，像严复一样的几代中国人前赴后继，方案不同，救亡图存的想法一致。他们都有一颗拳拳中国心，他们争取民族独立和人民解放的梦想是那么急迫、实现国家富强和人民幸福的渴望是那么强烈。遗憾的是，他们都没有找到真正挽狂澜于既倒的力量源泉，中华民族的前途依然是那么渺茫。

1921 年，严复辞世。恰是这一年，中国共产党在嘉兴南湖红船上，完成了只有十几个人参加的中国共产党第一次全国代表大会。28 年后，中国共产党建立起崭新的中华人民共和国。

百余年来，中国共产党团结带领中国人民不懈努力的光辉历程，就是中华民族实现伟大复兴梦想的奋斗历程。在血雨腥风的革命年代，为着这一梦想，无数革命先烈，抛头颅洒热血，前赴后继、视死如归；夏明翰留下《就义诗》，砍头不要紧，只要主义真；叶挺写下千古《囚歌》，在烈火和热血中永生；李大钊在绞刑架前高呼：共产主义必然得到光辉的胜利；方志敏践行了"努力到死，奋斗到死"的誓言，至死不屈……

在建设新中国、在改革开放经济建设的年代，无数的战斗在一线的工作者们也用他们的一生去践行自己的誓言，坚守自己的精神家园。在他们当中，不仅有用"两弹一星"实践自己的信仰的朱光亚、钱学森等一批科学家，同时还有用滚滚的黑色石油践行自己红色理想的"铁人"王进喜；不仅有用 22 年的实践，驻守荒山，直至把它变成一座青山留给后人的"草鞋书记"杨善洲，同时还有在悬崖绝壁上书写精彩传奇的"当代愚公"黄大发；不仅有用生命叩响"地球之门"、让中国进入"深地时代"的战略科学家黄大年，同时还有勇担民族复兴大任的"天眼巨匠"南仁东；不仅有对党忠诚、心系群众、忘我工作、无私奉献的优秀县委书记廖俊波，同时还有爱生如子、甘做学生成长引路人的高校思想政治理论课教师曲建武；不仅有把一生献给太行山区的"太行赤子"李保国、同时还有 60 多年深藏功名，一辈子坚守初心、不改本色的张富清……

这些代表着当代中国精神高峰的时代楷模，在各自的岗位上心怀大我、至诚报国，书写了当代中国最美的时代华章。郭明义、张黎明、沈浩、张丽莉、吴斌、高铁成……一个又一个"最美教师""最美司机""最美卫士"在中国大地上接连涌现，他们用爱心和善行，彰显出当代"最美中国人"的精神风采。一个个英雄群体用智慧、汗水甚至生命谱写的"女排精神""载人航天精神""奥运精神"等，更是挺起了中华民族的精神脊梁。

这些感动中国的先进典型、道德模范、时代楷模和英雄群体……他们或承载人民至上、以人为本、公平正义、诚信友爱的价值追求，或体现廉洁奉公、爱岗敬业、淡泊名利、甘于奉献的职业品格，或展现解放思想、求真务实、积极探索、勇于创新的科学精神，或彰显自强不息、艰苦奋斗、顽强拼搏、敢于胜利的英雄情怀……他们以一以贯之的信仰，一脉相承的信念，把自己当成如橼大笔，在鲜红党旗上写下忠贞，在祖国大地上写下情怀。这些都是中国人民在改革开放的伟大实践中体现出来的崭新精神风貌和高尚精神品格，是建设新时代中国特色社会主义、实现中华民族伟大复兴中国梦的强大精神动力……透过他们，我们不难发现，坚定实现中华民族伟大复兴不是纸上的字，不是口中的话，而是具体的行动，是坚实的脚步，是不变的目标！

【教师评析】一滴水，可以折射太阳的光辉；一盏灯，可以照亮前行的道路。这些英雄们、模范们，怀抱梦想，高举灯火，如阵阵清风吹散了迷雾，让精神纽带一点点延展开来。

正是怀抱实现中华民族伟大复兴梦想，不忘初心、牢记使命，才有永恒的信念与深重的责任。所以，作为新时代的大学生，一定要树立中国特色社会主义共同理想，树立为祖国繁荣富强贡献青春力量的远大志向，只有这样，才能在为实现中华民族伟大复兴的奋斗中谱写壮美的青春之歌！

第三节　在实现中国梦的实践中放飞青春梦想

理想信念是一个思想认识问题，更是一个实践问题。如果说，现实是此岸，理想是彼岸，那么，唯有实践才是联系二者的桥梁。理想不等于现实，理想的实现往往要通过一条并不平坦的曲折之路，有赖于脚踏实地、持之以恒的奋斗。实践，只有实践，才是通往理想彼岸的桥梁。

知识点 一　科学把握理想与现实的辩证统一

理想和现实存在着对立的一面，二者的矛盾与冲突，属于"应然"和"实然"的矛盾。在一定的条件下，理想可以转化为未来的现实。

【名句赏析】费尔巴哈曾说过，从理想到实在的过渡，只有在实践哲学中才有它的地位。李大钊也曾说过，无限的"过去"都以"现在"为归宿，无限的"未来"都以"现在"为渊源，"过去""未来"的中间全仗有"现在"以成其延续，以成其永远。

知识案例

【案例精选十一】星星之火，可以燎原

毛泽东的经典著作《星星之火，可以燎原》，是 1930 年 1 月 5 日，毛泽东写给林彪

的一封回信，主要目的是帮助林彪转变对中国革命的悲观思想认识，指出中国革命走农村包围城市道路的可能性。

1930 年新年伊始，在刚刚结束的古田会议上重新当选为红四军前敌委员会书记的毛泽东收到了一封来信。信中过高地估计了敌人的军事力量，对时局和革命前途流露出一股悲观情绪，认为中国革命高潮未必很快到来，建议采用比较轻便的流动游击方式去扩大红军的政治影响。那么写这封信的人是谁呢？他就是当时红四军一纵队司令员、红四军前敌委员会委员林彪。

林彪对革命产生悲观情绪并不是偶然的。1929 年 4 月，红四军前敌委员会书记毛泽东、红四军军长朱德收到了中共中央 2 月 9 日发出的一封信，史称"二月来信"。信中对中国农村革命形势估计过低，甚至怀疑红军在农村发展的可能性。"二月来信"要求毛泽东、朱德将队伍分散，并要求他们俩离开队伍回到中央。红四军前委对"二月来信"进行讨论后，决定不予执行，但这封信还是在红四军官兵中产生了一定的消极影响。

鉴于前面有"二月来信"，现在又看了林彪的这封信后，毛泽东感到林彪提出的"红旗到底能打多久"的疑问并不单单是他一个人的疑问，而是具有一定的代表性。它反映出在反革命力量不断对红色区域进行"会剿"、中国革命正处于低潮的时期，"右"倾悲观情绪和思想在党和红军中仍有一定的影响，说明这些同志没有看到中国革命的希望，被当前的困难所吓倒。

为了帮助林彪转变错误认识，并以此教育全军，经过深思熟虑，1930 年 1 月 5 日，毛泽东在福建古田镇赖坊村协成店驻地，给林彪写了一封名为《时局的估量与红军行动问题》的长篇复信。1948 年公开刊行这封信时，林彪向中央提出希望不要提及他的名字。毛泽东同意了这个意见并将这封信改名为《星星之火，可以燎原》。这封信就像是茫茫黑夜里的一盏明灯，指引着中国共产党和人民军队一步一步走向新的胜利。

中国革命事业和革命者经历重重艰险，遭遇重重挫折，却看到了星星之火未来的燎原之势。

【深入研讨】引导学生在深刻理解理想与现实之间的关系，并在正确认识实现理想的长期性、艰巨性和曲折性的基础之上，深刻地把握实现理想所必须具备的条件，从而启迪青年唯有奋斗才是通往幸福美好生活之路的最好方式。

知识点 二　坚持个人理想与社会理想的有机结合

坚持个人奋斗目标与国家、民族的奋斗目标相统一，把个人理想融入社会理想之中，在为实现社会理想而奋斗的过程中实现个人理想，这是大学生成长成才的必由之路。

知识案例

【案例精选十二】让所有人远离饥饿的"一介农夫"

"他是一位真正的耕耘者。当他还是一个乡村教师的时候，已经具有颠覆世界权威的胆识；当他名满天下的时候，却仍然只是专注于田畴。淡泊名利，一介农夫，播撒智慧，收获富足。他毕生的梦想，就是让所有人远离饥饿。"他就是"世界杂交水稻之父"袁隆平。

1930 年 9 月 7 日，袁隆平出生在北京协和医院。幼时的袁隆平，因一次园艺场郊游活动，萌发了对农业的浓厚兴趣。1949 年，袁隆平考入西南农学院农学系，毕业后的他服从全国统一分配，成为湖南省怀化地区的安江农业学校的一名人民教师，这一当便是八年。

1959 年，中国爆发了连续三年的粮食性短缺和饥荒，这让袁隆平将目光投向了水稻研究。1960 年 7 月，农校试验田里的一株"天然杂交水稻"，开启了他杂交水稻的研究之旅。随后，袁隆平通过艰辛的实践探索，大胆推测：水稻也有杂交优势。1966 年 2 月 28 日，袁隆平发表了第一篇论文《水稻的雄性不孕性》，并刊登在中国科学院主编的《科学通报》半月刊第 17 卷第 4 期上，很快引起了国家的高度重视与支持。1967 年 6 月，由袁隆平、李必湖、尹华奇组成的黔阳地区农校（即安江农校）水稻雄性不育科研小组正式成立。

袁隆平的"禾下乘凉梦"之路并非一帆风顺。1968 年 5 月 18 日，被袁隆平插在安江农校试验田里的 700 多株不育秧苗，全部被人恶意拔出毁坏，这让他感到心痛欲绝。受到巨大打击的袁隆平并没有退缩，1969 年后，袁隆平等人将杂交水稻的战场转移到云南省、海南省、湖南省等地，他们不断研究和试验。1977 年，袁隆平发表了《杂交水稻培育的实践和理论》与《杂交水稻制种与高产的关键技术》，将多年的实践积累整理在这两篇重要的论文里面。皇天不负苦心人，1981 年 6 月 6 日，袁隆平获得了中国第一个发明特等奖，之后又陆续获得首次国际奖、首届国家最高科学技术奖、世界粮食奖等。

2001 年以来，袁隆平指导的超级杂交稻取得了巨大的成就，但他不骄不躁，继续深耕稻田，改进水稻育种的方式方法。2013 年，启动亩产 1000 公斤的超级杂交稻第四期目标攻关，创下世界纪录。袁隆平的杂交水稻技术不仅解决了亿万中国人的温饱问题，也为世界做出巨大的贡献。他被联合国粮农组织聘为国际上发展杂交水稻的首席顾问，曾 30 多次赴国际水稻所开展合作研究和技术交流，10 多次前往印度、越南、缅甸、菲律宾、孟加拉等国指导发展杂交水稻，在境内外开展了 50 多期的杂交水稻国际培训班，一共培训了来自 40 多个发展中国家约 2000 名政府官员和农技专家。

【教师评析】因为兴趣，袁隆平选择农学并在毕业后到农校当老师，这是他的个人理想；但是为了"让所有人都吃饱饭，不再挨饿"，他矢志不移，利用自己的科学知识培育出杂交水稻。他毕生的梦想，就是让所有人远离饥饿，这是个人理想与社会理想的紧密结合，也是他一生的写照，他用他的人生诠释了胸怀天下、无私奉献的精神。教师利用本案例，引导学生理解个人理想和社会理想二者的关系，在社会理想的指引下，勇于追求个人理想，在实现社会理想的过程中努力实现个人理想。

【案例精选十三】科学报国的郭永怀

郭永怀，山东荣成人，新中国著名力学家、应用数学家、空气动力学家，是近代力学事业的奠基人之一。1999年，郭永怀被授予"两弹一星荣誉勋章"，是该群体中唯一获得"烈士"称号的科学家。郭永怀，1909年4月4日出生于山东省荣成县一户农家。1929年夏进入南开大学预科班学习。1931年，郭永怀转入本科，攻读物理，得到了当时国内知名教授顾静薇的赏识。两年后，顾静薇推荐郭永怀到北京大学光学专家饶毓泰教授门下继续深造。当时的中国，积贫积弱，加上日寇肆虐，人民生活在水深火热之中，得到名师指点的青年郭永怀不仅具备了坚实的数学物理基础，而且也把"科学报国"视为毕生的追求。

1939年，郭永怀以优异成绩考取了中英庚子赔款留学生，前往加拿大和美国学习。1941年，郭永怀来到当时国际空气动力学的研究中心——加州理工学院古根海姆航空实验室，成为世界气体力学大师冯·卡门的弟子。在这里，他遇到了平生的知己钱学森师兄，学习之余，钱学森最乐意干的事情就是开着车，拉着这个颇有几分书呆子气的师弟兜风。郭永怀于1945年获得博士学位。1946年，康奈尔大学创办航空研究院，郭永怀受聘前去任教。

在国外工作期间，郭永怀一直在等待机会，要用他的科学知识为祖国服务。抗美援朝战争结束后，在中国政府的努力下，美国政府不久被迫把禁止中国学者出境的禁令取消，但以"维护国家安全"为由设置种种障碍。在面对优越的科研和生活条件与祖国需要何去何从的时候，郭永怀毅然决然拒绝了美国同事请他参加的机密研究项目，放弃了美国康奈尔大学教授的优厚待遇，携妻挈女义无反顾踏上归途。为了避免美国政府制造麻烦，他毅然将自己没有公开发表过的所有书稿统统付之一炬。

回国后，郭永怀加入两弹一星计划中来，在中国原子弹、氢弹的研制工作中领导和组织爆轰力学、高压物态方程、空气动力学、飞行力学、结构力学和武器环境实验科学等研究工作，解决了一系列重大问题，是唯一为中国核弹，氢弹和卫星实验工作均作出巨大贡献的科学家。郭永怀还始终把培养科技人才当作头等大事来抓，不遗余力地培养科学接班人。郭永怀是一位优秀的教育家。他将自己比作一颗石子，甘愿为青年人的成长铺路。1961年，他曾写道："当前的打算是早日培养一批骨干力量，慢慢形成一支专业队伍。"随后他欣慰地说："由于几年的工作，已经见到效果。"也就在这一年，他加入中国共产党。

1968 年 12 月 4 日，在青海基地整整待了两个多月的郭永怀，在试验中发现了一个重要线索，急匆匆地从青海基地赶回北京。5 日凌晨，飞机在首都机场 1 千米以外的玉米地里坠毁。郭永怀壮烈牺牲。郭永怀飞机失事的消息第一时间传到国务院，总理周恩来流下眼泪，良久不语。钱学森更是伤感不已地叹息："一个全世界知名的优秀力学专家离开了人世。"郭永怀牺牲后第 22 天——1968 年 12 月 25 日，中央授予他烈士称号。同日，中国第一颗热核导弹试验获得了成功！此前郭永怀正是为准备这次试验在青海整整埋头苦干了四十五天。

【教师评析】教师在教学过程中，可重点分析个人理想和目标为什么要与国家、民族的目标相一致，社会理想是怎样指引个人理想的？当代大学生要在社会理想的指引下，奋发有为，用于追求理想，在实现社会理想的过程中努力实现个人理想。

知识点 三　为实现中国梦注入青春能量

知识案例

【案例精选十四】习近平在福建工作期间高度重视教育工作

在福建工作的 17 年半，习近平同志经常深入了解群众的所思所想所盼，着力解决群众的就业、子女上学、看病、住房等实际问题。他关心教育事业发展，多次召开省长办公会议研究推进基础教育各项举措，有效推进素质教育发展，亲自推进福州大学城建设。他关心支持文化事业发展，经常到文化单位、文化团体调研，积极协调解决资金不足、场地破旧、交通不便等实际问题。他亲自部署、亲自推动闽宁对口扶贫协作，多次带队去宁夏贫困地区调研，协调支持项目、支持资金以及福建各地市对口支持工作，创造了东西部对口扶贫协作帮扶的"闽宁模式"。同时，在立足福建脱贫奔小康的同时，他还把责任使命拓展到推动两省（区）经济社会共同发展上，成为携手走向共同富裕的标杆工程。

【教师评析】本故事对应本小节中的第一目"立鸿鹄志　做奋斗者"。通过故事的介绍、分析和学生的研讨，启发学生应从现在做起，从身边点滴小事做起，立足中华民族伟大复兴的时代节点上，立鸿鹄志，做奋斗者！筑起中国的脊梁！

【案例精选十五】扶贫先扶志，治贫先治愚——习近平在宁德任职期间的教育扶贫理念

在宁德任职期间，由于宁德地区本身经济基础薄弱，发展不足，加上环境闭塞等因素，教育十分落后。以寿宁县下党乡为例，因缺乏教育，又地处山区，孩子们对外界认知极其有限，连电影是什么都不了解。为帮助其实现"弱鸟先飞"，习近平在宁德工作期间，非常注重教育扶贫的作用，多次强调"扶贫先扶志，治贫先治愚"的理念。

为解决贫困人口思想思路上的贫困，刚上任的他不是坐在办公室里"听报告"来进行教育扶贫，而是真正深入基层农村学校广泛开展实地调研，直接针对农村学校的问题进行精准的"扶教育之贫"。他摒弃"等、靠、要"思想，身体力行联动各方，主动去筹措办学资金，为学校提供学习用品和学生生活用品、新建教学大楼、改善学校办学条件。他关怀教师发展需求，解决好拖欠教师工资的问题，稳定好教师队伍。他还重视少数民族教育扶贫，大力促进文化与产业融合，从而为脱贫致富提供"智""能"动力。

【教师评析】 本故事对应本小节中的第二目"心怀'国之大者'，敢于担当"。通过故事的介绍、分析和学生的研讨，引导学生深刻明白新时代的大学生应该肩负历史使命，把个人的命运与国家和人民的命运联系在一起，立为国奉献之志，立为民服务之志，让青春在为祖国和人民利益的不懈奋斗中绽放绚丽之花。

【案例精选十六】用脚步丈量祖国大地，用真心聆听人民心声

在福建工作期间，习近平先后在 5 个重要岗位上担任领导职务，每到一个岗位，他都以调研起步，察民情、作决策、办实事。他用脚步丈量八闽大地，福建的山山水水都留下了他的足迹。

在厦门，习近平同志报到上班的第三天，就带队到同安县（今同安区）调研，从制定《1985 年—2000 年厦门经济社会发展战略》，到为居委会干部提高工资待遇，都是在调研基础上作出的。在宁德，习近平同志先用一个多月时间把全地区的 9 个县都跑了一遍。在宁德工作两年时间里，他跑了 100 多个乡镇。他以调研起步，建立"四下基层"制度，提出"弱鸟先飞"理念，倡导"滴水穿石"精神，把工作重心放在改善基础设施和人民生活水平上。在福州，面对纷繁复杂的经济社会发展形势和繁重工作任务，习近平同志提出"四个万家"工作要求，鲜明指出党员、干部深入群众、了解群众、宣传群众、组织群众的基本路径。习近平同志这么说，也是身体力行这么做的。那些年，他经常出现在平潭、永泰、闽清等海边和山区，经常深入到困难群众比较集中的地方，倾听民众呼声，探寻解决之道，被称为"3820"工程的《福州市 20 年经济社会发展战略设想》，就是他扎实深入调研的重要成果。在省委省政府工作期间，他提出"山海协作、联动发展"，规划以沿海地区带动贫困地区发展，为此组织了省里55 个部门，调研了 8 个月，提出了具体的协作发展方案。他很早就把集体林权制度改革作为一项重大民生工程给予特别关注，专门到福建林业大县武平县深入调研，为福建林业改革发展一锤定音。

【教师评析】 本故事对应本小节中的第三目"自觉躬身实践，知行合一"。通过故事的介绍、分析和学生的研讨，引导学生在深入学习和领悟青年习近平踏实干事、一心为民的责任意识和矢志不渝的理想信念的基础之上，引导青年在思想多元的复杂环境下，坚定理想信念，扎根基层，勇担重任，让个人梦想与家国情怀、与中国梦同频共振。

五、实践教学

（一）课内自选实践

【项目】演讲赛：理想·信念

通过主题为"理想·信念"的演讲，同学们更深刻地理解理想信念在成长成才中的重要意义，坚定中国特色社会主义共同理想和马克思主义信念，正确认识个人理想与社会理想的关系、理想与实践的关系，把握实现理想的基本条件，促进大学生树立科学的理想与信念。

（二）课外自主实践

【项目】社会调查：成功校友访谈

通过访谈成功校友，让学生更多地了解成功校友的事迹，让学生坚定理想信念，激励学生为实现自己的理想而努力奋斗。撰写访谈报告，整理访谈照片。教师对访谈活动和访谈报告进行评价，也可做课堂汇报，教师可引导学生总结成功校友的成长轨迹。

六、教学总结

本专题教学依托全国高校思想政治理论课备课平台、学习强国 App、学银在线为思政教师以及学生精心打造了一套思政教学辅助系统、思政 VR 互动式以及全景式教学体验平台等，在教学设计上力求打破以教师为主导和以课堂理论知识传授为中心的传统思政课的教学模式，通过选择播放视频、音频材料以及展示案例故事、图片、表格以及数据资料等方法，从故事导学、实践体验等几个方面着力进行教学手段与方法的改革与创新，以进一步激发起新时代成长起来的青年学子立鸿鹄志，通过脚踏实地的奋斗，为实现中国梦注入青春能量的责任意识与担当意识。从而达到"以事说理、以事喻理、以事彰理"的教学效果，逐步探索一条有特色的、可行的教学方法新路子，从而达到提高教与学效果的目的。

七、经典语录

"青"听"习"语

广大青年一定要坚定理想信念。"功崇惟志，业广惟勤。"理想指引人生方向，信念决定事业成败。没有理想信念，就会导致精神上"缺钙"。中国梦是全国各族人民的共同理想，也是青年一代应该牢固树立的远大理想。中国特色社会主义是我们党带领人民历经千辛万苦找到的实现中国梦的正确道路，也是广大青年应该牢固确立的人生信念。

——2013 年 5 月 4 日，习近平在同各界优秀青年代表座谈时的讲话

信仰、信念、信心，任何时候都至关重要。小到一个人、一个集体，大到一个政党、一个民族、一个国家，只要有信仰、信念、信心，就会愈挫愈奋、愈战愈勇，否则就会不战自败、不打自垮。无论过去、现在还是将来，对马克思主义的信仰，对中国特色社会主义的信念，对实现中华民族伟大复兴中国梦的信心，都是指引和支撑中国人民站起来、富起来、强起来的强大精神力量。

——2018 年 12 月 18 日，习近平在庆祝改革开放 40 周年大会上的讲话

新时代中国青年要树立对马克思主义的信仰、对中国特色社会主义的信念、对中华民族伟大复兴中国梦的信心，到人民群众中去，到新时代新天地中去，让理想信念在创业奋斗中升华，让青春在创新创造中闪光！

——2019 年 4 月 30 日，习近平在纪念五四运动 100 周年大会上的讲话

八、拓展阅读

☆【精选品读一】

青年运动的方向
毛泽东
（1939 年 5 月 4 日）

今天是五四运动的二十周年纪念日，我们延安的全体青年在这里开这个纪念大会，我就来讲一讲关于中国青年运动的方向的几个问题。

现在定了五月四日为中国青年节，这是很对的。"五四"至今已有二十年，今年才在全国定为青年节，这件事含着一个重要的意义。就是说，它表示我们中国反对帝国主义和封建主义的人民民主革命，快要进到一个转变点了。几十年来反帝反封建的人民民主革命屡次地失败了，这种情形，现在要来一个转变，不是再来一次失败，而是要转变到胜利的方面去了。现在中国的革命正在前进着，正在向着胜利前进。历史上多次失败的情形，不能再继续了，也决不能让它再继续了，而要使它转变为胜利。那么，现在已经转变了没有呢？没有。这一个转变，现在还没有到来，现在我们还没有胜利。但是胜利是可以争取到来的。抗日战争就要努力达到这个由失败到胜利的转变点。五四运动所反对的是卖国政府，是勾结帝国主义出卖民族利益的政府，是压迫人民的政府。这样的政府要不要反对呢？假使不要反对的话，那么，五四运动就是错的。这是很明白的，这样的政府一定要反对，卖国政府应该打倒。你们看，孙中山先生远在五四运动以前，就是当时政府的叛徒，他反对了清朝政府，并且推翻了清朝政府。

他做的对不对呢？我以为是很对的。因为他所反对的不是反抗帝国主义的政府，而是勾结帝国主义的政府，不是革命的政府，而是压迫革命的政府。五四运动正是做了反对卖国政府的工作，所以它是革命的运动。全中国的青年，应该这样去认识五四运动。现当全国人民奋起抗日的时候，大家鉴于过去革命失败的经验，下决心一定要把日本帝国主义打败，并且不容许再有卖国贼，不容许革命再失败。全国的青年除了一部分人之外，大家都觉悟起来，都具备这种必胜的决心，规定"五四"为青年节就表示了这一点。我们正向胜利的路上前进，只要全国人民一齐努力，中国革命一定要在抗日过程中得到胜利。

第二，中国的革命，它反对的是什么东西？革命的对象是什么呢？大家知道，一个是帝国主义，一个是封建主义。现在的革命对象是什么？一个是日本帝国主义，再一个是汉奸。要革命一定要打倒日本帝国主义，一定要打倒汉奸。革命是什么人去干呢？革命的主体是什么呢？就是中国的老百姓。革命的动力，有无产阶级，有农民阶级，还有其他阶级中一切愿意反帝反封建的人，他们都是反帝反封建的革命力量。但是这许多人中间，什么人是根本的力量，是革命的骨干呢？就是占全国人口百分之九十的工人农民。中国革命的性质是什么？我们现在干的是什么革命呢？我们现在干的是资产阶级性的民主主义的革命，我们所做的一切，不超过资产阶级民主革命的范围。现在还不应该破坏一般资产阶级的私有财产制，要破坏的是帝国主义和封建主义，这就叫做资产阶级性的民主主义的革命。但是这个革命，资产阶级已经无力完成，必须靠无产阶级和广大人民的努力才能完成。这个革命要达到的目的是什么呢？目的就是打倒帝国主义和封建主义，建立一个人民民主的共和国。这种人民民主主义的共和国，就是革命的三民主义的共和国。它比起现在这种半殖民地半封建的状态来是不相同的，它跟将来的社会主义制度也不相同。在社会主义的社会制度中是不要资本家的；在这个人民民主主义的制度中，还应当容许资本家存在。中国是否永远要资本家呢？不是的，将来一定不要。不但中国如此，全世界也是如此。英国也好，美国也好，法国也好，日本也好，德国也好，意大利也好，将来都统统不要资本家，中国也不能例外。苏联是建设了社会主义的国家，将来全世界统统要跟它走，那是没有疑义的。中国将来一定要发展到社会主义去，这样一个定律谁都不能推翻。但是我们在目前的阶段上不是实行社会主义，而是破坏帝国主义和封建主义，改变中国现在的这个半殖民地半封建的地位，建立人民民主主义的制度。全国青年应当为此而努力。

第三，过去中国革命的经验教训怎么样呢？这也是青年要懂得的一个重要问题。中国反帝反封建的资产阶级民主革命，正规地说起来，是从孙中山先生开始的，已经五十多年了；至于资本主义外国侵略中国，则差不多有了一百年。一百年来，中国的斗争，从鸦片战争反对英国侵略起，后来有太平天国的战争，有甲午战争，有戊戌维新，有义和团运动，有辛亥革命，有五四运动，有北伐战争，有红军战争，这些虽然情形各不相同，但都是为了反抗外敌，或改革现状的。但是从孙中山先生开始，才有比较明确的资产阶级民主革命。从孙先生开始的革命，五十年来，有它胜利的地方，也有它失败的地方。你们看，辛亥革命把皇帝赶跑，这不是胜利了吗？说它失败，是说辛亥革命只把一个皇帝赶跑，中国仍旧在帝国主义和封建主义的压迫之下，反帝反封建的革命任务并没有完成。五四运动是干什么的呢？也是为着反帝反封建，但是也失败了，中国仍然在帝国主义和封建主义的统治之下。北伐战争的革命也是一样，它胜利了，但又失败了。国民党反共以来，中国又是帝国主义和封建主义的天下。于是不得不有十年的红军战争。但是这十年的奋斗，也只完成了局部的革命任务，还没有完成全国的革命任务。如果我们把过去几十年的革命做一个总结，那便是只得到了暂时的部分的胜利，没有永久的全国的胜利。正如孙中山先生说过的话："革命尚未成功，同志仍须努力。"现在要问：中国革命干了几十年，为什么至今尚未达到目的呢？原因在什么地方呢？我以为原因在两个地方：第一是敌人的力量太强；第二是自己的力量太弱。一个强了，一个弱了，所以革命没有胜利。所谓敌人的力量太强，是说帝国主义（这是主要的）和封建主义的力量太强。所谓自己的力量太弱，有军事、政治、经济、文化各方面表现的弱点，但是主要的是因为占全国人口百分之九十的工农劳动群众还没有动员起来，所以表现了弱，所以不能完成反帝反封建的任务。如果要把几十年来的革命做一个总结，那就是全国人民没有充分地动员起来，并且反动派总是反对和摧残这种动员。而要打倒帝国主义和封建主义，只有把占全国人口百分之九十的工农大众动员起来，组织起来，才有可能。孙中山先生在他的遗嘱里说："余致力国民革命凡四十年，其目的在求中国之自由平等。积四十年之经验，深知欲达到此目的，必须唤起民众及联合世界上以平等待我之民族共同奋斗。"这位老先生死了十多年了，连同他说的四十年，共有五十多年，这五十多年来的革命的经验教训是什么呢？根本就是"唤起民众"这一条道理。你们应该好好地研究一下，全国青年都应该好生研究。青年们一定要知道，只有动员占全国人口百分之九十的工农大众，才能战胜帝国主义，才能战胜封建主义。现在我们要达到战胜日本建立新中国的目的，不动员全国的工农大众，是不可能的。

　　第四，我再讲到青年运动。在二十年前的今天，由学生们参加的历史上叫做五四运动的大事件，在中国发生了，这是一个有重大意义的运动。"五四"以来，中国青年们起了什么作用呢？起了某种先锋队的作用，这是全国除开顽固分子以外，一切的人都承认的。什么叫做先锋队的作用？就是带头作用，就是站在革命队伍的前头。中国反帝反封建的人民队伍中，有由中国知识青年们和学生青年们组成的一支军队。这支军队是相当的大，死了的不算，在目前就有几百万。这支几百万人的军队，是反帝反封建的一个方面军，而且是一个重要的方面军。但是光靠这个方面军是不够的，光靠了它是不能打胜敌人的，因为它还不是主力军。主力军是谁呢？就是工农大众。中国的知识青年们和学生青年们，一定要到工农群众中去，把占全国人口百分之九十的工农大众，动员起来，组织起来。没有工农这个主力军，单靠知识青年和学生青年这支军队，要达到反帝反封建的胜利，是做不到的。所以全国知识青年和学生青年一定要和广大的工农群众结合在一块，和他们变成一体，才能形成一支强有力的军队。这是一支几万万人的军队啊！有了这支大军，才能攻破敌人的坚固阵地，才能攻破敌人的最后堡垒。拿这个观点来看过去的青年运动，就应该指出一种错误的倾向，这就是在过去几十年的青年运动中，有一部分青年，他们不愿意和工农大众相联合，他们反对工农运动，这是青年运动潮流中的一股逆流。他们实在太不高明，跟占全国人口百分之九十的工农大众不联合，并且根本反对工农。这样一个潮流好不好呢？我看是不好的，因为他们反对工农，就是反对革命，所以说，它是青年运动中的一股逆流。这样的青年运动，是没有好结果的。早几天，我作了一篇短文，我在那里说过这样一句话："革命的或不革命的或反革命的知识分子的最后的分界，看其是否愿意并且实行和工农民众相结合。"我在这里提出了一个标准，我认为是唯一的标准。看一个青年是不是革命的，拿什么做标准呢？拿什么去辨别他呢？只有一个标准，这就是看他愿意不愿意、并且实行不实行和广大的工农群众结合在一块。愿意并且实行和工农结合的，是革命的，否则就是不革命的，或者是反革命的。他今天把自己结合于工农群众，他今天是革命的；但是如果他明天不去结合了，或者反过来压迫老百姓，那就是不革命的，或者是反革命的了。有些青年，仅仅在嘴上大讲其信仰三民主义，或者信仰马克思主义，这是不算数的。你们看，希特勒不是也讲"信仰社会主义"吗？墨索里尼在二十年前也还是一个"社会主义者"呢！他们的"社会主义"到底是什么东西呢？原来就是法西斯主义！陈独秀不是也"信仰"过马克思主义吗？他后来干了什么呢？他跑到反革命那里去了。张国焘不是也"信仰"过马克思主义吗？他现在到哪里去了呢？他一小差就开到泥坑里去了。有些人自己对自己加封为"三民主义信徒"，而且是老牌的三民主义者，可是他们做了些什么呢？原来他们的民族主义，就是勾结帝国主义；他们的民权主义，就是压迫老百姓；他们的民生主义呢，那就是拿老百姓身上的血来喝得越多越好。这是口是心非的三民主义者。所以我们看人的时候，看他是一个假三民主义者还是一个真三民主义者，是一个假马克思主义者还是一个真马克思主义者，只要看他和广大的工农群众的关系如何，就完全清楚了。只有这一个辨别的标准，没有第二个标准。我希望全国的青年切记不要堕入那股黑暗的逆流之中，要认清工农是自己的朋友，向光明的前途进军。

第五，现在的抗日战争，是中国革命的一个新阶段，而且是最伟大、最活跃、最生动的一个新阶段。青年们在这个阶段里，是负担了重大的责任的。我们中国几十年来的革命运动，经过了许多的奋斗阶段，但是没有一次像现在的抗日战争这样广大的。我们认为现在的中国革命有和过去不同的特点，它将从失败转变到胜利．就是指的中国的广大的人民进步了，青年的进步就是明证。因此，这次抗日战争是一定要胜利的，非胜利不可。大家知道，抗日战争的根本政策，是抗日民族统一战线，它的目的是打倒日本帝国主义，打倒汉奸，变旧中国为新中国，使全民族从半殖民地半封建的地位解放出来。现在中国青年运动的不统一，是一个很大的缺点。你们应该继续要求统一，因为统一才有力量。你们要使全国青年知道现在的形势，实行团结，抗日到底。

最后，第六，我要说到延安的青年运动。延安的青年运动是全国青年运动的模范。延安的青年运动的方向，就是全国的青年运动的方向。为什么？因为延安的青年运动的方向是正确的。你们看，在统一方面，延安的青年们不但做了，而且做得很好。延安的青年们是团结的，是统一的。延安的知识青年、学生青年、工人青年、农民青年，大家都是团结的。全国各地，远至海外的华侨中间，大批的革命青年都来延安求学。今天到会的人，大多数来自千里万里之外，不论姓张姓李，是男是女，做工务农，大家都是一条心。这还不算全国的模范吗？延安的青年们不但本身团结，而且和工农群众相结合，这一点更加是全国的模范。延安的青年们干了些什么呢？他们在学习革命的理论，研究抗日救国的道理和方法。他们在实行生产运动，开发了千亩万亩的荒地。开荒种地这件事，连孔夫子也没有做过。孔子办学校的时候，他的学生也不少，"贤人七十，弟子三千"，可谓盛矣。但是他的学生比起延安来就少得多，而且不喜欢什么生产运动。他的学生向他请教如何耕田，他就说："不知道，我不如农民。"又问如何种菜，他又说："不知道，我不如种菜的。"中国古代在圣人那里读书的青年们，不但没有学过革命的理论，而且不实行劳动。现在全国广大地方的学校，革命理论不多，生产运动也不讲。只有我们延安和各敌后抗日根据地的青年们根本不同，他们真是抗日救国的先锋，因为他们的政治方向是正确的，工作方法也是正确的。所以我说，延安的青年运动是全国青年运动的模范。

今天的大会很有意思。我要讲的都讲过了。希望大家把五十年来的中国革命经验研究一下，把好的地方发挥起来，把错误去掉，使全国青年和全国人民结合起来，使革命由失败转变到胜利。到了全国青年和全国人民都发动起来、组织起来、团结起来的一天，就是日本帝国主义被打倒的一天。每个青年都要担负这个责任。每个青年现在必须和过去不同，一定要下一个大决心，把全国的青年团结起来，把全国的人民组织起来，一定要把日本帝国主义打倒，一定要把旧中国改造为新中国。这就是我所希望于你们的。

（资料来源：《新湘评论·上半月》2019 年第 07 期）

☆【精选品读二】

一靠理想二靠纪律才能团结起来

邓小平

（1985 年 3 月 7 日）

现在我们国内形势很好。有一点要提醒大家，就是我们在建设具有中国特色社会主义社会时，一定要坚持发展物质文明和精神文明，坚持五讲四美三热爱，教育全国人民做到有理想、有道德、有文化、有纪律。这四条里面，理想和纪律特别重要。我们一定要经常教育我们的人民，尤其是我们的青年，要有理想。为什么我们过去能在非常困难的情况下奋斗出来，战胜千难万险使革命胜利呢？就是因为我们有理想，有马克思主义信念，有共产主义信念。我们干的是社会主义事业，最终目的是实现共产主义。这一点，我希望宣传方面任何时候都不要忽略。现在我们搞四个现代化，是搞社会主义的四个现代化，不是搞别的现代化。我们采取的所有开放、搞活、改革等方面的政策，目的都是发展社会主义经济。我们允许个体经济发展，还允许中外合资经营和外资独营的企业发展，但是始终以社会主义公有制为主体。社会主义的目的就是要全国人民共同富裕，不是两极分化。如果我们的政策导致两极分化，我们就失败了；如果产生了什么新的资产阶级，那我们就真是走了邪路了。我们提倡一部分地区先富裕起来，是为了激励和带动其他地区也富裕起来，并且使先富裕起来的地区帮助落后的地区更好地发展。提倡人民中有一部分人先富裕起来，也是同样的道理。对一部分先富裕起来的个人，也要有一些限制，例如，征收所得税。还有，提倡有的人富裕起来以后，自愿拿出钱来办教育、修路。当然，决不能搞摊派，现在也不宜过多宣传这样的例子，但是应该鼓励。

总之，一个公有制占主体，一个共同富裕，这是我们所必须坚持的社会主义的根本原则。我们就是要坚决执行和实现这些社会主义的原则。从长远说，最终是过渡到共产主义。现在有人担心中国会不会变成资本主义。这个担心不能说没有一点道理。我们不能拿空话而是要拿事实来解除他们的这个忧虑，并且回答那些希望我们变成资本主义的人。我们的报刊、电视和所有的宣传工作都要注意这个问题。我们这些人的脑子里是有共产主义理想和信念的。要特别教育我们的下一代下两代，一定要树立共产主义的远大理想。一定不能让我们的青少年作资本主义腐朽思想的俘虏，那绝对不行。

有了理想，还要有纪律才能实现。纪律和自由是对立统一的关系，两者是不可分的，缺一不可。我们这么大一个国家，怎样才能团结起来、组织起来呢？一靠理想，二靠纪律。组织起来就有力量。没有理想，没有纪律，就会像旧中国那样一盘散沙，那我们的革命怎么能够成功？我们的建设怎么能够成功？现在有一些值得注意的现象，就是没有理想、没有纪律的表现，比如说，一切向钱看。对这种现象的批评当然要准确，不要不适当，但是这种现象确实存在。有的党政机关设了许多公司，把国家拨的经费拿去做生意，以权谋私，化公为私。还有其他的种种不正之风。对于这些，群众很不满意。我们要提醒人们，尤其是共产党员们，不能这样做。不是在整党吗？应该首先把这些不正之风整一整。

当前在经济改革中出现了一些歪门邪道。"你有政策，我有对策。"违反法纪和政策的种种"对策"，可多了。共产党员一定要严格遵守党的纪律。无论是不是党员，都要遵守国家的法律，对于共产党员来说，党的纪律里就包括这一条。遵守纪律的最高标准，是真正维护和坚决执行党的政策，国家的政策。所以，有理想，有纪律，这两件事我们务必时刻牢记在心。一定要让我们的人民，包括我们的孩子们知道，我们是坚持社会主义和共产主义的，我们采取的各方面的政策，都是为了发展社会主义，为了将来实现共产主义。

（资料来源：选自《邓小平文选》第三卷）

☆【精选品读三】

宣言：社会主义没有辜负中国

习近平总书记在党史学习教育动员大会上深刻指出，对共产主义的信仰，对中国特色社会主义的信念，是共产党人的政治灵魂，是共产党人经受住任何考验的精神支柱，强调党的百年奋斗历程和伟大成就，是我们增强道路自信、理论自信、制度自信、文化自信最坚实的基础。总书记的话语，掷地有声、坚定豪迈，深刻揭示了社会主义、共产主义与百年求索、百年奋斗的内在关系，彰显了中国共产党人沿着中国特色社会主义这条唯一正确道路前进的坚毅和执着。

百年历程，许多人和事仍然历历在目，许多呐喊和高歌犹在耳旁。走过风霜雪雨，创造人间奇迹，我们有义务用胜利告慰先烈：社会主义没有辜负中国！我们有责任让历史告诉未来：社会主义不会辜负中国！

（一）

历史的偶然中往往带着必然。19世纪40年代，古老的中国被列强的坚船利炮打开了国门，中国命运从此进入前所未有的悲惨境地。几乎是同样的年代，在资本主义发展方兴未艾的欧洲，马克思、恩格斯开始了对科学社会主义、对人类解放进步事业的伟大探索。

鸦片战争后的中国，积贫积弱、任人宰割。"四万万人齐下泪，天涯何处是神州"。谭嗣同的这句诗，字字血泪、字字彷徨。太平天国、戊戌变法、义和团运动、辛亥革命……中国人在黑暗中苦苦摸索救亡图存之路；改良主义、自由主义、社会达尔文主义、无政府主义、实用主义……种种西方的理论和学说都被引进作为强国富民的药方。一个个方案都试过了，却又屡屡化为泡影。一条条道路都探寻了，却撞得头破血流。"无量头颅无量血，可怜购得假共和。"列强横行、军阀混战，人民水深火热，第一次世界大战更是戳穿了资本主义文明看似美好的幻象。无数仁人志士一次次地用生命和灵魂发问：中国的出路在哪里？民族的希望在哪里？

十月革命一声炮响，给中国送来了马克思列宁主义。这是一场伟大的历史之约，这是一个郑重的历史之诺！封建社会上千年来的枷锁太严密，非进行彻底的社会改造不能除旧布新。帝国主义带给中国人的压迫太沉重，非动员几万万劳苦大众的伟力不能与之相抗。

李大钊赞叹："人道的警钟响了！自由的曙光现了！试看将来的环球，必是赤旗的世界！"陈独秀宣示："十八世纪法兰西的政治革命，二十世纪俄罗斯的社会革命，当时的人都对着他们极口痛骂；但是后来的历史家都要把他们当做人类社会变动和进化的大关键。"年轻的毛泽东疾呼："时机到了！世界的大潮卷得更急了！洞庭湖的闸门动了，且开了！浩浩荡荡的新思潮业已奔腾澎湃于湘江两岸了！"

1920 年乍暖还寒的春天，29 岁的陈望道在老家浙江义乌分水塘的柴房里，废寝忘食两个月，第一次完整译出了《共产党宣言》，首印 1000 册即刻售罄，到 1926 年重印再版达 17 次之多。先进的、不屈的中国人经过反复比较、反复推求，选择了马克思主义作为救国救民的道路，作为始终不渝的志向。

1921 年 7 月，以马克思主义为指导思想、以共产主义为奋斗目标的政党——中国共产党诞生，胸怀着信念、嘱托和梦想，在上海石库门的旭日里、在嘉兴南湖的碧波中毅然起航。从此以后，社会主义的火种就在东方点燃，曾经困顿无望的中国就有了方向！

（二）

大革命失败后，共产党员夏明翰在汉口被捕，英勇就义前给妻子写信诀别："抛头颅、洒热血，明翰早已视等闲。各取所需终有日，革命事业代代传。红珠留着相思念，赤云孤苦望成全。坚持革命继吾志，誓将真理传人寰。"在那些风雨如晦的岁月里，像夏明翰这样为了共产主义信仰九死而不悔、坚信革命理想一定会实现的烈士，何止千千万万。他们一旦认定了信仰和主义，就再也没有彷徨过、动摇过，不惜用青春和鲜血浇灌"共产花开"。

这个信仰和主义，闪耀着理想烛照人心的光芒。《共产党宣言》描绘道："代替那存在着阶级和阶级对立的资产阶级旧社会的，将是这样一个联合体，在那里，每个人的自由发展是一切人自由发展的条件。"在社会主义新世界里，人的价值居于第一位，没有剥削、没有压迫，劳动光荣、劳工至上，人人平等富足，彼此亲如一家……这是超越资本主义世界的新世界，也是中华民族自古以来向往的"天下大同"，吸引着无数先进分子心驰之、神往之、践行之。

这个信仰和主义，揭示着社会发展演化的规律。世界大势、浩浩汤汤，顺之者生、逆之者亡。中国共产党是工人阶级的先锋队，代表着先进生产力的方向，代表着历史前进的潮流。经过科学理论武装、掌握社会发展规律的党，就具备了引领社会变革、推进正义事业的自觉，就具备了无坚不摧、百折不挠的力量。

这个信仰和主义，指引着革命走向胜利的道路。以毛泽东为主要代表的中国共产党人，用马克思主义立场观点方法分析中国国情、解决中国问题，鲜明提出中国革命的任务是推翻帝国主义、封建主义、官僚资本主义"三座大山"的压迫，中国革命的道路是农村包围城市、武装夺取政权，中国革命的力量是工人阶级、农民阶级、小资产阶级和一定条件下的民族资产阶级，无产阶级是领导力量、人民是真正的英雄，中国革命要分民主主义革命和社会主义革命两个阶段进行……这些科学认识，处处闪耀着马克思主义真理的光辉，引领着中国革命澎湃向前。

革命理想高于天。正是在理想信念的火炬下，我们党广泛发动工农群众，敢于突击冲锋，成功推进了北伐战争；正是在理想信念的火炬下，幸存的共产党人掩埋了被反动派屠杀的同伴的尸首，拿起武器、走进山林，投入新的战斗；正是在理想信念的火炬下，红军将士闯天险、战强敌，爬雪山、过草地，"风雨浸衣骨更硬，野菜充饥志越坚"，完成了彪炳人类史册的二万五千里长征；正是在理想信念的火炬下，党和人民用坚忍不拔、血战到底，书写了抗击日本军国主义的民族壮歌，取得了抵御外侮的最终胜利；正是在理想信念的火炬下，英勇的人民解放军只用三年时间就打垮了国民党反动派800万军队，彰显了什么是"天若有情天亦老，人间正道是沧桑。"

"批判的武器当然不能代替武器的批判，物质力量只能用物质力量来摧毁。"28年浴血奋战，28年砥砺前行，我们的国家从任人欺辱的"东亚病夫"变成令世界刮目相看的"东方醒狮"，我们的人民从做牛做马的奴隶变成扬眉吐气的主人。中国革命的胜利，就是中国共产党人运用马克思主义挽救中国的伟大实践，就是科学真理彰显力量的伟大历程！

（三）

1949年6月30日，毛泽东发表《论人民民主专政》提出，我们要经过人民共和国，由农业国进到工业国，由新民主主义社会进到社会主义社会和共产主义社会。中华人民共和国的成立，是科学社会主义原则与中国革命实际相结合的历史结果，也标志着人类进步事业和社会主义力量的发展壮大，开启了社会主义在世界东方的伟大时代。

这是一个革故鼎新、改天换地的时代。面对重重困难考验，中国共产党带领人民迅速医治战争创伤、恢复国民经济，以中国独有的形式实现了对农业、手工业、资本主义工商业的社会主义改造，创造性地完成了由新民主主义革命向社会主义革命的转变，成功实现了中国历史上最深刻最伟大的社会变革。轰轰烈烈的土地改革，使三亿多农民无偿获得七亿亩土地和生产资料；1954年，宪法用根本大法的形式把人民民主和社会主义的原则固定下来；人民代表大会制度、中国共产党领导的多党合作和政治协商制度、民族区域自治制度，构筑起社会主义制度的"四梁八柱"……在这个古老而青春的国度，中国人民建设着社会主义的巍巍大厦，品尝着幸福生活的滋味。

这是一个朝气蓬勃、激情燃烧的时代。"每一秒钟都为创造社会主义社会而劳动"。规划于清末的成渝铁路在新中国成立前的40多年里还是地图上一条虚线，1950年正式开工后只用两年就全线贯通；"一五"期间156个重点工程、694个建设项目全部建成，打下了社会主义工业化的坚实基础；治淮治黄、治理长江取得明显效果，农田水利建设在全国热火朝天铺开；全国城乡卫生医疗网基本形成，天花、霍乱、血吸虫病、疟疾、鼠疫等疾病，或被根除或得到有效防治……新生的人民政权唤醒了巨大的生产力，新生的社会主义制度激活了人民的能量、促进了人民的福祉。

这是一个英雄辈出、斗志昂扬的时代。为了和平，志愿军将士出国作战，谱写了以"钢少气多"力克"钢多气少"的雄壮史诗；为摘掉"贫油少油"的帽子，"铁人"王进喜带领钻井队战天斗地，"宁肯少活20年，拼命也要拿下大油田"；为改变贫穷落后的面貌，县委书记的榜样焦裕禄带领兰考人民整治"三害"，"生也沙丘，死也沙丘，父老生死系"；为打牢国家自立自强的基石，钱学森、钱三强、邓稼先等一大批科研工作者把汗水和热血洒在茫茫戈壁，创造了"两弹一星"的奇迹……无数有名字的英雄和没有留下名字的英雄，用血肉之躯和坚强臂膀，扛起民族的责任、共和国的荣光。

"筚路蓝缕，以启山林。"在中国这样经济文化比较落后、人口众多的东方大国建设社会主义，犹如攀登一座人迹未至的高山，没有笔直的大道可走，没有现成的路径可循。我们依靠"人民创造历史"的伟力，依靠"集中力量办大事"的优势，创造了一个又一个可以载入中华民族和人类史册的奇迹。我们凭着"革命加拼命"的精神，凭着"一万年太久、只争朝夕"的勇气，在九百六十多万平方千米的土地上描绘了社会主义新中国的最美图画。我们也曾在摸索探求的路上，遭受"文化大革命"这样严重的挫折，惨痛教训值得永远汲取。

无论平坦还是崎岖，无论阳光还是风雨，党领导人民探索社会主义道路的脚步始终向前。历史已经证明："我们不但善于破坏一个旧世界，我们还将善于建设一个新世界！"

（四）

"什么是社会主义？怎样建设社会主义？"这个回荡在中国上空的历史之问，中国共产党人从未停止作答。从深刻揭示社会主义建设和社会主义改造的"十大关系"，到及时作出我国社会主要矛盾已经转变成"先进的社会主义制度同落后的社会生产力之间的矛盾"的重要论断，到鲜明提出正确处理人民内部矛盾，无不是宝贵的探索、艰难的行进。

党的十一届三中全会成为党的历史和新中国历史上具有深远意义的伟大转折。停止使用"以阶级斗争为纲"，把全党工作重点转移到社会主义现代化建设上来，重新确立解放思想、实事求是的思想路线……为了建设社会主义，中国共产党领导人民矢志推进新的伟大革命，开启了改革开放的伟大航程。

贫穷不是社会主义！邓小平指出："社会主义的本质，是解放生产力，发展生产力，消灭剥削，消除两极分化，最终达到共同富裕。"为了使生产关系适应生产力的发展，家庭联产承包责任制广泛施行，经济特区先行先试，乡镇企业异军突起，科技体制改革深入推进，对外开放格局加快形成，蕴藏在广大人民中的活力创造力充分迸发。

走自己的道路，建设有中国特色的社会主义！我们深刻认识到我国处于并将长期处于社会主义初级阶段，提出党在社会主义初级阶段的基本路线，积极发展公有制为主体、多种所有制经济共同发展的基本经济制度，不断完善社会主义市场经济体制，提出小康社会目标和现代化分步走战略，开创和发展了中国特色社会主义。

坚持改革开放的社会主义方向！坚持改革开放、坚持四项基本原则，这两个基本点紧密联系、不可偏废。我们坚持社会主义物质文明和精神文明"两手抓、两手都要硬"，坚定推进党的建设新的伟大工程，全面推进中国特色社会主义经济、政治、文化、社会、生态文明建设，让人民群众共享改革发展成果，为社会主义理想插上现实的翅膀。

改革开放40多年来，我国经济总量一路超过意大利、法国、英国、德国、日本，稳居世界第二；我国人民生活水平持续提升，已经进入中高收入国家行列；神州大地面貌日新月异，公路成网、铁路密布、西气东输、南水北调、高坝矗立、大桥巍峨，天堑变通途；中国还战胜了历史罕见的洪涝、雨雪冰冻、地震等重大自然灾害和非典等重大疫病，经受住了亚洲金融危机和国际金融危机严峻考验，风雨过后更见气度从容、身姿挺拔。

在把握历史前进的逻辑中前进，在顺应时代发展的潮流中发展。中华大地汹涌澎湃的伟大实践表明：只有社会主义才能发展中国，只有改革开放才能让中国大踏步赶上时代、让人民过上幸福生活。中国特色社会主义道路越走越宽广！

（五）

雄伟壮丽的社会主义事业，凝结着一代代共产党人的艰苦卓绝和付出奉献，负载着多少先哲英烈的寄托与热望。当历史的接力棒再次传递，习近平总书记的话语铿锵有力：我们这一代共产党人的任务，就是继续把坚持和发展中国特色社会主义这篇大文章写下去！

党的十九大向全党全国和全世界庄严宣告："经过长期努力，中国特色社会主义进入了新时代，这是我国发展新的历史方位。"

新时代的中国，理想的旗帜鲜艳高扬。面对世界百年未有之大变局，习近平总书记带领全党全国人民揽全局、应变局、开新局，党和国家事业取得历史性成就、实现历史性变革，中华民族比历史上任何时候都更接近民族复兴的伟大目标。中国人民对马克思主义、共产主义的信仰更加坚定，对中国特色社会主义的信念更加牢固，对实现中华民族伟大复兴的信心空前高涨。

新时代的中国，发展的动力深厚强劲。从十八届三中全会的全面深化改革，到全面依法治国、全面建成小康社会，再到全面从严治党、以党的自我革命推动社会革命，从坚持和完善中国特色社会主义制度，到立足新发展阶段、贯彻新发展理念、构建新发展格局、推动高质量发展，全面建设社会主义现代化国家，中国特色社会主义的战略布局日益完善，现代化建设的方向目标愈加清晰。

新时代的中国，人民的地位充分彰显。"江山就是人民，人民就是江山"，初心的回响穿越时空。"人民对美好生活的向往，就是我们的奋斗目标"，铿锵的宣示淬铁成钉。为了实现中国人民摆脱贫困的千年夙愿，党领导人民打响了脱贫攻坚战，贫困地区广大干部群众顽强拼搏，第一书记和驻村干部全力投入，东西部协作精准对接，社会各界有钱出钱、有力出力，一户户贫困乡亲感受着社会主义大家庭的温暖，一座座寂静的深山涌动着生机和希望。

新时代的中国，团结的力量一往无前。面对科技的高峰，我们从不退缩。嫦娥飞天、蛟龙入海、天眼观星、北斗组网，就在前不久，"祝融"号火星车经过 295 天的旅程，成功登陆火星。面对霸凌和打压，我们从未屈服，全党全国敢于斗争、勇于胜利，攒成一股劲、拧成一股绳。百年不遇的新冠疫情，把我们每个人的命运与国家的、集体的命运紧紧连在一起，14 亿中国人心手相连、守家护国，创造了人类抗疫斗争史上的伟大奇迹……社会主义的制度优势得到极大彰显。

天地有正气，浩然塞苍冥。如果说社会主义作为人类的正义事业、崇高的价值追求，赋予了新时代以最鲜明的底色、最厚重的底气；那么，新时代就以它最波澜壮阔的实践，赋予了科学社会主义以新的思想维度、新的历史高度。

2021 年 4 月，习近平总书记专程来到广西全州，瞻仰红军长征湘江战役纪念园，他动情地说，理想信念之火一经点燃就会产生巨大的精神力量，要缅怀革命先烈，赓续共产党人精神血脉，坚定理想信念，砥砺革命意志。

回望八十七年前，长征路上、湘江岸边，无数红军战士为了保存革命的火种鏖战拼杀，用鲜血染红了漫漫征程、滚滚江水。这些大多二十来岁甚至只有十五六岁的战士们，视死而如归、乐观而顽强，就是因为胸怀着对革命必胜的信念，对社会主义、共产主义美好社会的憧憬。这是一个党永生不灭的基因，是一个民族由衰而兴的密码。

今天，我们可以告慰百年来一切先辈和英魂的是：此时此刻，社会主义的阳光正映照在奋斗者的身影中、孩子们的笑脸上，中国特色社会主义旗帜正引领中华民族伟大复兴呈现出前所未有的光明前景。我们必将创造让世界刮目相看的更大奇迹，必将实现共产党人最崇高的伟大理想！

（资料来源：新华网，2021 年 6 月 6 日）

☆【精选品读四】

宣言：中国没有辜负社会主义

英国伦敦，大英博物馆，1516 年出版的莫尔的《乌托邦》一书静静躺在展柜里。同时留在这座博物馆图书阅览室地板上的，是一位伟人厚重的足印。正是这位为人类解放事业奋斗终身的马克思，将社会主义从空想变为科学，从而广泛而深刻地影响了世界，也广泛而深刻地改变了中国。

中国北京，人民大会堂，习近平总书记 2016 年在庆祝中国共产党成立 95 周年大会上向世界宣示：中国共产党领导中国人民取得的伟大胜利，使具有 500 年历史的社会主义主张在世界上人口最多的国家成功开辟出具有高度现实性和可行性的正确道路，让科学社会主义在 21 世纪焕发出新的蓬勃生机。

数百年奔流激荡。曾经苦难深重，如今意气昂扬。在科学真理和崇高理想的指引下，中国大地发生历史巨变，我们无比坚定，社会主义没有辜负中国！在中国共产党领导人民的顽强奋斗中，信仰的光芒熠熠闪烁，伟大的事业青春盎然，我们无比自豪，中国没有辜负社会主义！

（一）

走进江苏常州的瞿秋白纪念馆，"我总想为大家辟一条光明的路"的誓言格外醒目。

中国共产党这个百折不回的寻路者、大勇无畏的开路人，面对种种考验、重重难关，以愚公移山的坚定、精卫填海的奉献，带领中国人民走出了一条险峻而壮丽、艰辛而宽广的中国道路。中国特色社会主义道路，是党和人民 100 年奋斗、创造、积累的根本成就，是引领中国进步、增进人民福祉、实现民族复兴的康庄大道。

这是一条在历史洪流中扭转民族命运、书写人间奇迹的奋斗之路。在"山重水复疑无路"的彷徨困顿中，马克思主义给中国带来"柳暗花明"。从此，中国共产党开展了以马克思主义之"矢"射中国之"的"的伟大实践。为了推翻"三座大山"，党领导人民开创了农村包围城市、武装夺取政权的革命道路，建立了新中国。为了改变一穷二白的落后面貌，我们建立起全新的社会主义制度，形成了独立的比较完整的工业体系和国民经济体系，并在总结正反两方面经验的基础上，开启了改革开放的伟大航程，极大解放和发展了生产力。面对民族复兴和世界变局的交织激荡，我们坚定理想信念、保持战略定力，围绕坚持和发展中国特色社会主义，完善总体布局、确立战略布局，引领中华民族迎来了从站起来到富起来、强起来的伟大飞跃。

这是一条把人民放在最高位置，得民心、顺民意、惠民利的初心之路。"人民就是江山，共产党打江山、守江山，守的是人民的心，为的是让人民过上好日子。"一代代共产党人为了人民的利益和福祉，把青春和生命、鲜血和汗水，倾注在这片可爱的土地。小康路上一个都不能少！为了让幸福的阳光洒遍神州每一个角落，习近平总书记带领全党全国打响脱贫攻坚战，25.5 万个驻村工作队挺进一线，近 200 万名乡镇干部、数百万村干部倾力奋战，八年时间实现了 9899 万农村贫困人口全部脱贫，832 个贫困县全部摘帽，12.8 万个贫困村全部出列。这是党、人民、民族的伟大光荣，是我国社会主义制度优越性的充分体现，标志着中华民族向着共同富裕迈出了一大步。

这是一条在经济文化落后国家探索建设现代化的创造之路。现代化是世界近代以来的历史潮流，也寄托着马克思主义先驱对理想社会的期许。错失了工业革命机遇的中国，从所谓"天朝上国"跌落成任人宰割的"鱼肉"。严复著《原强》《辟韩》，郭嵩焘著《使西纪程》，孙中山著《建国方略》，都见证着对现代化的希望和失望。只有中国共产党登上历史舞台，根除了帝国主义和封建主义的祸根，实现了经济基础和上层建筑的彻底改造，才为中国现代化提供了根本前提。从"四个现代化"目标到"三步走"战略，从建设小康社会到建设现代化强国……党领导人民不但用几十年时间走完了发达国家几百年走过的工业化历程，而且探索开辟了物质文明和精神文明相协调、全体人民共同富裕、人与自然和谐共生、走和平发展道路的中国式现代化，为人类社会发展提供了现代化的全新选择。

这是一条始终保持革命精神、以党的自我革命引领伟大社会革命的锻造之路。列宁指出："无产阶级在争取政权的斗争中，除了组织，没有别的武器。"把曾经"一盘散沙"的中国凝聚起来，不能不依靠有理想、有纪律的马克思主义政党；为宏伟的目标、艰巨的任务而奋斗，不能不保持党的先进性和纯洁性、创造力和战斗力。古田会议、遵义会议、延安整风、"两个务必"、伟大工程和新的伟大工程……每到重大关头，党都指引着前进的方向、担当起历史的责任，坚持真理、修正错误，带领人民翻过一座又一座山，夺取一个又一个胜利。党的十八大以来，以习近平同志为核心的党中央坚持党对一切工作的领导，以自我革命精神推进全面从严治党，以党的革命性锻造引领新的伟大斗争。"打铁必须自身硬。"新时代共产党人用决心和勇气夯实了事业常青之基，用行动回答了跳出"历史周期率"的世纪之问！

2021年3月，俄罗斯联邦共产党中央委员会主席根纳季·久加诺夫在《真理报》撰文指出："中国共产党的经验证明，20世纪末社会主义的失利，并不是各种反共产主义者喜欢说的'乌托邦社会主义计划的失败'……在中共领导下，中国人民有能力应对时代的一切挑战，沿着建设新时代中国特色社会主义的正确道路前进。"

中国用铁一般的事实宣告：历史没有终结也不会终结，社会主义生机蓬勃、前途无限！中国特色社会主义道路不但走得对、走得通，而且必将通往更加光明的未来！

（二）

马克思主义为人间带回真理的火种，但它并没有结束真理，而是开启了真理之书的扉页。中国，以鲜活厚重的理论创新、思想创造，在科学社会主义这部巨著里写下了属于自己的不朽篇章。

——坚守：中国从未背离科学社会主义基本原则

马克思、恩格斯曾对未来社会主义社会的发展过程、发展方向、一般特征作过科学预测和设想。比如，在生产资料公有制基础上组织生产，满足全体社会成员的需要是社会主义生产的根本目的；对社会生产进行有计划的指导和调节，实行等量劳动领取等量产品的按劳分配原则；合乎自然规律地改造和利用自然……这些构成了科学社会主义基本原则。

百年峥嵘岁月，无论弱小还是强大，无论处于高潮还是遭遇挫折，中国共产党从未动摇对科学社会主义基本原则的坚持。我们坚持党的领导；坚持人民民主专政的国体和人民代表大会制度的政体；坚持劳动光荣、按劳分配的社会主义分配原则；坚持把人的价值放在第一位，不断促进人的全面发展和社会全面进步……这些都在新的历史条件下体现了科学社会主义基本原则，赓续了社会主义的基因血脉。

　　——发展：中国不断推进马克思主义中国化

　　"马克思的整个世界观不是教义，而是方法。它提供的不是现成的教条，而是进一步研究的出发点和供这种研究使用的方法。"只有发展马克思主义，才能坚持马克思主义，这就是历史的辩证法。

　　百年风雨兼程，中国共产党始终高举真理的旗帜、进行理论的创造，坚持解放思想和实事求是相统一、培元固本和守正创新相统一，不断推进马克思主义基本原理同中国实际相结合，产生了毛泽东思想、邓小平理论、"三个代表"重要思想、科学发展观等重大理论创新成果，不断丰富和发展中国化的马克思主义，用与时俱进的科学理论回答了"中国向何处去、社会主义向何处去"的历史课题、时代之问。这些深深扎根于中国大地的思想成果，深刻影响着国家民族的前途命运，极大改变着中国人民的精神面貌，社会主义参天大树在世界东方根深叶茂。

　　——领航：引领中国、影响世界的当代中国马克思主义、21世纪马克思主义

　　"哲学把无产阶级作为自己的物质武器。同样，无产阶级也把哲学作为自己的精神武器。"从现实的此岸通向梦想的彼岸，从必然王国通向自由王国，必定依靠揭示客观规律、洞察历史大势、回应时代呼声的科学理论。

　　百年大江奔流，在中华民族伟大复兴的关键时期，在当今世界动荡变革的历史变局之中，中国共产党人凭着历史的积淀、理想的坚守、开拓的勇毅，紧紧围绕新时代坚持和发展什么样的中国特色社会主义、怎样坚持和发展中国特色社会主义，推进实践的新革命、思想的新长征，结出了饱含中国精神、时代精华的硕果——习近平新时代中国特色社会主义思想。

　　"中国共产党领导是中国特色社会主义最本质的特征""坚持以人民为中心的发展思想""推动全体人民共同富裕取得更为明显的实质性进展""充分发挥市场在资源配置中的决定性作用，更好发挥政府作用""坚持创新、协调、绿色、开放、共享的新发展理念""绿水青山就是金山银山""推动构建人类命运共同体"……这些富有创见的思想、观点和论断，对马克思主义作出了原创性、时代性贡献，开拓了中国特色社会主义的新境界。

　　新时代中国共产党人赋予马克思主义以鲜明的中国特色、民族特色、时代特色，使人们对共产党执政规律、社会主义建设规律、人类社会发展规律的认识达到了一个新的历史高度，使科学社会主义释放出具有强大说服力、感召力的真理光芒！

（三）

　　从莫尔笔下的"乌托邦"，到康帕内拉书中的"太阳城"，从摩莱里苦心写就的《自然法典》，到欧文身体力行的"新和谐公社"，从只存在了72天的巴黎公社，到世界上第一个社会主义国家苏联，人类对社会主义社会和制度形态的探索从未停止。中国在社会主义道路上的制度探索和实践，成就了经济快速发展和社会长期稳定"两大奇迹"。

　　中国共产党一经成立，就把建立体现社会主义原则的制度作为追求。无论是互助

合作运动还是工农兵代表大会制度，无论是"三三制"还是"豆选法"，这些在革命根据地的早期实践，都蕴含着社会主义的制度因素和价值理念，为建立新型国家制度积累了宝贵经验。

新中国成立后，我们及时把成功的实践经验转化为制度成果，使我国国家制度既体现科学社会主义基本原则，又符合中国的特殊国情。社会主义公有制、人民代表大会制度、中国共产党领导的多党合作和政治协商制度、民族区域自治制度等一系列制度逐步建立健全。

进入新时代，我们聚焦坚持和完善中国特色社会主义制度、推进国家治理体系和治理能力现代化，在实践探索的基础上加强顶层设计和战略安排，党和国家制度建设"施工图"恢宏展开。从党的领导、人民代表大会、坚持马克思主义在意识形态领域指导地位、党对人民军队的绝对领导等根本制度，到社会主义基本经济制度、基本政治制度，再到不同领域具有创新性、支撑性的重要制度，中国特色社会主义制度体系层次分明、系统完备，各项制度更加成熟、更加定型，在国家治理中日益显现出巨大的制度效能。

危机是制度的试金石。面对百年不遇的新冠疫情，党领导人民不惜一切代价阻断疫情传播链条，不惜一切代价抢救生命，仅用3个月左右的时间取得了武汉保卫战、湖北保卫战的决定性成果，以最快速度研制出安全有效的疫苗，在压力巨大的情况下确保了经济发展、社会稳定，并为世界各国抗击疫情提供了有力支持。中国速度、中国奇迹的背后，是人民至上、生命至上的社会主义价值理念，是同舟共济、集中力量办大事的制度优越性，是心系世界人民安危福祉的国际主义精神！

德国政治家埃贡·克伦茨这样评价：中国应对这场全球性危机的方式方法，展示了社会主义的制度优势。资本主义世界的旧药方已经不受欢迎，重心正在发生偏移。阿根廷学者马塞洛·罗德里格斯这样写道：这场危机再次凸显了两种理念之争，一种是资本主义，将所有社会关系都商品化，倡导消费主义、个人主义、剥削和社会达尔文主义；另一种是社会主义，倡导健康、教育、文化等不是市场上可交易的商品，而是人民的权利。

在中国特色社会主义制度下，中国人民享受着前所未有的民主、自由和人权，感受着前所未有的获得感、幸福感、安全感。中国制度和治理体系是党和人民历尽千辛万苦、付出巨大代价取得的伟大成就，矗立起人类制度文明和政治文明发展史上的一座丰碑！

（四）

"文化自信是一个国家、一个民族发展中更基本、更深沉、更持久的力量。"源自于源远流长的中华优秀传统文化，熔铸于党领导人民创造的革命文化和社会主义先进文化，植根于中国特色社会主义伟大实践……历经百年，中国特色社会主义文化已经融入在中国共产党的精神血脉，时刻形塑着亿万中国人的精神气质。

　　悠远的文明传承是她的基因。2021年3月22日，正在福建考察的习近平总书记来到朱熹园，语重心长地指出："如果没有中华五千年文明，哪里有什么中国特色？如果不是中国特色，哪有我们今天这么成功的中国特色社会主义道路？"五千年文明的薪火相传、生生不息，赋予了我们党百折不挠的顽强与坚韧；中华文化特有的气质和禀赋，赋予了我们党质朴刚健、艰苦奋斗的宝贵品格；华夏先人对天下大同的追求向往，赋予了我们党心系苍生、天下为公的博大胸襟。凝结着人类思想精华的马克思主义，激活了古老的华夏文明，又为马克思主义在中国的发展注入丰富的养分和深厚的动力。

　　威武不屈的革命精神是她的本色。在一百年来党领导人民开天辟地、改天换地、翻天覆地的进程中，不但书写了足以彪炳史册的伟大功绩，而且铸就了可歌可泣、光照千秋的伟大精神。上海兴业路的石库门，嘉兴南湖的红船，井冈山麓的八角楼，长征路上的大渡桥，大庆油田第一口油井，戈壁深处的"两弹一星"科研基地，深圳的莲花山，荆江大堤的抗洪纪念碑，汶川地震后建成的新城，旧貌换新颜的湘西十八洞村……这些早已不只是闻名中外的地理标识，更已成为中华民族不甘落后、拼搏奋斗的精神图腾。每当风雨来袭，每当挑战来临，中国人民都在精神之旅中坚定信心、鼓足勇气，凝聚起众志成城、一往无前的磅礴伟力。

　　社会主义不但要提高物质生产力，也要提高精神生产力，实现现代化一个重要目标就是建成社会主义文化强国。新时代的中国，党的创新理论深入人心，社会主义核心价值观广为弘扬，文化体制改革扎实推进，文化事业、产业蓬勃发展，文明之花处处绽放。《我和我的祖国》《我和我的家乡》等电影诉说着家国的情怀，《觉醒年代》《跨过鸭绿江》《山海情》等电视剧拨动着人民的心弦，《不忘初心》《天耀中华》《沂蒙山》《大地颂歌》等主题作品传扬着时代的旋律，更有那一支支乌兰牧骑活跃在边疆草原，一支支文艺志愿小分队扎根在工厂田间，一部部作品走出国门、走向世界……这一切，构成了激荡人心的时代协奏、感动世界的中国交响。

　　这是人民蓬勃向上的中国，这是文化繁盛绚丽的中国。中国特色社会主义文化，成为新时代中国屹立于世界民族之林的精神支柱，成为中华民族为人类贡献的文明瑰宝！

　　五百年来，人类追求社会主义的路途上，有鲜花芬芳，也有荆棘密布。一百年来，中国人追求社会主义的历程中，闪耀着光荣和梦想，也充满着奋斗和牺牲，伟大的中国共产党和英雄的中国人民从未退却、从未动摇。历史雄辩地证明：中国没有辜负社会主义！

　　面向未来，中国必将为人类文明进步、为世界社会主义发展作出更大贡献，让这个正义而充满前途的事业迸发出更加夺目的光芒！

　　（来源：《人民日报》2021年06月08日第01版，原题《中国没有辜负社会主义》）

九、章节题库

十、教学参考

1. 马克思，恩格斯. 马克思恩格斯选集（第1卷）［M］. 北京：人民出版社，1995.

2. 孙正聿. 理想信念的理论支撑［M］. 吉林：吉林人民出版社，2014.

3. 蔡佑祥. 信念的较量：鲜为人知的红岩故事［M］. 重庆：重庆出版社，2015.

4. 徐川. 顶天立地谈信仰——原来党课可以这么上［M］. 北京：人民出版社，2017.

5. 中央档案馆，国家档案局，上海市档案局，上海市档案馆. 信仰的力量——中国共产党人的初心［M］. 北京：学林出版社，2018.

6. 陈先达. 马克思与信仰［M］. 北京：中国人民大学出版社，2018.

7. 陈先达. 马克思主义信仰十讲［M］. 北京：人民出版社，2018.

8. 李建国. 大学生马克思主义理想信仰生成论［M］. 北京：人民出版社，2019.

9. 王建南. 信仰的力量——青年学生谈马克思主义（第二辑）［M］. 福州：福建人民出版社，2020.

第三章　继承优良传统　弘扬中国精神

　　实现中华民族伟大复兴的中国梦，必须弘扬中国精神，这就是以爱国主义为核心的民族精神和以改革创新为核心的时代精神。爱国主义始终是把中华民族坚强团结在一起的精神纽带，改革创新始终是推进改革开放和社会主义现代化建设的精神力量。当代大学生担当着民族复兴的时代使命，要努力做忠诚的爱国者和时代的奋进者，用实际行动展现出中国精神的青春风采。

——教材摘录

一、教学目的

（一）教学主要目标

　　总体目标：引导大学生领悟实现中华民族伟大复兴的中国梦必须弘扬中国精神，即以爱国主义为核心的民族精神和以改革创新为核心的时代精神。深刻体会爱国主义始终是把中华民族坚强团结在一起的精神纽带，改革创新始终是鞭策我们与时俱进的精神力量。明确大学生必须担当起民族复兴的伟大历史重任，要将爱国热情与对祖国的高度责任感、使命感结合起来，做一个新时期忠诚的爱国者和勇于创新的实践者，用实际行动展现出弘扬中国精神的青春风采。

　　知识目标：使学生了解重精神是中华民族优秀传统，认识以爱国主义为核心的民族精神和以改革创新为核心的时代精神的主要内容，理解民族精神和时代精神的辩证统一关系，认识弘扬中国精神的时代意义；理解爱国主义的基本内涵，把握新时代爱国主义和忠诚爱国者的基本要求；了解创新创造的深沉民族禀赋，理解改革创新的时代要求，把握改革创新的意识和能力要求。

　　能力目标：增进学生热爱祖国的意识和情感，增强学生辨别忠诚爱国、理性爱国与狭隘民族主义的能力和自觉；提升学生创新创造的精神和本领。

　　情感目标：增强学生的民族自信心和自豪感，坚定学生的爱国报国之志，激发学生的创新创造积极性、主动性，提高学生做中国精神实践者的自觉性，坚定学生自觉为实现中华民族伟大复兴中国梦接续奋斗的意志和决心。

（二）教学设计理念及基本思路

本专题属于知识课型，又能渗透责任感和国情教育，因此教学中要以翔实的历史史实、民族文化为依据，以社会现实和学生的生活为认识基础，通过感性材料的积累、视频音频资料的播放、历史典故以及名言警句的收集归纳等，使学生认识到中国精神的科学内涵以及当今时代弘扬和培育中国精神的重要意义，从而以实际行动传承中国精神。据此，本专题教学设计遵循课程中"坚持以学生发展为本，转变教师的教学方式和学生的学习方式"的教学理念，以学生自主学习、合作探究为主要学习方式，以多媒体和丰富的信息化教学手段为主要教学方式，通过感性材料的积累、视频音频资料的播放、通过讲解新民主主义时期的长征精神、抗战精神，社会主义革命时期的抗美援朝精神、"两弹一星"精神，改革开放和现代化建设时期的抗震救灾精神、载人航天精神，中国特色社会主义新时代时期的伟大抗疫精神、北斗精神等，引导学生深刻认识到中国精神的科学内涵以及当今时代弘扬和培育中国精神的重要意义，从而以实际行动传承中国精神。

二、教学重难点

（一）教学重点

中国精神、伟大建党精神、爱国主义的科学内涵；爱国主义的优良传统；中华民族精神的内涵；爱国主义与弘扬时代精神。

（二）教学难点

爱国主义与爱社会主义和拥护祖国的统一；怎样才能做一个忠诚的爱国者。

（三）解决方法

运用案例式教学法、专题式教学法、讨论式教学法和研究式教学法等。注重理论联系实际，突出教学的现实感，以具体鲜活的案例将抽象的"中国精神"转化为生动的"中国故事"。本章教学要落实到激发起大学生自觉弘扬中国精神、担当民族复兴历史重任的青春激情。可将关于中国梦、中国精神的宏大叙事与大学生个体的成长成才、历史使命有机结合起来，引导学生以昂扬的精神状态为实现中国梦而努力拼搏、贡献力量。

三、教学导入

教师通过展播《中国精神》微视频片段，引发学生思考：这是怎样的一个民族？这是怎样的一国人民？是什么支撑着这个古老而神奇的民族立于世界万邦之林，生生不息、代代相传？中华文明为什么能够源远流长、历久弥新？为什么能够持续不断地焕发出勃勃生机和新的活力？在学生思考讨论的基础之上，引导学生深刻地认识到，有一种特殊的基因，在支撑着这个民族一次又一次从灾难中奋起，这种基因就是伟大的中国精神！

四、"情理交融　史论结合"的教学设计

"人无精神则不立，国无精神则不强。精神是一个民族赖以长久生存的灵魂，唯有精神上达到一定的高度，这个民族才能在历史的洪流中屹立不倒、奋勇向前。"中华民族能够在5000多年的历史长河中生生不息、薪火相传，很重要的一个原因，就是拥有孕育于中华民族悠久辉煌历史文化之中的伟大中国精神。

第一节　中国精神是兴国强国之魂

在漫漫的历史进程中，中华民族不仅创造出光辉灿烂、享誉世界的中华文明，也塑造出独特的精神气质和精神品格。中国精神作为兴国强国之魂，是实现中华民族伟大复兴不可或缺的精神支撑。

知识点 一　崇尚精神是中华民族的优秀传统

中华民族崇尚精神的优秀传统，贯穿在中华民族筚路蓝缕的奋斗历程中，推动中华民族一路向前，发展壮大。

知识案例

【案例精选一】不为五斗米折腰的田园诗人陶渊明

古往今来，代表中华传统文化的古圣先贤们无不极为重视道德的修养和人格的锻造提升，形成了现在重精神，重人格修养的传统。公元399年，晋安帝在位的时候，爆发了孙恩领导的农民起义，在这个动荡不安的年代里，在柴桑（今江西九江），有一个出名的诗人，名叫陶潜，又名陶渊明。陶渊明的曾祖父是东晋名将陶侃，虽然做过大官，但不是士族大地主，到了陶渊明一代，家境已经很贫寒了。陶渊明从小喜欢读书，家境虽然贫穷，但他还是照样读书作诗，自得其乐。他的家门前有五株柳树，他给自己起个别号，叫五柳先生。

后来，陶渊明日益贫困，靠自己耕种田地，也养不活一家老少。亲戚朋友劝他出去谋一官半职，当地官府听说陶渊明是个名将后代，又有文才，就推荐他在刘裕手下做了个参军。但是过不了多少日子，他就看出当时的官员将军互相倾轧，心生厌烦，又要求出去做个地方官。上司就把他派到彭泽（今江西九江）当县令。当时做个县令，

官俸是不高的。陶渊明一不会搜刮，二不懂贪污，日子过得并不富裕，但是比起他在柴桑家里过的穷日子，当然要好一些。

在那年冬天，郡的太守派出一名督邮，到彭泽县来督察。督邮品位很低，却有些权势，在太守面前说话好坏就凭他那张嘴。这次派来的督邮，是个粗俗而又傲慢的人，他一到彭泽的旅舍，就差县吏去叫县令来见他。陶渊明平时蔑视功名富贵，不肯趋炎附势，对这种假借上司名义发号施令的人很瞧不起，但也不得不去见一见，于是他马上动身。县吏看到陶渊明还穿着平时的衣服，觉得有失体统，以免被督邮抓住把柄，大做文章，建议他换上官服，并束上大带。这一下，陶渊明再也忍无可忍。他长叹一声，道："我不能为五斗米向乡里小人折腰！"说罢，索性取出官印，把它封好，并且马上写了一封辞职信，随即离开只当了八十多天县令的彭泽。从此，不为五斗米折腰传为佳谈。

从那以后，他下决心隐居过日子，空下来就写了许多诗歌文章，来抒发自己不愿和腐朽的统治集团同流合污的心愿。陶渊明写的那个世外桃源，在当时的社会里是不会有的。但是他在文章里描绘的那种人人劳动、个个过着富裕、安定生活的图景，反映了在当时黑暗动荡时代的人民的一种美好愿望。所以《桃花源记》这篇文章，后来一直被人们所喜爱。他去世以后，友人私谥为"靖节"，后世称"陶靖节"。

【教师评析】在漫漫的历史进程中，中华民族不仅创造出光辉灿烂、享誉世界的中华文明，也塑造出独特的精神气质和精神品格，形成了崇尚精神的优秀传统。中华民族崇尚精神的优良传统表现为道德修养的重视和理想人格的推崇。在使用本案例时，教师要注意到陶渊明的隐逸不是消极的逃避现实，而是具有深刻的批判社会现实的积极意义。尽管他也彷徨过、动摇过，但最终还是没有向现实屈服，宁固穷终生也要坚守清节。同时可以将故事延伸，将陶渊明"不为五斗米折腰"和一些丧失理想信念的事例做对比，加深学生的印象。

知识点 二　中国精神的丰富内涵

在几千年的历史进程中，中国人民用勤劳和智慧书写了辉煌的中华历史，也培育铸就了独特的中国精神，为中国繁荣发展和人类文明进步提供了强大的精神动力。伟大创造精神、伟大奋斗精神、伟大团结精神、伟大梦想精神，传承中华民族的宝贵精神基因，汲取时代的丰厚精神滋养，是中国精神内涵的生动展现。

知识案例

【案例精选二】"精卫填海"的故事与"吹填造陆"工程

2018年3月20日，习近平总书记在十三届全国人大一次会议上将中华民族精神的内涵概括为伟大创造精神、伟大奋斗精神、伟大团结精神、伟大梦想精神，并做了深刻阐述，赋予了中华民族精神新的时代内涵。

第一，伟大创造精神。在几千年历史长河中，中国人民始终辛勤劳作、发明创造，产生了老子、孔子、庄子、孟子、墨子、孙子、韩非子等闻名于世的伟大思想巨匠，发明了造纸术、印刷术、火药、指南针等深刻影响人类文明进程的伟大科技成果，创作了诗经、楚辞、汉赋、唐诗、宋词、元曲、明清小说等伟大文艺作品，传承了《格萨尔王》《玛纳斯》《江格尔》等震撼人心的中国少数民族的伟大史诗，建设了万里长城、都江堰、大运河、故宫、布达拉宫等气势恢宏的伟大工程，这一切充分体现了中华民族的伟大创造精神。

第二，伟大奋斗精神。在几千年历史长河中，中国人民始终革故鼎新、自强不息，开发和建设了祖国辽阔秀丽的大好河山，开拓了波涛万顷的辽阔海疆，开垦了物产丰富的广袤粮田，治理了桀骜不驯的千百条大江大河，战胜了数不清的自然灾害，建设了星罗棋布的城镇乡村，发展了门类齐全的产业，形成了多姿多彩的生活，这一切充分体现了中华民族的伟大奋斗精神。

第三，伟大团结精神。在几千年历史长河中，中国人民始终团结一心、同舟共济，建立了统一的多民族国家，发展了56个民族多元一体、交织交融的融洽民族关系，形成了守望相助的中华民族大家庭。特别是近代以后，在外来侵略寇急祸重的严峻形势下，我国各族人民携手并肩，浴血奋战，打败了一切穷凶极恶的侵略者，捍卫了民族独立和自由，共同书写了中华民族保卫祖国、抵御外侮的壮丽史诗。今天，中国取得的令世人瞩目的成就，更是全国各族人民同心同德、同心同向努力的结果，这一切充分体现了中华民族的伟大团结精神。

第四，伟大梦想精神。在几千年历史长河中，中国人民始终心怀梦想、不懈追求，不仅形成了小康生活的理念，而且秉持天下为公的情怀，盘古开天、女娲补天、伏羲画卦、神农尝草、夸父追日、精卫填海、愚公移山等古代神话深刻反映了中国人民不畏艰险、勇于追求、坚韧不拔的伟大梦想精神。

下面，我们就讲述两个有关伟大梦想、伟大奋斗、伟大创造精神的故事。

首先，我们来回顾一下精卫填海这个神话故事。《山海经》中记载："又北二百里，曰发鸠之山，其上多柘木，有鸟焉，其状如乌，文首、白喙，赤足，名曰'精卫'，其鸣自詨。是炎帝之少女，名曰女娃。女娃游于东海，溺而不返，故为精卫，常衔西山之木石，以堙于东海。"故事梗概是这样的：相传"精卫"本是炎帝的小女儿，名叫女娃。有一天，女娃到东海边游玩，不幸溺水身亡。女娃不甘心她的死，于是她的魂灵化作了一只小鸟，名叫"精卫"，长着花脑袋、白嘴壳、红脚爪，大小有点像乌鸦，栖息在北方的发鸠山，又叫西山。她恨无情的大海夺去了她年轻的生命，于是她每天从西山衔来树枝和石子，然后飞到波涛汹涌的东海海面上，把树枝和石子投下去，想要把大海填平。她就这样日复一日往返飞翔着，永不停止。后世的人同情、钦佩"精卫"，就把它叫作"冤禽""誓鸟""志鸟""帝女雀"等。东晋大诗人陶渊明曾在一首诗中赞道："精卫衔微木，将以填沧海；刑天舞干戚，猛志固常在。"在这里，陶渊明把精卫与上古神话中的巨人刑天相提并论。传说刑天是炎帝手下的大将，身材巨大，手持巨斧和盾牌与黄帝大战，被黄帝斩去首级后，双乳化眼，肚脐化嘴，继续与黄帝作战。因此现代著名作家茅盾认为，精卫与刑天都是描写百折不挠的意志和毅力的，属于同类型的道德神话。可见，"精卫填海"的神话故事深刻体现了我国古代劳动人民不畏艰险、勇于抗争、坚韧不拔、持续奋斗的伟大梦想精神，而这正是中国人民在长期奋斗中培育、继承、发展起来的民族精神，是非常值得我们当代中国人学习和发扬的精神。

请大家再来看一张图片——"大国重器"疏浚船。它是实施"吹填造陆"工程的神器，有了它，"精卫填海"的神话故事在当代得以变成现实。中华人民共和国成立以来，尤其是改革开放和党的十八大以来，我国进行了大规模的"吹填造陆"工程，取得了巨大成就。

天津市滨海新区1994年筹建时人口不足百万，通过大规模的"吹填造陆"工程，把常年淤积的泥沙疏浚吹填到围定的区域中，如今崛起为一座现代化的新城，常住人口300万，面积达到2270平方千米，"精卫填海"的神话在这里变成了现实。

再如，上海市的横沙岛原来只有52平方千米，经过十几年来的吹填造地，小岛面积不断扩大，预计到2020年，总面积将达到100平方千米，上海的第二个浦东将从这里拔地而起，再一次证明了"精卫填海"的神话在当代中国能够变成现实。

另外，自2013年9月以来，我国开始在南海进行填礁造岛建设，仅仅在美丽的南沙群岛中就完成了七座礁石的扩礁成岛工作。新建的岛屿上不仅建有灯塔，部署了武器装备；而且其中的三座新岛屿永暑礁、渚碧礁、美济礁还建设了机场和跑道，犹如不沉的航空母舰，护卫着我们美丽的南海疆域。

那么，我们的"吹填造陆"工程是通过什么"神器"实现的呢？这就是我国自主设计制造的"大国重器"——疏浚船。这种疏浚装备十几年前中国还必须依赖进口，现在中国不仅能够自行设计制造，而且已经达到了国际一流水平。

比如，我国自主设计制造的"天吉号"疏浚船，在疏浚上海长达60千米的横沙水域时，10艘"天吉号"疏浚船同时进行清淤作业，每天清理出的泥沙可填满100个标准足球场大小，排出的淤泥经过沉淀、地基处理等工序，逐渐填筑成全新的陆地。这样，经过疏浚后的上海横沙水域，每年有4.8亿吨的淤泥得以清除，不仅有力保障了每年2000多艘10万吨级的船舶自由进出航道，货运量位居全球内河第一，而且吹填出了更大的横沙岛。

再如，我国的造岛神器"天鲸号"，作业能力惊人。在南海进行疏浚吹填作业时，面对海底的坚硬岩石，它能以每小时4500立方米的速度挖掘，并将泥沙排放到6千米外的固定海域，每天挖掘数万立方米。2013年9月至2014年6月，"天鲸号"多次往返于南沙的五个岛礁（华阳礁、永暑礁、赤瓜礁、东门礁和南薰礁）之间，在南沙岛礁共计吹填了超过 1000 万立方米的海水和砂石。因此，"天鲸号"被誉为我国的"造岛神器"和"大国重器"。

2017 年 11 月 3 日上午，我国完全自主设计并建造的"天鲲号"疏浚船在江苏启东成功下水，并于 2019 年 3 月 12 日从江苏连云港首航正式投入使用。"天鲲号"虽然不是目前世界上体积最大的疏浚船，却是世界上最先进的：高达 6600 千瓦的绞刀功率能迅速将海底的岩石粉碎，且高达 1.7 万千瓦的输送功率能将砂石输送到 15 千米外的地方，输送功率和输送排距世界第一。另外，其高达 6000 立方米/小时的挖掘效率也位居世界第一。作为新一代疏浚船舶，"天鲲号"将成为全球疏浚市场中最有竞争力的重型疏浚装备。

2017 年 5 月，我国商务部、海关总署联合发布公告明确指出，为了维护国家安全和国家利益，限制一些型号的大型疏浚装备出口。与此同时，疏浚船作为我国的"大国重器"，除了促进我国人民自身生活环境改善、社会发展以及更好地维护国家领土主权等利益外，还要担负起服务"一带一路"沿线国家的合作项目建设的重任，比如，我国的大型疏浚船"浚洋 1 号"现在正在帮助斯里兰卡加快建设科伦坡港，我国自主研发的目前世界上最大的非自航绞吸挖泥船"新海旭号"则远赴沙特阿拉伯重要港口朱拜勒，帮助当地疏浚航道，并帮助建设人工岛。

总之，依靠强大的疏浚重器，中国的年疏浚量已经超过 10 亿立方米，疏浚总量世界第一，成为世界上少数几个能够自主开展大规模吹填造陆工程的国家之一，正在从疏浚大国向疏浚强国迈进。

习近平总书记在十三届全国人大一次会议闭幕式上的讲话明确指出：今天，中国人民比历史上任何时期都更接近、更有信心和能力实现中华民族伟大复兴。我相信，只要 13 亿多中国人民始终发扬这种伟大梦想精神，我们就一定能够实现中华民族伟大复兴！因此，我们大家不仅期待着更多新的"精卫填海"梦想不断变成现实，而且更应积极投身到实现中华民族伟大复兴中国梦的建设中去。

【设计意图】从中国的古代神话故事和当代故事两个层面展开讲述，重点落脚在新"精卫填海"——我国的"吹填造陆"工程与"大国重器"疏浚船上，引导大学生深刻领会习近平总书记提出的关于中华民族的"四种伟大精神"，尤其是伟大梦想、伟大奋斗、伟大创造精神，激励大学生自觉弘扬中国精神，做改革创新的生力军。在故事讲述过程中，插入生动鲜活的图片和短小精悍的视频，具有较强的视觉效果，同时辅之以设问、提问等方式，让课堂生动鲜活起来，不仅激发学生的学习兴趣，而且给学生以深刻的思想启迪，营造出和谐互动氛围，取得了很好的教学效果。

【案例精选三】"善梦者"钟扬

"不是杰出者才做梦，而是善梦者才杰出。"这是钟扬一生的真实写照。

　　钟扬，植物学家，复旦大学生命科学学院教授。15 岁考进中国科技大学少年班，二十几岁成为当时国内植物学领域的青年领军人物。当时在复旦大学任教的钟扬报名中组部第六批援藏干部，在援藏这条路上，一走就是 16 年。

　　初到西藏，钟扬对青藏高原的生物多样性充满了兴趣。他说："研究生物的人当然应该去西藏，青藏高原有 2000 种特有植物，那是每个植物学家都应该去的地方。"

　　为了盘点青藏高原的植物"家底"，寻找生物进化的轨迹，十几年里，钟扬走过藏北高原、藏南谷地、阿里无人区和雅鲁藏布江江畔，收集了上千种植物的 4000 万颗种子，占到西藏物种总数的 1/5。为了掌握了逆境生物学研究的新材料，再现高原植物的起源进化过程，钟扬带领他的学生整整追踪了十年，在海拔 4150 米的地方发现了"植物界的小白鼠"拟南芥的崭新生态型。为了分析巨柏在藏东南地区和雅鲁藏布江两岸的生存和发育情况，钟扬和他的研究生一起，花了整整 3 年时间，给每一棵巨柏树进行登记，建立起保护"数据库"。他和团队在采集的高原香柏种子里提取出的抗癌成分还通过了美国药学会认证……

　　援藏期间，他逐渐意识到，这片神奇土地需要的不仅仅是一位生物学家，更需要一位教育工作者，"将科学研究的种子播撒在藏族学生心中，也许会对未来产生更为深远的影响"。钟扬不仅帮助西藏大学申请到第一个国家自然科学基金项目，帮助成立第一个生态学博士点、第一个生物学教育部创新团队，培养了第一位藏族植物学博士。他还带领西藏大学生态学科入选国家"双一流"建设一流学科名单，这填补了西藏生态学植物学的空白，将西藏大学生物多样性研究成功推向世界。

　　钟扬的科研热情不仅播撒在青藏高原广袤的土地上，更穿插在培养具有人文素养和科学素养的新一代的日常科普中。他曾连续 7 年多次为全国中小学生义务进行形式多样的科普，期间共撰写、翻译、审校了 10 本科普著作。

　　长期的高原生活和超负荷的工作使曾经身体素质很好的钟扬出现心脏肥大、血管脆弱的症状，每分钟的心跳只有 44 下。2015 年，钟扬突发脑出血，所幸被及时发现送医救治。出院后的钟扬仿佛按了加速键，他的工作时间表紧凑到要以分钟来计算的程度。2017 年 9 月 25 日凌晨，前往内蒙古鄂尔多斯市为民族地区干部授课的钟扬不幸遭遇车祸，年仅 53 岁。就在去世前不久，钟扬曾许诺为西藏墨脱最偏远的背崩乡上钞希望小学的 160 多名门巴族学生开展科普讲座，但这次，一向信守承诺的他再也无法兑现诺言了。

　　2018 年 3 月，中宣部追授钟扬"时代楷模"称号，6 月，中共中央追授钟扬"全国优秀共产党员"称号。钟扬的一生，是追梦的一生，是拼搏的一生，是奉献的一生。他用生命在祖国的广袤大地上写就了最质朴、最绚烂的时代故事。

　　【设计意图】钟扬胸怀科研报国理想，毕生致力于生物多样性研究和保护，足迹遍布青藏高原，为国家提供了重要的生态安全储备资源。教师利用本案例，引导学生学习钟扬勇于追求梦想并为之持之以恒奋斗的精神，深刻认识到只要中国人民始终发扬这种伟大梦想精神，就一定能实现中华民族伟大复兴。

知识点 三　中国共产党是中国精神的忠实继承者和坚定弘扬者

历史川流不息，精神代代相传。作为中国精神的忠实继承者和坚定弘扬者，一代又一代中国共产党人继承和弘扬中国精神，在长期奋斗中构建起中国共产党人的精神谱系，锤炼出鲜明的政治品格，极大丰富了中国精神的内涵。

知识案例

【案例精选四】2008 年抗震救灾

2008 年 5 月 12 日 14 时 28 分 04 秒，突然，千万声怒吼一齐爆发，飞沙走石，天地混沌……汶川发生了自新中国成立以来破坏性最强、波及范围最广、救灾难度最大的一次地震，震级达里氏 8 级，最大烈度达 11 度，余震 3 万余次，波及四川、甘肃、陕西、重庆等 10 个省（市）、417 个县、4667 个乡（镇）、48810 个村庄。灾区总面积约 50 万平方千米、受灾群众 4625 万多人，其中极重灾区、重灾区面积 13 万平方千米，造成 69227 名同胞遇难、17923 名同胞失踪，需要紧急转移安置受灾群众 1510 万人，房屋大量倒塌损坏，基础设施大面积损毁，工农业生产遭受重大损失，生态环境遭到严重破坏，直接经济损失 8451 亿多元，引发的崩塌、滑坡、泥石流、堰塞湖等次生灾害举世罕见。

灾情牵动着中南海的神经。

面对特大地震灾害，胡锦涛总书记第一时间作出重要指示："灾情就是命令，时间就是生命！"紧急部署，果断决策，举全国全民全军之力抗震救灾。震后两小时 12 分国务院总理温家宝乘坐专机飞赴四川灾区。在"黄金抢救 72 小时"的日日夜夜，一个 66 岁老人的身影一直穿行于灾区、废墟、倒塌的学校、临时搭建的帐篷医院。各地区各部门紧急行动，及时发布地震信息，调拨救灾物资，下拨应急资金，组织地震灾害紧急救援队、现场工作队与卫生应急队奔赴灾区。

面对特大地震灾害，人民解放军指战员、武警部队官兵、民兵预备役人员和公安民警冲锋在前、勇挑重担，发挥了主力军和突击队作用。14.6 万名人民子弟兵，心系灾区人民安危，肩负党和人民期望，从高级将领到普通士兵，发扬英勇顽强、不怕牺牲、连续作战的战斗作风，承担起抗震救灾最紧急、最艰难、最危险的任务。

面对特大地震灾害，全国人民心系灾区、情系灾区，形成了齐心协力抗击灾害的磅礴力量。在抗震抢险的日日夜夜里，全国各族人民忧心如焚、勠力同心、生死与共。

灾难无情，人间有爱，汶川加油、中国加油，成为响彻中华大地的最强音。

抗震救灾风雨路，我们经历了巨大悲怆。一路跋涉走来，彰显了生命的顽强和大爱无疆，既无比艰辛又充满欣慰。

党心可鉴，民心可追。中华民族以独特的智慧、勇气、精神，以坚不可摧的凝聚力和国家意志，在人类与自然灾害的抗争史上耸立起又一座巍峨丰碑！

【设计意图】在百年奋斗征程中，一代又一代共产党人形成了一系列伟大精神，构成了中国共产党人的精神谱系。教师利用案例中讲述的伟大抗震救灾精神，帮助学生理解中国精神的丰富内涵，理解中国共产党人的精神谱系的主要内容和重要作用，从而更好地传承中国精神，汲取时代的丰厚精神滋养，为实现中华民族伟大复兴贡献自己应有的力量。

【案例精选五】英雄的城市 英雄的人民

2020 年 4 月 8 日零时，长江之畔，江汉关大楼钟声响起，雄浑而又悠长，关闭离汉通道 76 天后，武汉解除管控措施，江滩的灯光秀点亮夜空。虽有坎坷，不枉付出，我们的武汉终于回来了。

风雨中一路走来，多少动人故事。当武汉市疾控中心监测发现不明原因肺炎病例时，人们正在准备置办年货，盼着春节回家团圆，还不曾想到 21 世纪 20 年代的第一年即将成为人类所要面对的一道难关。疫情发展态势出人意料，国家卫健委高级别专家组在武汉实地考察后研判，疫情已确认存在人传人和医务人员感染。新冠疫情突袭中华大地，这是新中国成立以来传播速度最快、感染范围最广、防控难度最大的重大突发公共卫生事件。

中国社会的人口流动规模很大，武汉更是全国高铁与高速公路的枢纽，春节临近，多地已出现由湖北输入的病例，若不控制被感染群体的流动，后果将不堪设想。1 月 23 日凌晨，武汉市疫情防控指挥部发布通告：自当日 10 时起，武汉全市的城市公交、地铁、轮渡和长途客运暂停运营；机场、火车站离汉通道暂时关闭。"封"一座城，护一国人，900 多万人留在了这座被迫按下暂停键的城市。

防控形势骤然紧张，医院床位不够、检测条件不足、医疗物资匮乏、未来形势不明，种种不利因素考验着武汉。本地医护人员在疫情未明的情况下与病毒以命相搏，拼死救人，付出了重大牺牲，疫情阴霾下的武汉陷入了前所未有的艰难困苦中。

但全国人民绝不会让武汉孤军作战，除夕之夜，第一支援鄂医疗队抵达武汉，全国各地总计 340 多支医疗队，42000 多名医务人员驰援湖北，逆行者的矫健身影温暖了萧瑟的寒冬。火神山和雷神山拔地而起，这是中国的速度，也是中国的力量，在这片古老的土地上，现代的工业文明开始彰显出它的卓越优势。在新冠疫情有可能击穿一座城市的关键时刻，中国集全国物资支持疫情重灾区，确保骨肉同胞能够长时间居家隔离。虽然武汉的每日疫情数据仍以令人揪心的速度增长，但举国同心所形成的强大合力正在扭转这场阻击战的全局形势。在每一个岗位，在每一处阵地，我们全体中国人各负其责，构筑起了抗击疫情的钢铁长城。

中国在抗击疫情中坚持应收尽收、早诊早治、集中收治，用拉网式的全面排查遏制住了疫情的扩散蔓延。为了避免医疗资源的严重挤兑，中国构建了由"方舱医院"和"定点医院"构成的分级分类分流救治体系，同时实施免费治疗，解除患者的后顾之忧。唯有珍爱每一个生命，才能最终保护好所有生命，3月4日，武汉疫情防控形势呈现出持续向好态势。

渐暖的春日中，一切的坚持都有了意义；寂静了许久的城市，正在逐渐恢复到熟悉的模样。经由现代的国家治理，中国将现代的物质力量充分地发挥出来，取得了疫情防控阻击战的重大战略成果。

武汉的伟大坚守遏制住了疫情的进一步蔓延，武汉人民的疼痛和牺牲，我们所有人都看在眼里。滚滚长江水，巍巍黄鹤楼，见证着中国精神的薪火相传。龟山上的电视塔，倾吐着一种朴实的感动：英雄的城市，英雄的人民。

【设计意图】 2020年的新冠疫情，很多大学生都深有体会。通过学习本案例，再次重温武汉在抗击疫情中作出的牺牲，学习武汉人民团结一致、同心同德抗击疫情的决心和勇气。深刻认识我们国家之所以能够取得今日的发展成就，正是因为我国各族人民发扬伟大团结精神、同心同向努力的结果。教师还可以组织学生谈谈身边的抗疫英雄，学习他们身上体现了哪些崇高的品质和精神。

知识点 四　实现中国梦必须弘扬中国精神

中国精神是兴国强国之魂。全面建设社会主义现代化国家、全面推进中华民族伟大复兴，必须大力弘扬中国精神，弘扬以爱国主义为核心的民族精神和以改革创新为核心的时代精神，振奋起全民族的"精气神"。

知识案例

【案例精选六】钱学森：一个人抵得上五个师

有人说，如果没有钱学森当年的回国，就不可能有中国航天事业的今天。而当年他的回国之路却异常坎坷。

1950年的6月，钱学森前往美国华盛顿，拜访了当时的美国国防部海军次长金贝尔，而正是这次的造访，让美国国防部陷入了不安。当钱学森一离开办公室，金贝尔就立即拨通了司法部的电话：绝对不能放走钱学森！他知道得太多了，我宁可把这家伙枪毙了，也不让他离开美国，因为无论在哪里，他都抵得上五个师。

果不其然，在两个月后，钱学森的回国之旅遭到了美国政府的重重阻碍。他们声称，在检查钱学森托运行李的过程中，无意发现了近八百公斤的草图、笔记和照片，而这些都属于技术情报。因此，他们断定钱学森是一名红色间谍，而这次回国的目的就在于偷运机密。于是，联邦调查局将他关进了监狱，控制人身自由。其实，这只是美国联邦调查局的一个阴谋，而这个阴谋恰恰与两个月前钱学森拜访美国国防部海军次长金贝尔脱不了干系。美国联邦调查局千方百计地想要阻挠钱学森回国的原因很简单，金贝尔说的没错："他知道得太多了！"

钱学森是当时麻省理工学院最年轻的教授，也是加州理工学院的教授兼美国喷气动力实验室的主任，他是世界航空理论权威冯·卡门的得力助手，作为美国火箭领导四人小组成员之一，他的大脑里装着太多重要的技术信息。很显然，他想离开并非易事。

钱学森所在单位加州理工学院得知此消息后，立即进行多方努力，最终以15000美元将他保释出来。然而，他在美国此后的生活开始受到多方面的限制，并多次遭到有关部门的审讯。当被问到他忠于什么国家的政府时，钱学森义正词严地说："我是中国人，当然忠于中国人民，我忠于对中国人民有好处的政府，也就敌视对中国人民有害的任何政府。"伴随着1955年8月1日的日内瓦第五次中美大使级会谈的成功召开，中美双方就两国平民回国问题达成了重要的一致协议。而钱学森，也在第二天接到移民局的通知，对他的管制令已经撤销，他终于可以自由离境了。

大约一个月后，在美国的洛杉矶港口，一艘名叫克利夫兰总统号的轮船即将起航，而钱学森就在这艘船上，眺望着远在彼岸的祖国母亲。

【设计意图】教师通过钱学森艰难回国的例子，让学生了解钱学森遭受美国政府阻挠和迫害并艰难归来报效祖国的过程，从钱学森的例子中体会钱学森身上的爱国精神，树立爱国意识，为祖国的强大和富强做贡献准备。

【案例精选七】林俊德的一生一事

20世纪60年代初，在政府的资助下林俊德从浙江大学机械系毕业，随后隐姓埋名加入了新中国核试验的科研队伍。证明核试验成功与否，关键是爆炸冲击波的数据值。当时，西方国家用来测量冲击波数据的是以小型稳速电机带动的压力自记仪。但我国没有这样的电机，我们的科学家甚至对压力自记仪的内部结构都一无所知。

研制一台新型压力自记仪的任务落到了林俊德的肩上。为了解决仪器的驱动问题，作为研制小组组长的林俊德日夜伏案，冥思苦想。一次偶然的机会，林俊德受到钟声的启发，决定用钟表的齿轮、发条作为动力，焊接贮气罐作为空压机，人工锉制精密齿轮，尝试独立研制自记仪。最终，一台用齿轮和发条驱动、抗核爆炸干扰能力强、轻便易携带的钟表式压力自记仪诞生了。这台自记仪所测得的数据完整准确，成功地记录了我国第一次核爆炸试验的冲击波数据，显示这次爆炸是万吨级当量的爆炸，确认是核爆炸，宣告我国拥有了自主研发的核能战略武器。这一年，林俊德26岁。此后，林俊德继续扎根西北大漠，长期参与空中爆炸冲击波、地下爆炸岩体应力波、爆炸安全工程技术等各种试验以及我国全部的45次核爆炸试验，并研制了空投自记仪、气球吊挂自记仪等各种测量设备，构建了一个完整的爆炸冲击波机测体系，成为我国爆炸力学与核试验工程领域的专家。五十多年来，林俊德把全部精力投入工作中，为国防科技和武器装备发展倾尽心血。

2012 年 5 月，75 岁的林俊德被确诊为胆管癌晚期，病情急速恶化，住进了医院。他问医生，化疗后还能不能工作，医生回答不能。林俊德决定把宝贵的时间全部留给工作，放弃了所有治疗。他多次向家人和医生提出强烈要求，不住重症监护室，不要躺着、要坐着，还要求搬一张办公桌进病房，以便继续工作。"我的时间太有限了，让我专心干点工作"，"我要工作，不能躺下，一躺下就起不来了"。

林俊德戴着氧气面罩，身上插着输液管、导流管、减压管，甚至还有从鼻腔直通胃里的三米长管，最多的时候身上有十多根管子。在生命最后的日子里，他就这样浑身插管地整理了毕生累积的 3 万多份核心机密资料，三次打电话指导科研工作，两次召集课题组成员交代后续研究任务，还批改了一份八万字的博士论文。5 月 31 日，已经极度虚弱的林俊德忍着病痛折磨，九次请求家人帮助他从病床上坐起来，在搀扶下缓慢移动到电脑前，列下提纲，开始做最后的文件整理工作。在做完这一切的几个小时之后，林俊德停止了呼吸。

2018 年，经中央军委批准，增加"献身国防科技事业杰出科学家"林俊德为全军挂像英模。大漠，烽烟，马兰，英雄埋名五十年。丹心既许国，必终其一生，人虽归去，名留青史。

【设计意图】教师通过讲述林俊德的事迹，组织学生讨论林俊德身上体现了哪些中国精神，这些精神对新时代的青年大学生有什么启发。还可以请同学们谈谈自己所知道的像林俊德一样一心为国的杰出代表们，讲讲他们的先进事迹。从他们身上汲取强大的精神力量，并付诸实践，为祖国发展繁荣而不懈奋斗。

知识点 五　爱国主义的基本要求

爱国主义体现了人们对自己祖国的深厚感情，揭示了个人对祖国的依存关系，是人们对自己家园以及民族和文化的归属感、认同感、尊严感与荣誉感的统一，是调节个人与祖国之间关系的道德要求、政治原则和法律规范。爱国主义是中华民族的民族心、民族魂，是中华民族最重要的精神财富，深深植根于中华民族心中，维系着中华大地上各个民族的团结统一，激励着一代又一代中华儿女为祖国发展繁荣而自强不息、不懈奋斗。

一是爱祖国的大好河山

祖国的大好河山，不只是自然风光，还是主权、财富、民族发展和进步的基本载体。维护祖国领土的完整和统一，是每个人的神圣使命和义不容辞的责任。

【知识拓展】

我国是世界上历史最悠久、面积最大的国家之一，人杰地灵，物华天宝。在约为960多万平方千米的陆地国土、470多万平方千米的海区面积内，号称"世界屋脊"的青藏高原巍然屹立，内蒙古、黄土、云贵三大高原气势磅礴，塔里木、准噶尔、柴达木和四川四大盆地交相辉映，东北、华北和长江中下游三大平原富饶美丽，长江、黄河等大江大河奔腾不息，鄱阳湖、洞庭湖、青海湖等湖泊宛若群星，渤海、黄海、东海、南海四大海区碧波无垠，6500多个500平方米以上的岛屿星罗棋布。

【经典语录】

我们中国是世界上最大国家之一，……在这个广大的领土之上，有广大的肥田沃地，给我们以衣食之源；有纵横全国的大小山脉，给我们生长了广大的森林……秀丽的长江像一条系在祖国母亲腰间的蓝色飘带，铺展于云山天海之间；奔腾的黄河似一条生机勃勃的飞龙，舞动于锦绣大地之上。

——毛泽东《中国革命和中国共产党》

北国风光，千里冰封，万里雪飘。望长城内外，惟余莽莽；大河上下，顿失滔滔。山舞银蛇，原驰蜡象，欲与天公试比高。须晴日，看红装素裹，分外妖娆。江山如此多娇，引无数英雄竞折腰。惜秦皇汉武，略输文采；唐宗宋祖，稍逊风骚。一代天骄，成吉思汗，只识弯弓射大雕。俱往矣，数风流人物，还看今朝。

——毛泽东《沁园春·雪》

二是爱自己的骨肉同胞

骨肉同胞之爱反映了对民族利益共同体的自觉认同，是检验一个人对祖国忠诚程度的试金石。

爱自己的骨肉同胞，表现在一个人不仅要爱自己的家人，爱身边的人，还要有"大爱""博爱"，爱这个社会上所有的人民群众。

【知识拓展】

从轩辕黄帝大约在公元前2000年前后建立起奴隶制的民族国家——夏，到公元前221年秦始皇统一六国，建立了世界上最大的封建制国家——秦，继而经由汉武帝、唐太宗、宋太祖，以至成吉思汗、康熙……在沧海桑田的历史变迁中，在今天形成了由56个民族组成的统一大国。

正是由于有了各族人民的世代努力，才在促进56个民族不断融合的过程中不断地把我们的家园建设得更加美好。"民为邦本"，没有人民的祖国是不存在的，离开人民谈爱国是毫无意义的。

【经典语录】

我荣幸地以中华民族一员的资格，而成为世界公民。我是中国人民的儿子，我深情地爱着我的祖国和人民。

——邓小平

三是爱祖国的灿烂文化

文化是一个国家、一个民族的灵魂，是一个国家民族得以延续的精神基因，是涵养民族心理、民族个性、民族精神的摇篮，是民族凝聚力的重要基础。爱祖国的灿烂文化，体现为对祖国优秀历史文化传统的认同和尊重、传承和发扬。

【知识拓展】

我国古代文化璀璨夺目，光彩照人，举其要者有如下述：商代的青铜文化和世界上最早的日食、月食记录；春秋时期关于哈雷彗星的世界最早记载；战国时期产生的世界首部天文学著作《甘石星经》；被誉为"世界第八大奇迹"的秦始皇陵兵马俑；比西方早 500 年提出的勾股定理特例；比西方早 800 年问世的药典《唐本草》；西汉至宋代我国的四大发明——造纸术、印刷术、指南针和火药，等等。这一切都是世界科技史上的珍奇，其中四大发明是使我国成为四大文明古国的重要标志，它的西传则对西方文明的发展产生了尽人皆知的影响。

我国古代科学家，灿若群星，令世人瞩目：东汉科学张衡，创造出世界上最早利用水力转动的浑天仪和测定地震方位的地动仪。后者比欧洲出现的第一台地动仪要早1700 多年。他还在世界上首次正确地解释了月食的成因。南朝科学家祖冲之，推算出圆周率 π 的值在 3.141526 和 3.1415927 之间，成为世界上第一个把圆周率的数值准确到小数点以后七位数字的科学家。他提出的 π 的密率 355/133 要比欧洲早 1100 多年。唐代的天文学家僧一行成为世界上测量子午线长度的第一人。元朝科学家郭守敬和王恂、许衡等科学家共同编制了《授时历》。该历同现行公历即 1582 年提出的格列高利历一年的周期相同，然而比后者的确立早 300 年。李时珍是明代杰出的医药学家，经过 27 年艰苦劳动，终于著成世界上内容最丰富、考订最详细的药物学著作《本草纲目》。我国古代科学家作出了卓绝的贡献，使我国的传统科技直到明朝时为止一直处于世界领先的地位。

四是爱自己的国家

国家是个体成长发展的基本屏障和坚实依托，个体与国家之间相互依存、密不可分，这也是最深刻的爱国理由。祖国的大好河山，自己的骨肉同胞，民族的灿烂文化，都是同我们的国家联系在一起的，我们每个人的发展也都时刻同国家的发展进步紧密关联。

一个国家的政治前途如何，直接关系到国家与民族的荣辱兴衰，因而爱国主义就必然包含着关注政治事件。茅以升，桥梁建筑专家，23 岁在美国获得工科博士学位之时，人们纷纷向他投来尊敬、赞美的目光，一份份诱人的聘书也向他招手。有人劝他留在美国，说是科学没有国界。但是茅以升斩钉截铁地回答："不！纵然科学没有祖国，科学家却是有祖国的！我是中国人，我的祖国更需要我！"他毅然踏上了回国的归途。正是对祖国的热爱，茅以升才放弃国外优越的生活条件。

第二节　做新时代的忠诚爱国者

中国特色社会主义进入新时代，实现中华民族伟大复兴的中国梦是新时代爱国主义的鲜明主题。大力弘扬新时代爱国主义，必须坚持爱国爱党爱社会主义相统一、维护祖国统一和民族团结、尊重和传承中华民族历史文化、坚持立足中国又面向世界。

知识点 一 　坚持爱国爱党爱社会主义相统一

新中国是中国共产党领导的社会主义国家，祖国的命运和党的命运、社会主义的命运密不可分。当代中国，爱国主义的本质就是坚持爱国和爱党、爱社会主义高度统一。

知识案例

【案例精选八】英雄的城市　英雄的人民

2020 年新年前后，一场新冠疫情突袭中华大地，这是新中国成立以来传播速度最快、感染范围最广、防控难度最大的一次重大突发公共卫生事件。面对突如其来的新冠疫情，全国广大医务工作者积极响应党的号召，义无反顾冲上疫情防控第一线，同时间赛跑，与病魔较量，全国各地总计 340 多支医疗队，42000 多名医务人员驰援湖北。

人民子弟兵精锐出战，发出请全国人民放心的铿锵承诺；84 岁高龄的中国工程院院士钟南山不辞辛劳、不惧风险，第一时间奔赴武汉；武汉金银潭医院党委副书记、院长张定宇，身患渐冻症仍战斗在最前沿；南方医科大学南方医院医疗队主动请战，誓言"若有战，召必回，战必胜"……杏林春暖，橘井泉香，逆行者的美丽精神延续着中华文明的优秀传统。

在这场没有硝烟的战斗中，白衣就是战袍。从医院救治一线，到科研攻关前沿；从完善诊疗方案、精心救治患者，到治愈率不断提高、病亡率持续下降；广大医务人员特别能吃苦、特别能战斗，为打赢疫情防控阻击战筑起了生命防线。

他们也是普普通通的血肉之躯，但还是义无反顾地选择了奉献。原本打算举行婚礼的彭银华医生，让自己年仅 29 岁的生命永远定格在救死扶伤的战场上。武汉武昌医院院长刘智明在最艰险的日子里始终坚守一线，留给人间一个医者仁心的榜样……有的人永远留在了这个冬天，是为了让更多的人迎来春天，谢谢你为了我。

经过全党全军全国各族人民的团结奋战，疫情防控阻击战已取得重大战略成果，我们可以在欣喜中翻开《天使日记》，回味那些分秒必争的日与夜。这本特别的书捕捉了最前线的细微感动，也记录下普通中国人在这场阻击战中的温情和担当。他们以千千万万闪光的行动，和千千万万个我们一起，汇聚成患难与共、同舟共济、坚不可摧的英雄伟力，谱写了一个个浸润着温情与大义的中国故事。

【设计意图】教师通过讲述疫情防控期间奋战在抗疫一线的医务工作者的相关事迹，引导学生认识理解在当代中国，爱国主义的本质就是坚持爱国爱党爱社会主义的高度统一，并把自己的理想同祖国的前途、民族的命运紧密联系在一起，以实际行动来践行爱国主义。

知识点 二　维护祖国统一和民族团结

国家统一和民族团结是中华民族根本利益所在。弘扬新时代爱国主义，要坚持以维护祖国统一和民族团结为着力点，维护全国各族人民大团结的政治局面，巩固和发展最广泛的爱国统一战线，不断增强对伟大祖国、中华民族、中华文化、中国共产党、中国特色社会主义的认同，坚决维护国家主权、安全、发展利益，旗帜鲜明反对分裂国家的图谋、破坏民族团结的言行，筑牢国家统一、民族团结、社会稳定的铜墙铁壁。

知识案例

【案例精选九】为国铸造长空利剑

"如果你没有离开，依然会，带吴钩，巡万里关山。多希望你只是小憩，醉一下再挑灯看剑，梦一回再吹角连营。你听到了么？那战机的呼啸，没有悲伤，是为你而奏响！"

这是一段 2012 年度感动中国人物评选典礼上的颁奖词，颁奖词中的主人公，是沈阳飞机工业集团有限公司的董事长，是航空英模罗阳。

2012 年 11 月 24 日，中国第一批舰载机歼-15 在"辽宁舰"顺利完成起降训练，实现了中国战机由陆地向海洋的飞跃。第二天上午，正当辽宁舰靠岸之际，罗阳在执行任务时突发心肌梗死，最终抢救无效，以身殉国。

1982 年，罗阳一毕业就开始参与歼-8Ⅱ战斗机的设计研发，再到后来担任起歼-15 等多个重点型号研制现场的总指挥。在长达 30 年的航空报国生涯中，罗阳穷其一生都在为祖国的蓝天长城铸造利剑。

真正的大国离不开强大的海军，强大的海军离不开先进的航母，而先进的航母离不开一流的舰载机。然而，舰载机在中国是一个前无古人的工程，短距起飞、拦阻、机翼折叠等，一个又一个的难题都等待着罗阳和同事们去攻克，但歼-15 作为祖国崛起的利器，只能成功，不许失败。罗阳的背后，是沉甸甸的民族尊严和国家重任。

　　在研制过程中，军方根据形势需要，提出了舰载机要打造"精品工程"，这就要求沈阳飞机工业集团交付的样机在外观和质量上要百分百达标，故障率要比科研机大幅下降。对于公司而言，这样的要求意味着成本的大幅度提高，研制周期也不得不延长。一些涉及的企业和员工提出了不同意见，他们认为"精品"二字提得过早，而要求也高了些。

　　面对来自四面八方的争议，罗阳认真地跟大家做着思想工作，军工企业首先要考虑的，是国家利益和军队利益，打造第一代舰载机的精品工程，对其尽早形成战斗力和提升作战能力都有不同凡响的意义。

　　知易行难，要知道，一架战机有数万个零件，40多个系统，一旦其中一个出现了问题，那后果都是不堪设想的，"精品工程"的前方真是满路荆棘。

　　无论怎样的艰难险阻，都无法改变罗阳对舰载机质量那近乎苛刻的要求。有一次，在舰载机生产的过程中，加工某部件的工装型架焊接后忽然开裂，差点砸到飞机油箱。事故发生后，罗阳立即让工作人员对开裂的工装故障进行逐一排查，并要求对车间的所有工艺装备进行普查，真正落实到"质量问题归零"。

　　在异常紧张的生产周期中，罗阳背负着巨大的舆论压力，号令整个军机车间的生产全部停工，用了20多天的时间，对150多箱和1万多项工装进行普查，最终彻底排除了安全隐患。

　　正是这种精益求精、敢于担当的精神，让沈阳飞机工业集团成功地将首批舰载机做成了精品工程，其中，还有些创造了月飞行架次的科研记录，甚至超过了装备部队的飞行记录。

　　这种紧迫感和使命感，不仅在罗阳带领研制歼-15的过程中如影随形，更伴随了他那30年的航空生涯。在生前，罗阳常说道："缩小和发达国家航空技术的差距，没别的办法，就是奋力追！"

　　罗阳确实用自己的实际行动，证明了"奋力追"的工作态度。他非常清楚，要想攻下核心新技术，实现国防现代化，就得夜以继日地部署，用加班加点来弥补跟发达国家在起点上的差距。在过去整整两年的时间里，他一直采用"711"的模式，坚持在研制和试验的一线岗位，他每周工作7天，而每天工作将近11个小时。在人生旅程中的最后两个月里，他甚至开启了"720"的工作模式。

　　罗阳，是用自己的健康乃至生命的透支，在为中国舰载机的发展创造了奇迹，这个拥有满腔报国情怀的航空人，值得每一个中国人永远地铭记！

　　【设计意图】教师通过罗阳带领大家攻克技术难题，实现舰载机质量完美达标、为国铸造长空利剑的事迹，引导学生深入认识"新时代爱国主义"的内涵与重要性。罗阳不畏艰难、全身心扑在航空事业上，力求缩小我国和发达国家航空技术的差距，提升国防实力，维护国家安全，甚至不惜奉献自己的生命的精神，正是新时期爱国主义的最好诠释。

知识案例

【案例精选十】中华战狼

"犯我中华者，虽远必诛！"一句铁骨铮铮中华好男儿的口号在银屏上响彻云霄，这句掷地有声、满怀爱国主义情怀的豪言壮语，来自曾热播的电影——《战狼》。

2017年7月27日，《战狼》系列电影之《战狼2》在影院亮相，自首映以来，这部电影一路飘红，而截至目前的票房，早已攻破50个亿的大关。《战狼2》讲述的，是关于一名中国前特种部队士兵的故事。这位男主角名叫冷锋，被开除军籍后的他，遭遇了人生的滑铁卢。一场突如其来的意外，使他被迫卷入了一场非洲国家的叛乱，原本可以安全撤离的他，却因为无法忘记曾为军人的使命。于是，他孤身犯险，义无反顾地冲回了沦陷区，带领身陷囹圄的同胞和难民们，一起展开了生死逃亡。

冷锋的演绎者，是中国的著名演员吴京，从小习武的他，在《战狼2》中用血脉偾张的打戏征服了观众，而他身上那勇敢无畏的爱国主义军人精神更是感染着台下每一位观众的内心。

《战狼2》的热播也是有其天时的。2017年8月1日，是中国建军节的第90个年头，而这部影片将首映时间锁定在建军节档期，无疑抓准了中国人民久攒的爱国主义情绪，主题的高度吻合让它获得了群众广泛的共鸣。《战狼2》不仅受到国内观众的追捧，在海外也掀起了一阵观影热潮。7月28日，《战狼2》在悉尼上映后，当地的华人纷纷前往影院支持，每场的上座率几乎场场爆满，而在大洋洲以及东南亚国家的火热程度也丝毫不逊于国内。除了好莱坞式的动作戏大场面，电影中拼死开展的撤侨行为更是激起了海外华侨同胞们强烈的爱国情绪。在结尾中，大屏幕上出现了一张中国护照，一句"当你在海外遭遇危险，不要放弃！请记住，在你身后，有一个强大的祖国！"更是戳中了无数华侨和海外同胞们的泪点。

其实，在中国的大地上，还有着一群真实的"战狼"，那就是"雪豹"突击队。"雪豹"突击队，前身是"雪狼"突击队，组建于2002年的12月，是专为反恐防暴、武力突击和保卫奥运而成立的"特种兵"部队。目前，这支反恐尖兵部队已有将近400人的规模。"雪豹"突击队的训练场如同战场，队里的每个成员都必须经历"魔鬼周"训练：每人标准负重35公斤，一周徒步行军241千米，每天只休息3个半小时，伙食却只有2两米饭和1袋榨菜。长达两年的艰苦集训后，最终通过十几项严格考核的他们，才能成为这支精锐部队的正式成员。说到命名的寓意时，"雪豹"突击队的大队长曲良锋讲了这样一个故事：为了抓一只雪豹，一个猎人用了8只牧羊犬对其进行围攻，双方搏斗了一整个晚上，但这只毫无惧色的雪豹始终没有被猎人抓获。"雪豹"突击队每一个成员的血液里流淌着的是祖国和人民的信任，他们希望自己能够成为那一只只坚韧、顽强、善战的雪豹，来扛起保家卫国的重任。

"雪豹突击队在党中央的直接关怀下成长，是反恐国家队，忠于党、忠于祖国、忠于人民是每位官兵唯一的政治信条，为此我们甘愿奉献一切。""雪豹"突击队的勇士们不畏艰难，挑战自我，拥有满腔的爱国主义热情，用终生来实现保卫祖国和人民的历史使命。

一天雪豹人，终生雪豹魂。"雪豹"突击队的每一个勇者，都是一匹真正的中华战狼！

【设计意图】教师通过电影《战狼》和"雪豹突击队"的例子，让学生了解爱国主义的内容以及重要作用。尽管不是每一个大学生都需要肩担保家卫国的重任，但树立爱国意识，发扬中国精神，是当代大学生应尽的义务。

知识点三 尊重和传承中华民族历史文化

对祖国悠久历史、深厚文化的理解和接受，是培育和发展爱国主义情感的重要条件。作为中华儿女，我们要了解中华民族历史，传承中华文化基因，提升民族自豪感和文化自信心，增强做中国人的志气、骨气、底气。

知识案例

【案例精选十一】"网红"故宫别样红

近年来，600 岁的故宫既"卖得了萌"，又"耍得了酷"，成为当之无愧的网红，这与故宫的掌门人密切相关，他就是故宫博物院院长单霁翔。

2012 年初，在故宫饱受"十重门"舆论危机之际，单霁翔临危受命成为第六任故宫博物院院长。上任第一年，单霁翔对故宫下达了三道禁令：禁烟、禁火和禁车。2013 年 4 月，法国前总统奥朗德来访参观故宫，单霁翔坚持在午门之外完成接待，自此打破了贵宾车辆驶入紫禁城的"惯例"。

单霁翔对故宫的文物和建筑都如数家珍，因为他用自己的脚丈量了故宫的每一个房间。仅仅一年多的时间，他磨坏了 20 多双鞋，将文物数量精确到个位数。在任期间，单霁翔带领修缮了 1200 栋古建筑，大大增加了故宫开放区，让越来越多的"游客止步"区变成开放展览区。单霁翔曾在公开演讲中多次表示，要让故宫博物院收藏的1862690 件文物藏品得到保护和展示，让每一件文物"光彩照人"。同时，他还通过推广全网购票、设置限流、合理配比卫生间等各种举措，改善了故宫"人看人"和女厕"排长龙"的现状，使故宫的参观环境更加人性化。

单霁翔对故宫乐此不疲的"改造"，源自他对故宫和中国传统文化的热爱。他说："文物从来不是尘封的古董，要让故宫充分发挥博物馆的价值。"他不仅要让观众更容易、更方便地走进故宫，还要让大家深入了解故宫蕴藏的深厚的历史与文化。故宫的首部纪录片《我在故宫修文物》呈现出文物修复师的工匠精神，第一张数字音乐专辑《古画会唱歌》让古画"活起来"，主题漫画《故宫回声》展现惊心动魄的文物长征路，"科技＋文化"创新实验室让《千里江山图》清晰可见，层出不穷的文创产品凸显故宫"萌萌哒"的新形象。近年来，故宫每年都举办1000多场公益教育活动，孩子们在穿朝珠、画龙袍、做拓片等实践活动中体悟源远流长的中华文化。

"网红"故宫还更加高调地走出国门，走向世界。过去六年，故宫博物院已有135项展览走出自己的馆室，成为全世界举办外国展览最多的博物馆。一件件文物，充满活力的故宫，让世界各国友人感受到中国强大的文化自信。

"网红"故宫的背后，是一群故宫博物院工作者、中华文化传承者对中华文化深厚底蕴的信仰，他们肩负传播和传承中华文化的重任，用心对待每一件文物，以新的方式让中华文化走进百姓生活。爱祖国、爱历史、爱文化，这是新时代的爱国情，他们正为我们拥有共同的文化记忆和情感联结而不懈努力。

【设计意图】在使用本案例时，教师结合爱国主义的具体内涵，说明爱国主义不是抽象的，而是有载体、有内容的，并重点阐述：以我们的灿烂文化为荣，尊重和传承中华民族历史和文化，就是爱国；在经济全球化时代，坚持立足民族又面向世界的文化姿态，就是爱国。文化自信是我们最深沉的自信，也是涵养中华民族爱国主义精神的源泉。

知识点 四　坚持立足中国又面向世界

弘扬新时代的爱国主义，要求我们正确处理立足中国与面向世界的辩证统一关系，既要尊重各国的历史特点、文化传统，尊重各国人民选择的发展道路，从不同文明中寻求智慧、汲取营养，增强中华文明生机活力，又要积极倡导求同存异、交流互鉴，促进不同国度、不同文明相互借鉴、共同进步，共同推动人类文明发展进步

知识案例

【案例精选十二】在非洲讲好中国故事的南庚戌

如今，在博茨瓦纳、赞比亚、坦桑尼亚等非洲国家，当地人不仅能经常听到有关中国的新闻报道，甚至还能听到用英文讲述的中国名著《西游记》，这一切都离不开一个人的努力，他就是南庚戌。南庚戌是一位常年旅居博茨瓦纳的中国人，1999年，他初到这里经商，先后开办了几家公司，涉及汽车、通讯、矿业等领域，在一番苦心经营下，南庚戌的生意做得顺风顺水。几年的经商活动大大拓展了他的人脉圈，既有本土的非洲原居民，也有旅居在此的华人华侨。在打交道的过程中，南庚戌逐渐了解到，博茨瓦纳的2万名华人华侨大多不懂英文或博茨瓦纳语，对当地的新闻和法律法规也

不熟悉，这给他们的工作和生活带来诸多困难。于是，他萌生了创办华文报纸的想法。

2009年，华文报纸《非洲华侨周报》在博茨瓦纳正式创刊，成为当地华人华侨了解非洲、融入当地的必读物。十年来，《非洲华侨周报》一直为华人华侨提供当地的热点时事和政策动态，吸引了一大批忠实读者，发行区域覆盖了博茨瓦纳、南非、坦桑尼亚、津巴布韦和赞比亚等多个非洲国家。在异国他乡做媒体，想要盈利非常不容易，《非洲华侨周报》至今仍是免费发放，正因为南庚戌十分看重华文报纸的社会价值，才有这十年如一日的坚持。创刊始于兴趣，但支撑南庚戌在传媒事业上越走越远的是责任。随后，他又创办了当地第一份华人英语报纸《环球邮报》，希望能为华人华商发声，让世界更好地了解中国。2010年，一个由中国企业与博茨瓦纳政府签订的燃煤电站项目因锅炉泄露、发电机故障等原因几次中断，原计划任务无法达成。一时间，当地和西方媒体纷纷将矛头直指中资企业，给处于弱势地位的华人和华人企业的声誉带来恶劣影响。南庚戌知道后，立即联系中资企业负责人，让他们借助《环球邮报》澄清了事件的来龙去脉，帮助项目回归正常的谈判程序。这次有力的发声，更加坚定了南庚戌扎根媒体、为华人华侨发声的决心。

2012年，南庚戌成立环球广域传媒集团，横跨报纸杂志、广播电台、网络新媒体、公共关系等媒体领域，成为非洲最大的华人媒体集团。后来，南庚戌的传媒集团还与人民日报海外网合作建立了非洲新闻网，"讲述非洲华人能听懂的中国故事，让非洲的华人华侨实实在在感受到祖国的温暖。"经商办报之余，南庚戌还积极参与社团活动和公益事业，通过传媒集团轮番开展中非交流活动，促进中非在艺术、农业、教育等多领域的交流，他被誉为"搭建中非友好桥梁的非洲媒体人"。

2016年12月，南庚戌入选第五届《中华之光——传播中华文化年度人物》，颁奖词这样写道：出资办报，爱国思乡之情跃然纸上；拓展传媒，融入非洲之道字里行间。构筑全媒体矩阵，搭建多元化平台，在另一个大洲，讲好中国故事，守望华人生活。知难而进，锲而不舍，在这里读懂非洲，在这里亲近祖国。

【设计意图】 通过本案例，让学生了解南庚戌及其华人传媒集团为华人华侨发声，促进了中华民族的团结，既立足民族又面向世界，帮助在海外的中华民族儿女融入当地、了解非洲，为中非之间的交流与和谐的国际交往做出的重要贡献，引导学生深入理解新时代爱国主义的基本内涵。在教学过程中，教师可以组织学生交流讨论，还有哪些人物和事例体现了爱国主义精神和时代精神相结合、在当今社会里爱国主义有着什么样的时代要求等。

第三节　让改革创新成为青春远航的动力

改革创新是当代中国最突出、最鲜明的特点。大学生富有想象力和创造力，是改革创新的生力军，要在改革创新的实践中奉献祖国、服务人民、实现价值，让改革创新成为青春远航的强大动力。

知识点 一　改革开放是当代中国的显著特征

以数千年大历史观之，变革和开放总体上是中国的历史常态。几千年前，中华民族的先民们就秉持"周虽旧邦，其命维新"的精神，开启了缔造中华文明的伟大实践。自古以来，中国大地上发生了无数变法变革图强运动，留下了"治世不一道，便国不法古"等豪迈宣言。正是这种变革和开放精神，使中华文明成为人类历史上唯一一个绵延5000多年至今未曾中断的灿烂文明。新时代，中华民族正在以改革开放的姿态继续走向未来。

知识案例

【案例精选十三】"共和国勋章"获得者屠呦呦——与青蒿结缘　用中医药造福世界

但丁在《神曲·地狱篇》中描述过一种形象化的恐惧：犹如患三日疟的人临近寒战发作时/指甲已经发白/只要一看阴凉儿就浑身打战……这种让人恐惧的"疟"指的就是疟疾。

在人类历史上，疟疾几乎是蹂躏人类时间最长、杀伤范围最广的疾病。古希腊的亚历山大大帝、文艺复兴初期的意大利大诗人但丁、英国资产阶级革命领袖克伦威尔均死于疟疾，中国的康熙皇帝也因疟疾险些丧命。史书记载道：汉武帝征伐闽越时，"瘴疠多作，兵未血刃而病死者十二三"；东汉马援率八千汉军，南征交趾，然而"军吏经瘴疫死者十四五"；清乾隆年间数度进击缅甸都因疟疾欢而受挫，有时竟会"及至未战，士卒死者十已七八"。1964年越南战争爆发，越南部队因疟疾造成的非战斗减员远远超过了战斗造成的伤亡损失；感染疟疾的侵越美军人数也有近80万人。而今，疟疾已成为全球关注的重要公共卫生问题之一，据世界卫生组织统计，目前仍有92个国家和地区处于高度和中度流行，每年发病人数为1.5亿，死于疟疾者逾200万人。

2015年10月8日，当年诺贝尔生理学或医学奖被授予中国科学家屠呦呦，以表彰她发现了一种药物——青蒿素，为疟疾防治作出重大贡献。此时的屠呦呦已经年过八旬。从1969年屠呦呦接受国家抗疟药研究任务开始，历经了380多次实验、承受190

次失败的煎熬后，1971 年 10 月 4 日，编号为第 191 号的乙醚中性提取物出现了令人振奋的结果——其对疟原虫的抑制率达到 100%。这一成功最终证实了青蒿素的抗疟作用。之后，多个青蒿素类抗疟药先后诞生。

青蒿素的发现到研制成功，虽然过程曲折而艰辛，但在屠呦呦及其团队身上生动而鲜明地体现了中国精神。40 多年前，面对一次次令人沮丧的实验结果，屠呦呦下决心继续攻读中医典籍寻找灵感，一天，她在阅读东晋葛洪《肘后备急方》时，被其中的一段话猛然点醒。"青蒿一握，以水二升渍，绞取汁，尽服之。"屠呦呦意识到，温度可能是提取抗疟中草药有效成分的关键！于是，她立马重新设计实验，将用沸点较高的乙醇提取改为沸点较低的乙醚，终于获取到抗疟效果为 100% 的提取物！如果说青蒿素的发现带有某种偶然性，那么，在成功的偶然中，一定有着某种必然。让成功必然发生的就是屠呦呦一直坚守的创新精神。抗疟药物研发过程中她开拓新路，大量阅读中医药典籍，大胆尝试……正如屠呦呦自己所说："作为一个科学工作者，我们需要用创新精神去寻找新事物。"而屠呦呦对青蒿素提取的不懈追求、面对挫折百折不挠的执着精神则是源于一颗"悬壶济世"的赤子之心，是对中国传统医道"仁""义"的最好诠释。她坦言："获得这个奖，我并不觉得怎么样，我倒是觉得青蒿素真正能救命，能让很多人免于死亡更重要。即使不给我这个奖，但能救很多人，也值。"

（资料来源：中国青年网，2019 年 10 月 5 日）

【设计意图】 通过屠呦呦发现和研制青蒿素的例子，让学生深刻理解屠呦呦身上的创新精神是中华民族的优秀传统和民族禀赋。正是这种用于创新创造的民族禀赋，一直激励并引领着广大中国人民在各个领域崭露头角，获得飞跃式的发展。

【案例精选十四】汉字输入法"变形记"

"王旁青头兼五一，土士二干十寸雨，大犬三羊古石厂，木丁西，工戈草头右框七……"这是流行于 20 世纪 80 年代的五笔字根口诀。五笔输入法是最早的汉字输入法，具有划时代的重要意义。当时，中国正迎来改革开放的春天，计算机不断普及，但汉字面临着一个前所未有的巨大危机：无法进入计算机。曾有外国人"预言"：计算机是汉字的掘墓人，是拼音文字的助产士。

汉字是世界上最古老的文字之一，有着几千年的发展历史，隽永优美却又无比复杂。在键盘上敲出英文单词是一件轻而易举的事，可汉字成千上万，笔画多，音形杂，如何在小小的键盘上打出汉字成为当时中国的一大难题。为了在汉字和计算机之间架起一座桥梁，工程师王永民四处奔波，刻苦钻研，带领团队将《现代汉语词典》中的所有汉字进行逐一分解，制成十多万张卡片，再从中归纳分析，最终集汉字结构规律、信息处理科学和键盘设计原理之大成，发明了"五笔字型字根周期表"。1983 年，五笔字型汉字输入法诞生，打破了"汉字输入与西文不能同日而语"的预言，为中国在不放弃汉字的基础上进入信息时代做出重要贡献。五笔字型输入法问世后，我国掀起一片学习热潮，它被列入《职业技能鉴定规范》，还成为我国首次向美国、日本等国出口的电脑专利。

盛极一时的五笔输入法成功解决了汉字输入的问题，可随着计算机用户逐渐增多，强背字根、入门门槛高的问题也逐渐凸显。人们更需要一款入门轻松、使用简单的输入法。1991 年，由长城集团和北京大学合作推出的智能 ABC 汉字输入法解决了这个问题。智能 ABC 是简拼的开端，在这之前，还有一款全拼输入法。全拼需要输入完整的拼音，但简拼只需要输入拼音的一部分即可。这款输入法简单易学、快速灵活，得到了很多初级用户的喜爱。

然而智能 ABC 有一个很大的缺点，那就是输入效率低。它无法随拼音的输入立刻显示出字词，不够直观；另外，它几乎没有记忆点，无法按照用户使用字词的频率高低进行排序，增加了选字时间。2006 年"搜狗拼音输入法"诞生。它不仅入门简单，还依靠整句输入、联想输入、云联想、庞大词库等功能极大地提高了输入效率，逐渐成为主流的汉字输入法。此外，谷歌拼音、QQ 拼音等同类输入法也慢慢成为人们使用频率较高的输入法。

如今，汉字输入法早已不局限于键盘式输入，还产生了手写输入、语音输入等非键盘式输入法，适应了人们的快节奏生活。从五笔、智能 ABC，到搜狗拼音，再到非键盘式输入，汉字输入法在不断"变形"、一路进步。每一个汉字输入法的诞生，都是一种创新，适应了时代的发展需求，体现了中华民族最深沉的民族禀赋。

【设计意图】本案例主要介绍了以五笔输入法、智能 ABC 输入法、搜狗输入法等为代表的几种汉字输入法，体现了汉字输入法在时代的发展浪潮中不断进步优化，展示了中华儿女创新创造的时代精神和民族禀赋。教师可通过本案例让学生了解王永民发明五笔输入法的基本过程和重要意义，以及汉字输入法的"变形"发展历程，引导学生理解汉字输入法发展过程中体现出的创新创造。在教学过程中，教师还可以结合中华民族从古至今的创新创造，如古代的天文历法、数学、农学、医学、地理学、文学艺术等多领域的成就，如现代的航天航空、海洋探索、工程制造、大桥建设等例子，引导学生理解中华民族创新创造的时代精神和民族禀赋，组织学生讨论交流坚持创新创造的重要意义以及还有哪些例子体现了中华民族的创新精神等。

知识点 二　改革创新是新时代的迫切要求

创新决胜未来，改革关乎国运。在当代中国，经济社会发展离不开改革创新。现在，我国已转向高质量发展阶段，全面深化改革，推进国家治理体系和治理能力现代化，必须将改革进行到底，攻克体制机制上的顽瘴痼疾，突破利益固化的藩篱，进一步解放和发展社会生产力，进一步激发和凝聚社会创造力。

知识案例

【案例精选十五】小单车上的大时代

20世纪50、60年代，自行车对于普通家庭来说，属于不折不扣的奢侈品和稀罕物。谁家有辆自行车，可比现在有辆汽车还显"土豪"。"骑着倍儿新的自行车，带着彩花的暖水瓶"成为人们生活富足的象征。1978年后，随着生活改善，耐用消费品需求全面增长，"三转一响"成为结婚置业的必备物件。1981年，国务院召开全国日用机电产品工作会议，决定大力发展自行车、缝纫机、钟表等日用机电产品生产。于是，全国各地开始兴建自行车厂及相关零配件厂。以北京为例，20世纪80年代，北京的自行车数量以年均50万辆左右的速度快速增长。到20世纪80年代末，千万人口的北京，已拥有800万辆自行车。除去老人孩子，几乎已是"一人一车"的饱和状态。在高峰时段，东单、南河沿、西单等路口，每小时就会有两万多辆自行车通过。社会经济水平的提高带动了自行车的普及，这种自由轻便的代步工具为人们日常出行提供了便利。当时的中国俨然成为一个"自行车王国"。

随着改革开放不断深入，人们生活水平逐渐提高，私家车开始出现；同时，公共交通体系的建立和完善，也使得自行车的空间和市场被不断挤占。20世纪90年代起，三大自行车厂的经济效益逐年下降，自行车行业进入低谷。不过，在长达十几年的"沉寂"后，自行车行业又出现了新的可能性。近年来，随着共享单车浪潮的袭来，"自行车王国"的盛景以另一种面貌出现。共享单车以其靓丽的外形、智能的解锁方式和"随时随地"的特点，重回历史舞台，在改善环境、减少污染、提高人们的健康水平以及推动城市可持续发展等方面都发挥着重要作用。截至2017年7月，全国共享单车企业累计投放车辆超过1600万辆，注册人数超过1.3亿人次，累计服务超过15亿人次。共享单车就这样迅速成了国人生活的一部分。同时，中国的单车共享模式正逐渐向海外扩展，开始为英、美、日、意等7个国家、共12座城市提供智能共享单车服务。

作为"互联网＋交通运输"的模式创新，共享单车的出现为"中国模式"提供了一种新的注解，给中国带来了诸多积极改变。共享单车改变了人们的出行观念，引领绿色交通；改变了大众认知，加快构建信用社会；改变了产业结构，创造大量就业岗位；改变了政府管理思维，实现了从监管到共治；改善了社会治理，推动城市文明提升；改变了出海路径，打造"共享式出口"。共享单车正在以自己的方式影响中国。

这一切无疑表明，改革创新已经成为社会发展的重要力量，坚持改革创新是新时代的迫切要求。当代大学生要树立敢为天下先的志向和信心，在改革创新中锐意进取，奋力前进。

【设计意图】教师通过"共享单车"这个案例，引导学生共同探讨共享单车所体现的技术创新、经济模式创新、观念改革创新、产业结构创新、社会治理创新，等等。同时，启发学生讨论共享经济模式的创新对于社会发展的推动力量。通过与学生现实生活息息相关的问题和事，教师可引导学生结合自己切身感受，理解为什么说"改革创新是鞭策我们在改革开放中与时俱进的精神力量"。从而，启发学生认识到改革创新是时代要求，并能从自身做起，自觉树立敢为天下先的志向和信心，敢于担当、勇于超越，在攻坚克难中追求卓越，在改革创新中引领世界潮流，争做改革创新的生力军。

知识点 三　做改革创新生力军

青年时期是创新创造的宝贵时期。新时代的大学生置身于实现中华民族伟大复兴的时代洪流之中，应当把握时代脉搏，迎接时代挑战，增强创新创造的能力和本领，勇做改革创新的实践者，将弘扬改革创新精神贯穿于实践中、体现在行动上。

知识案例

【案例精选十六】中国造星人：航天五院通信卫星创新团队

2017 年 4 月 12 日，实践十三号卫星发射升空，引起外界极大关注。

实践十三号卫星的成功研制是中国卫星通信进入高通量时代的标志。它将覆盖我国除西北、东北以外的大部分陆地和近海百千米以上海域，将彻底改善飞机、船舶、高铁等交通工具上的上网体验。

研制实践十三号卫星的是中国航天科技集团公司五院"通信卫星创新团队"。2000年以来，这支团队逐渐成为我国通信卫星设计、研制及应用的核心力量。多年来，这支团队倡导"创新制胜、敢为人先"的理念，全力推动通信卫星核心关键技术的攻关与应用。

他们通过自主创新，一举突破了我国高轨卫星领域电推进、Ka 频段多波束宽带通信、激光通信等多项关键技术，打破了国外在通信卫星领域的种种技术封锁，改变了中国广播电视等领域长期依赖进口卫星的局面，攻克了通信卫星领域空间电推进技术的世界性难题，优化了卫星实施自主管理和控制的综合电子系统智能系统，牢牢掌握住了发展通信卫星事业的主动权，成为国内通信卫星的新标杆。

对这样一支平均年龄只有 33 岁的年轻团队来说，创新的动力源于何处？"来自代代相传的航天精神、也来自一名航天人的责任。"这是五院创新团队成员的共同心声。团队成立后，就紧盯国际上最先进的技术，不断攻关、突破。一开始受客观条件的限制，很多困难是难免的。负责人周志成回忆说，当年为了做实验，需要运输镍氢电源，因为是氢电池，铁路运不了，只能靠公路长途运输。从天津、北京，一路到兰州，做完实验，大雪天里再开回来。正是在这种简陋的条件下，多方配合，全国大协作，才把国外封锁的技术突破了。

五院创新团队坚持自力更生、自主创新，他们怀着"为民族工业的生存和发展而奋斗"的使命担当，不甘落后，锐意进取，一大批中青年骨干脱颖而出，走上产品开发和型号研制的最前沿。

44 岁的李峰，已主持研制 5 颗通信卫星研制发射任务；中国青年科技奖获得者王敏，27 岁就被任命为卫星总体主任设计师，31 岁就走上型号副总设计师的关键岗位；青年骨干陈粤，则向无工质电磁推进技术发起挑战，与国际顶尖科研团队同台竞争……

青年强则国强，青年创新则国家进步。以中国航天科技集团公司五院通信卫星创新团队为代表的中国新一代航天人，他们肩负国家使命，励志图新、超越自我，是当之无愧的时代先锋！

【设计意图】中国的希望在创新，创新的希望在青年。在本案例中，中国航天科技集团公司五院"通信卫星创新团队"是科技创新的典型代表，他们有创新的责任感、使命感，有敢于突破国外技术封锁的勇气，有勇于攻坚克难的决心和能力，这是他们成功的源泉。通过本案例，有助于大学生进一步坚定对中国创新发展的信心，并勇于做改革创新的实践者。在使用本案例时，教师应着重引领学生就其学科领域的重点、难点特别是工科领域存在的"卡脖子"项目进行开放式讨论，让大学生联系自身将弘扬改革创新精神贯穿于自身学习，并体现在行动上，投身创造实践。

五、实践教学

（一）课内自选实践

【项目一】马克思主义经典诵读赛

通过朗诵马克思主义经典著作，如《青年在选择职业时的考虑》《在马克思墓前的讲话》《星星之火可以燎原》《人的正确思想是从哪里来的》《为人民服务》《纪念白求恩》《七律·长征》《水调歌头·重上井冈山》《沁园春·长沙》《可爱的中国》《青年要自觉践行社会主义核心价值观》《在实现中国梦的生动实践中放飞青春梦想》《在纪念马克思诞辰 200 周年大会上的讲话》等，让同学们深刻地认识到马克思主义经典著作的魅力和马克思主义中国化时代化最新理论成果的时代价值，形成阅读马克思主义经典的良好风气，激励大学生在实现中国梦的实践中放飞青春梦想。

【项目二】制作微电影《爱国就在我身边》

围绕课堂上所学的爱国主义内容，结合当下社会上存在的各种"真爱国""假爱国"现象及其相关讨论，从大学生的角度以"爱国就在我身边"为主题制作一部微电影，通过小人物、小事件来展现身边的爱国精神和爱国现象，诠释爱国的层次性，并启发观者对爱国的理解，引领生活化的爱国行为。

（二）课外自主实践

【项目一】参观爱国主义教育基地

通过参观爱国主义教育基地，用生动、具体的历史事实，引导大学生在缅怀革命先烈，学习和继承革命前辈为共产主义理想艰苦奋斗的优良传统的基础之上，深入理解国家命运和我们每个人命运紧密相连的道理。在感受先辈爱国主义传统中加深爱国情感，激励同学们振奋精神，努力学习，牢记使命责任，坚定报国之志。

【项目二】说说我的家乡美

通过以"我的家乡"为主题的班会或演讲活动，引导学生深入了解自己家乡的发展历史、风土人情和建设成就，寻找自己家乡的美好事物，特别是改革开放 40 多年来家乡的变化，在相互交流中感受中华文化的丰富多彩与博大精深，从而增进爱家乡、爱祖国的情感。就参观爱国教育基地的所见所闻、所感所悟，每一个学生写一篇参观学习小结，以教学班为单位组织学生进行交流。

六、教学总结

在本专题的教学当中，能够坚持把教书育人放在首位，注重对学生爱国主义情感的培养，注重素质和创新教育，在积极探索符合高职生德育教育模式方面取得成效。在课堂教学环节，通过采用现代化教学技术手段，丰富教学内容，教书育人效果明显。现代化多媒体技术在课程教学中广泛使用，为学生的学习提供了丰富的信息资源，特别是教学内容的可视化、形象化，激发了学生的学习兴趣，拓宽了学生探讨问题的视野，促进了学生认识和理解质量的提高，充分释放出该课程的德育功能，改变了过去空洞抽象、枯燥无味的局面，具有生动活泼、充满趣味的特点。在实践教学环节，能够借鉴校内外职业教育经验，凸显特色，学生主体地位得到发挥。实践教学活动不仅为学生提供了更多的接触社会，锻炼能力的机会，而且也避免了学生脱离生活实际空谈理论，空谈"爱国"口号的行为，真正将报国之志化为效国之行，具有创新性。

七、经典语录

"青"听"习"语

在中华民族几千年绵延发展的历史长河中，爱国主义始终是激昂的主旋律，始终是激励我国各族人民自强不息的强大力量。不论树的影子有多长，根永远扎在土里；不论留学人员身在何处，都要始终把祖国和人民放在心里。

——2013 年 10 月 21 日，习近平在欧美同学会成立 100 周年庆祝大会上的讲话

　　爱国主义是中华民族精神的核心。爱国主义精神深深植根于中华民族心中，是中华民族的精神基因，维系着华夏大地上各个民族的团结统一，激励着一代又一代中华儿女为祖国发展繁荣而不懈奋斗。五千多年来，中华民族之所以能够经受住无数难以想象的风险和考验，始终保持旺盛生命力，生生不息，薪火相传，同中华民族有深厚持久的爱国主义传统是密不可分的。

　　——2015 年 12 月 30 日，习近平在十八届中央政治局第二十九次集体学习时的讲话

　　在这场严峻斗争中，武汉人民识大体、顾大局，不畏艰险、顽强不屈，自觉服从疫情防控大局需要，主动投身疫情防控斗争，作出了重大贡献，让全国全世界看到了武汉人民的坚韧不拔、高风亮节。正是因为有了武汉人民的牺牲和奉献，有了武汉人民的坚持和努力，才有了今天疫情防控的积极向好态势。武汉人民用自己的实际行动，展现了中国力量、中国精神，彰显了中华民族同舟共济、守望相助的家国情怀。

　　——2020 年 3 月 10 日，习近平在湖北省考察新冠疫情防控工作时的讲话

八、拓展阅读

☆【精选品读一】

习近平关于中国精神的重要论述摘编

一、论爱国主义精神

　　爱国主义是中华民族精神的核心。爱国主义精神深深植根于中华民族心中，是中华民族的精神基因，维系着华夏大地上各个民族的团结统一，激励着一代又一代中华儿女为祖国发展繁荣而不懈奋斗。5000 多年来，中华民族之所以能够经受住无数难以想象的风险和考验，始终保持旺盛生命力，生生不息，薪火相传，同中华民族有深厚持久的爱国主义传统是密不可分的。

　　——在中央政治局第二十九次集体学习时的讲话（2015 年 12 月 30 日）

　　中国人民是具有伟大创造精神的人民。在几千年历史长河中，中国人民始终辛勤劳作、发明创造，我国产生了老子、孔子、庄子、孟子、墨子、孙子、韩非子等闻名于世的伟大思想巨匠，发明了造纸术、火药、印刷术、指南针等深刻影响人类文明进程的伟大科技成果，创作了诗经、楚辞、汉赋、唐诗、宋词、元曲、明清小说等伟大文艺作品，传承了格萨尔王、玛纳斯、江格尔等震撼人心的伟大史诗，建设了万里长城、都江堰、大运河、故宫、布达拉宫等气势恢宏的伟大工程。……

　　中国人民是具有伟大奋斗精神的人民。在几千年历史长河中，中国人民始终革故鼎新、自强不息，开发和建设了祖国辽阔秀丽的大好河山，开拓了波涛万顷的辽阔海疆，开垦了物产丰富的广袤粮田，治理了桀骜不驯的千百条大江大河，战胜了数不清

的自然灾害，建设了星罗棋布的城镇乡村，发展了门类齐全的产业，形成了多姿多彩的生活。中国人民自古就明白，世界上没有坐享其成的好事，要幸福就要奋斗。……

中国人民是具有伟大团结精神的人民。在几千年历史长河中，中国人民始终团结一心、同舟共济，建立了统一的多民族国家，发展了 56 个民族多元一体、交织交融的融洽民族关系，形成了守望相助的中华民族大家庭。特别是近代以后，在外来侵略寇急祸重的严峻形势下，我国各族人民手挽着手、肩并着肩，英勇奋斗，浴血奋战，打败了一切穷凶极恶的侵略者，捍卫了民族独立和自由，共同书写了中华民族保卫祖国、抵御外侮的壮丽史诗。……

中国人民是具有伟大梦想精神的人民。在几千年历史长河中，中国人民始终心怀梦想、不懈追求，我们不仅形成了小康生活的理念，而且秉持天下为公的情怀，盘古开天、女娲补天、伏羲画卦、神农尝草、夸父追日、精卫填海、愚公移山等我国古代神话深刻反映了中国人民勇于追求和实现梦想的执着精神。中国人民相信，山再高，往上攀，总能登顶；路再长，走下去，定能到达。近代以来，实现中华民族伟大复兴成为中华民族最伟大的梦想，中国人民百折不挠、坚忍不拔，以同敌人血战到底的气概、在自力更生的基础上光复旧物的决心、自立于世界民族之林的能力，为实现这个伟大梦想进行了 170 多年的持续奋斗。……

——在十三届全国人民代表大会第一次会议上的讲话（2018 年 3 月 20 日）

伟大抗疫精神，同中华民族长期形成的特质禀赋和文化基因一脉相承，是爱国主义、集体主义、社会主义精神的传承和发展，是中国精神的生动诠释，丰富了民族精神和时代精神的内涵。我们要在全社会大力弘扬伟大抗疫精神，使之转化为全面建设社会主义现代化国家、实现中华民族伟大复兴的强大力量。

——在全国抗击新冠肺炎疫情表彰大会上的讲话（2020 年 9 月 8 日）

脱贫攻坚精神，是中国共产党性质宗旨、中国人民意志品质、中华民族精神的生动写照，是爱国主义、集体主义、社会主义思想的集中体现，是中国精神、中国价值、中国力量的充分彰显，赓续传承了伟大民族精神和时代精神。全党全国全社会都要大力弘扬脱贫攻坚精神，团结一心，英勇奋斗，坚决战胜前进道路上的一切困难和风险，不断夺取坚持和发展中国特色社会主义新的更大的胜利！

——在全国脱贫攻坚总结表彰大会上的讲话（2021 年 2 月 25 日）

二、论传统文化和民族精神

中国传统文化博大精深，学习和掌握其中的各种思想精华，对树立正确的世界观、人生观、价值观很有益处。古人所说的"先天下之忧而忧，后天下之乐而乐"的政治抱负，"位卑未敢忘忧国"、"苟利国家生死以，岂因祸福避趋之"的报国情怀，"富贵不能淫，贫贱不能移，威武不能屈"的浩然正气，"人生自古谁无死，留取丹心照汗青"、"鞠躬尽瘁，死而后已"的献身精神等，都体现了中华民族的优秀传统文化和民族精神，我们都应该继承和发扬。领导干部还应该了解一些文学知识，通过提高文学鉴赏能力和审美能力，陶冶情操，培养高尚的生活情趣。许多老一辈革命家都有很深厚的文学素养，在诗词歌赋方面有很高的造诣。总之，学史可以看成败、鉴得失、知兴替；学诗可以情飞扬、志高昂、人灵秀；学伦理可以知廉耻、懂荣辱、辨是非。我们不仅要了解中国的历史文化，还要睁眼看世界，了解世界上不同民族的历史文化，去其糟粕，取其精华，从中获得启发，为我所用。

——在中央党校建校 80 周年庆祝大会暨 2013 年春季学期开学典礼上的讲话（2013 年 3 月 1 日）

中华民族生生不息绵延发展、饱受挫折又不断浴火重生，都离不开中华文化的有力支撑。中华文化独一无二的理念、智慧、气度、神韵，增添了中国人民和中华民族内心深处的自信和自豪。在 5000 多年文明发展中孕育的中华优秀传统文化，在党和人民伟大斗争中孕育的革命文化和社会主义先进文化，积淀着中华民族最深沉的精神追求，代表着中华民族独特的精神标识。我们要大力弘扬以爱国主义为核心的民族精神和以改革创新为核心的时代精神，大力弘扬中华优秀传统文化，大力发展社会主义先进文化，不断增强全党全国各族人民的精神力量。

——在中国文联十大、中国作协九大开幕式上的讲话（2016 年 11 月 30 日）

中华优秀传统文化是我们最深厚的文化软实力，也是中国特色社会主义植根的文化沃土。每个国家和民族的历史传统、文化积淀、基本国情不同，其发展道路必然有着自己的特色。

——在中共中央政治局第十八次集体学习时的讲话（2014 年 10 月 13 日）

青年是国家和民族的希望，创新是社会进步的灵魂，创业是推动经济社会发展、改善民生的重要途径。青年学生富有想象力和创造力，是创新创业的有生力量。希望广大青年学生把自己的人生追求同国家发展进步、人民伟大实践紧密结合起来，刻苦学习，脚踏实地，锐意进取，在创新创业中展示才华、服务社会。

——致 2013 年全球创业周中国站活动组委会的贺信（2013 年 11 月 8 日）

要坚持中国特色社会主义教育发展道路，充分发挥科研优势，增强学科设置的针对性，加强基础研究，加大自主创新力度，并从我国改革发展实践中提出新观点、构建新理论，努力构建中国特色、中国风格、中国气派的学科体系、学术体系、话语体系。

——在清华大学考察时的讲话（2021 年 4 月 19 日）

培养创新型人才是国家、民族长远发展的大计。当今世界的竞争说到底是人才竞争、教育竞争。要更加重视人才自主培养，更加重视科学精神、创新能力、批判性思维的培养培育。要更加重视青年人才培养，努力造就一批具有世界影响力的顶尖科技人才，稳定支持一批创新团队，培养更多高素质技术技能人才、能工巧匠、大国工匠。我国教育是能够培养出大师来的，我们要有这个自信！要在全社会营造尊重劳动、尊重知识、尊重人才、尊重创造的环境，形成崇尚科学的风尚，让更多的青少年心怀科学梦想、树立创新志向。"栽下梧桐树，引来金凤凰。"要构筑集聚全球优秀人才的科研创新高地，完善高端人才、专业人才来华工作、科研、交流的政策。

——在中国科学院第二十次院士大会、中国工程院第十五次院士大会、中国科协第十次全国代表大会上的讲话（2021年5月28日）

未来总是属于青年人的。拥有一大批创新型青年人才，是国家创新活力之所在，也是科技发展希望之所在。……广大青年科技人才要树立科学精神、培养创新思维、挖掘创新潜能、提高创新能力，在继承前人的基础上不断超越。

——在中国科学院第十七次院士大会、中国工程院第十二次院士大会上的讲话（2014年6月9日）

☆【精选品读二】

可爱的中国（节选）
方志敏

朋友！中国是生育我们的母亲。你们觉得这位母亲可爱吗？我想你们是和我一样的见解，都觉得这位母亲是蛮可爱的。以言气候，中国处于温带，不十分热，也不十分冷，好像我们母亲的体温，不高不低，最适宜于孩儿们的偎依。以言国土，中国土地广大，纵横万数千里，好像我们的母亲是一个身体魁大、胸宽背阔的妇人，不像日本姑娘那样苗条瘦小。中国许多有名的崇山大岭，长江巨河，以及大小湖泊，岂不象征着我们母亲丰满坚实的肥肤上之健美的肉纹和肉窝？中国土地的生产力是无限的，地底蕴藏着未开发的宝藏也是无限的，废置而未曾利用起来的天然力，更是无限的，这又岂不象征着我们的母亲，保有着无穷的乳汁，无穷的力量，以养育她四万万的孩儿？我想世界上再没有比她养得更多的孩子的母亲吧。至于说到中国天然风景的美丽，我可以说，不但是雄巍的峨眉，妩媚的西湖，幽雅的雁荡，与夫"秀丽甲天下"的桂林山水，可以傲睨一世，令人称美；其实中国是无地不美，到处皆景，……这好像我们的母亲，她是一个天资玉质的美人，她的身体的每一部分，都有令人爱慕之美。中国海岸线之长而且弯曲，照现代艺术家说来，这象征我们母亲富有曲线美吧。咳！母亲！美丽的母亲，可爱的母亲，只因你受着人家的压榨和剥削，弄成贫穷已极；不但不能买一件新的好看的衣服，把你自己装饰起来；甚至不能买块香皂将你全身洗擦洗擦，以致现出怪难看的一种憔悴褴褛和污秽不洁的形容来！啊！我们的母亲太可怜了，一个天生的丽人，现在却变成叫花子！站在欧洲、美洲各位华贵的太太面前，固然是深愧不如，就是站在那日本小姑娘面前，也自惭形秽得很呢！

…………

不错，目前的中国，固然是江山破碎，国弊民穷，但谁能断言，中国没有一个光明的前途呢？不，决不会的，我们相信，中国一定有个可赞美的光明前途。中华民族在很早以前，就造起了一座万里长城和开凿了几千里的运河，这就证明中华民族伟大无比的创造力！中国在战斗之中一旦斩去了帝国主义的锁链，肃清自己阵线内的汉奸卖国贼，得到了自由与解放，这种创造力，将会无限地发挥出来。到那时，中国的面貌将会被我们改造一新。所有贫穷和灾荒，混乱和仇杀，饥饿和寒冷，疾病和瘟疫，迷信和愚昧，以及那慢性的杀灭中华民族的鸦片毒物，这些等等都是帝国主义带给我们可憎的赠品，将来也要随着帝国主义的赶走而离去中国了。朋友，我相信，到那时，到处都是活跃的创造，到处都是日新月异的进步，欢歌将代替了悲叹，笑脸将代替了哭脸，富裕将代替了贫穷，康健将代替了疾病，智慧将代替了愚昧，友爱将代替了仇恨，生之快乐将代替了死之忧伤，明媚的花园将代替了凄凉的荒地！这时，我们民族就可以无愧色地立在人类的面前，而生育我们的母亲，也会最美丽地装饰起来，与世界上各位母亲平等地携手了。

这么光荣的一天，决不在辽远的将来，而在很近的将来，我们可以这样相信的，朋友。

九、章节题库

第三章题库

十、教学参考

1. 习近平. 在全国抗击新冠肺炎疫情表彰大会上的讲话［EB/OL］. 新华网，2020-9-8.

2. 习近平. 在纪念中国人民抗日战争暨世界反法西斯战争胜利 75 周年座谈会上的讲话［EB/OL］. 人民网，2020-9-3.

3. 习近平. 在纪念中国人民志愿军抗美援朝出国作战 70 周年大会上的讲话［EB/OL］. 新华网，2020-10-23.

4. 习近平. 在纪念五四运动 100 周年大会上的讲话［EB/OL］. 人民网，2019-4-30.

5. 中共中央，国务院. 新时代爱国主义教育实施纲要［N］. 人民日报，2019-

11-13.

　　6. 吴潜涛. 中国精神教育读本 ［M］. 北京：人民出版社，2014.

　　7. 郑师渠，史革新. 历史视野下的中华民族精神 ［M］. 广州：广东人民出版社，2014.

　　8. 佘双好. 中国梦之中国精神 ［M］. 武汉：武汉大学出版社，2015.

　　9. 金一南. 苦难辉煌 ［M］. 北京：作家出版社，2016.

第四章　明确价值要求　践行价值准则

　　人类社会发展的历史表明，对一个民族、一个国家来说，最持久、最深层的力量是全社会共同认可的核心价值观。社会主义核心价值观是当代中国精神的集中体现，是中国特色社会主义道路、理论、制度、文化的价值表达，凝结着全体人民共同的价值追求。大学生要深刻领会社会主义核心价值观的重要意义和科学内涵，扣好人生的扣子，从日常点滴做起，从细微之处做起，成为社会主义核心价值观的坚定信仰者、积极传播者、模范践行者。

——教材摘录

一、教学目的

（一）教学主要目标

　　总体目标：通过本章内容的学习，帮助学生了解什么是价值观、核心价值观、社会主义核心价值观，深刻理解社会主义核心价值观的显著特征及重大意义，从而坚定价值观自信，明确正确的价值取向，积极践行社会主义核心价值观，从一开始就扣好人生的扣子，切实做到勤学、修德、明辨、笃实，成为社会主义核心价值观的坚定信仰者、积极传播者、模范践行者。

　　知识目标：使学生了解社会主义核心价值观的提出过程，认识社会主义核心价值观与社会主义核心价值体系关系，把握社会主义核心价值观的基本内容，理解社会主义核心价值观的重大意义；理解坚定社会主义核心价值观自信的历史、现实和道义依据；认识大学生学习和践行社会主义核心价值观的意义和方法。

　　能力目标：帮助学生增强对社会主义核心价值观基本内容和重大意义的认识和理解能力，提升对社会主义核心价值观历史底蕴、现实基础、道义力量的认识和把握能力，增进社会主义核心价值观的学习和践行能力。

　　情感目标：教育和引导学生形成对社会主义核心价值观的高度认同和坚定自信，自觉做社会主义核心价值观的坚定信仰者、积极传播者、模范践行者。

（二）教学设计理念及基本思路

本专题作为思想道德与法治课程的理论主线，贯穿于世界观、人生观、道德观及法律观等章节内容之中，这就需要教师把社会主义核心价值观的内涵意义、践行要求等问题讲得充分透彻。基于以上分析，本专题遵循价值观教育，从认知到认同到自信，再到践行的内在理路，把教材内容转化成了社会主义核心价值观是什么？社会主义核心价值观自信从何而来？社会主义核心价值观有何重要意义？这三个层层递进的问题，鉴于价值观概念的抽象性，本专题从学生日常学习生活实际导入提出问题，激发学生自主思考的兴趣。同时学生会在思考中把选择与价值评价的标准联系起来，由此得出虽然每个人的价值观不同，但仍需要共同价值观的结论。在社会主义核心价值观概念的阐释上，运用历史分析法，依据一条主线，即培育和践行社会主义核心价值观，两线结合即线上线下相结合，三点契合即理论知识点，学生关注点和社会热点相契合的思路架构整体内容，并循脉而行，将"四史"融入课程，丰富教学内容，以史铸魂，具体通过 BOPPPS 教学模式①呈现，综合运用案例式、启发式、比较式等教学法，辅以视频影音网络互动等手段，并通过线上课程资源库收集学生提供的案例社会热点等教学素材，实现两线结合，三点契合，激发学生积极性，依据课程目标定位和学生认知基础，结合专题内容特点设定教学目标，从知识、能力和价值观三个维度体现，重点是理解并认同社会主义核心价值观的意义和自信的理由，难点是理解其与当代大学生成为时代新人的内在联系，并将理论认知转化为情感认同和行动自觉。

二、教学重难点

（一）教学重点

社会主义核心价值观的基本内容。

（二）教学难点

社会主义核心价值观的历史底蕴、现实基础和道义力量；如何践行社会主义核心价值观。

（三）解决方法

通过视频、案例等方式导入课程，引用感动中国人物、大学生践行社会主义核心价值观先进典型等，运用案例式教学法、讲授式教学法、启发式教学法和互动式教学法等增强大学生对社会主义核心价值观的感性认知和情感认同，引导大学生认识到

---

①BOPPPS 教学模式源于加拿大的教师技能培训，是一种以教学目标导向、以学生为中心的教学模式。它由导言（Bridge—in）、学习目标（Objective/Outcome）、前测（Pre—assessment）、参与式学习（Partici-patoryLearning）、后测（Post—assessment）和总结（Summary）六个教学环节构成。

"扣好人生的扣子"对成长成才的重要意义；让学生发言谈体会认识等方式加深对课程内容的领悟。

三、教学导入

展播《初心长留天地间》视频，学生在观看视频的过程中，感悟在百余年的非凡奋斗历程中，一代又一代中国共产党人顽强拼搏、不懈奋斗，涌现了一大批视死如归的革命烈士、一大批顽强奋斗的英雄人物、一大批忘我奉献的先进模范，形成了井冈山精神、长征精神、遵义会议精神、延安精神、西柏坡精神、红岩精神、抗美援朝精神、"两弹一星"精神、特区精神、抗洪精神、抗震救灾精神、抗疫精神等。教师设疑提问，那么，这些感动中国英雄人物的事迹中闪烁着哪些社会主义核心价值观的光辉？引导学生开展小组合作谈论，交流展示，并从同学们的交流和身边感动的人或故事中，引导学生深深地体会到：我们的岁月静好，只不过是有人为我们负重前行。正如习近平总书记所说："世上从来没有从天而降的英雄，只有挺身而出的凡人。"

四、"情理交融　史论结合"的教学设计

核心价值观，承载着一个民族、一个国家的精神追求，体现着一个社会评判是非曲直的价值标准。社会主义核心价值观集中体现社会主义的本质属性，代表全体人民共同的价值追求。全社会积极弘扬和践行社会主义核心价值观，才能汇聚全面建成社会主义现代化强国实现中华民族伟大复兴的中国梦的磅礴力量。

知识点 一　全体人民共同的价值追求

党的十八大提出，要倡导富强、民主、文明、和谐，倡导自由、平等、公正、法治，倡导爱国、敬业、诚信、友善，积极培育和践行社会主义核心价值观。这是中国共产党凝聚全党全社会价值共识作出的重要论断。社会主义核心价值观的提出，鲜明确立了当代中国的核心价值理念，生动展现了中国共产党和中华民族高度的价值自觉与价值自信。

知识案例

【案例精选一】：陈嘉庚代父还债

陈嘉庚17岁时渡洋前往新加坡谋生，起初主要在他父亲陈杞柏经营的顺安米店服务，共做了13年。陈杞柏晚年实业失败，顺安米店于1904年停业，欠债权人20余万元。新加坡当时的法律规定"父债子免还"，以信誉为重的陈嘉庚虽然经济拮据，却宣布"立志不计久暂，力能做到者，决代还清以免遗憾也"。白手创业的陈嘉庚艰苦奋斗

了 4 年时间，终于有些盈利，他便不顾亲友反对，花了许多时间和精力找到债主，到 1907 年为止，连本带利还清了父亲所欠的债务。此事成为新加坡华人商业史上一大佳话。当然，当时也曾有人说他"傻"，但他说："中国人取信于世界，决不能把脸丢在外国人面前！""我们中国人一向言必信，行必果。"陈嘉庚"一诺万金"的信誉迅速传遍了东南亚。此后，人们十分相信陈嘉庚的商业道德和信誉，都愿意与他做生意。

陈嘉庚将诚信经营原则写入公司章程，并拟写警语置于章程页眉，用于警示和告诫职员，主要有"待人勿欺诈，欺诈必败""以术愚人，利在一时""与同业竞争，要用优美之精神与诚恳之态度""品质精究优美，则畅销自然可期"等。从这些通俗易懂的警语看，他非常重视产品的质量，以量立信，拒绝欺诈。具体落实方面，陈嘉庚公司生产的各类胶制品、出厂前必须经过化学房、实验房等多道工序检验，正是因为他为顾客严把质量关，当时的公司"钟标"牌胶靴和"苏丹"牌黄梨罐头得以畅销世界。"货真价实，免费口舌；货假价贱，招人不悦"，陈嘉庚的产品定价原则是"门市零售定价不二，以昭信用"，次品如系原有即有，则"换之勿缓"。因为为顾客利益着想，质量过关，陈嘉庚公司产品成为当时人们信赖的产品，实际上"陈嘉庚"三字即其产品的金字招牌。可以说，陈嘉庚能在家业衰败后艰苦创业 10 年左右成为百万富翁，与他"一诺万金"的诚信商誉有着密不可分的关系。

【设计意图】 诚信是中华民族的优秀传统美德，也是陈嘉庚事业取得成功的重要因素。少年陈嘉庚在家乡接受私塾教育，自幼受到了中华优秀传统文化的教育与熏陶，陈氏家族良好的家风，尤其是陈母宽厚仁慈诚信的品德对陈嘉庚的思想影响很大。陈嘉庚继承了中华诚信文化的优良传统，在他的实业经营中和办学实践中都得到了始终如一的贯彻。陈嘉庚代父还债正是其诚信品德的具体体现。大学生要学习陈嘉庚的诚信品德，自觉培育和践行诚信品质。

【案例精选二】桐城六尺巷的故事

清朝时，在安徽桐城有一个著名的家族，父子两代为相，权势显赫，这就是张英、张廷玉父子。康熙年间，张英在朝廷当文华殿大学士、礼部尚书。老家桐城的老宅与吴家为邻，两家府邸之间有个空地，供双方来往交通使用。后来邻居吴家建房，要占用这个通道，张家不同意，纠纷越闹越大，双方将官司打到县衙门。县官考虑纠纷双方都是官位显赫、名门望族，一个是朝廷一品大员，一个是他的顶头上司——州知府，都不能得罪，不敢轻易了断。

在这期间，张家人决定把这件事告诉张英，于是便飞书京城，张英阅过来信，只是释然一笑。只见张大人挥起大笔，一首诗一挥而就。诗曰："千里家书只为墙，让他三尺又何妨。长城万里今犹在，不见当年秦始皇。"交给来人，命快速带回老家。

家里人一见书信回来，喜不自禁，以为张英一定有一个强硬的办法，或者有一条锦囊妙计，看到的却是一首打油诗。于是张家人立即将垣墙拆让三尺，大家交口称赞张英和他家人的旷达态度。尚书一家的忍让行为，感动得邻居一家人热泪盈眶，全家一致同意也把围墙向后退三尺。两家人的争端很快平息了，两家之间，空出了一条巷子，有六尺宽，有张家的一半，也有吴家的一半。大家争相传颂，交口称赞，使六尺巷的故事广为流传。

如今的六尺巷旧址受到当地政府的高度重视。1993年安徽省有关部门拨专款进行部分修复；1999年，桐城市政府决定在六尺巷遗址就地恢复原貌。六尺巷现已收入《中国名胜词典》，慕名寻访观光的游客常在此驻足流连。六尺巷已经是桐城古城的旅游景点，2007年4月，"桐城六尺巷"成为国家3A级旅游景区。

【设计意图】 友善，是中华民族的优秀传统美德，温暖人心的阳光，是社会的润滑剂，能够让人如沐春风，使人与人之间的关系和睦，减少很多摩擦和不必要的麻烦，有助于社会团结，有助于社会进步。中华民族与人为善的优良传统，对家人、邻居、同事之间友善相待、和睦相处、团结共事具有重要意义。六尺巷的故事，教育人们，人与人之间应该包容忍让、平等待人、心胸开阔、恭谦礼让，秉持友善的传统美德。在践行社会主义核心价值观的进程中，这种谦和礼让的传统美德尤其需要发扬光大。

【案例精选三】大禹治水三过家门而不入

根据《史记·夏本纪》中记载，当帝尧之时，洪水滔天，浩浩怀山襄陵，下民其忧。尧求能治水者，群臣四岳皆曰鲧可。尧曰："鲧为人负命毁族，不可。"四岳曰："等之未有贤于鲧者，愿帝试之。"于是尧听四岳，用鲧治水。九年而水不息，功用不成。于是帝尧乃求人，更得舜。舜登用，摄行天子之政，巡狩。行视鲧之治水无状，乃殛鲧于羽山以死。天下皆以舜之诛为是。于是舜举鲧子禹，而使续鲧之业。

帝尧时，洪水成灾，人民饱受海浸水淹之苦。帝尧便任命崇伯鲧（即禹的父亲）治河。鲧治水逢洪筑坝，遇水建堤，采用"埋"的办法，九年没有治水成功，而被舜派祝融将鲧诛杀在羽山。与此同时，舜命鲧的儿子禹继续治水。禹办事敏捷而又勤奋。他从冀州开始，踏遍九州进行实地考察，决定采用因势疏导洪水的办法，因此劳身苦思，在外十三年，三次经过自己家门也不敢进，自己吃穿都很简朴，自己居住的房屋很简陋，但不惜耗巨资于修渠挖沟等水利工程。他赶旱路坐车，走水路坐船，走泥泞的路坐橇，走山路用屐底有齿的檋。经常随身离不开的东西，就是测定平直的水准和绳墨，划定图式的圆规和方矩，四时都带着他们，用于开划九州，辟通九州道路，修筑九州湖泽堤障。

当时的绍兴地区也受到洪水的祸害，被称为荒服之地。大禹治水到了这块荒蛮之地，凿山疏流，将水引入东海，使这片浅海沼泽之地重新成为平原，人民得以从事垦殖为生。大禹曾在绍兴娶涂山氏为妻。新婚才四天，禹便离家治水去了。他婚后离家十三年，曾经三次路过家门而不进去。大禹以他的敬业、精干和毅力获得成功，其"三过家门而不入"和吃苦耐劳、克己奉公的忘我精神被传为千古佳话，成为中华民族精神的重要组成部分。

【设计意图】敬业就是对工作对事业全身心忘我投入的精神境界，就是无私奉献的精神，主人翁责任感、事业心，认真踏实、恪尽职守、精益求精的工作态度，工作岗位上勤勤恳恳一丝不苟，精益求精。也只有敬业的人，才有可能成就事业，成功的人一定爱岗敬业，失败的人始终在寻找客观理由。大禹治水，居外十三年，过家门而不入，正是这种敬业精神，加上科学的方法，终于治水成功。这对青年大学生培养敬业精神具有重要意义。

【教师评析】中华优秀传统文化是中华民族的精神命脉，是涵养社会主义核心价值观的重要源泉。以上通过挖掘中华优秀传统文化的三个案例，让学生深刻理解社会主义核心价值观的诚信、敬业、友善的基本内涵和重要意义，增强社会主义核心价值观的自觉性，理解诚信是立身之本、敬业是成事之基、友善是待人之道，自觉培养诚信的品德，培养敬业爱岗的工匠精神，培养友善待人的宽厚品德。教学中，运用案例教学法启迪学生思维，将中华优秀传统文化中广为人知的经典故事与社会主义核心价值观结合起来，将学生耳熟能详的故事与教材知识点结合起来，既弘扬了中华优秀传统文化，又很好地解读了社会主义核心价值观。

【案例精选四】三尺柜台走出来的全国劳模

北京王府井大街的百货大楼前，矗立着一座铜像，陈云曾亲笔为其题词："一团火"精神光耀神州。这座半身铜像的主人公是一名普通售货员，名叫张秉贵。

张秉贵，1918年出生于北京，10岁就开始打工谋生，在毛毯厂、纺织厂当过学徒和童工。中华人民共和国成立后，百废待兴，即将开业的北京百货大楼招聘营业员，已经36岁的张秉贵面试后被破格录取。自此之后的30多年时间，百货大楼三尺柜台里，张秉贵接待顾客近400万人次，以出色的售货艺术和"一团火"的服务精神被誉为"燕京第九景"。

北京百货大楼当时是全国最大的商业中心，客流量大，加之物资相对匮乏，顾客通常要排长队。张秉贵便下决心苦练售货技术和心算法，练就了令人称奇的"一抓准""一口清"技艺。所谓"一抓准"，就是指张秉贵一把就能抓准分量，顾客要半斤，他一手便能抓出5两；"一口清"则是极快的算账速度。遇到顾客分斤分两买几种甚至一二十种糖果，他也能一边称糖一边用心算计算，经常是顾客要买多少的话音刚落，他就同时报出了应付的钱数。就这样，他把接待一个顾客的时间从三四分钟缩减为一分钟。而且，从清晨开门接待第一个顾客，到晚上送走最后一个顾客，始终春风满面，笑容可掬。一时间，张秉贵成了那个时代商业领域的服务规范，售货的简单操作被他升华成了服务艺术。为了看他售货，围了里三层外三层的顾客曾将百货大楼的玻璃柜台挤碎；冰心采访他后写的《颂"一团火"》在《人民日报》上一经发表就引起了全国轰动，人们纷纷向这位普通售货员写信表达敬意。

　　1957 年，张秉贵被评为北京市劳动模范，1979 年被国务院授予全国劳动模范称号，成为商业战线上的一面旗帜。让张秉贵从三尺柜台里的售货员成为全国劳动模范，靠的是他几十年如一日的敬业精神。从时传祥、王进喜、王秉贵到申纪兰、许振超、李素丽，再到 8 秒点完百张钞票的银行"点钞大神"……我国社会主义建设的各个历史时期，涌现出这样一批又一批先进劳动模范人物。他们在各行各业以兢兢业业的精神干出了出类拔萃的成绩，成为劳动群众的优秀代表。

　　党的十九大报告提出，要"弘扬劳模精神和工匠精神，营造劳动光荣的社会风尚和精益求精的敬业风气"。每一个时期的劳模都具有不同的内容和特点，但他们都有一个共同的闪光之处，那就是良好的职业道德和爱岗敬业精神。他们是当之无愧的时代楷模。

　　【设计意图】本案例的教学目的主要是通过对劳动模范张秉贵生平事迹的了解，使学生认识到爱岗敬业的重要意义，启发学生在今后的工作和生活中向劳动模范看齐，培养匠心精神。教师在教学过程中，可组织学生讨论张秉贵的事迹对自己有何触动，以及新时代下，需要什么样的敬业精神，具体该怎么做。

第二节　社会主义核心价值观的显著特征

　　真理的力量加上道义的力量，才能行之久远。社会主义核心价值观体现了社会主义意识形态的本质要求，体现了社会主义制度在思想精神层面的质的规定性，以其先进性、人民性、真实性站在人类道义制高点上，彰显出独特而强大的价值观优势。

知识点一　反映人类社会发展进步的价值理念。

　　社会主义核心价值观具有超越以往一切社会主义核心价值观的先进性，它集中体现了社会主义的本质属性，扎根于中华优秀传统文化的土壤，吸收借鉴了一切人类优秀文化的先进价值，是反映人类社会发展进步的价值理念。

知识案例

【案例精选五】董必武的红色家风

　　中共延安五老是老一辈无产阶级革命家中较为典型的群体性代表，他们经历着中国从传统到现代的最大转变，接受着旧与新、传统与现代、改良与革命的熏陶，在旧思想与新潮流中弃旧从新，走上了革命的道路。作为延安五老之一的董必武，在整个革命战争年代，始终保持着坚定的革命理想信念，保持对党和人民的忠诚。曾任中共中央南方局副书记，中共重庆工委书记，中共中央财经部长，华北局书记，华北人民政府主席等职。中华人民共和国成立后，又历任中央财经委员会主任、政务院副总理、政务院政法委员会主任、最高人民法院院长、全国政协副主席、中共中央监察委员会书记、中华人民共和国副主席、代主席。在不同的工作岗位上，董必武都用严格的纪律要求自己，始终以党和人民的"老牛"自勉，坚持人民公仆本色。以"新功未建惭高坐"为座右铭，始终保持艰苦朴素的优良作风。

他既这样要求自己，也是这样要求家人的。董必武的夫人何连芝作为1933年入党的老红军，在漫长的革命生涯里，为党和人民作出过很多贡献。但并没有因为这种特殊的身份享受过任何特权。1956年，何莲芝在最高人民法院工作，组织上按照政策规定给何莲芝加工资，名单传到董老那里，董老却把夫人的名字划掉了，他说："国家现在还很困难，有点利益，先让给群众吧。"对待自己的儿女更加严格，从小就教育他们正直做人，勤奋学习和工作，告诫他们要靠自己努力学习，靠正确思想的指导，靠老老实实工作，靠组织，不是靠父母，也不能靠父母，绝不允许有任何特殊的行为，更不允许他们利用自己的职位去谋取私利。他为子女题诗勉励道："父母皆望儿女智，我希尔学愚公愚。"董老从不为子女开后门安排工作，他把大儿子送到部队当兵，小儿子送到河北晋县（今晋州市）务农，都是要求他们从基层做起。幼子董良翮到河北晋县插队落户，临行前董老叮嘱他，你是革命的后代，要严格要求自己，在生活上要艰苦朴素，绝不能高人一等。董老就是这样去要求和约束自己的家人，这样保持共产党人的红色底色。

面对亲朋好友和身边的工作人员，他也同样保持严格的要求。新中国成立后，家乡的亲友认为董必武在北京做了"大官"，于是要求他利用职权给予照顾，他也一律加以拒绝并亲自回信，教导他们："以劳动生活为光荣。"每逢新同志到他身边工作，他都会当面讲清三条规矩。他与工作人员约法三章：一是不许向地方上要东西，二是不许假借自己的名义在任何部门搞特殊化，三是不许接受礼物。

董必武的一生真正做到了"为政不移公仆之心，用权不谋一己之私"，是"中国共产党的模范领导者之一"。用共产党人的严格纪律要求自己，要求家人，为家风的建设树立了榜样。彰显了中国共产党人把党、国家和人民的需要置于首位的根本价值取向、终生追求真善美的高尚品格，1975年他在北京逝世，叶剑英在追悼会上说："董必武同志真正做到了一辈子做好事，不愧为无限忠诚于党和人民的无产阶级革命家！"

【设计意图】本案例适用于第一目"反映人类社会发展进步的价值理念"知识点教学。旨在引导大学生明确，历史是从昨天走到今天再走向明天，不忘本来才能开辟未来，善于继承才能更好创新。同样，社会主义核心价值观不是无源之水、无本之木。深深地根植于中华优秀传统文化，熔铸于革命文化和社会主义文化，这是社会主义核心价值观历史底蕴的集中体现。董必武红色家风的案例作为革命文化是社会主义核心价值观的重要涵养，也是坚定价值观自信之源。此外，对大学生自身争做时代新人也有较大的启发和引导作用。

【案例精选六】"中国诗词大会"广受好评

2016 年、2017 年春节之际，中央电视台先后推出了两季文化综艺节目——《中国诗词大会》。节目以"赏中华诗词、寻文化基因、品生活之美"为基本宗旨，力求通过对诗词知识的比拼及赏析，带动全民重温那些曾经学过的古诗词，分享诗词之美，感受诗词之趣，从古人的智慧和情怀中汲取营养，涵养心灵。《中国诗词大会》引发收视高潮，好评不断，获得第 22 届上海电视节白玉兰奖最佳综艺栏目。从《百家讲坛》到《汉字听写大会》《中国成语大会》《中国诗词大会》等文化盛会，中国传统文化再次引发国人的共鸣。喧嚣的现代社会与传统文化有了一次次美丽的邂逅，国学再次升温，中华文化基因逐渐苏醒。

文化自信是一个民族、一个国家以及一个政党对自身文化价值的充分肯定和积极践行，并对其文化的生命力持有的坚定信心。习近平指出："我们要坚持道路自信、理论自信、制度自信，最根本的还有一个文化自信。"中国有坚定的道路自信、理论自信、制度自信，其本质是建立在 5000 多年文明传承基础上的文化自信。文化自信是一个民族、一个国家以及一个政党对自身文化价值的充分肯定和积极践行，并对其文化的生命力持有的坚定信心。

中华民族有博大精深的优秀传统文化。它能"增强做中国人的骨气和底气"，是我们最深厚的文化软实力，是我们文化发展的母体，积淀着中华民族最深沉的精神追求。诸如"自强不息"的奋斗精神，"精忠报国"的爱国情怀，"天下兴亡，匹夫有责"的担当意识，"舍生取义"的牺牲精神，"革故鼎新"的创新思想，"扶危济困"的公德意识，"国而忘家，公而忘私"的价值理念等，一直是中华民族奋发进取的精神动力。此外，"天人合一""天下为公"的社会理想，"以人为本""民惟邦本"的治国理念，"载舟覆舟""居安思危"的忧患意识，"止戈为武""协和万邦"的和平思想，"与人为善""己所不欲，勿施于人"的处世之道，"儒法并用""德刑相辅"的治理思想，"和为贵""和而不同"的东方智慧，一直是中华民族治国理政的思想渊源。

这些千百年传承的理念，已浸润于每个国人心中，成为日用而不觉的价值观，构成中国人的独特精神世界。正如习近平所说，中国传统思想文化"体现着中华民族世世代代在生产生活中形成和传承的世界观、人生观、价值观、审美观等，其中最核心的内容已经成为中华民族最基本的文化基因。这些最基本的文化基因，是中华民族和中国人民在修齐治平、尊时守位、知常达变、开物成务、建功立业过程中逐渐形成的有别于其他民族的独特标识"。

文化的优秀、国家的强大、人民的力量，就是我们文化自信的强大底气，文化自信的水之源木之本。习近平指出："站立在 960 多万平方公里的广袤土地上，吸吮着中华民族漫长奋斗积累的文化养分，拥有 13 亿中国人民聚合的磅礴之力，我们走自己的路，具有无比广阔的舞台，具有无比深厚的历史底蕴，具有无比强大的前进定力，中国人民应该有这个信心，每一个中国人都应该有这个信心。"

【设计意图】本案例适用于第一目"反映人类社会发展进步的价值理念"知识点的教学。在教学过程中，教师可以组织学生观看央视推出的《中国诗词大会》《中国成语大会》等节目片段，从中华优秀传统文化资源中汲取养分，增进大学生的价值认知和价值认同，引导学生理解中华优秀传统文化是涵养社会主义核心价值观的重要源泉，推动中华优秀传统文化创造性转化和创新性发展。

【案例精选七】从"复兴号"感受中国速度

2017 年 6 月 26 日，从"大脑"到"心脏"都是纯中国造的高速列车"复兴号"率先在京沪高铁两端的北京南站和上海虹桥站双向首发。紧随其后，7 对"复兴号"在京沪高铁按时速 350 千米率先开启商业运营，京沪的两地运行时间由原来的近 10 个小时缩短至 4 个半小时，为世界高速铁路的商业运营树立了新的标杆。

2018 年，"复兴号"累计运送旅客超过 1.3 亿人。随着新的列车运行图的实施，全国"复兴号"日开行数量由 114.5 对增加到 170.5 对，通达包括香港在内的 23 个城市，"复兴号"从电视上的"耳听为虚"变成了近在咫尺的"眼见为实"。

上线两年来，"复兴号"以其安全快捷、平稳舒适、高品质的运营服务赢得了广大旅客的青睐。铁路部门以"复兴号"动车组投入运营为契机，在优化运输服务供给方面交出了一份新的答卷，陆续推出了互联网订餐、车站智能导航、中转旅客接续换乘、自主选座等一系列的新服务，并进一步规范服务标识、宣传品、广播、广告、备品、验票等服务标准，细化完善服务流程，大大提升了旅客的出行体验。

全国最快"极速达"高铁快运产品也在京沪高铁率先推出，实现北京至上海 10 小时"门到门"送达，丰富完善的运输服务举措赢得各方点赞。高铁列车让铁路迎来了新时代，"复兴号"的运营则是另一项里程碑式的成就。"复兴号"代表了我国高铁事业的蓬勃发展，拥有完全自主知识产权的"复兴号"证明了我国高速列车科研体系日益完善，高铁外卖、"刷脸"进站等各项便民惠民措施证明了铁路运营部门向现代化企业不断迈进的步伐，西成高铁、京沈高铁等在恶劣的环境下铺设开通的高铁线路证明了中国铁路人勇克难关的毅力与能力，高准点率的运行次序证明了中国铁路运营的高效与严谨。今天的中国高铁，正在不断翻越一个又一个的巅峰，见证着中国速度。

【设计意图】本案例适用于第二目"彰显人民至上的价值立场"的知识点教学。对一个民族、一个国家来说，最持久、最深层的力量是全社会共同认可的核心价值观。社会主义核心价值观是当代中国精神的集中体现，凝结着全体人民共同的价值追求。坚定的核心价值观自信，是中国特色社会主义道路自信、理论自信、制度自信和文化自信的价值内核。中国特色社会主义建设是社会主义核心价值观的实践根据，也以无可辩驳的事实生动展示着社会主义核心价值观的生机活力。教师可通过此案例，帮助学生了解中国特色社会主义建设是社会主义核心价值观的实践根据，使学生坚定价值观自信，自觉践行社会主义核心价值观。

【案例精选八】先富帮后富，一片叶子助力共同富裕

这是一个温暖的故事，这是一份特殊的扶贫礼物。

2018 年，1500 万株白茶苗离开浙江安吉黄杜村，分别在四川省青川县、湖南省古丈县、贵州省沿河县和普安县四个贫困县落地生根。安吉白茶现在全国闻名遐迩，安吉黄杜村的百姓也因为种植白茶而脱贫致富，他们为何会捐出 1500 万的茶苗呢？

实际上，捐茶苗的想法完全来源于黄杜村自己的致富之路。黄杜村位于浙西北的群山里，30 年前交通不便，种植传统的小麦和水稻，收成都不高，所以当时的黄杜村非常贫困。后来，党和政府为黄杜村脱贫一遍遍找门路、想办法，经过多次研究"把脉"后，最终为该村量身定制了一条脱贫道路——建设"千亩白茶基地"。发展道路虽然确定下来了，但实际建设中还遇到了各种各样的难题，当地政府本着"逢山开路、遇水架桥"的干劲，村民不愿放弃原有耕作模式，那就一遍遍做思想工作；农民没钱买茶苗，那就给补贴；农民不懂栽培技术，乡政府便从中国茶科所、浙江大学请来技术人员对农民进行培训……就这样，在党和政府的帮助带动下，黄杜村很快发展起来，其种植白茶的经验也推广到安吉县其他地区。

如今再去黄杜村，会发现这里大变样，人人有别墅，家家有汽车，度假酒店、庄园精品酒店正在建设中，民俗村、茶博园也是发展得如火如茶。

早在 2003 年，时任浙江省委书记的习近平同志曾到黄杜村考察，他对黄杜村的富民举措给予充分肯定，称赞为"一片叶子富了一方百姓"。习近平总书记的肯定与赞扬给了黄杜村农民极大的鼓励和信心，村民们牢记总书记的指示，一心一意在多种茶、种好茶上下功夫。现在村里白茶产值超 4 亿元，人均年收入超过 3.6 万元。

富裕起来的村民想到如今能有这样的好日子，全靠党和政府的领导和帮助，再思及习近平总书记"最牵挂的还是困难群众"，于是 2018 年 4 月份，20 名党员代表写信给习近平总书记，汇报了村里种植白茶致富的情况，并提出愿意捐献 1500 万株茶苗帮助贫困地区脱贫，"让他们像我们一样富起来！"5 月 20 日，总书记通过中办转达了对他们的问候，充分肯定这种为党分忧、先富帮后富的精神，勉励大家把帮扶困难群众这件事做实、做好、做出成效，带动更多人为脱贫攻坚贡献力量。

习近平总书记的回信和黄杜村党员发出的倡议，不仅激发起了周围群众的助人之心，还激发起整个安吉县的荣誉之感，大家都感到与有荣焉，纷纷表示："这样的好事，我们也应该做！"于是一场"有苗出苗，无苗出力，共同为贫困地区脱贫助力"的行动在整个安吉发展起来：种植户选择最好的地块、最好的茶苗进行精心培育；当地青年积极组建网上技术指导小组，帮助受捐地区茶叶种植；热心茶农主动请缨去受捐贫困村蹲点指导；技术研究人员为受捐地提供种植、管理、生产的一条龙服务；销售企业着力解决受捐贫困村茶叶的营销问题……

整个安吉在行动，人人都是助力脱贫的参与者。先富帮后富，一片叶子传递的不仅仅有共同富裕，还有接力共同富裕的精神之光。

【设计意图】本案例适用于第二目"彰显人民至上的价值立场"。教师在分析这一案例时，不仅要讲明党和政府带领黄杜村致富的故事，不仅是社会主义核心价值观在实践中的表达，还要讲明黄杜村先富帮后富的行动，是以自己特有的方式进行中国特色社会主义建设，展示了社会主义核心价值观的生机活力。此外，教师还可以增加其他一些精准脱贫的案例，来说明各地虽然建设方式不同，但都表达了同样的价值追求。

第三节　积极践行社会主义核心价值观

青年是引风气之先的社会力量。青年的价值取向，关系着自身的健康成长成才，决定着未来整个社会的价值取向。在全社会培育和弘扬社会主义核心价值观，需要大学生始终走在时代前列，成为培育和践行社会主义核心价值观最积极、最活跃的青年先进代表。

知识点 一　扣好人生的扣子

青年的价值取向决定了未来整个社会的价值取向，而青年又处在价值观形成和确立的时期，抓好这一时期的价值观养成十分重要。这就像穿衣服扣扣子一样，如果第一粒扣子扣错了，剩余的扣子都会扣错。人生的扣子从一开始就要扣好。

知识案例

【案例精选九】"扣好人生的第一粒扣子"

"青年的价值取向决定了未来整个社会的价值取向，而青年又处在价值观形成和确立的时期，抓好这一时期的价值观养成十分重要。这就像穿衣服扣扣子一样，如果第一粒扣子扣错了，剩余的扣子都会扣错。人生的扣子从一开始就要扣好。"2014年在五四青年节和北京大学建校120周年校庆日即将来临之际，习近平总书记来到了北京大学考察，草木葱茏、生机盎然的北大燕园，回响着总书记的殷殷嘱托。

同一年教师节前夕，习近平总书记又在北京师范大学师生座谈会上的讲话中指出："广大教师必须率先垂范、以身作则，引导和帮助学生把握好人生方向，特别是引导和帮助青少年学生扣好人生的第一粒扣子。"

习近平总书记12月20日考察澳门大学横琴新校区，在参加"中华传统文化与当代青年"主题讨论会时，又一次用到了"系扣子"的比喻：你们一定要注意系好人生的第一个扣子，第一个扣子系好了，衣服就顺了，第一个扣子系不好，衣服是歪斜的。通过中华优秀传统文化，可以起到这样的引导作用。

"穿衣扣扣子"的比喻内涵丰富，既指出了一个人在青年时期价值观养成的重要性，也展现了习近平总书记对中国青年未来的殷切期盼，即希望青年从"扣好第一粒扣子"开始，自觉践行社会主义核心价值观，努力在实现中国梦的伟大实践中创造自己的精彩人生。

诚然，青年人的未来与国家的未来一样，同在"远方"。而使得旅人难以远行的，有可能是鞋里的一粒粒细小砂砾。错误的价值观，就是那粒细小砂砾。中国的分量和质量，在青年人的手里，扣好人生的价值观的"第一颗扣子"，以习近平总书记所提出的"勤学、修德、明辨、笃行"来时时擦亮自己的青春，方能不辜负人生唯有一次的年华，方能不辜负时代提供的舞台。

习近平总书记用形象贴切的比喻，深入浅出，阐述了广大青年价值观念生成规律，指明了青年所肩负的历史重任，对当代中国青年寄予了殷切期望。因此，青年人作为社会主义事业的接班人，要树立正确的价值观，扣好人生的第一粒扣子，不负祖国与人民的厚望。

【设计意图】本案例适用于第一目"扣好人生的扣子"。旨在勉励广大青年学子努力学习和掌握正确的人生观和价值观，引导学生把人生价值追求融入国家和民族事业，始终站在人民大众立场，同人民一道拼搏、同祖国一道前进，服务人民、奉献社会，努力成为中国特色社会主义事业的合格建设者和可靠接班人，自觉为实现中华民族伟大复兴的中国梦奉献青春、智慧和力量。

知识点 二 把社会主义核心价值观落细落小落实

"一种价值观要真正发挥作用，必须融入社会生活，让人们在实践中感知它、领悟它。"这就要求在培育和弘扬的过程中，下好落细、落小、落实的功夫。对于大学生而言，就是要切实做到勤学、修德、明辨、笃实，使社会主义核心价值观成为一言一行的基本遵循。

【案例精选十】扶贫第一书记黄文秀——将青春定格在芳华绽放的 30 岁

黄文秀，坚守初心、对党忠诚，心系群众、担当实干，品德高尚、克己奉公，知重负重、坚韧不拔，用生命诠释了一名共产党员应有的价值追求和使命担当，是习近平新时代中国特色社会主义思想的坚定信仰者和忠实践行者，是新时代共产党员不忘初心、牢记使命、永远奋斗的典范。由黄文秀生前传回的最后视频画面，让学生体会到在当时情况十分危险的情况下，年轻扶贫干部黄文秀临危不乱、心系百姓的伟大情怀。具体内容如下：

2016 年，黄文秀从北京师范大学硕士毕业后考取了选调生，回到家乡广西百色，投身基层扶贫事业。"她本有很多选择。"昔日的导师说，"以她的能力，留京或出国都没问题。"但是她志不在此。出生于广西农村的黄文秀，求学过程中，依靠党和国家的扶贫资助才得以完成学业。学成回报这片土地，帮助更多像自己一样的困难群众，是她的心愿她曾对自己的老师说："我是从贫困大山里走出来的孩子，得到过党和政府的资助和培养，希望将来能为祖国和家乡贡献自己的一分力量。"在一次次的选择中，黄文秀始终遵从自己的内心，自己的初心，回归家乡，建设家乡。她想要当那个"走出去"并"回来"的人。

2018 年 3 月，黄文秀主动来到百色最偏远的乐业县新化镇百坭村担任第一书记。百坭村交通不便、产业不强、脱贫任重，472 户中有 103 户未脱贫，贫困发生率为 22.88%。

百坭村建档立卡贫困户分散居住在不同的山上，对黄文秀这个外乡人来说，要在最短时间内掌握全村贫困户的详细情况相当困难，初来乍到，乡亲们对这位年轻的"女娃娃"并不信任，都说她是来村里"镀镀金"的。"要想让老百姓愿意接近我，就得让老百姓觉得我和他们是一样的。"黄文秀直接住到村里，翻山越岭、进村入户访贫问苦，到了贫困户家里，她不再拿着个本子问东问西，而是脱下外套帮忙扫院子；贫困户一次不让她进家门，她就去两次、三次；贫困户不在家，她就去田里，边帮他们干农活边聊天。黄文秀手绘"民情地图"，学说方言，渐渐地，大家从心底里接受了她。

在驻村满一年的那天，她的汽车仪表盘里程数正好增加了两万五千千米，她简单地发了一个朋友圈："我心中的长征，驻村一周年愉快。"她是下定了决心将这条注定艰辛的泥泞之路走到底。

"靠山吃山，靠水吃水"，一年多来，黄文秀团结村两委干部，通过考察学习、请专家指导、挨家挨户宣传、党员带头示范等方式，带领群众摸索并发展了适合本村的产业——种植砂糖橘、八角、杉木等。这些产业，如今已成为百坭村的支柱产业和群众脱贫致富的主要来源。

不到一年的时间，黄文秀已从"扶贫新手"转变为群众最信赖的人。百坭村 103 户贫困户顺利脱贫 88 户，贫困发生率降至 2.71%，村集体经济项目收入翻倍。黄文秀还协调完成了 1.5 千米的道路硬化，新建蓄水池 4 座，完成两个屯 47 盏路灯的亮化工作。

黄文秀在风华正茂的年纪，选择了乡村的泥泞，告别了城市的繁华，她在青春正盛的岁月扎根基层，反哺家乡，然而一场突如其来的山洪，却让她 30 岁的生命永远定格在家乡的扶贫路上。

2019 年的 6 月 16 日 21 时，乐业县天降暴雨，利用周末刚回去探望病重父亲的黄文秀，担心村里会发生洪涝，不顾家人劝阻，决定当晚开车返回乐业县。在回百坭村途中，她还着急地向村干部了解村里山塘，水利设施受损等情况。凌晨 1 点，黄文秀发到家里微信群的那段视频中清晰可见——她驾驶的车辆陷入滚滚洪流，倾盆大雨浇在挡风玻璃上发出恐怖声响，她被困洪水，进退两难。谁会想到这竟是她留给家人的最后一条信息。此时，凌云县交警大队副大队长席道怀和同事开车途经，黄文秀向他们求助，席道怀决定帮黄文秀把车驶离积水路段，让黄文秀坐上同事的车。等他把车开到安全地带，却发现黄文秀乘坐的车辆再也跟不上来了。

黄文秀生活上十分简朴，不讲究吃穿，为人随和，平易近人，在百坭村担任第一书记一年多，大家对她的印象大都是生活俭朴，乐观开朗。她自己生活很俭朴，却对村里的贫困户非常大方，每当贫困户有困难需要她在经济上援助时，她都慷慨相助，还经常自掏腰包慰问村里的孤寡老人和留守儿童，对他们嘘寒问暖。她还帮助考上大学的贫困生争取各项补助，让村里苦读多年的寒门学子获得上大学的机会。当噩耗传来，很多被她生前照顾过的乡亲们泪如雨下、泣不成声，说永远失去了一位好女儿，一位好姐妹，一位真正把她们当亲人的外乡人。

年轻的黄文秀，用扶贫工作的成效诠释了自己的赤子之心，她的青春像鲜艳的花朵，永远绽放在百色革命老区。

中共中央总书记、国家主席、中央军委主席习近平对黄文秀先进事迹作出重要指示。他表示，黄文秀不幸遇难，令人痛惜，向她的家人表示亲切慰问。他强调，黄文秀研究生毕业后，放弃大城市的工作机会，毅然回到家乡，在脱贫攻坚第一线倾情投入、奉献自我，用美好青春诠释了共产党人的初心使命，谱写了新时代的青春之歌。广大党员干部和青年同志要以黄文秀同志为榜样，不忘初心、牢记使命，勇于担当、甘于奉献，在新时代的长征路上作出新的更大贡献。

【设计意图】本案例适用于第二目"把社会主义核心价值观落细落小落实"相关知识点教学。通过黄文秀的故事让学生深刻体会并理解本知识点主要学习内容：

一是大学生成长成才和全面发展离不开正确价值观的引领。社会主义核心价值观是实现中华民族伟大复兴中国梦的价值支撑，是新时代中国发展进步的精神指引，是引导大学生进德修业、成长成才的价值指针。社会主义核心价值观为当代大学生加强自身修养、锤炼优良品德、成长为德智体美劳全面发展的社会主义事业的建设者和接班人指明了努力方向，提供了精神动力，明确了基本途径。大学生学习和弘扬社会主义核心价值观，就是要将其内化于心、外化于行，使其发挥凝魂聚气、强基固本的作用。就像习近平主席所说的："我为什么要对青年讲讲社会主义核心价值观这个问题？是因为青年的价值取向决定了未来整个社会的价值取向，而青年又处在价值观形成和确立的时期，抓好这一时期的价值观养成十分重要。这就像穿衣服扣扣子一样，如果第一粒扣子扣错了，剩余的扣子都会扣错。人生的扣子从一开始就要扣好。"

二是让学生深刻了解"勤学、修德、明辨、笃实"的具体要求。大学生要努力、切实做到习近平总书记提出的"勤学、修德、明辨、笃实"，做到"爱国、立志、求真、力行",使社会主义核心价值观成为一言一行的基本遵循,把社会主义核心价值观的具体要求变成日常的行为准则,形成自觉奉行的信念理念,并身体力行将其推广到全社会去,为实现国家富强、民族振兴、人民幸福的中国梦凝聚强大的青春能量。

三是引导大学生要"扣好人生的扣子"。讲清楚大学阶段是大学生价值观形成的关键时期。党的十九大把培养"担当民族复兴大任的时代新人"作为培育和践行社会主义核心价值观的着眼点,这为新时代大学生成为什么人、如何成为这样的人指明了方向。大学生在全社会培育和弘扬社会主义核心价值观的实践中要走在时代前列,从一开始就把人生的"扣子"扣好,坚持由易到难、由近及远,从现在做起,从自己做起,把自己培养成为担当民族复兴大任的时代新人,积极投身到实现中华民族伟大复兴中国梦的奋斗中去。

讲清楚青年兴则国家兴,青年强则国家强。2018 年 5 月 2 日,习近平总书记在同北京大学师生座谈会上的讲话中指出,当代青年是同新时代共同前进的一代。我们面临的新时代,既是近代以来中华民族发展的最好时代,也是实现中华民族伟大复兴的最关键时代。广大青年既拥有广阔发展空间,也承载着伟大时代使命。青年是国家的希望、民族的未来。大学生要成为合格的社会主义建设者和接班人,不辱时代使命,不负人民期望。这是最大的人生际遇,也是最大的人生考验。中华民族伟大复兴的中国梦终将在一代代青年的接力奋斗中变为现实,这是社会主义核心价值观对当代大学生提出的时代使命,也是当代大学生实现人生价值的历史际遇。

五、实践教学

(一) 课内自选实践

【项目】主题演讲活动:激扬青春梦,核心价值行

组织开展以"激扬青春梦,核心价值行"为主题的演讲活动,启迪和引导学生结合发生在自己身边印象深刻的真实故事和变化,畅谈对于核心价值观的理解,增强学生践行社会主义核心价值观的自觉性,强化爱国主义意识,促进学生成才成长。

(二) 课外自主实践

【项目】举办中华优秀传统文化知识竞赛

组织学生开展中华优秀传统文化知识竞赛活动。中华优秀传统文化积淀着中华民族最深沉的精神追求,包含着中华民族最根本的精神基因,代表着中华民族独特的精神标识,是中华民族生生不息、发展壮大的丰厚滋养。所以,培育和践行社会主义核心价值观需要立足中华优秀传统文化。通过举办中华优秀传统文化知识竞赛活动,加深学生对中华优秀传统文化的理解和社会主义核心价值观的认识,坚定学生的文化自信。

六、教学总结

本专题聚焦于社会主义核心价值观。由于学生在中学阶段就已经学过社会主义核心价值观的内容，因此大学阶段需要循序渐进，螺旋上升，从学理上深入探讨，讲清楚社会主义核心价值观中的重要范畴与社会主义之前的社会形态，特别是与资本主义相关价值观的不同，体现出马克思主义的理论魅力。主要是引导大学生要始终走在时代前列，不仅要成为社会主义核心价值观的坚定信仰者、积极传播者、模范践行者，更要成为担当民族复兴大任的时代新人，肩负起实现中华民族伟大复兴的历史重任。大学生要努力切实做到习近平总书记提出的"勤学、修德、明辨、笃实"，做到"爱国、立志、求真、立行"，使社会主义核心价值观成为自己一言一行的基本遵循，把社会主义核心价值观的具体要求变成日常的行为准则，形成自觉奉行的信念理念，并身体力行将其推广至全社会中去，为实现国家富强、民族振兴、人民幸福的中国梦，凝聚强大的青春能量。

七、经典语录

"青"听"习"语

广大青年要自觉践行社会主义核心价值观，不断养成高尚品格。要以国家富强、人民幸福为己任，胸怀理想、志存高远，投身中国特色社会主义伟大实践，并为之终生奋斗。

——2016年4月26日，习近平在知识分子、劳动模范、青年代表座谈会上的讲话

我们要立足中国，面向现代化、面向世界、面向未来，巩固马克思主义在意识形态领域的指导地位，发展社会主义先进文化，加强社会主义精神文明建设，把社会主义核心价值观融入社会发展各方面，推动中华优秀传统文化创造性转化、创新性发展，不断提高人民思想觉悟、道德水平、文明素养，不断铸就中华文化新辉煌。

——2018年5月4日，习近平在纪念马克思诞辰200周年大会上的讲话

新时代中国青年要自觉树立和践行社会主义核心价值观，善于从中华民族传统美德中汲取道德滋养，从英雄人物和时代楷模的身上感受道德风范，从自身内省中提升道德修为，明大德、守公德、严私德，自觉抵制拜金主义、享乐主义、极端个人主义、历史虚无主义等错误思想，追求更有高度、更有境界、更有品位的人生，让清风正气、蓬勃朝气遍布全社会！

——2019年4月30日，习近平在纪念五四运动100周年大会上的讲话

八、拓展阅读

☆【精选品读一】

"平语"近人——习近平谈社会主义核心价值观

每个时代都有每个时代的精神。我曾经讲过,实现中国梦必须走中国道路、弘扬中国精神、凝聚中国力量。核心价值观是一个民族赖以维系的精神纽带,是一个国家共同的思想道德基础。如果没有共同的核心价值观,一个民族、一个国家就会魂无定所、行无依归。为什么中华民族能够在几千年的历史长河中生生不息、薪火相传、顽强发展呢?很重要的一个原因就是中华民族有一脉相承的精神追求、精神特质、精神脉络。

——2014 年 10 月 15 日,习近平在文艺工作座谈会上发表重要讲话

一个民族的文明进步,一个国家的发展壮大,需要一代又一代人接力努力,需要很多力量来推动,核心价值观是其中最持久最深沉的力量。

——2014 年 5 月 30 日,习近平在北京市海淀区民族小学主持召开座谈会时发表重要讲话

核心价值观,承载着一个民族、一个国家的精神追求,体现着一个社会评判是非曲直的价值标准。核心价值观,其实就是一种德,既是个人的德,也是一种大德,就是国家的德、社会的德。国无德不兴,人无德不立。如果一个民族、一个国家没有共同的核心价值观,莫衷一是,行无依归,那这个民族、这个国家就无法前进。

实现我们的发展目标,实现中国梦,必须增强道路自信、理论自信、制度自信,"千磨万击还坚劲,任尔东南西北风"。而这"三个自信"需要我们对核心价值观的认定作支撑。

——2014 年 5 月 4 日,习近平在北京大学师生座谈会上发表重要讲话

促进亲人相亲相爱,促进下一代健康成长,促进老人老有所养,使千万万个家庭成为国家发展、民族进步、社会和谐的重要基点。

——2015 年 2 月 17 日,习近平在 2015 年春节团拜会上发表重要讲话

做好各项工作,必须有强大的价值引导力、文化凝聚力、精神推动力的支撑,加强文化建设要有主心骨,社会主义核心价值观要广泛宣传教育、广泛探索实践,使社会主义核心价值观成为引导人们前进的强大精神动力。

——2014 年 12 月 13 日至 14 日,习近平在江苏调研

我们要在全社会大力弘扬和践行社会主义核心价值观,使之像空气一样无处不在、无时不有,成为全体人民的共同价值追求,成为我们生而为中国人的独特精神支柱,成为百姓日用而不觉的行为准则。要号召全社会行动起来,通过教育引导、舆论宣传、

文化熏陶、实践养成、制度保障等，使社会主义核心价值观内化为人们的精神追求、外化为人们的自觉行动。

——2014年10月15日，习近平在文艺工作座谈会上发表重要讲话

核心价值观的养成绝非一日之功，要坚持由易到难、由近及远，努力把核心价值观的要求变成日常的行为准则，进而形成自觉奉行的信念理念。不要顺利的时候，看山是山、看水是水，一遇挫折，就怀疑动摇，看山不是山、看水不是水了。无论什么时候，我们都要坚守在中国大地上形成和发展起来的社会主义核心价值观，在时代大潮中建功立业，成就自己的宝贵人生。

——2014年5月4日，习近平在北京大学师生座谈会上发表重要讲话

培育和弘扬社会主义核心价值观必须立足中华优秀传统文化。牢固的核心价值观，都有其固有的根本。抛弃传统、丢掉根本，就等于割断了自己的精神命脉。博大精深的中华优秀传统文化是我们在世界文化激荡中站稳脚跟的根基。中华文化源远流长，积淀着中华民族最深层的精神追求，代表着中华民族独特的精神标识，为中华民族生生不息、发展壮大提供了丰厚滋养。中华传统美德是中华文化精髓，蕴含着丰富的思想道德资源。不忘本来才能开辟未来，善于继承才能更好创新。对历史文化特别是先人传承下来的价值理念和道德规范，要坚持古为今用、推陈出新，有鉴别地加以对待，有扬弃地予以继承，努力用中华民族创造的一切精神财富来以文化人、以文育人。

要讲清楚中华优秀传统文化的历史渊源、发展脉络、基本走向，讲清楚中华文化的独特创造、价值理念、鲜明特色，增强文化自信和价值观自信。要认真汲取中华优秀传统文化的思想精华和道德精髓，大力弘扬以爱国主义为核心的民族精神和以改革创新为核心的时代精神，深入挖掘和阐发中华优秀传统文化讲仁爱、重民本、守诚信、崇正义、尚和合、求大同的时代价值，使中华优秀传统文化成为涵养社会主义核心价值观的重要源泉。要处理好继承和创造性发展的关系，重点做好创造性转化和创新性发展。

——2014年2月24日，习近平在主持中央政治局第十三次集体学习时的讲话

☆【精选品读二】

青年要自觉践行社会主义核心价值观（节选）
——在北京大学师生座谈会上的讲话
（2014年5月4日）
习近平

大学是一个研究学问、探索真理的地方，借此机会，我想就社会主义核心价值观问题，同各位同学和老师交流交流想法。

我想讲这个问题，是从弘扬五四精神联想到的。五四精神体现了中国人民和中华

民族近代以来追求的先进价值观。爱国、进步、民主、科学，都是我们今天依然应该坚守和践行的核心价值，不仅广大青年要坚守和践行，全社会都要坚守和践行。

人类社会发展的历史表明，对一个民族、一个国家来说，最持久、最深层的力量是全社会共同认可的核心价值观。核心价值观，承载着一个民族、一个国家的精神追求，体现着一个社会评判是非曲直的价值标准。

古人说："大学之道，在明明德，在亲民，在止于至善。"核心价值观，其实就是一种德，既是个人的德，也是一种大德，就是国家的德、社会的德。国无德不兴，人无德不立。如果一个民族、一个国家没有共同的核心价值观，莫衷一是，行无依归，那这个民族、这个国家就无法前进。这样的情形，在我国历史上，在当今世界上，都屡见不鲜。

我国是一个有着14亿多人口、56个民族的大国，确立反映全国各族人民共同认同的价值观"最大公约数"，使全体人民同心同德、团结奋进，关乎国家前途命运，关乎人民幸福安康。

每个时代都有每个时代的精神，每个时代都有每个时代的价值观念。国有四维，礼义廉耻，"四维不张，国乃灭亡。"这是中国先人对当时核心价值观的认识。在当代中国，我们的民族、我们的国家应该坚守什么样的核心价值观？这个问题，是一个理论问题，也是一个实践问题。经过反复征求意见，综合各方面认识，我们提出要倡导富强、民主、文明、和谐，倡导自由、平等、公正、法治，倡导爱国、敬业、诚信、友善，积极培育和践行社会主义核心价值观。富强、民主、文明、和谐是国家层面的价值要求，自由、平等、公正、法治是社会层面的价值要求，爱国、敬业、诚信、友善是公民层面的价值要求。这个概括，实际上回答了我们要建设什么样的国家、建设什么样的社会、培育什么样的公民的重大问题。

中国古代历来讲格物致知、诚意正心、修身齐家、治国平天下。从某种角度看，格物致知、诚意正心、修身是个人层面的要求，齐家是社会层面的要求，治国平天下是国家层面的要求。我们提出的社会主义核心价值观，把涉及国家、社会、公民的价值要求融为一体，既体现了社会主义本质要求，继承了中华优秀传统文化，也吸收了世界文明有益成果，体现了时代精神。

富强、民主、文明、和谐，自由、平等、公正、法治，爱国、敬业、诚信、友善，传承着中华优秀传统文化的基因，寄托着近代以来中国人民上下求索、历经千辛万苦确立的理想和信念，也承载着我们每个人的美好愿景。我们要在全社会牢固树立社会主义核心价值观，全体人民一起努力，通过持之以恒的奋斗，把我们的国家建设得更加富强、更加民主、更加文明、更加和谐、更加美丽，让中华民族以更加自信、更加自强的姿态屹立于世界民族之林。

建设富强民主文明和谐的社会主义现代化国家，实现中华民族伟大复兴，是鸦片战争以来中国人民最伟大的梦想，是中华民族的最高利益和根本利益。今天，我们13

亿多人的一切奋斗归根到底都是为了实现这一伟大目标。中国曾经是世界上的经济强国，后来在世界工业革命如火如荼、人类社会发生深刻变革的时期，中国丧失了与世界同进步的历史机遇，落到了被动挨打的境地。尤其是鸦片战争之后，中华民族更是陷入积贫积弱、任人宰割的悲惨状况。这段历史悲剧决不能重演！建设富强民主文明和谐的社会主义现代化国家，是我们的目标，也是我们的责任，是我们对中华民族的责任，对前人的责任，对后人的责任。我们要保持战略定力和坚定信念，坚定不移走自己的路，朝着自己的目标前进。

中国已经发展起来了，我们不认可"国强必霸"的逻辑，坚持走和平发展道路，但中华民族被外族任意欺凌的时代已经一去不复返了！为什么我们现在有这样的底气？就是因为我们的国家发展起来了。现在，中国的国际地位不断提高、国际影响力不断扩大，这是中国人民用自己的百年奋斗赢得的尊敬。想想近代以来中国丧权辱国、外国人在中国横行霸道的悲惨历史，真是形成了鲜明对照！

中华文明绵延数千年，有其独特的价值体系。中华优秀传统文化已经成为中华民族的基因，植根在中国人内心，潜移默化影响着中国人的思想方式和行为方式。今天，我们提倡和弘扬社会主义核心价值观，必须从中汲取丰富营养，否则就不会有生命力和影响力。比如，中华文化强调"民惟邦本"、"天人合一"、"和而不同"，强调"天行健，君子以自强不息"、"大道之行也，天下为公"；强调"天下兴亡，匹夫有责"，主张以德治国、以文化人；强调"君子喻于义"、"君子坦荡荡"、"君子义以为质"；强调"言必信，行必果"、"人而无信，不知其可也"；强调"德不孤，必有邻"、"仁者爱人"、"与人为善"、"己所不欲，勿施于人"、"出入相友，守望相助"、"老吾老以及人之老，幼吾幼以及人之幼"、"扶贫济困"、"不患寡而患不均"，等等。像这样的思想和理念，不论过去还是现在，都有其鲜明的民族特色，都有其永不褪色的时代价值。这些思想和理念，既随着时间推移和时代变迁而不断与时俱进，又有其自身的连续性和稳定性。我们生而为中国人，最根本的是我们有中国人的独特精神世界，有百姓日用而不觉的价值观。我们提倡的社会主义核心价值观，就充分体现了对中华优秀传统文化的传承和升华。

价值观是人类在认识、改造自然和社会的过程中产生与发挥作用的。不同民族、不同国家由于其自然条件和发展历程不同，产生和形成的核心价值观也各有特点。一个民族、一个国家的核心价值观必须同这个民族、这个国家的历史文化相契合，同这个民族、这个国家的人民正在进行的奋斗相结合，同这个民族、这个国家需要解决的时代问题相适应。世界上没有两片完全相同的树叶。一个民族、一个国家，必须知道自己是谁，是从哪里来的，要到哪里去，想明白了、想对了，就要坚定不移朝着目标前进。

去年12月26日，我在纪念毛泽东同志诞辰120周年座谈会上讲话时说：站立在960多万平方公里的广袤土地上，吸吮着中华民族漫长奋斗积累的文化养分，拥有13

亿中国人民聚合的磅礴之力，我们走自己的路，具有无比广阔的舞台，具有无比深厚的历史底蕴，具有无比强大的前进定力。中国人民应该有这个信心，每一个中国人都应该有这个信心。我们要虚心学习借鉴人类社会创造的一切文明成果，但我们不能数典忘祖，不能照抄照搬别国的发展模式，也绝不会接受任何外国颐指气使的说教。

我说这话的意思是，实现我们的发展目标，实现中国梦，必须增强道路自信、理论自信、制度自信，"千磨万击还坚劲，任尔东南西北风"。而这"三个自信"需要我们对核心价值观的认定作支撑。

我为什么要对青年讲讲社会主义核心价值观这个问题？是因为青年的价值取向决定了未来整个社会的价值取向，而青年又处在价值观形成和确立的时期，抓好这一时期的价值观养成十分重要。这就像穿衣服扣扣子一样，如果第一粒扣子扣错了，剩余的扣子都会扣错。人生的扣子从一开始就要扣好。"凿井者，起于三寸之坎，以就万仞之深。"青年要从现在做起、从自己做起，使社会主义核心价值观成为自己的基本遵循，并身体力行大力将其推广到全社会去。

广大青年树立和培育社会主义核心价值观，要在以下几点上下功夫。

一是要勤学，下得苦功夫，求得真学问。知识是树立核心价值观的重要基础。古希腊哲学家说，知识即美德。我国古人说："非学无以广才，非志无以成学"大学的青春时光，人生只有一次，应该好好珍惜。为学之要贵在勤奋、贵在钻研、贵在有恒。鲁迅先生说过："哪里有天才，我是把别人喝咖啡的工夫都用在工作上的。"大学阶段，"恰同学少年，风华正茂"，有老师指点，有同学切磋，有浩瀚的书籍引路，可以心无旁骛求知问学。此时不努力，更待何时？要勤于学习、敏于求知，注重把所学知识内化于心，形成自己的见解，既要专攻博览，又要关心国家、关心人民、关心世界，学会担当社会责任。

二是要修德，加强道德修养，注重道德实践。"德者，本也。"蔡元培先生说过："若无德，则虽体魄智力发达，适足助其为恶。"道德之于个人、之于社会，都具有基础性意义，做人做事第一位的是崇德修身。这就是我们的用人标准为什么是德才兼备、以德为先，因为德是首要、是方向，一个人只有明大德、守公德、严私德，其才方能用得其所。修德，既要立意高远，又要立足平实。要立志报效祖国、服务人民，这是大德，养大德者方可成大业。同时，还得从做好小事、管好小节开始起步，"见善则迁，有过则改"，踏踏实实修好公德、私德，学会劳动、学会勤俭，学会感恩、学会助人，学会谦让、学会宽容，学会自省、学会自律。

三是要明辨，善于明辨是非，善于决断选择。"学而不思则罔，思而不学则殆。"是非明，方向清，路子正，人们付出的辛劳才能结出果实。面对世界的深刻复杂变化，面对信息时代各种思潮的相互激荡，面对纷繁多变、鱼龙混杂、泥沙俱下的社会现象，面对学业、情感、职业选择等多方面的考量，一时有些疑惑、彷徨、失落，是正常的人生经历。关键是要学会思考、善于分析、正确抉择，做到稳重自持、从容自信、坚定自励。要树立正确的世界观、人生观、价值观，掌握了这把总钥匙，再来看看社会万象、人生历程，一切是非、正误、主次，一切真假、善恶、美丑，自然就洞若观火、清澈明了，自然就能作出正确判断、作出正确选择。正所谓"千淘万漉虽辛苦，吹尽狂沙始到金"。

四是要笃实，扎扎实实干事，踏踏实实做人。道不可坐论，德不能空谈。于实处用力，从知行合一上下功夫，核心价值观才能内化为人们的精神追求，外化为人们的自觉行动。《礼记》中说："博学之，审问之，慎思之，明辨之，笃行之。"有人说："圣人是肯做工夫的庸人，庸人是不肯做工夫的圣人。"青年有着大好机遇，关键是要迈稳步子、夯实根基、久久为功。心浮气躁，朝三暮四，学一门丢一门，干一行弃一行，无论为学还是创业，都是最忌讳的。"天下难事，必作于易；天下大事，必作于细。"成功的背后，永远是艰辛努力。青年要把艰苦环境作为磨炼自己的机遇，把小事当作大事干，一步一个脚印往前走。滴水可以穿石。只要坚韧不拔、百折不挠，成功就一定在前方等你。

核心价值观的养成绝非一日之功，要坚持由易到难、由近及远，努力把核心价值观的要求变成日常的行为准则，进而形成自觉奉行的信念理念。不要顺利的时候，看山是山、看水是水，一遇挫折，就怀疑动摇，看山不是山、看水不是水了。无论什么时候，我们都要坚守在中国大地上形成和发展起来的社会主义核心价值观，在时代大潮中建功立业，成就自己的宝贵人生。

（来源：新华网，2014年5月5日）

九、章节题库

十、教学参考

1. 习近平. 习近平谈治国理政（第1卷）［M］. 北京：外文出版社，2018.

2. 习近平. 青年要自觉践行社会主义核心价值观在北京大学师生座谈会上的讲话［M］. 北京：人民出版社，2014.

3. 中共中央，国务院. 新时代爱国主义教育实施纲要［EB/OL］. 新华社，2019-

11-12.

4. 中共中央宣传部，中央广播电视总台. 平"语"近人——习近平总书记用典 [M]. 北京：人民出版社，2019.

5. 刘悦，王光福. 社会主义核心价值观二十四字解 [M]. 上海：文汇出版社，2020.

6. 中共中央宣传部. 习近平新时代中国特色社会主义思想学习纲要 [M]. 北京：学习出版社，人民出版社，2023.

第五章 遵守道德规范 锤炼道德品格

> 大学时期是道德观形成和发展的重要阶段，在这个时期形成的道德观念对大学生一生影响很大。大学生提高自身的道德素质，需要认真学习道德的基本理论，树立马克思主义道德观，弘扬社会主义道德，自觉传承中华传统美德和中国革命道德，积极吸收借鉴人类优秀道德成果，在崇德向善的实践中不断锤炼道德品格、提升道德境界。
>
> ——教材摘录

一、教学目的

（一）教学主要目标

总体目标：通过本章内容的学习，学生能够对道德有更深刻的了解，能够吸收借鉴优秀道德成果，遵守公民道德准则，对社会主义道德、社会公德、职业道德、家庭美德、个人品德等领域中的理论和知识有一个基本的了解。自觉树立社会主义道德观，培育正确的道德判断和道德责任，提高道德实践能力尤其是自觉践行能力，成为社会所需要的人才。

知识目标：使学生认识道德的起源、本质和功能作用，了解道德的形成和发展过程；理解中华传统美德的基本精神，认识中国革命道德的形成发展、主要内容和当代价值，理解借鉴人类文明优秀道德成果的必要性，把握优秀道德成果创造性转化和创新性发展的原则立场和基本方针；把握社会主义道德的核心和原则，掌握社会公德、职业道德、网络道德、家庭美德、个人品德的主要内容和基本规范；掌握提升道德修养水平、锤炼高尚道德品格的理论和方法，认识向上向善、知行合一的现实途径。

能力目标：增强学生对道德本质和功能作用的认识能力，对先进与落后道德现象的辨识能力；增进学生传承中华传统美德、发扬中国革命道德、借鉴人类文明优秀道德成果的能力；提升学生奉行为人民服务的能力。

情感目标：通过学习，激发学生自觉遵守社会主义道德的自觉性，自觉提升道德修养，做社会主义道德的践行者和道德风尚的引领者。

（二）教学设计理念及基本思路

本专题聚焦于道德问题，首先在对马克思主义道德观中关于道德的起源、道德的内涵、道德的本质、道德的功能、道德的作用和道德的发展规律进行讲授的基础之上，通过资料拓展和视频观看，带领学生了解人类发展过程中几种不同社会道德的内容特点，最后得出结论，社会主义道德是一种崭新的道德，是对以往任何一种道德形态的超越。那么，如何理解这一崭新的道德呢？据此，教师充分运用了不同教学方法，如开展红色家书诵读情景教学，感悟革命年代道德内涵，观看《觉醒年代》节选视频，强调道德，建立实践品格，组织和平年代是否还需要革命道德的辩论，证明革命道德依然是时代所需等一系列活动，进一步从源头活水、红色基因和他山之石三个方面，对中华传统美德的精神，中国革命道德的精神和其他优秀道德成果的内涵进行讲授。在讲授的过程中，充分考虑学生学情、专业特点等，以"如何激活社会主义道德的源头活水、如何让红色基因代代相传、如何在交流互鉴中汲取有益营养"等问题链为导向，以"为什么、是什么、怎么做"为框架结构，围绕重点难点问题，通过提出问题—探究讨论—总结归纳的形式，完成教学目标和学习任务，使学生通过学习，将理论内化于心、外化于行，做中华传统美德的传承者、中国革命道德的发扬者、人类文明优秀道德成果的借鉴者。

二、教学重难点

（一）教学重点

传承中华传统美德，发扬中国革命道德，投身崇德向善的道德实践。

（二）教学难点

坚持马克思主义道德观，明晰社会主义道德建设的核心和原则。

（三）解决方法

在本节课中以思辨、明理、力行相结合的教学策略，充分利用信息化手段，采用线上线下相结合的方式来组织课堂教学；通过超星学习通 App 进行线上学情调查，观看视频资源，探讨社会现状，线下组织参观革命纪念馆，小组合作探究，引导学生积极主动思考，从而提高学生的道德认知能力和道德判断能力，自觉同各种歪曲历史、诋毁英雄的历史虚无主义坚决斗争，既突破了教学的重难点，也实现了让学生学史增信，学史崇德的教学目标。

三、教学导入

通过讲述猴子与香蕉的故事，导入关于"道德的起源"知识点的学习，结合关于

"道德的起源"的不同观点展开讨论，使学生更加深刻地理解马克思主义道德观，准确地把握道德的本质。

四、"情理交融　史论结合"的教学设计

道德是一种特殊的社会意识形态，它是以善恶为评价方式，主要依靠社会舆论、传统习俗和内心信念来发挥作用的行为规范的总和。作为人类社会发展到一定阶段的必然产物，道德对人和社会发展具有重要的促进作用，并随着社会的发展而不断进步。准确把握道德的起源和本质，正确认识道德的功能与作用，深刻理解社会主义道德是对人类以往道德形态的超越，是大学生建立正确道德认知的前提。

知识点 一　坚持马克思主义道德观

自古以来，人们就在探讨道德的起源并提出了种种见解或理论。马克思主义道德观是科学世界观、人生观、价值观在道德领域的反映与体现。

知识案例

【案例精选一】"孝"文化的发展演变

说到中国传统社会的"孝"文化，大家可能最先想到的就是《二十四孝》，然而，其中的一些故事在古代虽然是褒扬的典范，但是在今人看来简直匪夷所思。比如晋代有一个叫郭巨的人，对母亲极度孝顺，后来郭巨家境逐渐贫困，能购买的食物有限。郭巨的儿子备受祖母疼爱，祖母总是把仅有的吃食留给孙子，郭巨为此深感不安，于是决定埋掉儿子节省些粮食以供养母亲。虽然该故事的结局是郭巨因孝行感动上天，得到了意外之财，但这埋儿奉母的故事让今人对古代的"孝"望之却步、思之胆寒。

实际上，《二十四孝》并不是中国古代"孝"文化的代表，它只是其中一个阶段的产物，伴随着生产力的发展和生产关系的不断调整，中国的"孝"文化也经历了一个由产生、完善、僵化到变革和现代新发展的过程。

"孝"在先秦时期逐渐形成并得以确立。殷人把祖先视为喜怒无常、令人惧怕的鬼神，他们对祖先的祭祀也只是一种宗教意义上的祈求。到了西周，生产力的进一步发展促使人们之间的联系越来越密切，对祖先的祭祀除增加了政治意义和伦理意义外，还进一步增加了传宗接代、奉养父母的新涵义。春秋战国时期社会生产关系急剧变化，急需重新规范社会秩序，在此背景之下，孔子从理论上将"孝"确立为对所有人的普遍道德要求，"孝"也从此成为协调亲子关系的伦理规范，并成为古代社会宗法道德的基础。

汉至隋唐五代，"孝"文化逐渐得到完善。汉代建立了以孝为核心的社会统治秩

序，把孝作为治国安民的主要精神基础，孝道由家庭伦理扩展至社会伦理、政治伦理，并通过把《孝经》列为各级各类学校必修课程、创立"举孝廉"的官吏选拔制度等一系列措施，巩固"以孝治天下"的治国纲领。从魏晋至隋唐五代，孝道逐渐向法律领域全面渗透，凭借法律力量推行孝道，进而实现对整个社会的控制。

宋元明清时期，"孝"文化走向极端、愚昧，变得僵化。程朱理学成为社会正统思想，孝道的专一性、绝对性、约束性增强，对父母无条件顺从成为孝道的基本要求，孝道进一步沦为强化君主独裁、父权专制的工具。前面所说的《二十四孝》就是这一时期由元朝的郭居敬编写而成，从其中郭巨埋儿、恣蚊饱血等故事中，我们可以看到"孝"文化已经被异化到面目全非的地步。

近代中国是一个大变革的时代，传统的"孝"文化内涵也随之发生变化。这一时期，民主、自由的思想开始为更多人所接受，一大批进步的思想家从自然人性角度批判封建孝文化的专制性、绝对性，使"孝"文化冲破了家庭与等级观念的束缚，提升至民族大义、国家复兴的高度，为"孝"文化开创了新的空间。

中华人民共和国成立以来，尤其是改革开放以后，伴随着社会主义制度的确立和生产力的巨大飞跃，"孝"文化实现了对传统文化的批判性继承，并结合时代精神，焕发了新的活力，有了新的表现形式。比如，2017年一组教爸妈使用微信的漫画在网络走红，"微信说明书"存在的价值，不仅在于它能够教会父母如何使用微信，更在于在这样一个快节奏的时代里，它用一种新形式表达了年轻人对远方父母的关爱，是"孝"在新时代的一种全新表现。

【设计意图】本案例适用于第一目"坚持马克思主义道德观"，有助于学生理解道德是随着社会生产力和生产关系的变化而不断变化的。"孝"作为中国传统美德之一，其内涵和表现形式并不是一成不变的，伴随着中国社会由奴隶制逐渐跨越至社会主义，"孝"也经历了一个由产生、完善、僵化到变革和现代新发展的过程，总体来说，古代"孝"与当时的政治社会结构尤其是家庭金字塔式的结构联系密切，"以孝为根基的家庭"是"以忠为根基的国家"的组成部分，在此基点上，"孝"被政治化进而逐渐成为君主独裁、父权专制的工具。经历了数次革命的中国迎来了新生，生产关系彻底改变，社会发生巨大变迁，家庭结构也发生了根本转变，适应新的时代条件，"孝"的具体表现形式也有了适应时代的创新。可见，道德同其他社会意识形态一样，不是千古不变的，而是与其经济基础相适应。教师在教学过程中，可以从组织讨论如何看待郭巨埋儿这一故事入手，引起学生对"孝"的时代内涵的思考，通过了解"孝"文化的历史演变，明确道德的时代性和变动性，进而更深一步思考在当下的现实环境中如何发扬"孝"这一传统美德。

【案例精选二】"感动中国"白方礼

白方礼老人为学生们送去的每一分钱，都是用自己的双腿一脚高一脚低那么踩出来的，是他每日不分早晚，栉风沐雨，用淌下的一滴滴汗水积攒出来的，来之不易，来之艰辛！照常理，像他这样的古稀老人不仅无须再为别人做什么，倒是完全应该接受别人的关心和照顾。可他没有、不仅丝毫没有，而是把自己仅有的能为别人闪耀的一截残烛全部点燃，并且燃烧得如此明亮，如此辉煌！

白方礼老人于 2005 年 9 月 23 日早晨安详地离开了人世，离开了停在他家楼下那辆老旧的三轮车，离开了那些他曾资助过的学生们，离开了崇敬他的人们。按照正常的行驶路线，老人的灵车应该直接上外环线前往殡仪馆。可是，灵车在市内绕了一个大圈，从医院出发，调头"回家"，经过老人的家门后，再沿中环线绕了大半圈，才上京津公路。这种绕远的走法是民政局殡葬处的工作人员精心策划安排的，让灵车在市里绕一绕，是为了让老人家多"看一看"自己骑着三轮走过的大街小巷。

在物欲横流的今天，有些人觉得白方礼太傻了。一个有稳定退休金的老人，不在家安享晚年，看谁可怜帮上一把也就罢了，何必要过捡别人鞋子穿的生活，反过来却把自己蹬三轮挣来的苦力钱，全部捐出去呢？可白方礼从来不管别人怎么想、怎么说，他就要照自己的方式生活。或许正是他极端清贫朴素的生活，与他捐出的 35 万善款形成了巨大的反差，才使人们麻木的神经受到触动；或许正是他老迈的九旬之躯，与三百学子灿烂的笑脸形成了鲜明的对比，才使人们漠然的心湖荡起了波澜。

白方礼曾获央视"感动中国 2004 年度人物评选"前 20 名候选人物之一、首届"中国消除贫困奖"奋斗奖提名奖、全国尊师重教先进个人、全国老有所为精英奖、全国支教模范等称号。2008 年 3 月 13 日，白方礼去世三年后，在 46 家网络媒体联合主办的首届"感动中国人物"评选中，在这个没有奖品、没有奖金、没有颁奖晚会的网上评选中，他终于"感动中国"。

2012 年，在《感动中国》的颁奖典礼上，白方礼老人以草根助学的代表成了特别奖的得奖者之一。感动中国评选组委会以"白方礼们"的形式，对老人表示了敬意，也对和老人一样的这些默默帮助着失学儿童重返校园的人们表示敬意。在晚会上，主持人评价老人道："在《感动中国》走过 10 年的时候，请接受我们的特别敬意，白方礼们！让我们传递着鲜花，传递着温暖，带着白方礼们给我们的这种人间的温度，走进新的春天。在这新的一年当中，我们已经行走了一段时间，急匆匆的脚步里面，我们留给世界的不能只是背影，还应该有我们的期待，为了爱和幸福，让我们为我们每一个人加油！"

让我们再次重温白方礼老人的肺腑之言，直白中蕴含着挚爱："想想那些缺钱的孩子，我坐不住啊！我天天出车，24 小时待客，一天总还能挣回二三十块。别小看这二三十块钱，可以供十来个苦孩子一天的饭钱呢"；"我这样一大把年岁的人，又不识字，没啥能耐可以为国家做贡献了，可我捐助的大学生就不一样了，他们有文化，懂科学，说不定以后出几个人才，那对国家贡献多大"；"你们花我白爷爷一个卖大苦力的人的钱确实不容易，我是一脚一脚蹬出来的呀，可你们只要好好学习，朝好的方向走，就不要为钱发愁，有我白爷爷一天在蹬三轮，就有你们娃儿上学念书和吃饭的钱"……人过留名，雁过留声。让我们再次向白方礼们表达最真诚的敬意！

【设计意图】本案例适用于第一目"坚持马克思主义道德观"知识点教学。道德榜样的力量是无穷的。白方礼老人的事迹感动了社会，引导人们奉献、向善，对社会起到了良好的示范作用。由白方礼，我们更加深刻认识到了什么叫"拳拳之心"，什么叫"积小善成大善"，什么叫"大爱无言"。我们身边还有更多的白方礼们，他们用自己润物无声的言行表达了什么叫大爱大善。可以引导学生观看电影《白方礼》，也可以多引用《感动中国》节目中的事例来充实课堂教学。

知识点 二　坚持以为人民服务为核心

为什么人服务是道德的核心问题，决定并体现着道德建设的根本性质和发展方向，规定并制约着道德领域中的所有道德现象。为人民服务，不仅是坚持历史唯物主义的必然要求，是中国共产党践行的根本宗旨，也是社会主义道德观的集中体现，是全体中国人民共同遵循的道德要求。

知识案例

【案例精选三】精神的丰碑——焦裕禄

50年前，有一个人在兰考的土壤里种下一粒种子；50年后，这粒种子已经成长为一座精神丰碑。他就是"县委书记的榜样"、中国共产党的干部楷模——焦裕禄。

1922年，焦裕禄出生在淄博市博山县北崮村一个贫苦家庭。他七岁入学，勤奋刻苦，在班里名列前茅。后来，焦裕禄因家贫被迫退学，便跟随父亲务农、做工，小小的肩膀撑起了贫困的家庭。1945年，焦裕禄参加了民兵队伍并担任村里的民兵班长。在斗争中，他总是冲锋在前，严谨认真地完成上级交给的每一项任务。在党的教育培养下，焦裕禄于1946年加入了中国共产党，成为一名坚强英勇的革命战士。

中华人民共和国成立后，他曾在陈留、郑州、哈尔滨和大连等地工作学习。1962年，焦裕禄调至河南省兰考县担任县委书记。当年冬天，正是兰考县遭受内涝、风沙、盐碱三害最严重的时刻。风沙打毁了二十万亩麦子，洪水淹坏了三十多万亩庄稼，盐碱地上有十万亩禾苗碱死，全县粮食产量下降到历年最低水平。就是在这样的关口，焦裕禄来到了兰考。他带领兰考人民治水、治沙、治碱，总结了一套独特的治理风沙的方法，"贴膏药""扎针"，大规模种植泡桐树，有效地缓解了自然灾害对农业生产和人民生活的影响。焦裕禄始终坚持实事求是、群众路线的工作方法，同全县干部和群众一起，与严重的自然灾害进行顽强斗争，努力改变着兰考的面貌。

正当焦裕禄领导着兰考人民同涝、沙、碱不断抗争的时候，他的肝病却越来越重。

县委同志建议他停工疗养，他总是说"工作忙，离不开"，忍着剧痛坚持工作。1964年，焦裕禄被肝癌夺去生命，年仅 42 岁。

焦裕禄始终不渝地践行着群众观点和群众路线，被誉为"党的好干部""人民的好公仆"。他在兰考鞠躬尽瘁、死而后已的模范事迹，凝练成"牢记宗旨、心系群众，勤俭节约、艰苦创业，实事求是、调查研究，不怕困难、不惧风险，廉洁奉公、勤政为民"的"焦裕禄精神"。

2009 年，在中央宣传部、中央组织部等 11 个部门联合组织的评选活动中，焦裕禄被评为"100 位新中国成立以来感动中国人物"。2014 年，中共中央总书记、国家主席习近平来到兰考，瞻仰焦裕禄同志先进事迹，号召全党大力学习、弘扬"焦裕禄精神"。对当代大学生来说，学习"焦裕禄精神"，就是要学习和弘扬焦裕禄的公仆情怀、求实作风、奋斗精神和高尚的道德情操。

【设计意图】本案例适用于第二目"坚持以为人民服务为核心"知识点教学。"为人民服务"是社会主义道德的核心。带领学生重温焦裕禄典型事迹，了解在六十年前的艰苦条件下，作为县委书记的焦裕禄是怎样公而忘私、用赤诚和生命为人民服务的，使学生感悟其奉献精神、为民精神、奋斗精神。其次，引导学生思考和讨论在现在的生活中，大学生应如何践行和弘扬"焦裕禄精神"，如何在工作学习中践行社会主义道德。

知识点 三　坚持以集体主义为原则

道德原则是道德规范体系的总纲，它最直接最集中地反映着一定社会经济关系和利益关系的根本要求，代表着一定阶级的根本利益和长远利益。社会主义道德的原则是集体主义。在我国，国家利益、社会整体利益和个人利益根本上的一致性，使得集体主义应当而且能够在全社会范围内贯彻实施。

知识案例

【案例精选四】逐梦海天的强军先锋——张超

在当今世界海军武器配备当中，航空母舰是一个国家强大海军的重要标志。2012年 9 月，我国第一艘航母辽宁舰正式下海服役，百年航母梦终圆，我国进入了航母时代。2013 年 5 月，我国第一支海军舰载航空兵部队成立。中国航母事业刚刚起步，急需一大批优秀的航母舰载机试飞员。

但舰载飞行对试飞员有着极为严苛的要求。由于航母的飞行甲板跑道长度不及陆上飞机跑道的十分之一，且处于运动状态，因而无论滑跃起飞还是挂索降落，都必须做到精确，一刹那的疏忽都有可能导致战机失控坠海，而一旦遇到紧急故障就必须立刻做出生死抉择。所以试飞员在航母上起飞被称为"在刀尖上起舞"。但即便冒着生命危险，为建设现代化强国，一批又一批部队官兵在强军道路上奋勇前行。张超就是无数军人中优秀的一位。

张超，海军某舰载航空兵部队一级飞行员。2004年9月，张超通过严格的选拔，顺利考入空军航空大学。2008年5月，他毕业后被分配到海军航空兵某训练基地。在海军航空兵某基地训练期间，张超就是部队公认的飞行尖子。他先后飞过8种类型的战机，成功处理3次重大空中险情，执行20多次战斗起飞任务，数十次带弹紧急起飞驱离外军飞机。2015年3月，张超以优异成绩被选拔进入舰载机部队，成为我国海军最年轻的舰载战斗机飞行员。在舰载部队，张超一如既往地刻苦训练，短短半年时间里，他的模拟器飞行时间就达到了数百小时，遥遥领先同伴次战友。

2016年4月27日中午，张超像往常一样驾驶着驶歼-15进行陆基模拟着舰训练时，舰载战斗机在跑道上向前滑行，然而就在飞机刚刚接地的瞬间，战机突发电传故障，刚刚着陆的战机机头突然急速大幅上仰。生死瞬间，张超选没有立刻跳伞，而是用尽全力把操纵杆推到头，以求在绝境中挽救战机。也是因为这4.4秒的决绝推杆，让他错过了最佳跳伞时机。由于弹射角度几乎与地面平行，降落伞的高度过低，张超重重地摔在了地上，抢救无效，壮烈牺牲。

张超是为我国航母舰载机事业献身的第一位烈士，年仅29岁。2016年11月，中央军委主席习近平签署命令，追授张超为"逐梦海天的强军先锋"。2017，张超荣获感动十大人物。2018年9月，经中央军委批准，张超被评为全军挂像英模。他的理想放飞于全面建成世界一流海军的伟大征程中，他的风采将永远激励着后人前行。

【设计意图】本案例适用于第三目"坚持以集体主义为原则"知识点的教学。通过飞行员张超个人理想融入强军实践，在祖国蓝天下英勇试飞的英雄事迹，深刻体会他身上体现的集体主义道德原则，认识理解集体主义作为调节国家利益、社会整体利益和个人利益的基本原则的作用，并在生活中积极践行集体主义道德，沿着道德的阶梯不断向上攀登。

第二节　吸收借鉴优秀道德成果

弘扬社会主义道德，推进新时代公民道德建设，必须坚持马克思主义道德观，充分吸收借鉴各种优秀道德成果。社会主义道德不是凭空产生的，中华传统美德是中华文化的精髓，蕴含着丰富的思想道德资源；中国革命道德是对中华传统美德的继承和发展，是社会主义道德的红色基因。大学生应当自觉继承并弘扬中华传统美德和中国革命道德，同时以开放的胸怀和视野吸收借鉴人类文明的优秀道德成果，不断深化对社会主义道德的认识。

知识点 一　传承中华传统美德

传统道德是历史上不同时代人们的行为方式、风俗习惯、价值观念和文化心理的集中体现，是对道德实践经验的提炼总结。中华优秀传统文化中很多思想理念和道德规范，至今仍具有重要价值。中华传统美德是人类文明发展的重要精神财富，是社会主义道德建设的源头活水。

知识案例

【案例精选五】六尺巷的故事

"千里家书只为墙，让他三尺又何妨。长城万里今犹在，不见当年秦始皇。"这首人们耳熟能详的诗缘起于安庆桐城市西后街与五庙园之间，这里有一条长约 180 米、宽约 2 米、鹅卵石铺就的巷道，人们称之为六尺巷。有关它的来历，可有一段十分有趣的礼让故事。

清朝时，在安徽桐城有一个著名的家族，父子两代为相，权势显赫，这就是张英、张廷玉父子。

清康熙年间，张英在朝廷当文华殿大学士、礼部尚书。老家桐城的老宅与吴家（当时官拜安庆州知州，钦定五品）为邻，两家府邸之间有个空地，供双方来往交通使用。后来邻居吴家建房，要占用这个通道，张家不同意，纠纷越闹越大，双方将官司打到县衙门。县官考虑纠纷双方都是官位显赫、名门望族，一个是朝廷一品大员，一个是他的顶头上司知州，都不能得罪，不敢轻易了断。

在这期间张家人决定把这件事告诉张英于是便飞书京城，张英阅过来信，只是释然一笑。只见张大人挥起大笔，一首诗一挥而就。诗曰："千里家书只为墙，让他三尺又何妨。长城万里今犹在，不见当年秦始皇。"交给来人，命快速带回老家。

家里人一见书信回来，喜不自禁，以为张英一定有一个强硬的办法，或者有一条锦囊妙计，家人看到的却是一首打油诗。于是立即动员将垣墙拆让三尺，大家交口称赞张英和他家人的旷达态度。尚书一家的忍让行为，感动得邻居一家人热泪盈眶，全家一致同意也把围墙向后退三尺。两家人的争端很快平息了，两家之间，空出了一条巷子，有六尺宽，有张家的一半，也有吴家的一半。大家争相传颂，交口称赞，使六尺巷的故事广为流传。

几百年前的宰相府已被拆毁殆尽，六尺巷的故事却没有被人们淡忘。1956 年 11 月，毛泽东主席针对当时微妙的中苏关系，在接见苏联驻华大使尤金时，吟咏了这首诗的后两句，更赋予这首诗深刻的政治内涵和深远的历史意义。

如今的六尺巷旧址受到当地政府的高度重视。1993 年安徽省有关部门拨专款进行部分修复；1999年，桐城市政府决定在六尺巷遗址就地恢复原貌。六尺巷现已收入《中国名胜词典》，慕名寻访观光的游客常在此驻足流连。六尺巷已经是桐城古城的旅游景点，2007年4月，"桐城文庙六尺巷"成为国家3A级旅游景区。

【设计意图】 本案例适用于第一目"传承中华传统美德"知识点的教学。中华传统美德是中华文化的精髓，蕴含着丰富的思想道德资源，是人类文明发展的重要精神财富。"六尺巷的故事"讲述了如何面对和处理社会生活中人际矛盾与利益纠纷的问题，传达了我国古代士大夫具有良好道德风范和思想境界的一面。故事中的张英虽然位居高位，但不滥用权力，虽然权势显赫，但不仗势欺人。他看淡名利，不斤斤计较，劝诫家人以宽容礼让来化解邻里间的矛盾与纠纷，将冲突转化为和谐，以至六尺巷从此美名远扬。教师可通过六尺巷的故事让学生理解中华优秀传统美德的基本精神，积极引导学生学会在日常生活中柔和地处理矛盾与冲突，用宽容谦让的态度来对待与他人的关系，弘扬中华优秀传统美德。

【案例精选六】杏林春暖满人间

距离福州市区50千米外的长乐区古槐镇有一座董奉山，因纪念董奉而得名。相传三国时期，道医董奉隐居山林行医，热忱地为山民诊病疗疾。他从不索取酬金，仅以栽杏作为医酬。治好一个重病患者时，就让病家在山坡上栽五棵杏树；看好一个轻病，只需栽一棵杏树。闻讯来求治的病人络绎不绝，数年之间就种植了万余株杏树，成为一片广袤的杏林。杏子成熟后，董奉又将杏子变卖接济往来的饥民。董奉去世后，"杏林"的故事一直流传了下来。后来，人们称赞医德高尚、医术精湛的医生，往往用"誉满杏林""杏林高手"等词句。"杏林"已成为医界的别称。

杏林精神的传承，由古至今。

东汉名医张仲景曾任长沙太守，封建官场礼俗规定，官员不能随意进出民宅。然而张仲景心系百姓疾苦，便决定每月的初一和十五两天，不理政事，大开衙门为百姓治病。他的举动在当地产生了强烈的震动，老百姓无不交口称赞。后来他目睹南阳一带疫病流行、生灵涂炭，又毅然辞去官职，潜心从医。张仲景对伤寒病的起因和治疗方法进行了细心研究，写出传世巨著《伤寒杂病论》，极大地推动了中医学的发展进步，被后世尊称为医圣。

2014年，已98岁高龄的胡佩兰在退休后坚持坐诊20余年，还拿出微薄的坐诊收入和退休金凑一起，在8年间捐建了50多个"希望书屋"。她留给世人的最后一句话是"病人看完了，回家吧"。

"不当院长当校长"的前山西临汾市第三人民医院院长郭小平，为了能让艾滋病感染儿童在接受治疗的同时也能安心接受正常的文化课教育，他四处奔走，开办了国内唯一一所艾滋病患儿学校。用十二年艰辛，呵护孩子，也融化人心。

打开患者"折叠人生"的骨科医生梁益建，从美国博士毕业后，投身祖国医疗事业。亲自主刀挽救上千个极重度脊柱畸形患者的生命，成为国际极重度脊柱畸形矫正专家。身为医生同时也做起了慈善，义务帮助近 200 名贫困患者，募集救命善款高达 500 万元。

中国的援非医疗队在危难时刻，不顾个人安危抗击埃博拉病毒，始终和非洲人民在一起，让世界看到了中国医生的使命。

医者行医，医治的真正意义不仅仅是治病疗伤，同时是对一个个痛苦病体的情怀关爱，对一个个充满期冀的患者的生命慰藉，无论贫富或种族。在中国，"杏林"精神体现的是一种道德价值标准，包含着"亲、善、诚、信、中、和"的丰富内涵，它的社会根源是历史悠久的中华民族对真、善、美和理想永不停止的追求。

【设计意图】本案例适用于第一目"传承中华传统美德"。本案例讲述了"杏林"传说的由来——董奉隐居山林，为山民免费治病的故事。中国历朝历代都涌现出杏林高手，医德高尚、救死扶伤，传承了杏林精神。杏林精神代表的是医者仁心，是中华传统美德的体现。中华传统美德推崇仁爱原则，医生对病人的救治，不仅仅是诊病疗疾，还应该包含对病人的人文关怀。中华传统道德似江河之水，又似生命之流，是民族的宝贵精神财富。本案例的教学目的主要是通过对杏林精神的渊源的了解，使学生认识到中华传统道德的美和生命力，激励学生学习并发扬中华优秀传统道德。教师在教学过程中，可重点讲解杏林精神流传至今，对社会产生的积极影响，或者以杏林精神为引入点，组织学生讨论其他领域传承下来的宝贵的传统道德文化。

【案例精选七】核潜艇之父—黄旭华

他是中国工程院首批院士，中国第一代核动力潜艇研制创始人之一，曾任核动力潜艇总设计师，中国核潜艇总体研究设计所所长。被誉为的"中国核潜艇之父"。他是 2013 年感动中国十大人物之一，被誉为"中国的脊梁"。他就是 2017 年第六届全国敬业奉献道德模范——黄旭华。

1926 年，黄旭华出生于广州，因为目睹过日本炮舰的侵略，暗下决心，要振兴中国的造船行业，1949 年，从上海交通大学船舶制造专业毕业，开始了为祖国船舶事业奉献一生的历程。

当时中华人民共和国刚刚成立，常年战争留下的是一片千疮百孔的景象，在党的领导下，人民群众展现出高度的热情，投身于恢复和建设中。随着各方面条件的改善，中国的国防高端科技也开始起步，1958 年，中央批准研制导弹核潜艇，曾有过几年仿制苏式常规潜艇经历又毕业于上海交大船舶制造专业的黄旭华被选中参加研制。在当时中国这样一个舰船制造基础薄弱的国度，进行这项尖端复杂的国防科研是很困难的。当时困难之大，今天难以想象。起初得到苏联的帮助，取得一定进展，但由于中苏关系的恶化，核潜艇研究变得更加困难，以黄旭华为首的中国核潜艇研制者反复试验，进行技术攻关，使中国的核潜艇事业取得突破性进展，1970 年，中国的核潜艇下海试航，成为继美国、苏联、英国、法国之后第五个拥有核潜艇的国家。但黄旭华并没有因此止步，1988年，62岁的黄旭华参加潜艇的深潜实验，这是一项重要的测验，也是一项危险的试验，但他沉着冷静、勇于挑战，成为核潜艇深潜实验第一人。

因为工作的特殊性质，黄旭华长期不能向自己的家人说自己的情况，隐姓埋名，默默无闻，在极其困难的条件下，为中国的核潜艇事业贡献自己的力量。如今，虽然他已经退下一线，但仍在为国防武器装备的现代化建设孜孜不倦、献智献策。"继续奋斗，勇于创新，为国争光"是他传奇一生的光辉写照。2017年，被评为第六届全国敬业奉献道德模范，与习近平总书记的感人的瞬间，让大家记住了这位核潜艇之父。

【设计意图】本案例适用于第一目"传承中华传统美德"知识点的教学。黄旭华是我国第一代核潜艇总设计师，为了中国核潜艇事业，他和同事们隐姓埋名，荒岛求索，让中国成为继美、苏、英、法之后，世界上第五个拥有核潜艇的国家，巍巍中华的辽阔海疆，从此有了护卫国土的"水下移动长城"。为此，他有30多年没有回过家，家人不知道他在外做什么，父亲直到去世也未能再见他一面。黄旭华说："俗话说，忠孝难两全，我觉得，对国家的忠诚就是对父母最大的孝，我相信终有一天我的家人会谅解我，能够理解我为国家所做的工作。"黄旭华的忠孝观，是对中华传统美德中的家国情怀和集体主义精神的生动体现和弘扬。教师通过讲述黄旭华的事迹，引导学生体会他对中华传统美德的新的诠释，深刻认识中华传统美德的时代价值，在学习中思考如何将中华传统美德中具有当代价值的道德精神挖掘出来，使其符合时代要求，与现代文化、现实生活相融相通，成为全体人民精神生活、道德实践的鲜明标识。

知识点 二　发扬中国革命道德

中国革命道德是对中华传统美德的延续和发展。传承和发扬中国革命道德，是弘扬中华传统美德的应有之义，是加强社会主义道德建设的客观需要，也是激励大学生锤炼优良道德品质的必然要求。

知识案例

【案例精选八】让井冈山精神的火种生生不息

"爷爷一辈子都在守望井冈山精神，我要接过他的接力棒，让井冈山精神的火种生生不息。"

说出这句话的，是一个名叫毛浩夫的小伙子。毛浩夫毕业于英国赫尔大学，国际金融专业，是名副其实的"海归"。2016年，毛浩夫做了一个让大家都出乎意料的决定：回到家乡井冈山，做一名普普通通的"红色讲解员"。

毛浩夫的这个决定，与他的家庭有着密切的关系。毛浩夫的爷爷毛秉华，生于革命家庭，从小受到革命教育的熏陶。自 1968 年调任井冈山革命博物馆馆长后，他始终坚守岗位，十分重视传承和发扬井冈山精神。退休后的毛秉华也不"闲着"，走遍了湘赣边界的各个村县，到全国拜访了 32 位老红军和红军后代，积累了大量珍贵的第一手资料。为了弘扬井冈山精神，毛秉华五十年如一日地坚持义务宣讲，成为"井冈山精神宣讲第一人"。"宁可少看一个景，也要听毛老一堂课"，毛秉华朴实无华的言语，让无数游客慕名而来。

坚定信念，艰苦奋斗，毛秉华将这股精神融入自己的血液里。他给自己定下了四条原则：不接受宴请、不收取讲课费、不参加当地安排的观光旅游、不收受任何礼品。不仅如此，毛秉华还常年捐款救灾、爱心助学、支持扶贫，成为井冈山上远近闻名的"活雷锋"。

毛秉华这辈子最大的心愿，就是让井冈山精神代代相传。这个重担，落到了毛浩夫的肩上。为了更深入地了解井冈山当地的实际情况，毛浩夫经常跟着爷爷前往井冈山各个乡镇进行调研，了解红色故事、领悟井冈山精神。工作之余，他大量阅读党史等资料来补充知识短板，抓住各种机会向党史专家和有经验的讲解员请教探讨。现在的毛浩夫，真正成了江西干部学院的一名现场教学老师，负责在井冈山茨坪革命旧址群的教学点宣讲井冈山精神。同时，毛浩夫还充分利用自己的英文优势，向外国游客讲述井冈山的革命故事。他生动翔实的宣讲和教学，赢得了许多游客和学员的肯定。从"英国海归"到"红色讲解员"，毛浩夫以实际行动完成了身份的转变。

2017 年 12 月，中央电视台新闻联播推出《红色风·青年派》的系列报道，向全国人民讲述了青年毛浩夫的故事。毛浩夫说，在前行的路上，他其实并不孤单，还有很多像他一样的年轻人，都投身于红色事业中，努力地把井冈山精神传播和传承下去。

2018 年 7 月，爷爷毛秉华因病去世，这让毛浩夫感觉到身上的责任更重了。在他看来，从爷爷手中接过"接力棒"，这是一种使命的传承。在这巍巍井冈山上，毛浩夫正用他的热情和青春，让井冈山精神的火种生生不息。

【设计意图】本案例适用于第二目"发扬中国革命道德"的相关知识点进行教学。本案例主要讲述了毛秉华、毛浩夫爷孙二人坚持宣讲和传承井冈山精神的故事。毛秉华是原井冈山革命博物馆的馆长，在任期间坚守岗位，退休后坚持义务宣讲，尽己所能地弘扬井冈山精神。毛浩夫则是一名留洋海归，长期受到家庭熏陶的他，最终选择回到家乡井冈山，成为爷爷弘扬井冈山精神的"继承人"。习近平曾指出，井冈山精神的核心是实事求是、敢创新路。井冈山精神中蕴含着优秀的革命道德品质，是中国共产党领导人民实现民族独立、人民解放的精神支撑和思想武器，对于中华民族实现伟大复兴仍具有很重要的现实意义。大学生群体作为祖国未来的建设者，应当积极发扬革命道德、传承红色基因，深入了解中国社会和中国革命的历史，在弘扬井冈山精神、长征精神、延安精神等红色精神的过程中，理解中国革命道德的本质与内涵，深入领会其历史意义和当代价值，自觉抵制历史虚无主义等错误思想，自觉培育和践行社会主义核心价值观，为中国特色社会主义发展作出力所能及的贡献。教师可通过本案例，让学生了解毛秉华、毛浩夫爷孙二人坚持弘扬井冈山精神的事迹，联系井冈山革命历史，引导学生理解井冈山精神中蕴含的革命道德。在教学过程中，教师可组织学生讨论：井冈山精神的历史意义与当代价值是什么？还有哪些红色精神体现了中国的优秀革命道德？弘扬红色精神、继承中国革命道德与培育和践行社会主义核心价值观之间有何联系？大学生应如何自觉弘扬红色精神、继承革命道德、传承红色基因？

【案例精选九】从长征故事看革命道德

长征是人类历史上的伟大奇迹，长征过程中涌现了无数让人感佩和肃然起敬的故事，是我们透视革命道德的窗口。

在纪念红军长征胜利80周年大会上，习近平总书记深情地讲述了一个叫"半床棉被"的长征故事。故事发生在1934年11月6日傍晚，当时天气已转严寒，红军长征经过汝城文明乡时，卫生部、后勤部驻沙洲村。百姓起初对红军有误解，纷纷躲到山里去。徐解秀家却勇敢地留下来，看到红军纪律严明，徐解秀夫妇慢慢地对红军有了新的认识。夜晚，善良的徐解秀邀请三个年轻的女红军，与自己同睡一张床，丈夫则到外面桌子上伏着睡。徐解秀家很穷，女红军们拿出自己仅有的一条被子四人合盖。离别那天，三个女红军战士看着徐解秀家连一条像样的被子都没有，同时为了表达对夫妇俩的感激，决定把被子留给一贫如洗的夫妇。但夫妇俩说什么也不肯接受，无奈，三个女红军从徐解秀家拿来剪刀，把被子剪成两半，一半递给了徐解秀。出发时，她们还一步三回头地对徐解秀说："大嫂，天快黑了，你先回家吧，等胜利了，我们还会回来看您的，给您送一条被子。"1984年，记者罗开富无意之中遇到了年过八旬的徐解秀，知道了这个故事，于是便发表了报道《三位红军姑娘在哪里》。在邓颖超亲自主持下，一场寻找三位红军姑娘的行动在全国展开。遗憾的是，三位女红军没有找到。于是邓颖超特意买了一床新棉被，委托罗开富送给徐解秀。1991年1月，徐解秀临终时嘱咐儿孙："一定要跟共产党走，因为共产党是只有一条被子也要分一半给你的好人。"

红军长征途中，军纪严明，树立起人民军队的形象。1935年2月，红军一渡赤水，进入川滇边的镇雄、古蔺、叙永等地区。由于国民党的反共宣传，当地百姓对共产党和红军产生了恐惧心理。据云南镇雄县雨河、坡头、大湾一带上百名老年人回忆，听到红军到达水田寨及扎西时，当地除留下少数老人看家外，其余都携妻儿藏诸山林及岩洞之中。红军到达当地时，多数家中无人。有的群众到山上饿得支持不住了，才悄悄来到家附近找吃的。见红军宁肯冒着严寒露宿街头，也不乱打开群众住房，方恍然大悟，知道受骗，于是奔走相告，到山中将饥肠辘辘的亲人接出。有的人在红军走后才回家，见家中锅中留下银圆、镍币及条子，作为吃去粮食烧去柴草的补偿。据四川省古蔺县太平镇走马坝的群众回忆，红军在老百姓的菜地取食萝卜时，每挖一个萝卜，就在土中埋入一枚铜圆。在云南扎西大湾仓上赵怀高家喝了一锅开水，付了半元镍币。

红军还尽量帮助群众解决生活上的困难，把棉衣、衬衣、粮食、油盐等送给农民。1935 年 2 月 9 日，红五军团在扎西营上，一个战士看到农民张顺清的母亲衣衫褴褛，便把自己穿的衬衣脱下来送给她，她感动得流下了眼泪，以后常说："红军不但不拿老百姓的东西，反而把自己的东西拿给我们，红军真是好军队。"像这样的动人事迹，不胜枚举。

在长征中，红军以其实际行动，使人民群众认识到共产党是真正为人民服务的，因此愿意将粮食、鸡、猪卖给红军，为红军带路、舂米、做饭、补衣服，把房子让出来给红军住，向红军提供地方上的情报，带着红军去打土豪的岩洞碉楼以取得给养。不少群众还冒着生命危险，掩护红军伤员和流落红军。红军正是以自己的实际行动，取得了人民的支持，才打破了国民党的碉堡堵击、交通阻隔、经济封锁，渡过了长征中的重重难关。

【设计意图】 本案例适用于第二目"发扬中国革命道德"知识点的教学与运用。本案例讲述了长征过程中的"半床棉被"的故事。女红军在只有一床棉被御寒的情况下，毅然分一半给人民群众。这体现的是全心全意为人民的中国革命道德。长征中，人民群众冒着生命危险掩护红军，积极支持红军的行为同样是革命道德的体现。中国革命道德是中国共产党人、人民军队、一切先进分子和人民群众在中国革命、建设、改革中所形成的优秀道德，是中华民族宝贵的道德财富。教师在教学过程中应重点分析中国革命道德的形成与发展，强调中国革命道德的当代价值，对我们实现中华民族伟大复兴具有重要的现实意义。引导学生讨论在现今社会，如何发扬革命道德？社会主义核心价值观和革命道德间有哪些联系？

【案例精选十】延安精神

自 1935 年 10 月二万五千里长征走到陕北的吴起镇至 1948 年 3 月中共中央走出陕北走向中华民族伟大征程的新篇章，中国共产党在以延安为中心的这片黄土地上，在抗日战争和解放战争时期艰苦复杂的环境中，在以毛泽东为领袖的中国共产党领导集体政治上和理论上走向成熟的过程中，在中国革命不断取得胜利的背景下，逐步孕育、形成并发展出了凝聚民族精神、革命精神与时代精神的延安精神。

延安精神就是在延安时期，以中国共产党为核心的中华民族优秀分子，在争取民族独立和人民解放的伟大斗争实践中的理想追求、精神风貌、思想品德、工作作风的精华与结晶，是民族精神的升华、革命精神的传承、时代精神的体现。延安精神是以中华民族优秀文化传统和民族精神为历史文化基础，以马克思列宁主义、毛泽东思想为理论基础，以党领导的人民革命斗争为实践基础的伟大时代的产物，是培养、形成和发展起来的崇高革命精神和优良革命传统。

坚定正确的政治方向是延安精神的灵魂，是马克思主义政党公开树起的一面旗帜、一座灯塔，是延安时期中国共产党和根据地军民进行革命斗争的精神动力和政治保证，是中国共产党人成就伟业的政治灵魂。

解放思想、实事求是的思想路线是延安精神的精髓，是指一切从实际出发，理论联系实际，把马克思主义的基本原理与中国革命的具体实际相结合，克服教条主义和经验主义，实现马克思主义中国化，是共产党成功领导中国革命的基本法宝，也是贯穿于延安精神体系中的基本立场和观点方法，是中国共产党人成就伟业的思想基石。

全心全意为人民服务的根本宗旨是延安精神的本质，始终坚持人民利益高于一切，一切从人民的根本利益出发，一切为了群众，一切依靠群众，真心实意地帮助人民实现自己的利益，是马克思主义最鲜明的政治立场，是中国共产党的根本宗旨。

自力更生、艰苦奋斗的创业精神是延安精神的标志，自力更生所体现的主体精神与艰苦奋斗所体现的奋斗精神，是中国共产党的一贯主张和政治本色，延安时期党和人民的革命精神就是通过自力更生、艰苦奋斗集中体现出来的。

正是延安精神所具有的坚定正确的政治方向、解放思想实事求是的思想路线、全心全意为人民服务的根本宗旨以及自力更生艰苦奋斗的创业精神，凝聚了党心和民心，让我们党冲破前进道路上的各种险阻，谱写了辉煌灿烂的壮丽篇章。

在新的历史时期，完成党和人民实现中华民族伟大复兴中国梦的宏伟历史任务，贯彻全面从严治党战略布局，始终保持党的先进性、纯洁性，应对国内外复杂环境和激烈国际竞争给我们带来的严峻挑战，增强中华民族凝聚力，不断提升文化软实力和综合国力，都需要继承和弘扬延安精神。

因此，在新的历史时期，弘扬延安精神，就是要坚持坚定正确的政治方向，牢固树立建设中国特色社会主义理想信念，自觉坚持"三个自信"，为实现中华民族伟大复兴的"中国梦"而努力奋斗；弘扬延安精神，就是要坚持解放思想、实事求是、与时俱进的思想路线，把实事求是、不尚空谈与坚持真理、修正错误结合起来，努力成为与时俱进、求真务实的模范；弘扬延安精神，就是要坚持全心全意为人民服务的公仆精神，把牢记根本宗旨与加强党性修养结合起来，努力把"立党为公、执政为民"的无产阶级政党性质体现出来；弘扬延安精神，就是要始终保持自力更生、艰苦奋斗的政治本色，把艰苦创业、埋头苦干与清正廉洁、无私奉献结合起来，努力成为永不懈怠、勤奋工作的优秀党员干部。

【设计意图】本案例适用于第二目"发扬中国革命道德"相关知识点教学。本篇案例主要介绍了凝聚民族精神、革命精神与时代精神的延安精神的灵魂、精髓、本质和标志等。延安精神所具有坚定正确的政治方向、解放思想实事求是的思想路线、全心全意为人民服务的根本宗旨以及自力更生艰苦奋斗的创业精神，凝聚了党心和民心，让我们党冲破前进道路上的各种险阻。在新的历史时期，我们要将时代精神与民族精神紧密相连，继承和弘扬延安精神，增强中华民族凝聚力，不断提升文化软实力和综合国力，为实现中华民族伟大复兴的中国梦奋勇拼搏。在教学过程中，以延安精神为案例，重点剖析中国共产党在革命、建设和改革的各个历史时期，是如何继承和弘扬延安精神的。同时，在新的历史时期，广大青年学子需考虑应如何继承和弘扬延安精神中的中华民族优良传统，为实现中华民族伟大复兴的中国梦贡献力量。

【案例精选十一】红岩精神

为人进出的门紧锁着，为狗爬走的洞敞开着，一个声音高叫着：爬出来呵，给尔自由！我渴望着自由，但也深知道——人的躯体哪能由狗的洞子爬出！我只能期待着，那一天——地下的烈火冲腾，把这活棺材和我一齐烧掉，我应该在烈火和热血中得到永生。

这首感情炽烈、气势豪迈的《囚歌》是爱国将领叶挺在重庆渣滓洞监牢的墙壁上题写的雄壮乐章。这位北伐名将、新四军军长在皖南事变中被国民党扣押，先后被囚于江西上饶、湖北恩施、广西桂林等地，最后被移禁于重庆渣滓洞的国民党集中营中。在狱中，叶挺受尽各种酷刑，仍威武不屈。蒋介石曾多次派人说服他离开共产党，一心一意效忠于国民党。面对蒋介石的威逼利诱，叶挺矢志不渝，坚决斗争，表现出了一个共产党人的高风亮节。

在党中央的领导下，以周恩来同志为代表的中共中央南方局老一辈无产阶级革命家、共产党人和革命志士，在抗日战争及解放战争初期风雨如磐的斗争岁月中锤炼形成了崇高的革命精神，因南方局驻地红岩村而得名为红岩精神。叶挺将军就是红岩精神的代表人物。

红岩精神的代表人物还有中国共产党员江竹筠，小说《红岩》和电影《烈火中永生》的女主角江姐正是以江竹筠为原型。1944年的夏天，江竹筠听从组织的安排，来到四川大学农学院学习，并从事党的秘密工作。她与共产党员彭咏梧扮作夫妻，成立重庆市委的秘密机关和地下党员的学习基地。1945年，她与彭咏梧结婚，留在重庆协助彭咏梧工作，负责处理党内事务和内外联络工作，从那时起，同志们都亲切地称她江姐。1948年，彭咏梧在组织武装暴动时不幸牺牲，头颅被残暴的敌人割下并挂在城门上示众。强忍着失去丈夫和同志的悲恸，江竹筠毅然决然地继续着革命道路。然而，没过多久，由于叛徒的出卖，江竹筠被关押进了重庆渣滓洞的监狱。国民党特务对她实施了各种惨绝人寰的酷刑，无论是面对老虎凳、辣椒水、电刑，还是带刺的钢鞭，甚至是竹签钉进十指，江竹筠始终坚贞不屈、守口如瓶，她对敌人怒吼道："你们可以打断我的手，杀我的头，要组织是没有的……毒刑拷打，那是太小的考验。竹签子是竹子做的，共产党员的意志是钢铁！"在严刑拷打和死亡威胁的面前，江竹筠的一片丹心鼓舞着狱中的革命同志，也震撼了敌人。1949年11月14日，在重庆即将解放前夕，江姐被国民党特务杀害于渣滓洞监狱，用年轻的生命，诠释了红岩精神的精髓，浇灌了共产主义事业的希望。

国民党反动派特务的残暴是不通人性的，他们的魔爪竟然还伸向了年仅8岁的宋振中。宋振中在八个月大的时候，就随父母被捕入了狱。由于常年生活在阴暗潮湿的牢房里，吃的都是些发霉发臭的食物，等他长到八九岁的时候，却还只有四五岁孩子的个头，看着他头大身细、面黄肌瘦的模样，大家都称他为"小萝卜头"。小萝卜头虽然年纪小，但牢狱的生活让他早早成为一个早熟懂事的孩子，他聪明机灵，懂得随机应变，时常出没在牢房之间，冒着风险给大人们传递信息，做了许多成年革命者不能做的秘密工作。革命胜利前夕，小萝卜头与父母一起在狱中被国民党特务残忍杀害。重庆解放后，小萝卜头宋振中被追认为革命烈士，他是共和国乃至世界上最小的烈士，他的英名将永远被后人铭记。

今天的幸福生活离不开红岩先烈艰苦卓绝的斗争，他们的崇高品质和伟大精神，也将激励着中华儿女一路前行。

【设计意图】本案例适用于第二目"发扬中国革命道德"知识点进行教学。本案例以一曲气势豪迈的《囚歌》引出了爱国将领叶挺在解放战争期间饱受国民党反动派的威逼利诱却威武不屈的高风亮节。红岩精神是在党中央领导下，以周恩来为代表的中共中央南方局老一辈无产阶级革命家、共产党人和革命志士，在抗日战争和解放战争期间形成的革命精神，而叶挺就是红岩精神的代表之一。此外，本案例还讲述了红岩精神的另一个重要代表人物——江姐以及最小的烈士——宋振中（人称"小萝卜头"）的革命故事，他们用宝贵年轻的生命诠释和富了红岩精神的精髓与内涵，将其一生都奉献给了共产主义事业。无论是叶挺，还是江姐和宋振中，他们的身上都深刻体现出崇高的革命品质和伟大的革命道德，这些优秀的革命道德作为一种精神力量，从形成的时候起就对中国的革命和建设事业发挥着重要的作用。教师可通过红岩精神的案例，让学生了解叶挺、江姐和宋振中等人的革命事迹，通过他们身上的红岩精神，深入理解中国革命道德的形成与发展，以及中国优秀革命道德对于中国革命和建设事业的重要意义。

知识点 三　借鉴人类文明优秀道德成果

一个国家或民族的道德进步，既要注意在文明交流中坚守自身优秀道德传统，也要在文明互鉴中积极吸收其他有益道德成果。我们要以拓展世界的眼光，深刻洞察人类发展进步潮流，以海纳百川的宽阔胸襟借鉴吸收人类一切优秀文明成果，推动建设更加美好的世界。

知识案例

【案例精选十二】南丁格尔精神在中国

"勿为有损之事，勿取服或故用有害之药。尽力提高护理之标准，慎守病人家务及秘密。竭诚协助医生之诊治，务谋病者之福利。谨誓！"

每年 5 月 12 日南丁格尔诞辰之际，护理工作者们都会重温这段誓词，以缅怀这位护理行业的先驱，同时激励加入护理行列的白衣天使们，接过前辈手中的蜡烛，践行南丁格尔誓言，履行"保存生命、减轻痛苦、促进健康"的职责。

19 世纪初期的英国医院，护理情况极其糟糕，从事护理职业的人大多社会地位低下，因此，当出生于上流阶层的南丁格尔提出当护士的想法时遭到了亲友的一致反对，但她始终坚定自己的决心。恰逢克里米亚战争爆发，南丁格尔毅然率领 38 名护士奔赴前线。在战地医院里，她们细心照料伤员的饮食起居，提供精心护理，大大降低了士兵的死亡率。每个夜晚，她都手执风灯巡视伤病员，被伤员亲切地称为"提灯女神"。

回国后南丁格尔创立了世界上第一所正规护士学校，提出了科学的护理理论。随着世界各国南丁格尔式的护士学校相继成立，受过训练的护士大量增加，尽心竭力为病人服务的南丁格尔精神也传播到世界各地，传入中国的南丁格尔精神在红军护士身上得到了充分的体现。

抗战时期，红军护士随军奔赴于各大战区，为伤兵洗血衣、清伤口、敷药裹伤，为伤兵写家信，克服物资缺乏的种种困难，守护着革命战士的身心，支持鼓舞着抗敌将士的士气，为民族解放贡献了青春和热血，毛泽东曾为护士题词"尊重护士，爱护护士"，指出了护理工作的重要性，肯定了护士的社会地位。

我国护理事业历经一百多年的发展，涌现出一大批南丁格尔精神的践行者，他们长期坚守在护理岗位上，践行着维护健康的专业职责，弘扬着南丁格尔无私奉献、救死扶伤的人道主义精神，以自己的真心、爱心、责任心对待每一位病人，赢得了他们由衷的赞誉和信赖。

迄今为止，我国已有 79 位护士被授予了国际上护理界的最高荣誉——南丁格尔奖章。她们在病床前为患者带去欢乐，她们见证了无数个生命中的奇迹，她们是守护生命的"白衣天使"。她们用爱的光芒，照亮病人心灵，呵护着一个个受伤的生命继续远航。

【设计意图】本案例适用于第三目"借鉴人类文明优秀道德成果"知识点教学。南丁格尔作为护理事业的创始人，将护理职业正规化、职业化，提升了护士的社会地位。以其极具影响力的社会地位创办了专门的护士学校，为世界各地输送了专业的护士人才，在护理理论、统计和卫生改革等方面也做出了杰出的贡献。南丁格尔以真心、爱心、耐心和责任心为组成部分的人道主义奉献精神传入中国后，中国的护理工作者取其精华，把高度的责任感和爱心发扬光大，在新时代的感召下，与时俱进，不断学习先进护理经验，继承和发扬了中国的护士精神。教师需要以护士精神在中国的演化为例，引导学生坚持马克思主义立场、观点、方法，要坚持以我为主、为我所用，批判继承其他国家的道德成果。在吸取人类优秀道德文明成果的问题上，既要大胆吸收和借鉴人类道德文明的积极成果，又必须掌握好鉴别取舍的标准，善于在吸收中消化，把人类文明优秀道德成果变成自己道德文明体系的组成部分。同时，教师也可借此案例引导学生尊敬医护工作人员。

第三节　投身崇德向善的道德实践

公民道德建设，对于提高人民思想觉悟、道德水准、文明素养，提高全社会文明程度，具有至关重要的作用。弘扬社会主义道德，必须坚持以为人民服务为核心、以集体主义为原则，推进社会公德、职业道德、家庭美德、个人品德建设。大学生要自觉讲道德、尊道德、守道德，做社会主义道德的践行者、示范者和引领者。

知识点 一　遵守社会公德

社会公德与公共生活密切相关，公共生活需要道德规范来约束和协调。社会公德作为社会公共生活中应当遵守的行为准则，在维护公共秩序方面具有重要的作用。大学生应当自觉培养公德意识，养成遵守社会公德的良好行为习惯。

知识案例

【案例精选十三】长城上的"到此一游"

中国古代文人旅游，重视人与自然的互动，希望通过自己在旅游过程中所创造的诗、文、词、提名书法等"文化"，给山水增辉，与天地同寿。因此，古人在旅游时，就特别重视在风景名胜留下一点痕迹，希望通过金石文字和无情的时间抗衡。而"到此一游"这一"文化"发展到现今，寄托情怀已不再重要，重要的是标榜与炫耀某人"到此一游"，逐渐成为一个令人非常头疼的问题。

随着我国经济社会的全面快速发展，国民收入水平显著提高，旅游已经成为国民的必要休闲选项。然而，近年来各大景区景点随意刻字、随地吐痰、垃圾遍地等现象依然屡见不鲜。曾有报道，一对年轻情侣掏出钥匙在长城墙砖上刻名字，身后不远处就是"禁止刻画"的指示牌。女游客刻字时，男游客还拿出手机拍照。有游客上前提醒，两人置若罔闻。据了解，在居庸关长城八号烽火台内部能够看到密密麻麻的涂写、刻画痕迹。除了棚顶，但凡能接触到的面积已无砖幸免，甚至被刻画多次。除了汉字以外，韩语、英语、俄语等也不少见。除了长城上的刻字，北京故宫大铜缸上的"梁齐齐到此一游"、杭州西湖变"洗脚池"、承德避暑山庄《绿毯八韵》碑被泼墨等不文明、不道德现象也颇为"有名"，甚至到了国外，在埃及卢克索神庙的浮雕上也有人用中文"留下纪念"。

针对这些不文明现象，文化和旅游部发布了"文明旅游十大提醒语"，以进一步加大面向公众的文明旅游宣传引导，发动全社会力量，共同提示纠正出游活动中的不良陋习。希望文明与旅游同行，每个公民自觉的成为中华文明和社会公德的传播者。

【设计意图】本案例适用于第一目"遵守社会公德"知识点的教学。留心则不难发现，"到此一游"的刻画现象屡见不鲜，游客都喜欢在旅游胜地留下自己的足迹，但若是成千上万的人都这么做，那旅游景区的环境便得不到保证，甚至会被恶劣破坏。保护公共环境，人人有责，包括大学生在内的每一个社会成员，都应当自觉遵守以文明礼貌、保护环境、爱护公物、遵纪守法等为主要内容的社会公德。除了"到此一游"，社会中还存在很多不文明行为现象，例如随地扔垃圾、随地吐痰、插队、闯红灯、公开对骂等，这些不良行为都给社会的公共环境造成了巨大的负担。党和国家在注重经济发展的同时，也注重人们精神文明的建设，注重保护环境的环保意识的培养，大学生作为国家的新一代，应当积极响应国家的号召，避免或消灭不文明行为的发生，继承和发扬中华优良传统美德，遵守社会公共秩序，培养社会公德意识。教师可通过"到此一游"等不文明现象，让学生理解社会道德的主要内容、养成自觉遵守公共生活中的道德规范的好习惯。公共生活与每个人都息息相关，大学生应当自觉遵守社会公德，成为宣传和践行社会公德的重要力量，在遵守社会公德方面做出表率。

知识点 二　恪守职业道德

职业生活中的道德规范，不仅对各行各业的从业者具有引导和约束作用，而且也是促进社会持续、健康、有序发展的必要条件。

知识案例

【案例精选十四】高铁"体验"专家——罗昭强

2017 年，具有完全自主知识产权的中国标准动车组"复兴号"，率先在京沪高铁两端双向首发，分别担当 G123 次和 G124 次高速列车。"复兴号"在技术层面实现的突破，标志着中国创造的新高度和新水平。动车组的调试是列车出厂前的最后一道工序，也是高铁制造行业的核心部分，全国从事此工种的不到 2000 人，罗昭强就是其中一位。

在首批"复兴号"的出厂调试中，罗昭强率领团队完成了数十项调试方法的创新，实现了从"消化""吸收"到"再创新"的跨越。他研制的具有自主知识产权的"CRH5 型车端部模拟器""CRH5 型车网络 INDI 与 USDR 模拟器"等动车组关键调试装备，将制造成本缩减为原来的十分之一，打破了国外市场的长期垄断，开创了利用模拟手段对从事高铁车辆调试工作的操作员工进行培训的先河。

调试并不是罗昭强的本行，在进入高铁中心之前，他干了整整 25 年的电气维修。

1990 年，18 岁的罗昭强从大连机车技校毕业来到长春客车厂，成了一名维修电工。工作期间，他不局限于完成手头的工作内容，而是到全厂的每一个车间去熟悉每一种设备，凭借多年积累的经验，成了厂里 4000 多套引进设备最熟练的维修工，在国内各大技能比赛中频频得奖。2004 年，中车长客开始制造高速动车组，但支撑这一高端装备制造的调试人才却有很大缺口。

在初期培养调试人才队伍的过程中，由于操作只能在上亿元的现车上进行，师傅们和受训人员在实际操作中都格外小心，无法进行反复的操作练习。2011 年国内高速动车组飞速发展之时，长客却有 54 列动车组被批量召回，调试人才的缺乏，导致列车出厂前的隐形故障无法被及时发现，罗昭强被这场危机触动了，他想要发明一种高速列车整车调试环境模拟技术，为受训者创造一个与真实车辆一致的环境，用于快速提升其技能水平和应急故障处理的能力。罗昭强选取了最能体现动车组特点的受电弓、牵引、安全环路等几个主要环节，模拟出这些大系统的操作逻辑，把自己精心设计的数千张图纸交给了厂家。整合不同模块，编写程序，设计中央控制单元，在整个团队的不懈努力下，世界首台"高速动车组调试操作实训装置"就此诞生，每套模块都可以模拟动车不同故障，训练调试工人排查故障的能力，以往两三年的培训周期被缩短到了半年以内，让调试人员增长的数量跟上了中国高铁迅猛发展的步伐。

2019 年 1 月 8 日，作为项目负责人，罗昭强凭借《高速列车整车调试环境模拟技术及应用》项目，走进人民大会堂，捧回了 2018 年度国家科技进步奖二等奖，成为高铁生产制造领域、中国中车历史上首位独揽国家科学技术进步奖的生产一线员工。

"要让'中国制造'变成'中国创造'，工人就要自觉参与创新创造。"这是罗昭强的志气，也是第一代中国高铁人的强烈渴望。罗昭强说，作为新时代的一线工人，人人都要有工匠精神。在高速铁路列车实现由"追赶者"到"领跑者"的伟大跨越中，身处生产一线的技术工人是当仁不让的创新主角。罗昭强对工作和产品的精雕细琢、精益求精，是一种情怀，一种执着，一份坚守，一份责任，他身体力行地践行了敬业、专注、创新的工匠精神。

【设计意图】本案例适用于《思想道德与法治》第五章第三节第二目"恪守职业道德"知识点的教学。自 1990 年参加工作以来，罗昭强凭借着刻苦钻研、勇于实践的创新精神，立足岗位、技能报国的敬业精神，干事创业、担当作为的先锋精神，既当千里马、又当伯乐的奉献精神，从一名普通电工逐步成长为知识型、技能型、创新型的一线技术工人代表，成为我国高端装备制造业技能型人才向知识技能型人才转变的典范。他曾荣获"全国五一劳动奖章""全国技术能手""高铁工匠""吉林省劳动模范"等称号。由他领衔的劳模创新工作室荣获"国家技能大师工作室""全国工人先锋号""吉林省示范劳模创新工作室"等称号。罗昭强是在集团公司全面落实习近平总书记视察中车重要指示精神、助力集团公司实现高质量发展的新时代产业工人楷模、中车共产党员中的"金名片"，是中国高铁工人杰出代表。28 年的岗位坚守，罗昭强始终扎根在基层一线。他的人生与中国轨道交通装备相随一路飞驰，实现了跨专业、跨领域的技术突破与创新。从一名普通工人成长为长客股份公司"复兴号""和谐号"等高速动车组的"全科医生"，成长为高速动车组和城轨车辆制造调试领域的技能大师，成长为来自一线、扎根一线、服务一线的"工人院士"。至2019年3月，他共培养出6名全国技术能手、8名中央企业技术能手、10名吉林省首席技师、3名长春市技能竞赛状元以及100余名高级技师，并且这个队伍仍在不断扩大……教师可以结合本案例，讲述职业道德规范中"爱岗敬业"的相关内容——"无论从事什么劳动，都要弘扬工匠精神，干一行、爱一行、钻一行；只要踏实劳动、勤勉劳动，在平凡岗位上也能干出不平凡的业绩"，教育学生在求学过程中尊师重道、虚心求教，多参加社会实习和实训，以后参加工作要爱岗敬业、恪尽职守。

【案例精选十五】"独臂焊侠"卢仁峰

卢仁峰，中国兵器工业集团首席技师，曾获"中华技能大奖""全国最美职工"等荣誉，是2016年全国首批8名"大国工匠"之一。

1979年，16岁的卢仁峰来到内蒙古一机集团，正式开始了焊接工作。看着前辈们在工作中取得的成绩，他羡慕不已。由于文化程度低，卢仁峰看不懂图纸，工艺又不熟悉，原理也不懂，在工作中只能打打下手。但他不想止步于此，老师傅干活时，他认真观摩，默记操作要领；师傅休息时，他就抓住机会主动上手操作，在练习试板上反复实践。苦心人天不负，他逐步成了厂里的技术骨干。一次意外却让他险些告别焊工工作。在一次操作中他的左手被剪板机切掉，并且感染得了骨髓炎，先后做了八次掌接手术，在医院躺了整整一年。但他充分利用住院的时间，啃完了焊接初、中、高三个阶段的书本，正好弥补了理论知识的不足。

当重回工作岗位的卢仁峰再次拿起焊枪时，结果令他大失所望，左手根本起不到辅助作用，焊上去的零件很难保持垂直、精准。但他不服输，整日泡在车间坚持练习，还给自己特制了一个加厚隔热手套方便左手卡住零件，一个特殊的面罩，可以用牙齿咬住焊帽护住脸部，并且为自己定了一个每天练习50根焊条的任务。如此高难度的单手焊接，他一练就是5年，特制手套都磨破了四五副。

"办法总比困难多。"这是卢仁峰时常挂在嘴边的话。在与病痛的抗争中，卢仁峰凭借过人的毅力，练就了单手焊接的绝技，攻克了一个个焊接难题，逐步掌握了单手进行焊条电弧焊、氩弧焊等十几种焊接方法，更是完成了"短段逆向带压操作法""特种车辆焊接变形控制"等多项创新成果。

技术提高了，挑战也接踵而至。某新型主战坦克的装甲选用的是坚硬的特种钢材，这种材料的焊接难度极高。没有合适的工具，他就带领团队制造工具；为了找准合适的焊接角度，他钻到车下进行焊接，落下的火花烫得他满身伤疤。"光是料就用了1000多块，试验一次不行再换另一种方法，试验了300多种方法。"卢仁峰带领他的团队用了整整 5 年时间终于攻克了这个难题。

有绝技在手，卢仁峰常常被人称为"焊接大师"。一动焊枪，他就知道钢材的可焊性如何，仅凭钢板掉在地上的声音，就能辨别出碳含量有多少，应采用怎样的工艺。在穿甲弹冲击和车体涉水等试验过程中，他焊接的坦克车体密不透水，坚如磐石。

工作之余，卢仁峰总会找时间为自己"充电"。他的书桌、床头都放有专业书籍，《金属学》《焊接工艺》等常用的工具书都已经被他翻得卷了边，上面还有他学习过程中密密麻麻的笔记。正是靠着这种执着追求焊接技艺的拼劲儿和韧劲儿，卢仁峰成为中国兵器工业集团的首席技师，他用无悔的焊工情演绎从普通工人到大国工匠的"焊接"人生，并用自己的实际行动诠释了兵工人把"一切献给党"的高尚情怀。虽然荣誉不断，但卢仁峰更希望能把自己的"绝活儿"一代一代传下去，在发展中不断进步，在进步中不断创新，在创新中成就匠心之品。

【设计意图】本案例适用于第二目"恪守职业道德"相关知识点的教学。卢仁峰虽然只有一只手可以正常工作，却依然执着地坚守在平凡的焊接岗位上，克服了常人难以想象的困难，掌握了单手焊条电弧焊、氩弧焊等十几种焊接方法，攻克了多个焊接技术难题，赢得了"独手焊侠"的美誉。作为技术骨干，卢仁峰和他的工友们攻克了多个型号坦克、装甲车和动车组的焊接技术难关。经过上百次的实验，他总结出的母材熔化时间、加入填充金属的最佳时机和最佳焊接角度等技术理论，克服了动车组铝摇枕焊接的技术难题。十几年间，卢仁峰带出的徒弟个个都成了技术上的骨干，有的还获得"全国劳动模范""五一劳动奖章"和"全国技术能手"等殊荣。教师可通过本案例，让学生了解大国工匠卢仁峰的事迹和爱岗敬业的职业精神，学习卢仁峰干一行爱一行、精益求精、尽职尽责的职业操守，帮助学生树立正确的职业观。通过卢仁峰的故事，鼓励学生无论从事何种职业，无论是面对怎样的人生困境，只要兢兢业业，敢闯敢拼，不轻言放弃，就一定能有所成就。

【案例精选十六】大国工匠魏红权和他的"超精密机械手"

一块半精加工的零件，被研磨十多分钟后，表面平整光亮如镜，引得台下观众赞叹不已。这就是中国兵器工业集团武汉重型机床集团钳工魏红权的"绝活"，它背后的诀窍来自这双体力劳动者的手，骨节粗大，皮肤由于常年接触各种机件和化学溶液，粗糙而干燥。天下大事，必作于细，研磨是物理和化学的共同作用，更是对人心性的磨炼。

1985 年，魏红权从技校毕业后进入武汉重型机床厂工作，师从"全国劳动模范"余维明，让人望尘莫及的手工研磨技艺也从那时起就打下了坚实的基础。对力度和手法的掌控力在长年累月的磨炼中不断进步，魏红权能够熟练操作多种精密加工机床，面对复杂零件加工中出现的质量问题，他也能进行综合分析并提出解决方法。

经过多年的反复实践，魏红权摸索出了一套超精密的工作方法——"化学刷削"

十研磨棒，创新性地解决了产品零件在精度控制中的难题。在武重集团，许多重要装备出厂前，魏红权的双手就是最后一道关口。这双"超精密机械手"是达到设计精度的保证，这双手奉献于中国制造，坚守在中国兵器制造的第一线。

30多年来，魏红权一次又一次突破加工制造的瓶颈，参与完成50余项重大项目，创造直接经济效益数千万元。在国家航天航空的重点关键设备试验段，魏红权修复了该项目中导弹轨迹捕获装置中对导弹轨迹捕获的问题，完成攻坚，该项目的成功也使我国在国防军工领域处于世界领先地位。面对国外技术的封锁和限制时，他以对轴向轴承的提精和采用对主轴锥孔自磨合研磨的加工方法，克服难题，成功为国家战略装备的研制提供了关键的加工技术保障，这一设备最终获得2012年国家科学技术进步二等奖和兵器集团科技进步一等奖。在一次次攻坚克难中，魏红权先后获得"中国兵器工业集团首席技师""全国技术能手"等数十个荣誉称号，享受国务院政府特殊津贴。

凡"匠人"，必有"匠心"。因为热爱，所以竭其心智、穷其工力，嗜之越笃，技巧越精。他们在岗位上兢兢业业，讲起自己的作品时侃侃而谈，面对年轻的后辈，无不言传身教、倾囊相授。他们朴实无华的话语透射出对事业和生活的自信，这股精气神，承接了千百年来的美好传统，也在研磨着我们这个时代的共同情怀，我们都正在用劳动来拼取着成功和幸福。

【设计意图】本案例适用于第二目"恪守职业道德"相关知识点教学。无论从事什么劳动，都要弘扬工匠精神，干一行、爱一行、钻一行。一切劳动者，只要肯学肯干肯钻研，练就一身真本领，掌握一手好技术，就能立足岗位成长成才。三十余年来，魏红权不忘初心，用心坚守岗位，创新研磨技术，打磨中国制造，为中国重型装备制造业转型升级贡献力量，为国家国防装备制造及武重改革发展做出重大贡献，用实际行动诠释大国工匠精神。教师可通过介绍魏红权用心坚守岗位、创新研磨技术、打磨中国制造的事迹，来向学生阐明工匠精神在中国制造在转型升级中的重要作用，传递"爱岗敬业、争创一流，艰苦奋斗、勇于创新，淡泊名利、甘于奉献"的劳模精神，让学生能够树立优良的职业生活与劳动观念。

【案例精选十七】悬崖上的基电站

这是一个叫阿土列尔的小村庄，这里海拔1600米，群山林立，地势险峻，村民们长期以来只能依靠17根藤梯与外界联系。因此，阿土列尔村也被称为"悬崖村"。2016年以前，村子里没有基电站，手机信号弱，村民们若想给远方的亲朋好友打个电话，只能艰难下山一趟。为帮助村里改善现状，四川移动公司决定投资100余万元为阿土列尔村建设基电站。

在"悬崖村"建立基电站并非易事，通信工程队面临的头个难题便是基电站的选址。选址要求既能确保信号全覆盖，又要方便运输材料。走遍村四周的山后，工程队决定把基站建在村对面的山头上。解决完选址问题，工程队又面临第二个难题，那就是材料的搬运。"悬崖村"地处海拔近 2000 米的高山上,山路崎岖难行,汽车更无法驶入。除了几十斤重的建筑材料,通信工程队的成员们还得背上干粮和水,一走就是四五个小时。工程队一路走走停停,汗流浃背,但即使又险又累,他们仍然热情高涨,不放弃不退缩。经过六个多月的艰难施工,2017 年 6 月底,基电站最终建设完毕,通信工程队为与世隔绝的"悬崖村"开通了信息天路。

基电站建成的当天,村民们穿上鲜艳的服饰载歌载舞前来庆祝,感谢通信工程队的辛苦付出。如今,"悬崖村"的村民再也不用只为打个电话跑上几座山,近 70 户的人家用上了 100 兆光纤宽带、4G 网络和超清电视,国家的强大离不开通信的发展,信息化建设是实现全面建成小康社会的重要措施。在我国,像阿土列尔这样通信不发达的贫困山区还有不少。党的十八大作出全面实施脱贫攻坚战略决策以来,为解决贫困山区的通信难题,大批通信工程人员翻山越岭,在自然条件极其恶劣的地方从事着建设基电站、连接线缆、维护设备等艰苦工作。他们攻克了难以想象的困难,把信息化服务带到闭塞的山村中,让人们享受到现代通信给生活带来的便利,在平凡岗位上为我国的现代化建设默默奉献着自己的力量。

【设计意图】本案例适用于第二目"恪守职业道德"相关知识点的教学。阿土列尔村是四川省凉山深处的一个小山村,因为进出村子需要攀爬近一千米的藤梯所以被称为"悬崖村"。村子里没有基电站,电话信号弱,村民们接打电话都需攀爬下山。2016 年 11 月,在社会各界特别是通信人员的努力下,"悬崖村"基电站成功建立。通信设施的不断完善为这个闭塞的山村带来了巨大变化。这只是通讯人服务社会一个很小的例子,实际上,凡是有人的地方,都需要通信,也都有通信人默默付出的身影。无数通信人在自己的岗位上兢兢业业,推动了我国信息化建设的飞速发展,让更多的人享受到通信给生活带来的巨大便利。老师在讲课中首先可以先从我们身边具体的例子引入,讲述电网工程在基础设施建设中具有重要作用,如我们每天都在使用以至于忘记了存在的移动网络。其次,以阿土列尔村为例子介绍我国贫困山区电网工程不发达的情况,也可讲述我国从 20 世纪 80 年代开始实施"村村通"工程(公路、电网、自来水村村通)30 年来农村的基础设施建设取得了重大成就。最后,聚焦平凡岗位上辛苦付出的通信人,学习通信人在自己的行业中兢兢业业为社会为人民服务的精神,培养学生树立正确的职业道德观念,引导学生在将来走向社会后成为有职业道德的人。

知识点 三　弘扬家庭美德

从恋爱到缔结婚姻和组建家庭,是人生需要经历的阶段。注重家庭、注重家教、注重家风,遵守恋爱、婚姻家庭生活中的道德规范,树立正确的恋爱观和婚姻观,有利于大学生的健康成长、顺利成才。

知识案例

【案例精选十九】廉洁自律慎守儒风——林则徐家风家训励后人

在浩渺的宇宙中有一颗耀眼的小行星，它罕见地以一位中国政治家的名字命名，这颗星叫"林则徐星"。这是我们福州人的骄傲，是所有中国人的骄傲。提起林则徐，大家想到的是"虎门销烟""民族英雄"等，而今天让我们一起走近林则徐的优良家风家训。林则徐是为官清廉、治家严谨的典范。首先，大家一定很好奇，是什么样的家庭能够养育出了一代民族英雄？

（1）林则徐的家教渊源

奋发进取的书香之家。林则徐出生于贫困的下层知识分子家庭，父亲林宾日是一位私塾先生，母亲靠做女工贴补家用，生活十分清贫。尽管如此，林宾日依然十分重视对林则徐的教育。林则徐四岁那年，父亲就把他抱到自己任教的私塾启蒙学习。林则徐聪明过人，几年的私塾生活让他逐步开窍，八岁就开始学习作文，十岁就会写诗作对。少年时期就写下了传颂至今的联句：海到无涯天作岸，山登绝顶我为峰。不仅对仗工整，还有一番顶天立地的豪气。后来，功夫不负有心人，二十岁的林则徐考中举人。可以看出，纵使物质再清贫，林家仍执着地相信知识改变命运。

亲情融洽的仁爱之家。我们可以从林家的两件"传家宝"说起：一盏两根灯芯的油灯和一盘素炒豆腐。一盏嘉庆道光年间民间极普通的青花瓷油灯，也是林家夜间照明依赖唯一的一盏油灯，平时油灯只放一根灯芯，只有到了大年夜，才加点一根，以示喜庆。而在这盏煤油灯下，常常是父亲教儿子诵读诗书，母女们在旁边飞针走线做女工，陪读到深夜。一盘素炒豆腐。据说有一年除夕晚上，邻居见隔壁林家非常热闹地在吃年夜饭，便好奇地爬上矮墙探望，见到的却是一家十余口围着一张矮桌子，津津有味地吃着那唯一的一大盘素炒豆腐。现在，一盘素炒豆腐是林家年夜饭的保留节目，长辈告诉孩子们，这是林公小时候吃的，豆腐方方正正，素炒清清淡淡，我们做人堂堂正正，做事清清白白。尽管生活清贫，但是他们一家亲情融洽，相亲相爱。现在一些家庭，夫妻经常吵架，动不动离婚，对孩子的成长是很不利的。

淡泊明志的勤勉之家。林宾日一生淡泊名利，不贪图不义之财，经常告诫林则徐要"不妄与一事，不妄取一钱"。有一次，本乡有一位品行不好的绅士，慕名以优厚的聘金来请父亲去教他儿子，父亲因为厌恶他的为人而一口回绝。

林则徐正是因为父母的教诲以及林家淡泊、仁爱、勤奋的家风，奠定了他的人生观和价值观。

（2）林则徐家风家训的丰富内涵

林则徐不仅身体力行、严于律己，更是将其优良家风传给子孙后代，留下不少著名的家训箴言，影响和培育了一代代杰出的林家后人。

①为人处世之学

其中流传最广的就是"十无益"格言："存心不善，风水无益。不孝父母，奉神无益。兄弟不和，交友无益。行止不端，读书无益。心高气傲，博学无益。作事乖张，聪明无益。不惜元气，服药无益。时运不通，妄求无益。妄取人财，布施无益。淫恶肆欲，阴骘无益。""十无益"包含修身，齐家，处世之道，全方位地对人的身心起教化作用。虽然话语朴素，但是很实用，很有时代价值。

②清廉为官之道

林则徐始终牢记林父的告诫："不妄与一事，不妄取一钱。"他始终以"壁立千仞，无欲则刚"勉励自己，在污浊横流的晚清官场，能保持高度的清醒和定力。受命钦差大臣前往广东查办、销毁鸦片，林则徐的刚正廉洁，令英国人也很佩服，说："林钦差的手没有被贿赂玷污过。"洋商头目伍绍荣用"愿以家资报效"求解脱，被林则徐厉声痛喝"本大臣不要钱，要你脑袋"。即使在遭人诬陷，曾贵为钦差大臣的他被流放至新疆，他也吟出了千古名句："苟利国家生死以，岂因祸福避趋之。"充分体现了林则徐以身许国、不计个人荣辱的崇高境界和爱国主义情怀。

同样，林则徐也是这样教育儿子的。1839 年，林则徐奉命当上钦差大臣，一路风尘仆仆，刚到广州他就给他的夫人写了一封信，信中郑重告诫他的夫人，当官不易，做大官更难，我自己是毕恭毕敬，奉命唯谨，要告诉两个儿子，一定要千万务须谨慎，不可仰仗乃父的势力，到官府走动，或者干预地方上的事情。

林则徐曾写过一副有名的对联告诫后代："子孙若如我，留钱做什么？贤而多财，则损其志；子孙不如我，留钱做什么？愚而多财，益增其过。"这话说得多么有智慧，何其超脱。子孙如果像我一样卓异，那么，我就没必要留钱给他，贤能却拥有过多钱财，会消磨他的斗志；子孙如果是平庸之辈，那么，我也没必要留钱给他，愚钝却拥有过多钱财，会增加他的过失。可今天，能真正读懂并践行林则徐这段话的又有多少人呢？

十八大以来，在落马的家族式贪腐官员中，有的是"夫妻同伸手"，有的是"上阵父子兵"的"家族式腐败"。在周永康、薄熙来、徐才厚、令计划、苏荣等"大老虎"落马案件中，都带有"家庭式"甚至是"家族式"贪腐的特征。而在薄熙来案约 5 万字的判决书中，其妻子谷开来的名字出现高达 282 次。法院判决书显示，在刘铁男案涉及的 3558 万余元财物中，通过儿子刘德成收受的达到 3400 余万元。而儿子的贪婪，则直接源自父亲的言传身教。刘德成记得："小的时候我爸每次在路上都会跟我说，做人要学会走捷径。一定要有出息，要做人上人，这样才能过得好，才能受人尊重。"长大后的刘德成，脑海中全是父亲灌输的扭曲的金钱观、价值观、人生观，这也是他后来为何会利用父亲职务的影响力来大肆攫取金钱的原因所在。

③勤俭持家之风

贫穷的生活给林则徐打下了一生不能磨灭的勤俭爱民的烙印。他在家训中屡屡提及要勤俭节约。他虽然位极人臣，完全有条件享受荣华富贵，但他常常告诫子孙要"慎守儒风，省啬用度"，要养成良好的习惯，要早起、戒懒，自食其力，以勤俭传家。林则徐还专门写了一副对联挂在家里："芝草无根，醴泉无源，人贵自立；流水不腐，户枢不蠹，民生在勤。"希望勤奋、自立的家风，能够世代流传。

63岁时，林则徐立下了《析产阄书》，为三个儿子分家产。告诉他的孩子，这些钱来之不易，应该慎守儒业，要谨慎地处理好自己所得到的产业，最根本的是自己要读书，即使得到这些产业，勿要迷失当初我们做官的初衷。为官30余年，没有时间管理家业，房产只值3万两银子，每个儿子只能分到价值1万两银子的房产，现银则无可分。曾国藩在闻得林则徐家书后说："闻林文忠公三子分家各得六千串。督抚二十年，家私如此，真不可及。吾辈当以为法。"

（3）弘扬优秀传统家训，培育时代良好家风

改革开放以来，我国公民道德建设取得了长足的进步，但是仍然存在着一些不容忽视的问题：为什么"拼爹"事件、"坑爹"事件、炫富事件时常曝光？为什么懒惰懈怠、不思进取，心安理得地在家啃老的年轻人不在少数？为什么为了牟取私利而制假售假、贪赃枉法的事件层出不穷？不讲文明、不守秩序、不重诚信的例子更是举不胜举……如果有严明质朴的家风，这样的事情会不会减少一些？

家风正，则民风淳；家风正，则政风清；家风正，则党风端。建好家庭、树好家风、育文明人，是建设和谐社会的根基和保障。传承优秀传统家规家训，有利于延续和弘扬中华民族的"家国"文化，涵养新时代的良好家风。在我们身边，也有许许多多平凡却有良好家风的家庭，为社会和谐进步提供着正能量。在我们八闽大地就有，坚守家父谷文昌清廉家风的谷豫东、两代人续写仁心仁术家风的陈强、一颗心牵动两岸家园情的台胞薛清德、反哺家乡做公益的杨璞、顾小家爱大家的敬业警嫂毛娟文，他们在书写着一个个新时代有情怀、有温度的"最美家庭"故事。

【设计意图】本案例指向的融合点是"继承和弘扬优良家风"。林则徐是福建历史名人，作为中华民族英雄，他的丰功伟绩家喻户晓，他的清廉家风却鲜少被提及。选举林则徐家风家训故事作为"传承中华优秀传统家风家训"的切入点，汲取精华、去除糟粕，延续和弘扬中华民族的"家国"文化；吐故纳新、与时俱进，涵养新时代的良好家风，使千千万万个家庭成为国家发展、民族进步、社会和谐的重要基石。

本案例的具体内容传承优秀传统家训，对增强文化自信，传承中华优秀传统文化，涵养良好家风具有重大意义。该故事契合了教学知识点，能起到了较好的教学效果。该故事体现了福建特色，鲜活的历史人物容易引起大学生的共鸣。故事探究林则徐作为中国近代史上里程碑式的人物背后的家教渊源，让学生明白"修身齐家"方能"治国平天下"，生活化的故事贴近实际，对涵养新时代的良好家风具有时代价值。

⊞+ 【案例精选二十】周恩来和邓颖超的革命爱情

"有一次，我突然接到你寄给我的印有李卜克内西和卢森堡像的明信片，你在明信片上写了'希望我们两个人，将来也像他们两个人那样，一同上断头台'这样英勇的革命的誓言。……我们之间的书信，可以说是情书，也可以说不是情书，我们信里谈的是革命，是相互的共勉。……我们革命几十年，出生入死，艰险困苦，患难与共，悲喜分担，有时战斗在一起，有时分散两地，无畏无私。"

这摘自邓颖超 1988 年为纪念周恩来而写的《从西花厅海棠花忆起》一文。文章中，邓颖超这样描述两人的爱情："我们的爱情生活不是简单的，不是为爱情而爱情。我们的爱情是深长的，是永恒的。是根据我们的革命事业，我们的共同理想相爱的。"

周恩来与邓颖超相识于五四运动，当时的两人都没有考虑恋爱和结婚的问题，周恩来还主张独身主义。两人彼此之间，一直都是非常自然地交往，没有任何别的目的，只是为着共同的斗争，发扬爱国主义，追求新思潮，追求进步。在这个过程中两人建立起非常纯正的革命友谊。后来，周恩来远赴欧洲，两人在通信中不断增进了解，也增进了感情，特别是两人都建立了共同的革命理想，要为共产主义奋斗。后来这份友谊发展成了革命青年之间的爱情。1925 年，两人在广州结婚，之后又分别投入革命工作中。周邓之间的爱情，怀着家国天下的情怀，也充满了对革命的执着。长征的时候，条件十分恶劣，加上周恩来为党务军务操劳，常常是整夜不眠，终于累坏了他的身体。在周恩来病重之际，中央特意把邓颖超接来照顾。她三天三夜守护在周恩来身边，靠着冰块局部降温的方法，令周恩来退去高烧，转危为安。两人相互扶持，战胜了身上的疾病，和红军一起胜利到达了陕北。陈赓曾戏言：这是爱情的力量。

周恩来与邓颖超两人之间的感情无论多么深厚和亲密，他们自始至终都公私分明。新中国成立后，周恩来作为国务院总理在西花厅办公。总理的办公室和卧室同处一栋，邓颖超是他的挚爱伴侣，又同是中央高干，自然也住在这里。但总理工作上的事邓颖超总是主动回避，总理也从不与邓颖超多讲一句有关工作上的话。总理办公室有三把钥匙，他自己手里一把，秘书和警卫各一把，邓颖超没有。不光如此，如果邓颖超有事需要进办公室必须先敲门。周总理把自己分成两半，一半属于公家，一半是他自己。他也有个人丰富的内心世界，但是公私两部分泾渭分明，绝不相混。他们两人，丈夫的心可以全部掏给妻子，但决不能搭上公家的一点东西；反过来无论妻子对丈夫多么关心，但决不能关心到公事里去。

周总理曾在与侄女的交谈中，专门提到自己和邓颖超的感情："当年决定献身革命的时候，我就考虑，作为一个革命者的终身伴侣，必须也能一辈子从事革命，应该选择一个能够经受得住革命的艰难险阻和惊涛骇浪的人作为伴侣，共同战斗。我是这样选择了你们的七妈（即邓颖超）的。接着，就和她通起信来了。我和你们七妈在共同的斗争中和长期的通信中，相互了解的基础是坚实的，是共同的革命理想和不畏险阻的奋斗精神把我们紧紧地连接在一起的。"

【设计意图】本案例适用于第三目"弘扬家庭美德"知识点的教学与运用。案例讲述了周恩来和邓颖超从革命时期建立起来的爱情故事。周恩来和邓颖超之所以能维护几十年如一日相濡以沫的爱情，是因为他们的爱情建立在共同的理想和信念之上。正如周恩来所说，他和邓颖超相互了解的基础是坚实的，是有着共同的革命奋斗精神的。大学生恋爱也要建立在互相了解，有共同理想和目标。在大学期间，处理好恋爱和学习的关系，衡量爱情能否促进彼此的学习，力求共同进步，绝不能够本末倒置。大学时代是人生的美好时光，青年男女要用心呵护爱情，本着对自己、家人和对方负责任的态度，经营爱情。不能功利地、只顾恋爱不顾其他，草率地开始爱情又结束爱情，好的爱情是携手进步，互相激励和成长，共同面对人生的风风雨雨。

【案例精选二十一】匾额楹联里的乔家家风

晋商翘楚乔家位于山西祁县乔家堡村，是晋商中靠勤劳诚信、白手起家的典范。乔家的宅邸乔家大院始建于清嘉庆、道光年间，是一座封闭城堡式建筑。乔家大院布局严谨，气势恢宏，石刻砖雕，彩绘金饰，被誉为"北方民居建筑的一颗明珠"。

走进乔家大院，内容丰富、形式多样的匾额楹联随处可见。乔家大院共有匾额50多块，楹联近30副。这些匾额楹联集文学、书法、雕刻艺术于一身，蕴涵着宅主修身齐家和经商处世的道德志向，是传世家教的重要组成部分。在乔家中堂大门外照壁两侧，雕刻着"经济会通守纪律，言词安定去雕镂"。这句楹联教导子女与人商业往来时要遵守社会道德法纪，诚信规范；与人交谈时要去除雕琢修饰，为人真诚。乔家人也一直把这种诚信精神践行到经商之中。一次，乔家第四代当家人乔致庸发现自家经营的复字号油坊里，有伙计在麻油中掺假，便立即命人收回已经卖出的麻油，并给顾客退款。这块"为善最乐"的砖雕匾额悬挂于乔家老院统楼上，距今已有200多年的历史。四个篆体大字古朴典雅，劝诫子女不能只顾一己之利，要积德行善，助人为乐。乔家世代乐善好施，富而行仁。据《祁县志》记载，光绪三年，天遭大旱，百姓生活困苦。乔致庸立刻安排赈灾舍粥，并命令全家人一年内不准做新衣，不准吃山珍海味。

乔家"在中堂"大门上镶嵌的这副"子孙贤族将大，兄弟睦家之肥"铜板楹联，是由晚清重臣李鸿章撰写所赠，意思是子孙贤能、兄弟和睦，家族将会繁盛、富贵。该联蕴涵着中国传统文化中家和万事兴的治家理念。乔家也十分重视教育子女读书上进。这块荷叶状的木雕"会芳"匾额悬于乔家私塾正堂门楼上，"会芳"即汇聚社会贤才，也有教育子女见贤思齐之意。"百年燕翼惟修德，万里鹏程在读书""读书即未成名究竟人品高雅，修德不期获报自然梦稳心安"。这些楹联同样体现了乔家长辈对子女刻苦读书、勤修德行的殷切期盼。乔家第六代的映字辈子弟有二十人，其中十人考入清华、南开等名校，两人留美，毕业后都成了各自领域的佼佼者。

其他如"勤为本""诚做基""绳其德""芝兰第"等匾额无不贯穿着尚德尚贤、崇文崇善等积极向上的家风内涵。这些家风在口耳教育之中，在匾额楹联之间，潜移默化，代代相传，成为乔家兴盛百年，富泽六世，称雄商界的精神支撑。乔家是良好家风传承的一个代表，家风家训也是中华民族优秀传统文化的重要组成部分。传世的《颜氏家训》《朱子治家格言》被视为垂训子孙以及家庭教育的典范，再如《章氏家训》《曾国藩家书》《傅雷家书》等著作也充满着修身齐家的智慧和对子孙立身处世、持家置业的殷切教诲。现如今，学习具有深厚历史文化底蕴的家训、培育和传承良好家风具有非常重要的现实意义。

【设计意图】本案例适应于第三目"弘扬家庭美德"相关知识点的教学。家风文化是在中国传统道德滋养下形成的文化，培育和传承良好家风是中华优秀的传统文化的重要组成部分。习近平主席曾在多个场合都谈到了良好家风对个人修养和整个社会道德建设的重要作用。乔家大院中的匾额楹联近，蕴含了丰富的家风家训内涵。老师在教学中可以重点引导学生领悟这些匾额和楹联中体现的为人处世、修身治家的道德要求。此外，老师也可推荐学生课外阅读《颜氏家训》《朱子家训》与《曾国藩家书》等著名的家训著作，让学生在阅读中感受到优秀家风的道德要求，长辈对子女的期盼，后辈对优秀家风的代代传承。家风家训并不是遥远的，而是亲切有温度的，它就在我们家庭生活的点滴之中。教师在课堂中可以让学生讨论自己家庭中有哪些优秀的家风故事，激活课堂，更好地引导大学生继承和弘扬优良家风，把良好的家风贯彻于自己的日常行为之中。此外，社会主义核心价值观根植于中华优秀传统文化，社会主义核心价值观中的"和谐""爱国""诚信""友善"等道德要求，从本质上是和我国传统的优秀家风相一致的。教师也可以从弘扬社会主义核心价值观方面对传统家风的内容进行延伸扩展。

知识点 四　锤炼个人品德

个人品德在社会道德建设中具有基础性作用。在现实生活中，社会公德、职业道德和家庭美德的状况，最终都是以每个社会成员的道德品质为基础的。社会公德、职业道德和家庭美德建设，最终都要落实到个人品德的养成上。

知识案例

【案例精选二十二】君子慎独

"慎独"，语出《礼记·中庸》："莫见于隐，莫显于微，故君子慎其独也。"意指一个人独处时也能保持谨慎不苟。"慎独"是中国传统的道德观念和自我修养的方法，是一种高尚的思想境界，一直备受尊崇，许多古人君子的慎独行为成为美谈佳话并流传至今。

东汉名臣杨震，在调任东莱郡太守时，路过昌邑县，遇到自己曾举荐过的茂才——王密。时任昌邑县令的王密，为感谢恩师杨震的知遇之恩，拿来十斤黄金想赠予杨震，不料却被杨震一口拒绝。王密说，暮夜无知者。杨震回答道："天知，神知，我知，子知，何为无知？"随后，王密羞愧而去。一段"四知拒金"的佳话便被传颂下来。

元代大学者许衡，曾有一次途径河阳，因夏季天气炎热，路人纷纷采摘路边野梨解渴充饥，唯独许衡坐在树下，纹丝不动。旁人问他为何不摘，他说，这梨不是我的，不能拿。旁人说，世道这么混乱，管它是谁的梨。许衡回答："梨虽无主，我心有主。"

清代康熙皇帝曾将"慎独"概括为"暗室不欺"，并告诫子孙："《大学》《中庸》俱以慎独为训。"林则徐在府宅中堂上书"慎独"二字，以警醒和勉励自己。曾国藩遗嘱第一条写的是"慎独则心安"。"慎独"作为自我修身方法，不仅在古代道德实践中发挥过重要作用，对今天的社会主义道德建设仍具有重要的现实意义。

习近平总书记曾向广大党员干部强调"慎独慎微"的重要性，告诫大家要"有觉悟""找到自己行为的准星"，要靠自律来约束自己的言行，始终保持"慎独"克己的定力和气节。不仅是党员干部，广大青年学子也要学会以"慎独"进行自我要求。只有在每天的学习和生活中，自觉将言善、行善和思善变为一种习惯，才能逐渐成为一名温良恭俭、品格高尚的公民，才能共同把全社会的道德水平推向更高的境界。

【设计意图】本案例适用于第四目"锤炼个人品德"使用。个人品德在社会道德建设中具有基础性作用，无论是个人人格的健全还是社会的和谐有序都依赖于个人品德的不断提升。"慎独"是个人自觉践行道德的重要方式与方法，能否做到"慎独"，以及坚持"慎独"所能达到的程度，是衡量人们是否坚持自我修身以及在修身中取得成绩大小的重要标尺。引导学生了解个人品德需要不断地通过道德修养加以提升，道德修养需要积极有效的方法，而"慎独"是一种自我约束、自觉控制的个人修养方法。使学生明白"慎独"修养离不开在实践基础上的内讼自省，离不开严格的自我批评和积极的思想斗争，离不开经常性的自我道德审视、评价和扬弃。激励学生将"慎独"融入心灵，不惟慎独，还要慎权、慎欲、慎微、慎众，自重、自省、自警、自励，不断磨砺自我，从而成就事业。

【案例精选二十三】杭州图书馆里的拾荒老汉

2014年11月，一则题为《杭州图书馆向流浪汉开放拾荒者看书前自发洗手》的新闻引发热议。杭州图书馆作为国际图书馆协会联合会的成员馆，秉承其对公共图书馆不分种族、年龄和人群的服务原则，面向流浪汉开放，得到了社会好评。曾有读者对身边的流浪、乞讨者散发异味感到不满。馆长褚树青为此劝导读者，如觉不便可更换座位，图书馆没有权利去让另一位读者离开，何况流浪、乞讨者并没有干扰他人。一时间，杭州图书馆被人称为"最温暖图书馆"。

这则新闻中，有这样一位76岁的拾荒老汉也感受到图书馆的温暖，他是杭州图书馆的常客。他常常是那副装扮：一根竹竿将两个口袋挑于肩后，穿着一双被泥染黑的白色运动鞋，透过他手上的塑料袋，可以看见里面的塑料瓶和罐子。老人全身上下最干净的地方，是那起满老茧的双手。他解释，尽管杭图没有规定拾荒者必须洗手，但每次看书前他都会将手洗净，"不要把书弄花了。"面对记者的镜头，拾荒老汉自称叫"章楷"，生于杭州乡下，曾任村干部和民办教师，现已退休多年。因早年离婚，儿女又在外地，目前在杭州独居，依靠退休金和拾荒为生。伴随着记者的报道，这位年逾古稀仍热爱学习坚持阅读的老爷爷成了网友热议的学习榜样。

然而，一年之后，噩耗传来。2015年12月16日，一位吴姓女士给浙江电视媒体打来电话称，那位杭州图书馆的常客老人"章楷"，正是她父亲，真名叫韦思浩。一个月前，在过马路时不幸遭到意外车祸，前几天刚刚过世。原来，这位爱读书的拾荒老汉韦思浩确如自己所说，是一名退休的中学语文老师。韦思浩每个月的退休金有5000多，但他一直省吃俭用，住在一间只有木板床的毛坯房里。一个问题令人困惑，5000多的退休金可不少，老人又过得很节俭，他为什么还要去拾荒呢？

在整理遗物时，韦思浩的女儿无意间找到了很多捐资助学的凭证，大大小小就有数十张，其中有浙江省社会团体收费专用票据，上面清楚地写着，他于1994年捐款360元。还有希望工程结对救助卡、扶贫公益助学金证书等等，从20世纪90年代的一次捐赠三四百，到后来的三四千。不仅如此，韦思浩老人还做尽好事不留名，所有的捐助都用化名"魏丁兆"等来代替，他甚至签了遗体捐献志愿表。

2015年12月13日，一直处于深度昏迷的韦思浩老人，因多个器官衰竭，经医院极力抢救无效，最终离开了这个世界。韦思浩老人的事迹被广泛报道，杭州市城市品牌促进会与浙江一家报社在征得家属同意后，为韦思浩老人发起网络众筹立像，中国工艺美术大师兼铜像制作者朱炳仁说道："雕塑要能体现老人的精神，尽量简洁，通过简单的线条来凸显他的精神世界。"老人去世了，但他的舍己为人的高贵品格，韦思浩、章楷、魏丁兆三个名字勾勒出的丰满形象将永远留在世人心中。

【设计意图】 本案例适用于第四目"锤炼个人品德"知识点教学。本案例讲述了杭州图书馆的拾荒老汉韦思浩老人坚持学习、在退休后省吃俭用，将退休金和拾荒挣来的钱用来捐资助学的感人事迹。韦思浩老人的高贵品格不仅仅体现在热爱阅读、坚持学习，更在于他舍己为人、无私奉献的精神。韦思浩老人做尽好事不留名，甚至还签了遗体捐献志愿表。他的身上闪耀着默默奉献社会的光芒，像黑暗里的烛火，燃烧自己，明亮了世界。教学过程中可引导学生讨论崇高的道德追求对社会的意义所在，以及如何加强自身的道德修养。

【案例精选二十四】"支教奶奶"周秀芳

"她非湘人，却一心行善，舍家离子，千里驰援湘西南；她年已古稀，二次奉献，支教扶贫，三年募款建九校……"这是2016年感动中国之"感动湖南人物"评选时的颁奖词，而这个荣誉的获得者，是一位平凡的退休老教师，周秀芳。

周秀芳，生于1948年，将她的一生都奉献给了中国的教育事业。2003年，她正式退休了，本来可以过上舒适安逸的晚年生活，但周秀芳的内心并不平静，因为她还有一个未实现的梦想。

"我要当老师！"依稀记得16岁那年，在青春懵懂的岁月中，周秀芳在心里默默许下了这样的心愿。在她23岁的时候，周秀芳如愿来到象山县东门岛上担任代课老师，在这段代课期间，她体会到了很多不曾体验过的感受，学生们淳朴的笑脸、教书育人的快乐都让她对"人民教师"这四个字无比敬重和珍惜。只有周秀芳自己知道，她非常渴望继续这样的教师生活。两年后，因为优异的工作表现，周秀芳被调入象山县石浦小学继续她的教师生涯，进行科学、数学和音乐等多学科的教学，并担任了一届又一届学生的班主任。"50岁那年，我还在李惠利小学教书，教育局招募去贵州支教的老师，就去报了名，但因为年龄过大被拒绝了。"周秀芳这样说道，前往山区支教一直是她心中的梦想，她渴望为山区的孩子带来一些什么，做些什么，哪怕只是绵薄之力，只要有办法贡献，她便心满意足了。直到2014年，周秀芳在一次偶然的机会中得知，贵州省在招募支教教师，她便义无反顾地踏上了"大龄支教路"。在获得支教资格后，周秀芳毫不犹豫地只身来到贵州的偏远地区，进行扶贫支教，她在山区里遍访了很多贫困的学子家庭，并及时给予他们力所能及的帮助。

周秀芳在山区的学校里，十分省吃俭用，对自己"小气"得很，但对于山区的孩子们，可是非常慷慨大方。她给孩子们购买了床、被子、校服和大量的其他生活用品，还为希望小学的代课老师们缴纳了养老保险金，对于他们的代课和支教工作给予了大力的支持和鼓励。数年来，周秀芳在支教的路上坚持不懈，但她知道，个人的力量是渺小的，大家共同的力量才能帮助更多的孩子，但如何才能更好地告诉大家山区的孩子需要帮助呢？她用心地将自己在支教山区里的所见所闻记录下来，做成幻灯片发到聊天群里。在她的努力下，很多学生、亲戚朋友，甚至是爱心企业家和地方政府，都陆续献出了爱心。"一个好汉三个帮，我一个人干不了这么大的事，是宁波人太有爱心了，使我有物资可以搬运到贫困山区。"周秀芳谦虚地说道，她给山区的孩子们带去的物资，是三千多名宁波爱心人士众筹而来的。在她看来，不管大家捐献的有多少，都是一份心意。目前，周秀芳已经为100多个山区的孩子找到了资助人，并筹款将近300万元，为山里的孩子们建成了5所希望小学，还送去了价值上百万的物资。2017年，已经69高龄的她，似乎还没有停下来的打算。

为了能够让山区的孩子们有书读、有学上，周秀芳一直在支教的风雨路上坚持不懈，她用大爱的情怀和暖心的温情，为山区的孩子们点燃了梦想的希望。即使遇到再大的困难，她依然在以一颗赤子之心对待这份神圣的支教事业！

【设计意图】本案例适用于第四目"锤炼个人品德"知识点教学。本案例讲述了支教奶奶周秀芳在退休之后，坚持义务去贫困山区支教的事迹。在周秀芳的身上，闪耀着的是对教育事业的热爱和对贫困山区无私奉献的大爱，是志愿服务精神的精髓体现。教学中需要引导同学认识到志愿服务作用的意义和价值。奉献的可贵之处在于能为了热衷的事业不顾个人得失，冲破年龄等外在条件的限制。同时，志愿服务精神可以感染周围的人，带动周围的人，从而实现"众人拾柴火焰高"，不断推动社会进步，实现个人价值。可以引导学生讨论怎样在大学生活中找到志愿服务之处，谈谈自己有哪些志愿服务的经验和收获。

五、实践教学

（一）课内自选实践

【项目一】情景剧：文明礼貌　温暖你我

阅读本项目参考资料，通过情景剧的形式，模拟当时场景进行"情景再现"，围绕主动让座、文明相待、拍照感谢或肆意抢座、恶语相向等现象谈感受，使学生懂得文明礼貌不仅体现个人的道德修养，也是一个民族整体素质的折射。

【项目二】诵读经典美文，传承中华美德

通过开展"诵读经典美文，传承中华美德"主题实践活动，引导学生加深对中华优秀传统文化和传统美德的了解，增强民族自尊心和自信心，增强民族自豪感和责任感。

（二）课外自主实践

【项目一】开展"敬老爱老，在我身边"拍摄微电影活动

"百善孝为先"，通过挖掘大学生在人生成长学习过程中，尊重孝敬父母的日常小事，以"敬老爱老，在我身边"为题制作一部微电影，使学生在实践中体会孝悌之道，在行动中强化孝悌之义。

【项目二】开展志愿服务活动

通过学生自由结组，组织志愿服务队，通过去敬老院和儿童福利院做义工、风筝支教活动、植树绿化、服务企业等形式多样的志愿服务活动，唱响主旋律，弘扬真善美，传播正能量，团结协作共同完成实践活动。

六、教学总结

本专题聚焦于道德问题，必须坚持认识与实践辩证统一的原则。学习认识马克思主义道德观，道德的起源、功能、作用、本质，引出在道德的发展变化中社会主义道德和共产主义道德这个崭新的类型。通过优秀传统美德和中国革命道德，引出社会主义道德的形成和社会主义道德的本质，引导学生理解和把握社会主义道德的核心原则，注重社会公德、职业道德、家庭美德和个人品德。同时，本专题具有理论与现实联系紧密的特点，在学习和掌握相关理论后，也要清醒地认识到，在现实层面，伴随着中国特色社会主义进入新时代，一部分人的思想出现了一些新情况、新问题，需要把握

时代性和针对性，引导他们自觉讲道德、尊道德、守道德，努力践行社会主义道德，向模范学习，参与志愿服务活动和引领社会风尚。理解并领悟高尚道德品格的形成重在实践，贵在坚持，大学生在投身崇德向善的道德实践之中，要强化社会责任意识、规则意识、奉献意识，养成优良的道德品质，为成为以民族复兴为己任的时代新人奠定良好的道德基础。

七、经典语录

"青"听"习"语

国无德不兴，人无德不立。必须加强全社会的思想道德建设，激发人们形成善良道德意愿、道德情感，培育正确的道德判断和道德责任，提高道德实践能力尤其是自觉践行能力，引导人们向往和追求讲道德、尊道德、守道德的生活，形成向上的力量、向善的力量。只要中华民族一代接着一代追求美好崇高的道德境界，我们的民族就永远充满希望。

——2013年11月24日—28日，习近平在山东考察时的讲话

一个人只有明大德、守公德、严私德，其才方能用得其所。修德，既要立意高远，又要立足平实。要立志报效祖国、服务人民，这是大德，养大德者方可成大业。同时，还得从做好小事、管好小节开始起步，"见善则迁，有过则改"，踏踏实实修好公德、私德，学会劳动、学会勤俭，学会感恩、学会助人，学会谦让、学会宽容，学会自省、学会自律。

——2014年5月4日，习近平在北京大学师生座谈会上的讲话

青年要把正确的道德认知、自觉的道德养成、积极的道德实践紧密结合起来，不断修身立德，打牢道德根基，在人生道路上走得更正、走得更远。面对复杂的世界大变局，要明辨是非、恪守正道，不人云亦云、盲目跟风。面对外部诱惑，要保持定力、严守规矩，用勤劳的双手和诚实的劳动创造美好生活，拒绝投机取巧、远离自作聪明。

——2019年4月30日，习近平在纪念五四运动100周年大会上的讲话

八、拓展阅读

☆【精选经典品读一】

在全国劳动模范和先进工作者表彰大会上的讲话

（2020年11月24日）

习近平

同志们：

今天，我们隆重召开大会，表彰全国劳动模范和先进工作者，激励全党全国各族

人民弘扬劳模精神，在决胜全面建成小康社会、决战脱贫攻坚取得决定性成就的基础上，乘风破浪，开拓进取，为全面建设社会主义现代化国家、实现第二个百年奋斗目标而继续奋斗。

首先，我代表党中央、国务院，向受到表彰的全国劳动模范和先进工作者，表示热烈的祝贺！向为改革开放和社会主义现代化建设作出突出贡献的我国工人阶级和广大劳动群众，致以诚挚的问候！

劳动模范是民族的精英、人民的楷模，是共和国的功臣。我国是人民当家作主的社会主义国家，党和国家始终坚持全心全意依靠工人阶级方针，始终高度重视工人阶级和广大劳动群众在党和国家事业发展中的重要地位，始终高度重视发挥劳动模范和先进工作者的重要作用。

1950年党和国家首次表彰劳动模范70年来，在党的领导下，我国工人阶级和广大劳动群众与祖国同成长、与时代齐奋进，奏响了"咱们工人有力量"的主旋律，各条战线英雄辈出、群星灿烂。特别是进入新时代以来，我国工人阶级和广大劳动群众在实现中国梦伟大进程中拼搏奋斗、争创一流、勇攀高峰，为决胜全面建成小康社会、决战脱贫攻坚发挥了主力军作用，用智慧和汗水营造了劳动光荣、知识崇高、人才宝贵、创造伟大的社会风尚，谱写了"中国梦·劳动美"的新篇章。

今年以来，面对突如其来的新冠疫情，我国工人阶级和广大劳动群众响应党中央号召，风雨同舟、众志成城，积极投身疫情防控的人民战争、总体战、阻击战，为全国抗疫斗争取得重大战略成果、统筹疫情防控和经济社会发展工作取得积极成效作出了突出贡献，充分展现了中国人民和中华民族的伟大力量。在这场抗击疫情的雄壮斗争中，产生出一大批劳动模范和先进工作者，他们同全国各族人民一道，铸就了生命至上、举国同心、舍生忘死、尊重科学、命运与共的伟大抗疫精神，不愧为新时代最美奋斗者！

同志们！

当今世界正经历百年未有之大变局，我国正处于实现中华民族伟大复兴的关键时期。经过长期奋斗，我国经济实力、科技实力、综合国力跃上新的大台阶，人民生活水平显著提高，决胜全面建成小康社会、决战脱贫攻坚胜利在望，中华民族伟大复兴向前迈出了新的一大步。

从2021年开始，我国将进入"十四五"时期，这是乘势而上开启全面建设社会主义现代化国家新征程、向第二个百年奋斗目标进军的第一个五年。立足新发展阶段，贯彻新发展理念，构建新发展格局，推动高质量发展，在危机中育先机、于变局中开新局、必须紧紧依靠工人阶级和广大劳动群众，开启新征程，扬帆再出发。

第一，大力弘扬劳模精神、劳动精神、工匠精神。"不惰者，众善之师也。"在长期实践中，我们培育形成了爱岗敬业、争创一流、艰苦奋斗、勇于创新、淡泊名利、甘于奉献的劳模精神，崇尚劳动、热爱劳动、辛勤劳动、诚实劳动的劳动精神，执着专注、精益求精、一丝不苟、追求卓越的工匠精神。劳模精神、劳动精神、工匠精神是以爱国主义为核心的民族精神和以改革创新为核心的时代精神的生动体现，是鼓舞全党全国各族人民风雨无阻、勇敢前进的强大精神动力。

社会主义是干出来的，新时代是奋斗出来的。这次受到表彰的全国劳动模范和先进工作者，是千千万万奋斗在各行各业劳动群众中的杰出代表。他们在平凡的岗位上创造了不平凡的业绩，以实际行动诠释了中国人民具有的伟大创造精神、伟大奋斗精神、伟大团结精神、伟大梦想精神。希望大家珍惜荣誉、保持本色，谦虚谨慎、戒骄戒躁，继续发挥示范带头作用。

劳动是一切幸福的源泉。新形势下，我国工人阶级和广大劳动群众要继续学先进赶先进，自觉践行社会主义核心价值观，用劳动模范和先进工作者的崇高精神和高尚品格鞭策自己，焕发劳动热情，厚植工匠文化，恪守职业道德，将辛勤劳动、诚实劳动、创造性劳动作为自觉行为。各级党委和政府要尊重劳模、关爱劳模，贯彻好尊重劳动、尊重知识、尊重人才、尊重创造方针，完善劳模政策，提升劳模地位，落实劳模待遇，推动更多劳动模范和先进工作者竞相涌现。全社会要崇尚劳动、见贤思齐，加大对劳动模范和先进工作者的宣传力度，讲好劳模故事、讲好劳动故事、讲好工匠故事，弘扬劳动最光荣、劳动最崇高、劳动最伟大、劳动最美丽的社会风尚。要开展以劳动创造幸福为主题的宣传教育，把劳动教育纳入人才培养全过程，贯通大中小学各学段和家庭、学校、社会各方面，教育引导青少年树立以辛勤劳动为荣、以好逸恶劳为耻的劳动观，培养一代又一代热爱劳动、勤于劳动、善于劳动的高素质劳动者。

第二，充分发挥工人阶级和广大劳动群众主力军作用。人民是历史的创造者。工人阶级是我国的领导阶级，是先进生产力和生产关系的代表，是坚持和发展中国特色社会主义的主力军。全面建设社会主义现代化国家，符合全国各族人民根本利益和共同愿望，我国工人阶级和广大劳动群众要坚定不移听党话、矢志不渝跟党走，当好主人翁，建功新时代。

我国工人阶级和广大劳动群众是国家的主人，要加强政治理论学习，加强党史、新中国史、改革开放史、社会主义发展史学习，自觉做中国特色社会主义的坚定信仰者、忠实实践者。要发扬优良传统，承担历史使命，把党和国家确定的奋斗目标作为自己的人生目标，以民族复兴为己任，自觉把人生理想、家庭幸福融入国家富强、民族复兴的伟业之中，做新时代的追梦人。要立足党和国家各项事业发展全局，立足党中央对改革发展稳定各项工作的决策部署，围绕国家重大战略、重大工程、重大项目、重点产业，广泛深入持久开展劳动和技能竞赛，积极参加群众性创新活动，汇聚起众志成城的磅礴力量。要增强历史使命感和责任感，深刻认识国家好、民族好大家才会好，正确处理个人和集体、当前和长远、局部和整体的利益关系，自觉维护大局、服务大局，最大限度增加和谐因素、最大限度减少不和谐因素。要深刻认识团结就是力量、团结才能前进的道理，发扬团结协作、互助友爱的精神，加强工人阶级的团结，加强工人阶级同其他劳动群众的团结，坚定战胜各种困难的信心和决心，始终做党执政的坚实依靠力量。

第三，努力建设高素质劳动大军。劳动者素质对一个国家、一个民族发展至关重要。当今世界，综合国力的竞争归根到底是人才的竞争、劳动者素质的竞争。我国工人阶级和广大劳动群众要树立终身学习的理念，养成善于学习、勤于思考的习惯，实现学以养德、学以增智、学以致用。要适应新一轮科技革命和产业变革的需要，密切关注行业、产业前沿知识和技术进展，勤学苦练、深入钻研，不断提高技术技能水平。要完善现代职业教育制度，创新各层次各类型职业教育模式，为劳动者成长创造良好条件。技术工人是支撑中国制造、中国创造的重要基础。要完善和落实技术工人培养、使用、评价、考核机制，提高技能人才待遇水平，畅通技能人才职业发展通道，完善技能人才激励政策，激励更多劳动者特别是青年人走技能成才、技能报国之路，培养更多高技能人才和大国工匠。要增强创新意识、培养创新思维，展示锐意创新的勇气、敢为人先的锐气、蓬勃向上的朝气。要推进产业工人队伍建设改革，落实产业工人思想引领、建功立业、素质提升、地位提高、队伍壮大等改革措施，造就一支有理想守信念、懂技术会创新、敢担当讲奉献的宏大产业工人队伍。

第四，切实实现好、维护好、发展好劳动者合法权益。让人民群众过上更加幸福的好日子是我们党始终不渝的奋斗目标，实现共同富裕是中国共产党领导和我国社会主义制度的本质要求。要坚持以人民为中心的发展思想，维护好工人阶级和广大劳动群众合法权益，解决好就业、教育、社保、医疗、住房、养老、食品安全、生产安全、生态环境、社会治安等问题，不断提升工人阶级和广大劳动群众的获得感、幸福感、安全感。要把稳就业工作摆在更加突出的位置，不断提高劳动者收入水平，构建多层次社会保障体系，改善劳动安全卫生条件，使广大劳动者共建共享改革发展成果，以更有效的举措不断推进共同富裕。要适应新技术新业态新模式的迅猛发展，采取多种手段，维护好快递员、网约工、货车司机等就业群体的合法权益。要建立健全困难群众帮扶工作机制，把党和政府的关怀送到困难群众心坎上，让他们感受到社会主义大家庭的温暖。要坚持从群众多样化需求出发开展工作，打通服务群众的新途径，使服务更直接、更深入、更贴近工人阶级和广大劳动群众，以服务群众实效打动人心、温暖人心、影响人心、赢得人心。要健全党政主导的维权服务机制，完善政府、工会、企业共同参与的协商协调机制，健全劳动法律法规体系，为维护工人阶级和广大劳动群众合法权益提供法律和制度保障。要健全以职工代表大会为基本形式的企事业单位民主管理制度，推进厂务公开，充分发挥广大职工群众的积极性、主动性、创造性。

……

同志们！

光荣属于劳动者，幸福属于劳动者。我国工人阶级和广大劳动群众要更加紧密地团结在党中央周围，勤于创造、勇于奋斗，努力在全面建设社会主义现代化国家新征程上创造新的时代辉煌、铸就新的历史伟业！

☆【精选品读二】

人民有信仰，民族有希望，国家有力量

习近平

（2015 年 2 月 28 日）

人民有信仰，民族有希望，国家有力量。实现中华民族伟大复兴的中国梦，物质财富要极大丰富，精神财富也要极大丰富。我们要继续锲而不舍、一以贯之抓好社会主义精神文明建设，为全国各族人民不断前进提供坚强的思想保证、强大的精神力量、丰润的道德滋养。

改革开放之初，我们党就创造性地提出了建设社会主义精神文明的战略任务，确立了"两手抓、两手都要硬"的战略方针。30 多年来，我国亿万人民不仅创造了物质文明发展的世界奇迹，也创造了精神文明发展的丰硕成果，涌现出一大批精神文明建设的优秀人物和先进典型，你们就是其中的代表。

一个国家，一个民族，要同心同德迈向前进，必须有共同的理想信念作支撑。我们要在全党全社会持续深入开展建设中国特色社会主义宣传教育，高扬主旋律，唱响正气歌，不断增强道路自信、理论自信、制度自信，让理想信念的明灯永远在全国各族人民心中闪亮。

要坚持"两手抓、两手都要硬"，以辩证的、全面的、平衡的观点正确处理物质文明和精神文明的关系，把精神文明建设贯穿改革开放和现代化全过程、渗透社会生活各方面，紧密结合培育和践行社会主义核心价值观，大力倡导共产党人的世界观、人生观、价值观，坚守共产党人的精神家园；大力加强社会公德、职业道德、家庭美德、个人品德建设，营造全社会崇德向善的浓厚氛围；大力弘扬中华民族优秀传统文化，大力加强党风政风、社风家风建设，特别是要让中华民族文化基因在广大青少年心中生根发芽。要充分发挥榜样的作用，领导干部、公众人物、先进模范都要为全社会做好表率、起好示范作用，引导和推动全体人民树立文明观念、争当文明公民、展示文明形象。

只有站在时代前沿，引领风气之先，精神文明建设才能发挥更大威力。当前，社会上思想活跃、观念碰撞，互联网等新技术新媒介日新月异，我们要审时度势、因势利导，创新内容和载体，改进方式和方法，使精神文明建设始终充满生机活力。抓精神文明建设要办实事、讲实效，紧紧围绕促进人民福祉来进行，坚决反对形式主义、官僚主义，努力满足人民群众不断增长的精神文化需求。各级党委要担负好自己的责任，切实抓好精神文明建设各项工作。

九、章节题库

十、教学参考

1. 习近平. 在知识分子、劳动模范、青年代表座谈会上的讲话［EB/OL］. 新华网，2016-4-26.

2. 习近平. 习近平谈治国理政（第2卷）［M］. 北京：外文出版社，2017.

3. 习近平. 习近平谈治国理政（第1卷）［M］. 北京：外文出版社，2018.

4. 公民道德建设实施纲要［M］. 北京：人民出版社，2001.

5. 肖群忠. 中国道德智慧十五讲［M］. 北京：北京大学出版社，2008.

6. 教育部. 完善中华优秀传统文化教育指导纲要［EB/OL］. 教育部门户网站，2014-3-26.

7. 新时代公民道德建设实施纲要［M］. 北京：人民出版社，2019.

8. 加强新时代公民道德建设为实现中华民族伟大复兴中国梦凝心铸魂——中央宣传部负责人就《新时代公民道德建设实施纲要》答记者问［EB/OL］. 新华网，2019-10-27.

第六章　学习法治思想　提升法治素养

- ● ●

　　法治是人类文明进步的重要标志，是治国理政的基本方式。法治兴则国兴，法治强则国强。在全面依法治国、建设法治中国的进程中，大学生要学习马克思主义法治理论，特别是习近平法治思想，深刻理解社会主义法律的本质特征和运行机制，整体把握中国特色社会主义法治道路、法治体系的精髓，尊重和维护宪法法律权威，不断提升法治素养，努力做尊法学法守法用法的模范。

——教材摘录

一、教学目的

（一）教学主要目标

　　总体目标：通过本章内容的学习，学生能够准确把握法律的含义和历史发展，深刻理解社会主义法律的本质特征和运行机制，整体把握中国特色社会主义法律体系、法治体系和法治道路的精髓，培养法治思维，尊重和维护法律权威，依法行使权利和履行义务，以实际行动带动全社会崇德向善，努力做尊法、学法、守法、用法的模范。

　　知识目标：帮助学生认识法律的含义及其历史发展、社会主义法律的本质特征和运行过程；理解建设中国特色社会主义法治体系的重大意义和主要内容，把握全面依法治国的基本格局以及坚持走中国特色社会主义法治道路的基本要求；了解法治思维的含义、特征和基本内容以及我国宪法法律规定的基本权利和公民应履行的基本法律义务，明确行使法律权利的界限和违反法定义务应当承担的法律责任。

　　能力目标：通过学习，使学生具备认识和理解我国宪法在中国特色社会主义法律体系中的地应和作用的能力；形成认识和把握建设中国特色社会主义法治体系重大意义和主要内容以及全面依法治国基本格局的能力；增强认识和理解必须坚持走中国特色社会主义法治道路的能力；增强法治思维能力；提升依法行使法律权利和依法履行法律义务的能力。

　　情感目标：通过学习，使学生高度认同我国宪法的基本原则和宪法确立的制度，坚定建设中国特色社会主义法治体系的决心和信心；高度认同中国特色社会主义法治道路，具备培养法治思维、尊重和维护法律权威的自觉意识，增强依法行使法律权利和依法履行法律义务的自觉性。

（二）教学设计理念及基本思路

本专题教学突出问题意识，教师讲解和引领附以经典案例、精彩视频、名人名言等，坚持马克思主义的立场、观点，运用逻辑论证、事实论证、比较分析、阶级分析等方法，注重论证的逻辑性和严密性，做到以理服人。同时注意联系中国特色社会主义法治建设的生动实践，增强教学内容的思想性、理论性、政治性、针对性和时代感，增强教学的说服力和感染力。

二、教学重难点

（一）教学重点

理解与掌握宪法是国家的根本法；依法治国与以德治国的关系。

（二）教学难点

依法治国与以德治国；坚持走中国特色社会主义法治道路；培养法治思维方式；树立维护法律权威。

（三）解决方法

运用案例分析法、讲授法、专题教学法、讨论式教学法、小组汇报等教学法，采用多形式的教学方式引导学生运用正确的法治观解决实际问题，做到心中有法、自觉守法、遇事找法、解决问题用法、化解矛盾靠法。

三、教学导入

通过中国的司法鼻祖皋陶的案例，加深理解"法律及其历史发展"知识，了解中国古代法律的起源及发展等基本内容，思考皋陶的说法主张对当时社会产生的进步意义，以及对于当今中国法律发展的借鉴意义。

四、"情理交融　史论结合"的教学设计

在漫长的文明演进中，法律发挥着特殊的社会规范作用。了解法律的含义及其历史，学习马克思主义法治理论，特别是习近平法治思想，是学习法治理论、增强法治观念的基础。

第一节　社会主义法律的特征和运行

我国社会主义法律是党的主张和人民意志的共同体现，是维护人民利益和公民权利的有力武器，是国家机关、社会组织和全体公民的活动规则和行为准绳。我们要在学习法律及其历史发展的基础上，准确把握社会主义法律的本质特征和运行机制，正确认识中国特色社会主义法律的时代价值，不断增强建设社会主义法治国家的责任感和使命感。

知识点 一　法律及其历史发展

法律不是从来就有的，也不是永恒存在的。它随着私有制、阶级和国家的产生而产生，也将随着私有制、阶级和国家的消亡而消亡。法律作为上层建筑的重要组成部分，其基本内容和性质总是与所在社会的生产关系相适应。

知识案例

【案例精选一】中国的司法鼻祖——皋陶

在安徽省的六安城东 7.5 千米处，有一处遗址叫作皋陶墓。皋陶墓是一座高 6.2 米、周长为 97 米的圆形土冢，墓顶平面直径有 4 米，上有一棵黄连木，形同华盖。而墓前有一块清同治年安徽布政使吴坤修手书"古皋陶墓"的碑刻，碑高 1.82 米，宽 0.92 米。1981 年，皋陶墓被列为六安县（今六安市）重点文物保护单位，属于国家级文物区，而前往的游客也越来越多。

皋陶，是黄帝之子少昊之后，生于尧帝之时，卒于禹之前，据说他的寿命长达 106 年。皋陶是传说中上古时期的政治家、思想家、法学家，与尧、舜、禹齐名，被奉称为"上古四圣"之一，是中国史学界和法学界公认的"司法鼻祖"。

相传"皋陶造狱，画地为牢"，造狱先驱皋陶，因此被尊为狱神。皋陶是我国最早见于文字记载的司法长官，专掌断案治狱。《尚书·舜典》记载道："帝曰：皋陶，蛮夷猾夏，寇贼奸宄，汝作士。五刑有服，五服三就；五流有宅，五宅三居。惟明克允。"意思就是说，现在的华夏正受蛮夷侵扰，皋陶作为狱官之长，应当做到明察案情、公正明允。

皋陶在担任掌管刑法的"理官"期间，一直都没有辜负舜帝的期望。相传他使用一种独角兽来决狱，这种怪兽名叫獬豸，那长在头顶居中的独角，能伸直，会弯曲。据说，獬豸很有灵性，有分辨曲直是非、确认罪犯的本领。当皋陶审案出现疑问时，他便派出獬豸，如果那人有罪，獬豸就会用独角顶触，无罪责否。于是，案情迎刃而解，忠奸善恶也水落石出了。东汉《论衡·是应》记载，汉代衙门里有供奉皋陶像，并配饰獬豸图，这也为皋陶立下的"天下无虐刑""天下无冤狱"的功绩提供了一些考证依据。

皋陶不仅是一个审理案件的法官，也是一个法律的制定者。皋陶关于五刑的制定，可以从《尚书·尧典》和《皋陶谟》中得到考证，即"象以典刑，流宥五刑。鞭作官刑，扑作教刑，金作赎刑。眚灾肆赦，怙终贼刑。钦哉！钦哉！惟刑之恤哉。"从各种历史典籍看，皋陶不仅是最早的一位法官，在他之前，也没有人作过刑法以及根据刑法来判案。皋陶刑法开创了中国系统化和制度化的刑法之端，就连后来的"禹刑"、"汤刑"和"吕刑"也是从皋陶之刑发展演化而来。此外，皋陶的"五刑"要比古巴比伦的《汉穆拉比法典》早三四百年，可以说是开了世界刑法的先河，所以，皋陶被后世尊称为中华"司法鼻祖"是当之无愧的。

然而，皋陶也认识到，法治的最终目的是维护社会秩序的稳定，是减罪而非惩恶。皋陶在重视刑法的同时，也更加注重"德政"。皋陶在位时，曾辅助尧舜禹大力推行"五教"，即"父义、母慈、兄友、弟恭、子孝"，以求得社会和谐，天下大治。此外，他还认为，君主和群臣的修身治国应当由上而下、由己及人推展开来，为官者要具备三、六、九德，以三德要求卿大夫，以六德要求诸侯，而以九德要求天子。

皋陶关于"法治"和"德治"相结合的主张，与今天的"依法治国""以德治国"的理念无疑是异曲同工的，皋陶的司法活动与法律思想对中国古代的法律文化有着至关重要的影响，而皋陶文化作为中华民族传统文化的瑰宝，给后人留下了宝贵的精神文化遗产。

【设计意图】本案例适用于第一目"法律及其历史发展"知识点教学。本案例讲述了中国司法的产生过程，从皋陶造狱断案到"五刑""五教"可以看出中国司法的发展脉络。值得一提的是，皋陶制定的"五刑"远早于世界其他刑法法典，开了世界刑法的先河。而"五教"则与今天的以德治国、和谐社会理念相符。它是当今以德治国、依法治国的理念源头。本案例从历史角度说明了中国法律的发源，说明"法"是自古就有的。教师通过中国的司法鼻祖皋陶的案例，让学生了解皋陶在中国古代司法界的重要地位，引导学生掌握中国古代法律的起源及发展等基本内容，可以在教学过程中组织学生思考和讨论皋陶的司法主张对当时社会产生的进步意义，以及对于当今中国法律发展的借鉴意义。

知识点 二　我国社会主义法律的本质特征

我国社会主义法律，是在中国共产党领导新民主主义革命时期孕育、在中华人民共和国成立后不断形成和发展起来的。改革开放以来，我国法治建设进入了快速发展时期，形成了以宪法为核心的中国特色社会主义法律体系，为中国共产党领导人民当家作主、推进改革开放和建设社会主义现代化国家提供了坚实法治保障。

知识案例

【案例精选二】法律面前人人平等

恩格斯指出："无产阶级抓住了资产阶级的话柄：平等应当不仅是表面的，不仅在国家的领域中实行，它还应当是实际的，还应当在社会的、经济的领域中实行。""无产阶级平等要求的实际内容都是消灭阶级的要求。任何超出这个范围的平等要求，都必然要流于荒谬。"（《马克思恩格斯选集》第 3 卷，第 146 页）在社会主义社会中，法律面前人人平等的原则是建立在以生产资料公有制为基础的经济制度之上的；社会主义公有制消灭人剥削人的制度，实行各尽所能、按劳分配原则。所以社会主义法律中所体现的平等性原则是真实的，具有实质性的内容。中国的法律，就是工人阶级领导全国人民制定的，是广大人民的意志和利益的集中表现。在这样的法律面前，在它的实施上，所有公民都是平等的，任何公民都不允许有超越宪法和法律的特权。1982 年通过的《中华人民共和国宪法》明确规定"中华人民共和国公民在法律面前一律平等"，并具体规定了公民的各种基本权利，包括民主权利、人身权利和其他各项自由权利。

【设问思考】资本主义与社会主义的"法律面前人人平等"有何本质的不同？如何理解我国社会主义法律体现了党的主张和人民意志的统一？

【讨论交流】大家分组讨论，畅所欲言。

【教师总结】"法律面前人人平等"的制度性差异：资本主义社会的"法律面前人人平等"，是在占社会人口比重少于工人阶级的资产阶级占有社会大量财富的前提下的"平等"，其实质是保护资产阶级的利益，即少数人的利益。而社会主义的"法律面前人人平等"的经济前提是"生产资料公有制"，从而使得"法律面前人人平等"具有实质性意义。党的主张和人民意志的统一是理解我国社会主义法律本质的关键。我国是工人阶级领导的、以工农联盟为基础的人民民主专政的社会主义国家。我国社会主义法律既是工人阶级利益和意志的体现，同时也是广大人民利益和意志的体现，实现了阶级性与人民性的统一。但工人阶级和广大人民的共同意志并不是自发形成的，而是在作为中国工人阶级的先锋队，同时也是中国人民和中华民族的先锋队的中国共产党的领导下，通过一定的方式和程序，集中广大人民的共同意愿而形成的。党领导人民制定和实施宪法法律，党自身又必须在宪法法律范围内活动，这是我国社会主义法律本质特征的一个具体表现。因此，我国社会主义法律充分体现了党的主张和人民意志的统一。其中我国宪法的作用是社会主义法律作用的集中体现，需要将第六章第二节宪法有关内容整合到本专题之中。我国宪法确立了中国共产党的领导地位，确立了我国的国体、政体和社会主义制度，确立了我国的基本政治制度和基本经济制度，规定了我国公民享有的基本权利和承担的基本义务，是治国安邦的总章程和人民权利的保障书，在中国特色社会主义法律体系中居于核心和统帅地位，具有最高的法律权威和法律效力，在中国特色社会主义建设中发挥着更为根本、更为基础的作用，因此，依法治国首先是依宪治国。

【案例精选三】法律淘宝网

在这个世界上，总会有我们意想不到的事情发生，网络诈骗、意外工伤、债务纠纷……你是否也遇到过这种情况呢？当权利被侵害时，你是否也在等待着英雄的出现呢？一个挥舞金箍棒的大圣、内裤外穿的超人、手持盾牌的美国队长……要是再这么想你就 out 了，正确的解法是，点击中国法律服务网。

中国法律服务网，是全国统一的公共法律服务网络平台，进驻了律师事务所、公证处、法律援助机构、司法鉴定机构、仲裁机构、人民调解组织等专业法律人士，提供法律事务咨询、法律服务指引、法治宣传教育、法律法规与案例查询、信用信息公开等服务，它就是法律界的"淘宝网"。

中国法律服务网还是免费的"法律顾问"。中国法律服务网由门户网站、"掌上12348"微信公众号、移动客户端组成，公众可以多途径享受法律咨询服务。中国法律服务网利用大数据、云计算、人工智能等现代信息技术，提供智能咨询服务。公众打开中国法律服务网，进入智能咨询服务，只需要选择按键，不需要任何输入，几分钟内就能生成针对性、匹配度和精准性都比较高的法律意见书。以往，律师起草一份法律意见书耗时可能得两三天，耗费几百元到上万元不等，而智能法律意见书几分钟内就能生成，而且是完全免费的。

2017 年 12 月 20 日，中国法律服务网上线试运行。5 个月试运行时间里，中国法律服务网累计登录 130 万人次，注册社会公众 2 万余人；法律服务总咨询量 8 万余次，其中，智能咨询 6 万余次，出具法律意见书 3 万余份；在线留言咨询 5000 余次，全部得到回复。从公众对法网服务的满意度来看，留言咨询服务点赞率达 93%，两次及以上留言咨询用户占总数的 29%。2018 年 5 月 20 日，中国法律服务网正式上线，开始服务全国人民。现在小伙伴们都 get 到了吧，若再遇到各类法律问题不用怕，拿出手机点开中国法律服务网，众多资深法律专家为你解答。

【设计意图】 本案例适用于第二目"我国社会主义法律的本质特征"。社会主义法律维护人民的根本利益，中国法律服务网是建设公共法律服务体系，增强人民群众获得感、幸福感、安全感的重要举措。中国法律服务网，是全国统一的公共法律服务网络平台，进驻了律师事务所、公证处、法律援助机构、司法鉴定机构、仲裁机构、人民调解组织等专业法律机构，提供法律事务咨询、法律服务指引、法治宣传教育、法律法规与案例查询、信用信息公开等服务。中国法律服务网已经建设成为一个广受人民群众喜爱的"法律淘宝网",是人民群众身边免费的"法律顾问"。这是进入新时代后,党和国家主动提高法律服务水平,满足人民群众日益增长的法律服务新的更高要求的重要体现。教师可以通过本案例,向学生阐述我国社会主义法律的本质。

知识点 三 我国社会主义法律的运行

法律的运行是一个从创制、实施到实现的过程。这个过程主要包括法律制定、法律执行、法律适用、法律遵守等环节。法律制定是国家对权利和义务,即社会利益和负担进行的权威性分配;法律的执行、适用、遵守则把法律规范转化为法律实践,把法定的权利和义务转化为现实的权利和义务。我国社会主义法律的运行具有鲜明的中国特色。

知识案例

【案例精选三】《立法法》的修改

2015 年 3 月 15 日,十二届全国人大三次会议举行全体会议,会议经表决通过了关于修改《立法法》的决定。这部实施 15 年之久"诸法之法"的首次大修,融入了党的十八届三中全会新的改革理念和四中全会全面推进依法治国的蓝图思想,为推进国家治理体系和治理能力现代化提供了新的善治契机,是我国立法史上新的里程碑。

《立法法》是规范立法活动的基本法。立法权是治理体系中权力配置和利益分配的基础,高质量的立法是国家治理现代化的基石,新《立法法》是法治中国升级版的基石。新《立法法》"收"税权,"放"立法权,"管"行政规章和司法解释,在发挥立法引领和推动作用的同时,解决权力任性的问题。

新《立法法》明确细化了"税收法定"的原则。中共十八届三中全会决定提出落实税收法定原则的明确要求。但现行《立法法》第八条规定了只能制定法律的事项,"税收"是在该条第八项"基本经济制度以及财政、税收、海关、金融和外贸的基本制度"中规定。修改后的《立法法》将"税收"专设一项作为第六项,明确"税种的设立、税率的确定和税收征收管理等税收基本制度"只能由法律规定。这意味着,今后政府收什么税,向谁收,收多少,怎么收等问题,都要通过人大立法决定。

同时新《立法法》还授予全国设区的市地方立法权。之前,全国只有 49 个较大的市享有地方立法权,新《立法法》赋予更多设区的市以立法权,使之能对相应地方事务进行更具针对性、更灵活、更及时的法律规范和法律调整,对于推进地方治理法治化和治理能力现代化,促进地方改革深入发展具有重要意义。修改后的《立法法》还相应明确了地方立法权限和范围,明确设区的市可以对"城乡建设与管理、环境保护、历史文化保护等方面的事项"制定地方性法规。

修改后的《立法法》对于部门规章和地方政府规章权限进行规范。分析认为，通过修法，一些地方限行、限购等行政手段就不能那么"任性"了。新修改的《立法法》特增设条文，明确规定：没有法律、行政法规、地方性法规的依据，地方政府规章不得设定减损公民、法人和其他组织权利或者增加其义务的规范。没有法律或者国务院的行政法规、决定、命令的依据，部门规章不得设定减损公民、法人和其他组织权利或者增加其义务的规范，不得增加本部门的权力或者减少本部门的法定职责。

针对目前实践中司法解释存在的诸多问题，此次《立法法》修改，对司法解释也做了约束性规定。这方面的规定包括：最高法院、最高检对审判工作、检察工作中具体应用法律的解释，应当主要针对具体的法律条文，并符合立法的目的、原则和原意；最高法院、最高检作出具体应用法律的解释，应当报全国人大常委会备案；除最高法院、最高检外，其他审判机关和检察机关，不得作出具体应用法律的解释等。

从落实"税收法定"，到放权地方规范城市管理、环境保护、历史文物保护等，再到遏制地方红头文件的任性，强调地方立法不能随意减损公民权利、增设公民义务，《立法法》的修改无不与百姓的日常生活密切相关。对此社会舆论评价称，此次《立法法》修改将权力严格限定在法治框架，更加注重对公民权利的保障，释放出以人为本、立法为民的融融暖意。

【设计意图】本案例适用于第三目"我国社会主义法律的运行"知识点进行教学。本案例主要讲述了我国《立法法》的修改的过程和基本内容，《立法法》的修改是我国立法史上新的里程碑，具有重大意义。新修改的《立法法》中多处增设条文规定，表明了中国正朝着法治现代化建设大步迈进，并取得有效成果。中国现代化法治强国和社会主义法律体系的完善离不开法律的有效运行，而法律运行是一个从创制、实施到实现的过程，包括法律制定（立法）、法律执行（执法）、法律适用（司法）、法律遵守（守法）等环节，其中法律制定是重要开端的一环。《立法法》是规范立法活动的基本法，它的修改和完善可以在很大程度上推动法律运行的良性循环发展，有效促进我国社会主义法律体系的建设。教师可通过《立法法》的修改案例，让学生了解《立法法》的基本内容、修改过程以及新《立法法》的进步性，积极引导学生掌握我国社会主义法律的四个重要运行环节，并思考国家为何要推动《立法法》的修改以及修改的重要性，并从法律的修改理解中国特色社会主义法律体系的建设与完善。

【案例精选四】福州三坊七巷的地方立法保护

作为福州的历史之源、文化之根的三坊七巷流传着这样一句话：一座三坊七巷，半部中国近现代史。它始建于晋、初兴于唐，鼎盛于清至民国，如今为福州重要的商业、文化中心。三坊七巷由三个坊、七条巷和一条中轴街肆组成，"三坊"是衣锦坊、文儒坊、光禄坊，"七巷"是杨桥巷、郎官巷、塔巷、黄巷、安民巷、宫巷、吉庇巷，因此自古就被称为"三坊七巷"。坊巷内现存古民居约270座，有着"中国城市里坊制度活化石"美称；这里曾是多朝贵人和士大夫的聚居地，其中，以沈葆桢故居、林觉民故居、严复故居等9处典型建筑为代表的三坊七巷古建筑群，被国务院列为全国重点文物保护单位，因此，兼具"中国明清建筑博物馆"的美称。

回顾2006年前的"三坊七巷"，由于历史原因，坊巷内缺乏相应的维修、保护措施，导致古建筑损毁严重，多处建筑墙体出现腐蚀、老化、脱落等现象，房屋质量持续下降；房屋内原本精致的家具和饰物失去了昨日的"韵味"，昔日的名人贤士聚居地也被时光磨蚀留下了斑驳，历史文化街区的丰富文化内涵逐渐失去了原有的味道。此外，坊巷内曾一度面临街区人口膨胀、居住环境恶劣、基础设施落后、安全隐患大等一系列问题，尤其在20世纪90年代，城市建设威胁着历史文化遗产与风貌，加之对古建筑文物保护的意识的严重缺乏，法律法规制定不健全，导致古建筑衰败加快的现象。三坊七巷的内涵和外颜被破坏，严重影响了千年古城的历史风貌。

习近平在福州工作期间高度重视法治对当地历史文化保护和管理的重要作用。1990年5月，《人民日报》以《林则徐故居及墓地现状》为题，发表了一篇反映保护林则徐遗迹存在问题的文章。时任福州市委书记习近平非常重视这个问题。此后，他在多次会议中数次研究林则徐遗迹修复等事宜。1991年3月10日下午，在三坊七巷召开的市委、市政府文物工作现场办公会上，时任福州市委书记习近平说："要在我们的手里，把全市的文物保护、修复、利用搞好，不仅不能让它们受到破坏，而且还要让它更加增辉添彩，传给后代。"此后，习近平召开会议专题研究林则徐系列遗迹修复工作，成立林则徐系列遗迹保护、开发领导小组，1996年启动修复工程。1997年1月，福建省人大批准《福州市历史文化名城保护条例》，明文保护"三坊七巷"和朱紫坊的传统坊巷格局和典型明清民居。1991年7月，他在有关汇报材料上批示：抓紧修复林则徐故居及做好墓地开放。

2002年，时任福建省省长的习近平为《福州古厝》一书撰写了序。2019年6月8日，《人民日报》重刊了习近平17年前所作的《〈福州古厝〉序》，在全国引起重要反响。在这篇文章中，习近平指出"殊不知古建筑的保护、传统街区的保护、任何文物保护单位、文物保护点的保护，都需有专门业务知识和掌握国家文物法规政策才能保护好"。因此，建立健全福州历史文化街区的地方法规保护体系，对于加强福州历史文化街区的保护和管理，提高福州历史文化的法治文明水平，具有不可替代的重要作用。

2006年以后，福州市按照"政府主导，居民参与，实体运作，渐进改善"的指导思路，将习近平在福州工作期间有关历史文化名城保护的科学理念，写入地方立法中。比如：2006年6月，福州市政府颁布《福州市三坊七巷、朱紫坊历史文化街区保护管理办法》，该管理办法将三坊七巷历史文化街区内，尚未公布为文物保护单位的131处古建筑列入文物法律保护范围，规定了各类保护措施和违反该办法的法律责任。2013年6月，福州市人大常委会重新通过了《福州市历史文化名城保护条例》，该条例明确，三坊七巷属于福州历史文化名城的保护范围。因此，通过地方科学立法、完善相关法律法规、依法行政等方式不仅营造了全社会爱护、珍惜、敬畏历史文化遗产的氛围，也使福州文物古建筑保护工作更加的规范化、法治化。

由此可见，科学立法对福州历史文化街区的保护和管理具有不可替代的重要作用。首先，根据福州历史文化街区实际，制定、出台专门的地方法规，凸显了福州人大和地方政府对福州历史文化街区的高度重视，有利于引导全社会牢固树立保护意识；其次，该地方法规没有停留在单纯保护理念层面上，而是明文规定了保护范围、政府、社会、单位和个人应采取的保护措施，具有法律强制约束力，相对于其他非立法保护，具有不可比拟的优势；最后，该地方法规遵从立法规律，不仅规定了各方的法律义务，还明确规定了违反这些法律义务的应承担的法律责任，有利于提高法律的威慑力，也有利于后续的执法实施。因此，在深化全面依法治国实践中需要我们更好地运用法治手段保护、传承历史文化。

随着修复保护工作的顺利完成，如今的三坊七巷再现了昔日的风采，不仅保留了坊巷院落间的古意盎然，更保留了这片坊巷间优秀文化记忆的神韵。修缮后的"三坊七巷"历史街区融居住、文化、休闲、商业、旅游功能于一体，旅游业及相关产业快速发展，2009 年获选"中国十大历史文化名街区"，2015 年三坊七巷获批为 5A 级景区，同年获得了"联合国教科文组织亚太地区文化遗产保护奖"。2016 年接待游客破千万，达 1090.8 万人次。近年来，三坊七巷更是努力打造闽都文化品牌。繁华景象的背后离不开法治的保驾护航，科学立法使得这片街区继续充满了特殊的人文价值并散发着不散的灵性及才情，成为福州的骄傲。

【教师评析】通过这个案例，我们认识到建设中国特色社会主义法治体系，必须以习近平新时代中国特色社会主义思想为指导思想。科学立法是建设中国特色社会主义法治体系的必然要求。党的十八大以来，以习近平同志为核心的党中央将法治的重要性提升到一个新的高度，进一步凸显了法治在治理国家中的重要作用。党的十八届四中全会指出，全面推进依法治国的总目标是建设中国特色社会主义法治体系、建设社会主义法治国家，并对该总目标作出全面系统的阐释，即包括"一个理论、五个体系"。党的十九大报告提出，建设中国特色社会主义法治体系，建设社会主义法治国家。"良法是善治之前提"，科学立法是形成良法的前提条件，科学立法就是要遵从立法的科学规律，根据经济社会发展需要，提高立法质量，发挥立法的引领和规范作用。正可谓"历史卷轴徐徐展，立法护城代代传"，福州三坊七巷的地方立法保护见证了中国法治文明提升进程，愿在未来的道路上，你我与法治中国共成长。

【设计意图】本案例以福州三坊七巷的地方立法保护作为切入点，是将习近平新时代中国特色社会主义思想、中国特色社会主义法治体系建设、科学立法三者有机结合得较好的案例，从学生能接触到的事例讲起，激发了学生的听课兴趣，提高了理论讲授知识的感染力、说服力、影响力；使学生认识到，习近平新时代中国特色社会主义思想对于推进法治体系建设的重要指导意义以及在全面依法治国的进程中，科学立法对福州历史文化街区的保护和管理具有不可替代的重要作用。具有较高的推广价值。为了使教学效果进一步凸显，建议将本故事内容纳入全校思想政治理论课的实践教学中，有关方面给予相应的支持，包括但不限于设立三坊七巷实践教学基地等。

【案例精选五】《中华人民共和国民法典》历经五次编纂

2020 年 5 月 28 日，十三届全国人大三次会议经表决通过了《中华人民共和国民法典》，这部法律自 2021 年 1 月 1 日起施行。这是新中国第一部以"法典"命名的法律、是新中国截至目前体量最为庞大的法律，被誉为社会生活的百科全书。编纂一部符合我国国情的民法典，是几代中国人的夙愿。新中国成立以来，民法典的编纂一直受到党和国家的高度重视，从 20 世纪 50 年代至今先后启动过五次民法典编纂的工作。

第一次编纂：1954 年，全国人大常委会组织力量起草民法典。

第二次编纂：1962 年，民法典起草工作再次被提上议程，并于 1964 年完成了草案（试拟稿）。

第三次编纂：1979 年 11 月，全国人大常委会第三次组织民法典起草工作，至 1982 年形成民法草案第四稿。虽然草案并未正式通过成为法律，但后来制定的《中华人民共和国民法通则》都是以该草案为基础。

第四次编纂：2002 年 12 月，第九届全国人大常委会第三十一次会议审议民法草案。

第五次编纂：2014 年 10 月 23 日，党的十八届四中全会审议通过《中共中央关于全面推进依法治国若干重大问题的决定》，明确提出了"加强市场法律制度建设，编纂民法典"的目标。

2016 年 6 月，民法总则草案提请全国人大常委会初次审议，标志着《民法典》编纂工作正式进入立法程序。此前，我国已修改《婚姻法》，出台了《继承法》《民法通则》《担保法》《合同法》《物权法》《侵权责任法》等一系列《民事法律》，为《民法典》编纂工作打下了坚实基础。

2017 年 3 月，作为中国民法典开篇之作的民法总则，获十二届全国人大五次会议表决通过。民法典编纂完成了关键的"第一步"。

2018 年 8 月，各分编草案首次提请十三届全国人大常委会第五次会议审议，其中包括 6 编，即物权编、合同编、人格权编、婚姻家庭编、继承编、侵权责任编，共 1034 条。《民法典》编纂迈出"第二步"。

2018 年 12 月、2019 年 4 月、2019 年 6 月、2019 年 8 月、2019 年 10 月，十三届全国人大常委会第七次、第十次、第十一次、第十二次、第十四次会议对各分编草案进行了拆分审议。2019 年 12 月 23 日，十三届全国人大常委会第十五次会议现场，一本本《中华人民共和国民法典（草案）》摆放在与会人员面前，"完整版"中国《民法典》草案首次亮相。

2019 年 12 月 28 日，十三届全国人大常委会第十五次会议表决通过了全国人大常委会关于提请审议《中华人民共和国民法典（草案）》的议案，决定将《民法典》草案提请十三届全国人大三次会议审议。

2019 年 12 月 28 日至 2020 年 1 月 26 日，《民法典》草案在中国人大网公布，公开征求意见。《民法典》草案共收到 13718 位网民提出的 114574 条意见。

2020 年 5 月，民法典草案提请十三届全国人大三次会议审议并表决通过。中国《民法典》作为中国特色社会主义法律体系这座"大厦"的重要支柱，必将为法治中国建设筑牢根基，为实现"两个一百年"奋斗目标提供坚强法治保障。

（本案例改编自《历经五次编纂，民法典正在走来!》，求是网，2020 年 5 月 23 日）

【设问思考】《中华人民共和国民法典》的问世如何反映了科学立法的问题？

【讨论交流】大家分组讨论，畅所欲言。

【教师总结】伟大的时代，催生伟大的法典。党的十八届四中全会提出编纂《民法典》，立法机关坚持以习近平新时代中国特色社会主义思想为指导，坚持党的领导、人民当家作主、依法治国有机统一，坚持科学立法、民主立法、依法立法，召开座谈会、组织调研、10 次公布草案，广泛听取各方面意见建议。听民声、汇民智，使《民法典》编纂具有中国特色、体现时代特点、反映人民意愿。编纂一部符合我国国情和实际，体例科学、结构严谨、规范合理、内容完整并协调一致的《民法典》，离不开坚强的领导核心和科学的思想指引。民为邦本，法系根基。这是一部有效反映人民意愿的《民法典》。编纂《民法典》是坚持和完善中国特色社会主义制度的现实需要，是推进全面依法治国、推进国家治理体系和治理能力现代化的重大举措，是坚持和完善社会主义基本经济制度、推动经济高质量发展的客观要求，是增进人民福祉、维护最广大人民根本利益的必然要求。从《民法典》立法方案的提出，到十八届四中全会习近平总书记的发言，都明确了科学立法、民主立法、依法立法。

第二节　全面依法治国

全面依法治国是坚持和发展中国特色社会主义的本质要求和重要保障，是国家治理的一场深刻变革。全面依法治国，必须坚持以习近平法治思想为指导，坚定不移走中国特色社会主义法治道路，建设中国特色社会主义法治体系，建设社会主义法治国家，为全面建设社会主义现代化国家、实现中华民族伟大复兴的中国梦提供有力法治保障。

知识点 一　坚持走中国特色社会主义法治道路

2020 年 11 月，中央全面依法治国工作会议正式提出习近平法治思想，并将其确立为全面依法治国的指导思想和根本遵循。中国特色社会主义法治道路的核心要义，就是要坚持党的领导，坚持中国特色社会主义制度，贯彻中国特色社会主义法治理论，这充分体现了我国社会主义性质，具有鲜明的中国特色、实践特色、时代特色。

2014 年 10 月 23 日，中共十八届四中全会审议通过《中共中央关于全面推进依法治国若干重大问题的决定》（以下简称《决定》）。《决定》提出全面推进依法治国必须坚持走中国特色社会主义法治道路，进一步明确了建设社会主义法治国家的性质和方向，具有重大现实意义和深远历史意义。中共十八届四中全会明确提出"加快建设社会主义法治国家"，把"全面推进依法治国"作为政治改革和政治发展的重要目标和任务，描绘了全面推进依法治国的路线图，指明了全面推进依法治国的方向，即依法治国必须"坚定不移走中国特色社会主义法治道路"。

知识案例

【案例精选六】把权力关进制度的笼子

权力是一把双刃剑，在法治轨道上行使可以造福人民，在法律之外行使则必然祸害国家和人民。把权力关进制度的笼子里，就是要依法设定权力、规范权力、制约权力、监督权力。英国近代思想家阿克顿有句名言："权力导致腐败，绝对权力导致绝对的腐败。"法国思想家孟德斯鸠在《论法的精神》中进一步指出："任何有权力的人，都易滥用权力，这是万古不易的一条经验。有权力的人们使用权力一直到遇有边界的地方为止。"

有权不能任性。党的十八大以来，把权力关进制度的笼子成为人们的共识。2013年 1 月 22 日，习近平总书记在十八届中央纪委二次全会上发表重要讲话强调，要加强对权力运行的制约和监督，把权力关进制度的笼子里，形成不敢腐的惩戒机制、不能腐的防范机制、不易腐的保障机制。各级领导干部都要牢记，任何人都没有法律之外的绝对权力，任何人行使权力都必须为人民服务、对人民负责并自觉接受人民监督。要加强对一把手的监督，认真执行民主集中制，健全施政行为公开制度，保证领导干部做到位高不擅权、权重不谋私。

把权力关进制度的笼子里，必须反对特权思想、特权现象。共产党员永远是劳动人民的普通一员，除了法律和政策规定范围内的个人利益和工作职权以外，所有共产党员都不得谋求任何私利和特权。这个问题不仅是党风廉政建设的重要内容，而且是涉及党和国家能不能永葆生机活力的大问题。要采取得力措施，坚决反对和克服特权思想、特权现象。通过制度制约使人民群众赋予的权力合法合规运行，彻底解决"一把手说了算""一言堂"以及权力寻租、以权谋私等问题，实现干部清正、政府清廉、政治清明。

阳光是最好的防腐剂。监督是对权力的约束，对腐败的预防。"治乱存亡，其始若秋毫，察其秋毫则大物不过矣。"中国古代便有史官之位和言谏之官，负责监督帝王官员的言行举止，"记功司过、彰善瘅恶、得失一朝、荣辱千载"。以史为鉴，可以知兴衰；以镜为鉴，可以正衣冠；以监督为鉴，可以清正廉洁。党内监督没有禁区，没有例外。"有禁区、有例外"是官本位思想的遗毒，是人治专行的生动写照，这与全面依法治国、全面从严治党的发展战略背道而驰。党内不允许有不受制约的权力，也不允许有不受监督的特殊党员。"有禁区"就会让既得利益者变本加厉，"有例外"就会让违法乱纪者逍遥法外。在党组织框架内，党的各级组织和党员都要严格遵守党章和党纪，互相监督有无遵规守纪。党内监督不仅在八小时内，也在八小时外。对于党政公职人员来说，监督是组织原则、是党纪国法、是民主政治的具体表现，不是"找碴儿"，更不是和谁过不去。故事一适用于《思想道德与法治》第六章第一节第一目"法律及其历史发展"知识点教学。本案例讲述了中国司法的产生过程，从皋陶造狱断案到"五刑""五教"可以看出中国司法的发展脉络。值得一提的是，皋陶制定的"五刑"远早于世界其他刑法法典，开了世界刑法的先河。而"五教"则与今天的以德治国、和谐社会理念相符。它是当今以德治国、依法治国的理念源头。本案例从历史角度说明了中国法律的发源，说明"法"是自古就有的。教师通过中国的司法鼻祖皋陶的案例，让学生了解皋陶在中国古代司法界的重要地位，引导学生掌握中国古代法律的起源及发展等基本内容，可以在教学过程中组织学生思考和讨论皋陶的司法主张对当时社会产生的进步意义，以及对于当今中国法律发展的借鉴意义。

【设计意图】本案例适用于第二目"坚持走中国特色社会主义法治道路"知识点教学。坚持法律面前人人平等，要坚决反对特权思想和特权现象，把权力关进制度的笼子，让权力不再任性。简政放权是权力制约的集中体现，党的十八大以来，推出一千五百多项改革举措，众多行政审批权力下放或者取消。与权力制约相对的就是权力滥用，可以让学生列举生活中有哪些滥用权力的现象？权力滥用又会造成哪些后果？

【案例精选七】河长制的推出

古有大禹治水通九道，今有河长上岗美河流。河长制简言之就是由党政负责人担任河长，负责辖区内河湖的管理保护。这项在2007年由江苏无锡首创、为了解决蓝藻暴发问题的水环境管理制度，由于实施以来效果不错，目前已陆续在各地开花。

前些年，面对一些地方乌黑发臭的水体，市民纷纷呼吁"请环保局局长下河游泳"，然而环保局局长们也有难言之隐。因为在我国传统的管理体制下，监管企业污水处理和城市污水处理厂运行情况的是环保部门，监管城镇生活污水的是住建委，监管城镇餐饮业污水收集的是城市管理部门，河道清淤的主管部门是水利部门，负责生活污水支管和主干管网建设的分别是各公用事业部门和各级政府……真是"九龙治水"！单单请环保局局长下河游泳的确是有点儿冤。可这么一来，难道我们就只能看着碧水变臭沟，却连个真正能担起责的人都找不到吗？

答案当然是否定的。按照中共中央办公厅、国务院办公厅2016年印发的《关于全面推行河长制的意见》，各级河长由党委或政府主要负责同志担任，实行生态环境损害责任终身追究制，对造成生态环境损害的，严格按照有关规定追究责任。显然，有了这样的顶层设计，多头管水的"部门负责"，将向"首长负责、部门共治"迈进。

河长不是目前行政序列中的官职，有人只是把它视作握有实权者挂的一个"虚衔"，而河长制能否收到实效，关键要看问责是否得力。无锡经验当中很重要的一点就是由市委组织部下发文件，明确规定，对环境污染治理不力，没有完成节能减排目标任务，行动不迅速、措施不扎实、效果不明显的责任人实施"一票否决"，切实加强组织领导，确保法规执行有效。

2017年6月，随着《中华人民共和国水污染防治法》修订完成，河长制首次见于立法。截至2018年6月，全国31个省、自治区、直辖市已全面建立河长制，59名省级党政主要负责人担任总河长，并设置省、市、县、乡四级河长30多万名。每条河流都有了河长，建立了河流档案，实现了从"没人管"到"有人管"、从"管不住"到"管得好"的转变。各级河长协调整合各方力量，有力促进了水资源保护、水域岸线管理、水污染防治、水环境治理等工作。

水利部预计，到2020年，全国地表水质量达到或好于Ⅲ类水体的比例将超过70%，重要江河湖泊水功能区水质达标率将达到80%以上，河畅、水清、岸绿的美丽景象将逐步显现。

【设计意图】本案例适用于第二目"坚持走中国特色社会主义法治道路"。"党政军民学，东西南北中，党是领导一切的"，当然也应该包括河流的污染治理和生态保护。以往各地的"黑臭河""垃圾河"之所以很难消失，并不是因为没有环境保护的相关法律，而是因为多头执法、力量分散、责任不清。"河长制"的出现，有助于从制度上解决这一问题，但其能否取得实效，关键还取决于党的领导作用能否得到充分发挥。坚持党的领导，不是一句空的口号，必须体现在具体的行动当中。从上述案例来看，"河长制"的推行既反映了党对立法工作的领导，也反映了党对执法工作的保证。党的决议最终通过法定程序上升为国家法律，提高了立法的质量。而在执行过程中，只有将"河长制"落实为党政"一把手工程"，才能保证将任务分配到每一层级的每一个人，推动职能科学、执法严明的法治政府建设。在阐述这一问题时，教师不仅要对"九龙治水"与"河长制"这前后两种制度进行比较，更要关注并引导学生思考在"河长制"推行过程中，党在领导立法和保证执法方面起到了哪些无可取代的作用。

【案例精选八】德法相济促进良法善治

2014 年 7 月 6 日晚，小华和丈夫小徐在地里看守木耳，小王醉酒路过伺机闹事。期间，小徐和小王发生口角，小王用手中的锄头将小徐打倒在地。小徐住院两天后不治身亡。而小王后来经过法定程序鉴定为患有分裂性精神病，没有承担刑事责任的能力。2014 年 9 月 2 日，黑龙江省某人民法院决定对小王实施强制医疗。小华于 2014 年 8 月 25 日到法院提起诉讼，追究小王及其监护人民事赔偿责任，要求赔偿各项损失共计 152000 元。

公民的生命权受法律保护，小王是分裂性精神病人，对自己的行为没有认知，对自己的行为没有承担责任的能力。无故殴打他人致人死亡，他的民事赔偿责任应由监护人，也就是父母来承担。因此，法院判决被告小王及监护人赔偿小华各项损失 152000 元。判决书生效后，因为小王的父母经济困难，确实没有能力来承担赔偿责任，这就造成判决无法及时履行；小华拿不到钱，生活陷入困难。

经过当地法院研究认定，这个案件情况符合司法救助规定的救助范围，当地法院向政法委以及林业和草原局请示汇报，取得了他们的支持。向小华发放 3 万元的司法救助金，可又因为这些救济款除去还外债所剩无几，只能解决眼前问题，小华今后的生活问题还是没有解决。法院又积极与当地民政部门沟通协调，将小华纳为低保户，为她办理了最低生活保障救助金。

原本宣判完毕后，此案件在法律上就已经结束了，但由于小王及其监护人没有能力支付赔偿金，客观上确实导致小华的生活困难。案件虽结但事情未了，这并未达到良法善治的效果。对此，法院没有放手不管，既对小华受到的创伤给予抚慰，也对她的生活困难给予救助。判案后帮助她办理司法救助和最低生活保障，这就是法律和道德的双重实现，就是德法相济、良法善治。

【设计意图】本案例适用于第二目"坚持走中国特色社会主义法治道路"部分，有助于帮助学生深入理解良法与善治、道德与法律、依法治国与以德治国相结合的关系。本案例是依法治国与以德治国相结合的具体体现，也是社会主义核心价值观的生动反映。良法善治是现代法治的目标，法律不仅要实现，而且要让人们感到公平正义，感到受尊重。教师在课堂讲授中，要着重分析道德与法律作为两种调整社会的基本规范，它们相辅相成，共同促进良善秩序的建立。法律与道德并不相互排斥，任何将它们两者割裂开来的做法都是不可取的。失去道德的法律，将退化为僵死的教条；而没有法律的确认，道德也无从发挥真正有力的力量。所以，在法治国家、法治政府、法治社会一体建设的过程中，必须注重道德与法律两者的关系和相互作用。

知识点 三　建设法治中国

全面依法治国是一个系统工程，要整体谋划，更加注重系统性、整体性、协同性。

全面依法治国的宏伟目标是建设法治中国，要以建设中国特色社会主义法治体系为总抓手，围绕保障和促进社会公平正义，坚持依法治国、依法执政、依法行政共同推进，坚持法治国家、法治政府、法治社会一体建设，坚持全面推进科学立法、严格执法、公正司法、全民守法，全面推进国家各方面工作法治化。

知识案例

【案例精选九】《监察法》的诞生

2018 年 3 月 20 日，备受关注的国家《监察法》在十三届全国人大一次会议上获表决通过，国家主席习近平签署主席令予以公布，人民大会堂响起热烈掌声。监察法的诞生标志着中国反腐败工作掀开了新篇章。

《监察法》是反腐败国家立法，是我国第一部对国家监察工作起统领性和基础性作用的基本法律，其立法目的在于：一是深化国家监察体制改革；二是加强对所有行使公权力的公职人员的监督，实现国家监察全面覆盖；三是深入开展反腐败工作；四是推进国家治理体系和治理能力现代化。

值得注意的是，《监察法》中用留置取代"两规"措施，并规定严格的程序，此举措是以法治思维和法治方式反腐败的重要体现。《监察法》提出，被调查人涉嫌贪污贿赂、失职渎职等严重职务违法或者职务犯罪，监察机关已经掌握其部分违法犯罪事实及证据，仍有重要问题需要进一步调查，并有涉及案情重大、复杂，可能逃跑、自杀，可能串供或者伪造、隐匿、毁灭证据，可能有其他妨碍调查行为等情形之一的，经监察机关依法审批，可以将其留置在特定场所。留置时间不得超过 3 个月。《监察法》通过国家立法赋予监察机关必要的权限和措施，将行政《监察法》已有规定和实践中正在使用、行之有效的措施确定下来，是总结反腐败斗争经验、巩固反腐败成果的制度保障。

《监察法》的制定是推进国家治理体系和治理能力现代化的重大举措，是党和国家筑牢的依法反腐制度基石，是坚持走中国特色监察道路的创制之举。

【设计意图】 本案例适用于第三目"建设法治中国"。本案例讲述了 2018 年 3 月 20 日，国家《监察法》在十三届全国人大一次会议上获表决通过，《中华人民共和国监察法》正式出台。《监察法》的诞生标志着中国反腐败工作掀开了新篇章。《监察法》是反腐败国家立法，是我国第一部对国家监察工作起统领性和基础性作用的基本法律，是党和国家筑牢的依法反腐制度基石。《监察法》的诞生体现了我国特色社会主义法治体系的不断完善。本案例的教学目的主要是通过对《监察法》的了解，使学生认识中国特色社会主义法治体系的主要内容，了解《监察法》在国家反腐败工作中的重要意义。教师在教学过程中，可重点讲解《监察法》中对留置程序的规范，分析其体现的法治思维。

【案例精选十】司法体制改革的"燃灯者"邹碧华

著名法官邹碧华曾经说过："我们每个人都是历史，如果能让自己完美一点，历史也会完美一点。每一代人有每一代人的使命。"在推动司法体制改革的道路上，他倾注毕生心血，为司法正义耕种下一片法治试验田。

博士毕业后，邹碧华在上海市高级人民法院从事民事和商事审判。他先后参与处理了一系列大案要案，在上海社保基金追索案陷入僵局时，他提出了"先予执行"的破解方案，被上海市委嘉奖。他挺身为弱者代言，开创了未成年人起诉亲父母的先例，让一个身患重症的无助少年坚强地活下去。邹碧华在前人探索的基础上，融审判实践与理论思考为一体，将法律适用过程分解为要件审判九步，层层递进，让法官和律师在庭审中更能抓住焦点问题，不偏离轨道，促进审判的技术化发展。

能够笔耕不辍是因为他对知识的追求如饥似渴，邹碧华家中的书房堆满了法律书籍，他每天回家后都坚持精进业务素养，经常秉烛夜读到晚上两三点钟。含英咀华保证了邹碧华的专业理论水平，他参与了《物权法》立法讨论，多次前往最高人民法院参与《合同法》《公司法》等重大司法解释的起草，多次承担最高法院全国重点调研课题，被称为"学者型法官"。

在司法体制改革的浩荡征途中，邹碧华敢于担当、迎难而上，提出实行法官员额制改革，将法院工作人员分为审判人员、审判辅助人员、司法行政人员，邹碧华始终坚持严格标准、择优录取、宁缺毋滥的改革方向，主动承担压力。由于案件难易程度不一，法官付出的劳动有区别，为了得到科学数据，他在全国法院首创案件权重系数理论，设计多项审判管理评估指标，明确反映出年轻助理审判员的工作成绩，为改革的顺利进行提供了公道准确的数据支撑。

邹碧华敢涉险滩、率先探索，甘当"燃灯者"，点亮司法体制改革的前行之路。然而长期以来的高强度工作使他积劳成疾，在赶赴司法体制改革座谈会途中不幸突发心脏病去世。追悼会上，他的妻子在他身边放下了那本《要件审判九步法》，他的人，他的事，他的书，将被后人铭记于心。

【设计意图】本案例适用于第三目"建设法治中国"知识点的教学。邹碧华同志崇法尚德，践行党的宗旨、捍卫公平正义，特别是在司法改革中，敢啃硬骨头，甘当"燃灯者"，生动诠释一名共产党员对党和人民事业的忠诚的先进事迹和崇高精神，引导和激励广大党员干部特别是政法干部。邹碧华同志在全面建成小康社会、全面深化改革、全面依法治国、全面从严治党的征程中，坚定理想信念，坚守法治精神，忠诚敬业、锐意进取、勇于创新、乐于奉献，努力做出无愧于时代、无愧于人民、无愧于历史的业绩。公正是法治的生命线，是司法活动最高的价值追求，教师通过司法体制改革的先行者邹碧华的先进事迹，引导学生深刻认识公正司法是维护社会公平正义的最后一道防线，司法不公会带来严重后果，造成致命破坏。

第三节　维护宪法权威

　　维护宪法权威，就是维护党和人民共同意志的权威；捍卫宪法尊严，就是捍卫党和人民共同意志的尊严；保证宪法实施，就是保证人民根本利益的实现。我们要深入了解我国宪法的形成和发展，正确理解宪法的地位和基本原则，充分认识加强宪法实施与监督的重大意义，不断增强宪法意识，忠实履行维护宪法尊严、保证宪法实施的职责。

知识点 一　我国宪法的形成和发展

　　《中华人民共和国宪法》为了建设社会主义新中国应运而生，为了坚持和发展中国特色社会主义而与时俱进，在世界宪法制度史上具有开创性意义。

知识案例

【案例精选十一】新中国第一部宪法的诞生

　　刘庄，建造于1905年，位于杭州西湖丁家山，这里的第一位主人是前清进士刘学询。刘庄三面临湖，一面靠山，因环境优美和建筑精致，被誉为"西湖第一名园"。寻着丁家山拾级而上，有一处小屋，正是毛泽东曾读书和写作的地方，而这里，也是新中国第一部宪法的孕育之地。

　　1953年12月24日，毛泽东一行人乘坐前往杭州的专列离京，在列车上，毛泽东曾对随行的成员说道："治国，须有一部大法。"毛泽东等人此行的目的，正是起草新中国的第一部宪法。

　　1954年元旦过后，毛泽东在会上重点强调了宪法起草的指导思想和编写原则，"一要坚持人民民主的原则，二要坚持社会主义的原则，在具体条文上又要体现原则性和灵活性。"为了做好"立国安邦"这件头等大事，毛泽东带领起草小组成员一头钻进了宪法堆里，他要求成员们都要参阅1936年的《苏联宪法》、1918年的《苏俄宪法》《法国宪法》《德国宪法》，罗马尼亚、南斯拉夫、波兰、捷克等东欧各国的宪法，以及我国历代的宪法。

　　随后，毛泽东亲自和宪法起草小组的成员们开始了夜以继日的起草工作。据起草小组成员胡乔木回忆，毛泽东对宪法起草工作有一个具体的时间表，计划表的工作安排得紧张而详细。在宪法起草过程中，毛泽东坚持主张实事求是和简单明了的原则，"除总纲外，其他各章都写得比较简单。文字尽量通俗易懂，便于群众了解和掌握。"

在毛泽东看来，宪法作为母法，不能随意变更和修改，否则会造成非常重大的影响，新中国在许多方面还经验尚浅，因此，宪法写得简单明了是有好处的。

宪法的起草工作是一波三折的，几经易稿之后，1953 年 2 月中旬，宪法起草小组先后拿出了初稿、二读稿和三读稿。2 月 28 日至 3 月 1 日，中央政治局扩大会议讨论并通过了三读稿，中央决定由董必武等组成研究小组，聘请周鲠生、钱端升为法律顾问，叶圣陶、吕叔湘为语文顾问，对宪法初稿进行再次研究和修改。1954 年 6 月 14 日，中央人民政府委员会第三十次会议讨论通过了《中华人民共和国宪法草案》和关于公布宪法草案的决议，经过全国人民历时 2 个多月的讨论，全国各界共有 1.5 亿人参与了宪法草案的学习讨论，各方的修改意见和补充意见也高达 118 万多条。9 月 9 日，中央人民政府委员会再一次讨论通过了修改后的宪法草案，决定提交第一届全国人民代表大会第一次会议审议。

1954 年 9 月 15 日下午，第一届全国人民代表大会第一次会议，在北京中南海怀仁堂隆重开幕。大会的首要任务是制定并通过中华人民共和国的第一部宪法。刘少奇代表宪法起草委员会向大会作了《关于中华人民共和国宪法草案的报告》，并就宪法草案进行了认真充分的讨论。9 月 20 日下午，周恩来宣布表决结果：投票数 1197 张，同意票 1197 张。第一届全国人民代表大会第一次会议全票通过了《中华人民共和国宪法》，新中国第一部宪法就此正式诞生。

【设计意图】本案例适用于第一目"我国宪法的形成和发展"知识点教学。本案例讲述了中华人民共和国第一部宪法产生的过程，"治国，必须有一部大法"充分体现了宪法的重要地位。宪法是中国特色社会主义法律体系的核心，在建设法治国家中具有突出地位和重要作用。要实现中华民族伟大复兴的中国梦，必须注重宪法的重要作用。回顾党领导的宪法建设史，可以得出结论：我国宪法是在不断完善的，是适应经济基础的变化而变化的。推动宪法的完善和发展，是建设法治国家的必要举措。运用本案例时，注意引导学生回归宪法制定的历史，结合当下宪法修订，讨论宪法的制定和修订中国特色社会主义法治道路体现在哪些方面，为什么要走中国特色社会主义法治道路？传统法治理念对当今法治社会有何积极影响？

知识点 二　我国宪法的地位和基本原则

宪法在全面依法治国中具有突出地位和重要作用。我国宪法确认了党领导人民长期奋斗取得的辉煌成果，规定了人民民主专政国家政权的性质和根本制度，明确了国家未来建设发展的根本任务和总目标，是党的指导思想、中心工作、基本原则、重大方针、重要政策在国家法制上的最高体现。全面建设社会主义现代化国家、实现中华民族伟大复兴的中国梦，推进国家治理体系和治理能力现代化、提高党长期执政能力，必须更加注重发挥宪法的根本法作用。

知识案例

【案例精选十二】我国宪法修正的历程

第十三届全国人民代表大会第一次会议高票通过了宪法修正案，完成了宪法修改的重大历史任务，实现了我国宪法的又一次与时俱进。修改后的宪法，更好地体现了全党和全体人民的意志，更好地展示了中国特色社会主义制度的优势，更好地适应了推进国家治理体系和治理能力现代化的要求，为动员和组织全国各族人民夺取新时代中国特色社会主义伟大胜利提供有力的保障。

宪法是国家的根本法，是治国安邦的总章程，是党和人民意志的集中体现。毛泽东同志曾经指出："一个团体要有一个章程，一个国家也要有一个章程，宪法就是一个总章程，是根本大法。用宪法这样一个根本大法的形式，把人民民主和社会主义原则固定下来，使全国人民有一条清楚的轨道，使全国人民感到有一条清楚的明确的和正确的道路可走，就可以提高全国人民的积极性。"习近平总书记强调："宪法是国家的根本法，坚持依法治国首先要坚持依宪治国，坚持依法执政首先要坚持依宪执政。我们必须坚持把依法治国作为党领导人民治理国家的基本方略、把法治作为治国理政的基本方式，不断把法治中国建设推向前进。"

"治国无其法则乱，守法而不变则衰。"宪法作为治国安邦的总章程，必须随着时代的发展而发展。我国现行宪法自 1982 年通过后开始实施。这次宪法修改之前，根据我国改革开放和社会主义现代化建设的实践和发展，于 1988 年、1993 年、1999 年、2004 年先后四次对个别条款和部分内容做了必要的也是十分重要的修改，共通过 31 条修正案。本次宪法修改距上一次宪法修改已经过去了 14 年。在这 14 年中，中国特色社会主义事业有了长足发展，特别是党的十八大以来，以习近平同志为核心的党中央团结带领全国各族人民，统筹推进"五位一体"总体布局、协调推进"四个全面"战略布局，推进党的建设新的伟大工程，形成了一系列治国理政新理念、新思想、新战略，推动党和国家事业取得历史性成就、发生历史性变革，中国特色社会主义进入新时代。党的十九大在新的历史起点上对新时代坚持和发展中国特色社会主义作出重大战略部署，提出了一系列重大政治论断，确立了习近平新时代中国特色社会主义思想在全党的指导地位，确定了新的奋斗目标。在新的历史条件下，面对新的历史任务，对宪法进行必要的修改，对党和国家事业发展具有重大指导和引领意义。

宪法修正案共 21 条，包括 12 个方面：确立科学发展观、习近平新时代中国特色社会主义思想在国家政治和社会生活中的指导地位，调整充实中国特色社会主义事业总体布局和第二个百年奋斗目标的内容，完善依法治国和宪法实施举措，充实完善我国革命和建设发展历程的内容，充实完善爱国统一战线和民族关系的内容，充实和平外交政策方面的内容，充实坚持和加强中国共产党全面领导的内容，增加倡导社会主义核心价值观的内容，修改国家主席任职方面的有关规定，增加设区的市制定地方性法规的规定，增加有关监察委员会的各项规定，修改全国人大专门委员会的有关规定。

【设计意图】本案例通过介绍我国宪法修正的历程，引导学生感悟我国宪法的重要地位和作用。明晰宪法修正案是一个整体，它全面体现了自上一次修宪以来党和人民在中国特色社会主义建设和改革实践中所取得的重大理论创新、实践创新、制度创新的成果，体现了我们党依宪执政、依宪治国的理念。

知识点三　加强宪法实施和监督

我国宪法发展的历程说明，只要我们切实尊重和有效实施宪法，党和国家事业就能顺利发展。反之，如果宪法受到漠视、削弱甚至破坏，党和国家事业就会遭受挫折。因此，我们要采取更加有力的措施，加强宪法实施与监督。

知识案例

【案例精选十三】"法治"和"法制"

"法治"与"法制"虽然只有一字之差，含义却不尽相同。"法治"是法律统治的简称，相对于"人治"而言，是指国家治理的理论、方法和原则。法治归根结底是一种社会意识。"法制"则是法律制度的简称，相对于经济制度、政治制度、文化制度等其他类别制度而存在，属于制度范畴。法制是一种正式的、相对稳定的、制度化的社会规范，是一种实际存在的东西。

"法制"是一个中性的概念，概念本身不涉及价值评价。法制的产生和发展与所有国家直接相联系，在任何国家都存在法制，例如实行严刑峻法的秦王朝。然而，法制的产生并不意味着法治的诞生。"法治"与"人治"对立，二者存在孰优孰劣之分，"法治"概念自身就包含着价值判断的内容。

法治的基本要求是严格依法办事，法律在各种社会调整措施中具有至上性、权威性和强制性，当权者没有任性的权利。实行法治的主要标志，是一个国家的任何机关、团体和个人，包括国家最高领导人在内，都严格遵守法律和依法办事。而法制的基本要求则是各项工作都法律化和制度化，实行法制的主要标志，是一个国家从立法、执法、司法、守法到法律监督等方面，都有比较完备的法律和制度。

"法制"强调的是治理国家的法律规则的普适性和权威性，而"法治"强调的是国家治理主体的自觉性和能动性。尽管二者有着诸多不同，但也存在一定的内在联系。首先，要想实现法治则必须有"法制"，我们常说的"依法治国"，就是指要依据法律制度来治理国家。没有法制，却想实现法治，无异于建空中楼阁、制无米之炊。因此，法制是法治的基础和前提条件，要想实行法治，必须有完备的法制制度。另外，法治是法制的立足点和归宿，法制的发展前途必然是最终实现法治。

2018 年 3 月 11 日，十三届全国人大一次会议表决通过了《中华人民共和国宪法修正案》，提出将原宪法中的"健全社会主义法制"修改为"健全社会主义法治"。一字之差的更改，体现了我们党依法治国理念和方式的新飞跃，体现了我国法治建设理念的提升，这是一个伟大的跨越。

【设计意图】 本案例适用于第三目"加强宪法实施与监督"。本案例主要对"法治"与"法制"的不同内涵与共有联系进行了解读。从不同层面指出两者的区别，并阐明了两者之间的联系，有助于大学生深入理解为什么 2018 年《中华人民共和国宪法修正案》将"健全社会主义法制"修改为"健全社会主义法治"，增强其法律与法治意识。在使用本案例时，教师可以结合中国法治的发展历史进行介绍，使学生进一步了解中国法治道路的历史脉络，经验教训与建设成就，从而进一步确立走中国特色社会主义法治道路的自信。

第四节 自觉尊法学法守法用法

推进全面依法治国需要全社会共同参与。大学生是未来国家建设的中坚力量，要积极培养法治思维，正确理解依法行使权利和履行义务，不断提升法治素养，自觉尊法学法守法用法，成为社会主义法治的忠实崇尚者、自觉遵守者、坚定捍卫者。

知识点 一 培养社会主义法治思维

尊法学法守法用法，增强法治意识，提高法治素养，必须养成良好的法治思维和行为方式。大学生要准确把握法治思维的基本含义和内容，提高运用法治思维分析、解决问题的能力。

知识案例

【案例精选十四】"马伯里诉麦迪逊案"

这个案件发生在 1803 年的美国，涉及了司法审查的问题，对美国的宪法和法治产生了深远的影响。马伯里是一名军官，由于政治原因被总统杰斐逊免职。马伯里不服，向最高法院提起诉讼，要求法院下令恢复他的职务。

首席大法官马歇尔在判决中，确立了法院有权解释宪法，并判定法律是否违宪的原则，即"司法审查"的原则。他指出，如果法律与宪法相抵触，那么法律是无效的。这一判决确立了美国宪法至上，以及司法机构作为宪法最终解释者的地位。

这个案例体现了法治思维中的几个重要方面：

宪法至上：法治思维强调宪法的最高地位，其他法律不能和宪法相抵触。

权力分立与制衡：法治思维倡导权力的分立与制衡，这个案例中，司法机构发挥了制衡行政机构的作用。

权利保障：法治思维强调对公民权利的保障，马伯里有权提起诉讼，维护自己的权益。

【设计意图】通过本案例，明晰法治思维是基于对法律的尊崇和对法治的信念判断是非、权衡利弊、解决问题的思维方式，其要义是把对法治的尊崇、对法律的敬畏转化成思维方式和行为方式，坚持宪法法律至上，坚守法治底线，切实做到依法治国、依法执政、依法行政、依法治军、依法办事、依法维权。

知识点 二 依法行使权利与履行义务

什么是法律权利和法律义务，公民应该如何理解法律权利和法律义务的关系，如何依法行使法律权利和履行法律义务，以及滥用法律权利和违反法律义务后要承担什么法律责任等，是我们日常生活中经常遇到的法律问题。大学生应依法行使权利和履行义务，妥善处理学习、生活中遇到的法律问题和各种矛盾。

知识案例

【案例精选六】"狼牙山五壮士"英雄故事和"'狼牙山五壮士'名誉权纠纷案"

（1）一个气壮山河的故事：狼牙山五壮士

"一个有希望的民族不能没有英雄，一个有前途的国家不能没有先锋"。中华民族是一个英雄辈出的伟大民族，在长达十四年的抗日战争时期，中华大地上涌现出了许许多多的抗日英雄，他们的英勇事迹至今依然激励着中华儿女，他们的精神已经成为中华民族精神的组成部分。我们要说的就是发生在抗日战争时期的一个震撼人心的英雄故事。

1941年的秋天，日寇集中兵力，向我晋察冀根据地大举进犯。当时，七连奉命在狼牙山一带坚持游击战争。经过一个多月英勇奋战，七连决定向龙王庙转移，把掩护群众和连队转移的任务交给了六班。

为了拖住敌人，七连六班的五个战士一边痛击追上来的敌人，一边有计划地把大批敌人引上了狼牙山。他们利用险要的地形，把冲上来的敌人一次又一次地打了下去。

五位战士胜利地完成了掩护任务，准备转移。面前有两条路：一条通往主力转移的方向，走这条路可以很快追上连队，可是敌人紧跟在身后；另一条是通向狼牙山的顶峰棋盘陀，那儿三面都是悬崖绝壁。走哪条路呢？为了不让敌人发现群众和连队主力，班长马宝玉斩钉截铁地说了一声"走！"，带头向棋盘陀走去。

五位壮士一面向顶峰攀登，一面依托大树和岩石向敌人射击，山路上又留下了许多具敌人的尸体。到了狼牙山峰顶，五位壮士居高临下。继续向紧跟在身后的敌人射击。不少敌人坠落山涧，粉身碎骨，班长马宝玉负伤了，子弹都打完了，只有胡福才手里还剩下一颗手榴弹。五位勇士用石头砸，顿时，石头像雹子一样，向敌人头上砸去。山坡上传来一阵叽里呱啦的叫声，敌人纷纷滚落深谷。

又一群敌人扑上来了。马宝玉嗖的一声拔出手榴弹，拧开盖子，用尽全身气力扔向敌人。随着一声巨响，手榴弹在敌群中开了花。五位壮士屹立在狼牙山顶峰，眺望着群众和部队主力远去的方向。他们回头望望还在向上爬的敌人，脸上露出胜利的喜悦。班长马宝玉激动地说："同志们，我们的任务胜利完成了！"说罢，他把那支从敌人手里夺来的枪砸碎了，然后走到悬崖边上，像每次发起冲锋一样，第一个纵身跳下深谷。战士们也昂首挺胸，相继从悬崖往下跳。狼牙山上响起了他们壮烈豪迈的口号声：

"打倒日本帝国主义！"

"中国共产党万岁！"

这是英雄的中国人民坚强不屈的声音！这声音惊天动地，气壮山河！

狼牙山五壮士的英雄事迹感天动地！习近平总书记指出："我们要铭记一切为中华民族和中国人民作出贡献的英雄们，崇尚英雄，捍卫英雄，学习英雄，关爱英雄，勠力同心为实现'两个一百年'奋斗目标、实现中华民族伟大复兴的中国梦而努力奋斗！""对中华民族的英雄，要心怀崇敬，浓墨重彩记录英雄、塑造英雄，让英雄在文艺作品中得到传扬，引导人民树立正确的历史观、民族观、国家观、文化观，绝不做亵渎祖先、亵渎经典、亵渎英雄的事情。"习近平总书记的话语掷地有声！然而，2013年，一篇关于题为《"狼牙山五壮士"的细节分歧》的文章引发了一场关于"狼牙山五壮士"名誉权的风波。

（2）一篇饱受争议的文章：《"狼牙山五壮士"的细节分歧》

《炎黄春秋》2013年第11期发表了洪某的《"狼牙山五壮士"的细节分歧》一文，这篇文章对狼牙山五壮士"在何处跳崖""跳崖是怎么跳的"以及"敌我双方战斗伤亡"等方面进行了探讨。此外，洪某还曾发表《小学课本"狼牙山五壮士"有多处不实》一文。作者洪某发表的两篇文章、对于狼牙山五壮士在狼牙山战斗中所表现的英勇抗敌的事迹和舍生取义的精神这一基本事实自始至终未作出正面评价。他表示，文章以考证细节为主要线索，通过援引不同时期的材料、相关当事者不同时期的言论，甚至是"文化大革命"时期红卫兵迫害宋学义的言论为主要证据，全然不考虑历史的变迁、各个材料所形成的时代背景以及各个材料的语境。在无充分证据的情况下，案涉文章多处作出似是而非的推测、质疑乃至评价。文章发表后，引发了一场轰动全国的名誉权纠纷官司。

（3）一场轰动全国的官司："狼牙山五壮士"名誉权纠纷案

《"狼牙山五壮士"的细节分歧》一文发表后，引起了社会的广泛关注。"狼牙山五壮士"中的葛振林之子葛长生、宋学义之子宋福保认为，《"狼牙山五壮士"的细节分歧》一文以历史考据、学术研究为幌子，以细节否定英雄，企图达到抹黑"狼牙山五壮士"英雄形象和名誉的目的。据此，葛长生、宋福保于2015年8月25日诉至北京市西城区人民法院，请求判令洪某停止侵权、公开道歉、消除影响。

作者洪某认为，其所发表的文章是学术文章，没有侮辱性的言辞，且文章每一个事实的表述都有相应的根据，而不是凭空捏造或者歪曲，不构成侮辱和诽谤。进行历史研究的目的是探求历史真相，行使的是宪法赋予公民的思想自由、学术自由、言论自由权利，任何人都无权剥夺，葛长生、宋福保的起诉没有事实依据，不同意全部诉讼请求。

2016年4月29日，上述案件在西城法院公开开庭审理。

法院经审理认为，1941年9月25日，在易县发生的狼牙山战斗，是被大量事实证明的著名战斗。在这场战斗中，"狼牙山五壮士"英勇抗敌的基本事实和舍生取义的伟大精神，赢得了全国人民高度认同和广泛赞扬，是"五壮士"获得"狼牙山五壮士"崇高名誉和荣誉的事实基础。"狼牙山五壮士"的英雄称号，是国家及公众对他们在反抗侵略、保家卫国做出巨大牺牲的褒奖，也是他们应当获得的个人名誉和荣誉。和平年代，"狼牙山五壮士"的精神，仍然是我国公众树立不畏艰辛、不怕困难、为国为民奋斗终生的精神指引。

洪某发表的文章虽无明显侮辱性的语言，但其采取的行为方式却是通过强调与基本事实无关或者关联不大的细节，甚至与网民张某对"狼牙山五壮士"的污蔑性谣言相呼应，质疑"五壮士"英勇抗敌、舍生取义的基本事实，颠覆"五壮士"的英勇形象，贬损、降低"五壮士"的人格评价，引导读者质疑这一英雄人物群体英勇抗敌事迹和舍生取义精神，从而否定基本事实的真实性，进而降低他们的英勇形象和精神价值。这种"学术研究""言论自由"不可避免地会侵害"五壮士"的名誉和荣誉，以及融入了这种名誉、荣誉的社会公共利益。

2016年6月27日，北京西城区人民法院一审判决：洪某立即停止侵害行为；公开发布赔礼道歉公告，向原告赔礼道歉，消除影响。

本案具有典型性，作为当代大学生，我们应当对这一事件进行深入思考。近年来，社会上通过各种形式诋毁、侮辱、诽谤英雄人物，丑化英雄人物形象，贬损英雄人物名誉，削弱其精神价值的现象时有发生。葛长生、宋福宝起诉洪某名誉权侵权案件，是对这种现象的集中反映。此类侵权行为所侵害法益具有复杂性，英雄人物的个人名誉、荣誉，往往与一定的英雄事件、历史背景、社会共识以及主流价值观相关，并由此与公共利益发生关联。此类案件还涉及言论自由、学术自由和个人权益的关系，既要保护个人权益，也要防止司法对学术问题、言论自由作出不当干预，要在多个利益之间合理界分。因此，本案的审理和公正判决对弘扬正气、维护中华民族英雄的名誉和荣誉具有不可估量的积极作用。

我国宪法赋予公民广泛的权利，但是，权利和义务是相互依存的，没有无义务的权利，也没有无权利的义务。在全面依法治国、建设法治中国的进程中，大学生肩负重要责任。大学生要努力提高法治素养，培养法治思维，尊重和维护法律权威，依法行使权利与履行义务，以实际行动带动全社会崇德向善，努力做尊法学法守法用法的模范。

此案审理后，根据全国人大宪法和法律委员会的建议，2017 年 3 月 15 日通过的《中华人民共和国民法总则》第 185 条规定："侵害英雄烈士等的姓名、肖像、名誉、荣誉，损害社会公共利益的，应当承担民事责任。"2018 年 4 月 27 日通过的《中华人民共和国英雄烈士保护法》，对侵害英雄烈士姓名、肖像、名誉、荣誉等行为的法律责任进一步予以细化。该案亦成为最高人民法院发布的保护英雄人物人格权益典型案例之一，并被写入最高人民法院工作报告。

【设计意图】本节课通过一正一反的两个故事（"狼牙山五壮士"英雄故事和"'狼牙山五壮士'名誉权纠纷案"），引导学生正确认识公民权利的界限，理性思考依法行使权利和履行义务的相互关系。通过讲述"狼牙山五壮士"的故事，从情感上激发学生对英雄的崇敬之情，引导学生正确理解"一个有希望的民族不能没有英雄，一个有前途的国家不能没有先锋"的道理；通过对"'狼牙山五壮士'名誉权纠纷案"的法理分析，批判侵害英雄名誉和荣誉的行为，厘清言论自由、学术自由的法律边界，融入习近平法治思想，培养学生的法治思维的能力，引导学生正确理解为什么法律权利要有界限、公民为什么要依法行使权利的重点问题。使抽象的法律概念具体化，使学生在案例分析中明白公民为什么要依法行使权利与履行义务，有利于大学生形成正确的法治观念，培养学生的法治素养。

知识点 三　不断提升法治素养

新时代大学生的法治素养，关系全民族法治素养的总体水平，关系法治中国建设的进程。提升法治素养是大学生成长成才的内在需要。大学生要尊重法律权威、学习法律知识、养成守法习惯、提高用法能力，不断提升自己的法治素养。

知识案例

【案例精选七】以身殉法的苏格拉底

苏格拉底，古希腊著名的哲学家、思想家、教育家。他以善于思考，能言善辩著称，是一位学识渊博、受人尊敬的智者。然而，这样一位受希腊人尊敬，同时也热爱希腊城邦与人民的智者，却被自己的城邦判处死刑。这样的悲剧，究竟是怎么发生的呢？

苏格拉底出生于希腊雅典一个普通公民的家庭。他自学成才，并以传授知识谋生。后来，他逐渐意识到身边的人缺乏对道德和真理的认知，于是成为一名不收报酬的社会道德教师。他自视为神赐予雅典城邦的礼物，不断与雅典的公民交谈、辩论，探索和传授真理与智慧。他时常向路过的行人提问，什么是民主？什么是美德？什么是勇敢？什么是真理？通过问答和交流，苏格拉底让人们认识到自己的无知，引导大家通过批判的研讨去寻求什么是真正的正义和善，达到改造灵魂和拯救城邦的目的。他倡导的观点深刻地影响雅典城邦，他拥有一批崇拜和追随者的同时，也有一大批激烈的反对者。苏格拉底认为他拥有自己的使命，就如一只刺激骏马的牛虻，要让雅典从沉睡中觉醒。他知道自己这样做会使许多人十分恼怒，要踩死这只牛虻，但神给自己的使命不可违，故冒死不辞。在此意义上，他自称是针砭时弊的神圣牛虻。面对压力，苏格拉底并不退缩，反而更加笃定地坚持自己的理念。

苏格拉底的很多想法超前于时代，他的提问也经常让很多自认为智慧的人难堪，这使得嫉恨苏格拉底的人很多。当时的雅典奉行奴隶主民主制，雅典公民可以任意起诉交由 500 人陪审团审判。终于，苏格拉底遭到了起诉。三个公民称苏格拉底是一个腐蚀青年，教导他人蔑视制度，蔑视神灵的坏人。苏格拉底内心十分清楚，他可以通过一些手段逃脱法庭的审理，但出于对城邦的尊重，对法律程序的遵守，苏格拉底决定放弃对陪审员的说服，而是坚持自己的信念，表达他所主张的观点。在法庭上，苏格拉底称自己听到了神灵的声音，神谕说在场没有人比他更加富有智慧。陪审团面对苏格拉底挑衅式的坚持，以 280 对 220 票判处苏格拉底有罪，随后又以 360 票对 140 票判处苏格拉底死刑。

苏格拉底被判处死刑后，他的朋友和学生都十分焦急，纷纷开始营救苏格拉底。苏格拉底的朋友克里多为他准备了一大笔钱，并帮他打点好了联络人，让苏格拉底随时可以逃出监狱。但苏格拉底拒绝了出逃的建议。他认为，即使判决本身是错误的，但只要法律的判决是通过正当的程序下达，他就不能尝试逃脱判决，否则就是破坏法律的行为，是有悖于他的道德准则和法律观念的。他的学生们多次劝说他，但也没有令苏格拉底动摇，反而被他一一说服。苏格拉底向他的学生们说，"我没有什么遗言，只希望你们牢记我平时对你们说过的话，要保持高尚的节操。"于是，苏格拉底最终没有选择出逃，而是平静地饮下毒酒，以死亡捍卫了他对法律和道德的忠诚。

【设计意图】本案例适用于第三目"不断提升法治素养"知识点教学。本案例讲述了苏格拉底拒绝破坏法律、以身殉法的故事。苏格拉底认为法律至上，即使判决本身是错误的，但只要法律的判决是通过正当的程序下达，他就不能尝试逃脱判决，否则就是破坏法律的行为，是有悖于他的道德准则和法律观念的。可见，苏格拉底有着清晰的法律观念和法治思维，尊重法律权威。他选择以身殉法，体现了苏格拉底信仰法律、维护法律的可贵精神。只有遵从法律，才能保证社会规则的普遍适用性，才不会有特权的存在。在运用本案例时，可以引导学生认识法治思维与人治思维的不同，法治社会和人治社会的不同。日常生活中我们很少会遇到像苏格拉底那样面临生死抉择，但是，当自己的理想目标、思想感情、行为方式、权利诉求和利益关系与法律的价值、规则发生冲突时，我们要能够服从法律，尊重法律权威，按照法律指引自己的行为。可在课题展开讨论：苏格拉底选择以身殉法是否值得？

五、实践教学

（一）课内自选实践

【项目】组织一次辩论

通过学习本章法律基本理论知识，结合当前国内发生的相关法治热点事件，选择相关辩论主题，把学生分为正方和反方两个代表队，搜集文献资料，开展激烈辩论，最后得出相关结论，以实现"以辩促学"，培养大学生的法治思维。辩论主题在课程开课之初或提前一周发布辩论会辩题，并给予推荐辩题相关阅读材料和进行有效指导。

（二）课外自主实践

【项目】进行一场模拟法庭活动

敢于打破传统法律教育说教的弊端，让学生积极参与模拟法庭等校园法治文化活动。通过与庭审现场的"亲密接触"，把课本中法律知识直观地展现在学生面前，让其体验"法"的威严，认识到执法、用法的重要性，激发其对法的兴趣，弘扬法治精神，锻炼法治思维。模拟法庭活动人员主要由审判长、审判员、书记员、公诉人、辩护律师、嫌疑人、证人、鉴定人和法警等组成，各司其职、分工明确。书记员核对当事人情况和宣布起立；法官介绍案件基本情况，提问归纳，并询问是否调解，之后判定；原告宣读起诉书，被告宣读答辩意见等。模拟法庭的评委由院系书记、班主任和任课教师担任，主要从法律术语、语言表达、临场应变、角色扮演和公文规范等方面进行评价。

六、教学总结

本章每一部分都有重点难点，诸如社会主义法律的本质特征，我国宪法的地位和作用，中国特色社会主义法律体系的完善，法制体系的内容构成全面依法治国的基本格局，习近平法治思想的基本内容法治道路的基本特征，培养法治思维及依法行使权利与履行义务的意义等，当前要着力宣传好宪法修正案，讲清楚全面依法治国的基本格局。在培养大学生的社会主义法治思维途径和方法上，既要引导学生学习和思考，还要讲如何优化学校教育，在改进课堂教学的同时，在环境营造、观念转变和程序保障等方面寻找着力点，引导学生在参与学校管理实践中得到锻炼。一是优化法治文化环境。优化法治文化环境的当务之急是加快建立现代大学制度，逐步形成领导带头、全员参与、师生互动的自觉尊法学法守法用法的良好法治文化环境，让大学生身临其境，激活他们的社会主义法治思维细胞，形成"润物细无声"的育人氛围。二是端正权利义务观念。高等教育关系主体要不断平衡权利义务关系，学生要依法行使权利并履行义务，管理者要注重保障处于相对弱势方的学生权利，让学生感受到法治的庇荫，感悟自身的责任，从实体上认识法律的本质，在潜移默化中培养社会主义法治思维。三是注重办事程序公正。学生要养成按规定程序办事的习惯，而管理者作决策、办事情的过程、步骤、方式、时限等应符合法律、法规和规章的要求，注重程序公正，并为学生权利救济提供法律援助，让学生感受到法律的价值。

七、经典语录

"青"听"习"语

改革和法治如鸟之两翼、车之两轮。我们要坚持走中国特色社会主义法治道路，加快构建中国特色社会主义法治体系，建设社会主义法治国家。全面依法治国，核心是坚持党的领导、人民当家作主、依法治国有机统一，关键在于坚持党领导立法、保证执法、支持司法、带头守法。要在全社会牢固树立宪法法律权威，弘扬宪法精神，任何组织和个人都必须在宪法法律范围内活动，都不得有超越宪法法律的特权。

——2016 年 7 月 1 日，习近平在庆祝中国共产党成立 95 周年大会上的讲话

党的领导是社会主义法治最根本的保证。全面依法治国决不是要削弱党的领导，而是要加强和改善党的领导，不断提高党领导依法治国的能力和水平，巩固党的执政地位。必须坚持实现党领导立法、保证执法、支持司法、带头守法，健全党领导全面依法治国的制度和工作机制，通过法定程序使党的主张成为国家意志、形成法律，通过法律保障党的政策有效实施，确保全面依法治国正确方向。

——2018 年 8 月 24 日，习近平在中央全面依法治国委员会第一次会议上的讲话

各级党委和政府要全面依法履行职责，坚持运用法治思维和法治方式开展疫情防控工作，在处置重大突发事件中推进法治政府建设，提高依法执政、依法行政水平。各有关部门要明确责任分工，积极主动履职，抓好任务落实，提高疫情防控法治化水平，切实保障人民群众生命健康安全。

——2020 年 2 月 5 日，习近平在中央全面依法治国委员会第三次会议上的讲话

八、拓展阅读

☆【精选品读一】

今天，宪法如此亲近

2014 年 12 月 4 日，我们迎来首个国家宪法日。

将宪法实施日变成国家纪念日，是对宪法这一根本法的尊重。我们期盼，从此宪法在公民心中不再遥远，更多的人能亲近宪法，感触到宪法的关怀和温暖。

这是一个特别的日子，宪法权威更加彰显。

宪法是一个国家的根本法，是执政之基、治国之本，必须严格遵循。坚持依法治国首先要坚持依宪治国，其核心是在全社会树立宪法权威。在国家治理现代化进程中，通过宪法凝聚共识，通过宪法解决中国社会面临的重大核心问题，通过宪法理顺国家治理体系。我国宪法序言明确规定，宪法是国家的根本法，具有最高法律效力。任何一种规范都不能代替和凌驾于宪法之上，唯有宪法才是国家、社会和公民生活的根本规范，唯有宪法才具有最高权威。

这是一个特别的日子，依宪执政更加自觉。

党的十八届四中全会明确提出，坚持依法执政首先要坚持依宪执政。设立国家宪法日，为的是激励公职人员忠于和维护宪法，鞭策他们在宪法规定的范围内更好地履行义务。凡经人大及其常委会选举或决定任命的国家工作人员正式就职时公开向宪法宣誓，这不是一种简单的仪式，而是提醒公职人员要自觉遵守宪法、维护宪法。宣誓本身就是依法接受人民监督、向人民作出庄严承诺的过程。

这是一个特别的日子，宪法意识开始植根人心。

宪法不仅是其他法律的母法，也是公众保护自身合法权益的有效武器。正如孙中山所言："宪法者，国家之构成法，亦即人民权利之保证书也。"在国家宪法日里，通过向全社会传播宪法精神，用宪法凝聚社会共识，用宪法激发公民责任，让宪法真正成为"人民权利之保证书"，让宪法精神印刻在每一个公民心中。无论维护宪法权威，还是加强依宪执政，前提都是人人尊重宪法、信仰宪法、守护宪法。

宪法权威得到彰显，依宪执政更加自觉，宪法意识开始植根人心，这正是忠于宪法、维护宪法和遵守宪法的体现。

法国启蒙思想家卢梭曾说："一切法律中最重要的法律，既不是刻在大理石上，也不是刻在铜表上，而是铭刻在公民的内心里，它形成了国家的真正宪法。"设立国家宪法日，向宪法公开宣誓，让宪法走进社会生活，走近你我身边，就是强化宪法在公民心中的严肃性和神圣性。

国家宪法日，一年只有一天。但我们对宪法的宣传，绝不能止于这一天。我们既要通过丰富多彩的宣传形式，凝聚公民的宪法共识，还要借助国家宪法日让公民的基本权利能够得到宪法的切实保护，更要借助宪法日把宪法的原则落实到各项法律制度中。我们坚信，只有弘扬宪法精神，维护宪法权威，保证宪法实施，才能让依宪治国成为法治中国建设的最强音。

（来源：王比学，《人民日报》，2014年12月3日17版）

☆【精选品读二】

习近平法治思想的真理力量

◇全面推进依法治国这件大事能不能办好，最关键的是方向是不是正确、政治保证是不是坚强有力

◇以民为本，循法而行，对公平正义的探索和实践使人民群众的获得感、幸福感、安全感不断增强，法治精神深入人心，法治社会的基础日渐稳固

◇悠远浩瀚的中华文明和世界文明都蕴含丰富的法律文化精华和国家与社会治理经验，深入发掘、传承和弘扬优秀传统文化，学习借鉴世界优秀法治文明成果，使习近平法治思想的真理力量激发出更加蓬勃的生机

法律是治国之重器，法治是治国理政的基本方式。党的十八大以来，以习近平同志为核心的党中央推进全面依法治国和法治中国建设取得一系列重大成果，形成习近平法治思想。

习近平法治思想是习近平新时代中国特色社会主义思想的重要组成部分，系统回答了新时代为什么实行全面依法治国、怎样实行全面依法治国等一系列重大问题，具有鲜明的时代性、政治性、人民性、理论性、创新性，标志着我们党对社会主义法治建设和人类法治文明发展的规律性认识达到新的历史高度。

顺应中华民族伟大复兴的时代要求

习近平法治思想立足中国特色社会主义进入新时代的历史方位，立时代之潮头，发思想之先声，科学回答了新时代我国法治建设向哪里走、走什么路、实现什么目标等根本性问题，在新时代波澜壮阔的治国理政实践中开启了法治中国新篇章，为实现"两个一百年"奋斗目标、实现中华民族伟大复兴的中国梦提供有力法治保障，具有深远的时代价值。

统筹中华民族伟大复兴战略全局和世界百年未有之大变局。习近平法治思想始终蕴含着对"两个大局"的战略思考。党的十八大以来，改革发展稳定任务艰巨繁重，全面对外开放深入推进，人民群众在民主、法治、公平、正义、安全、环境等方面的要求日益增长，全面依法治国在党和国家工作全局中的地位更加突出、作用更加重大。习近平总书记统筹中华民族伟大复兴战略全局和世界百年未有之大变局，统揽伟大斗争、伟大工程、伟大事业、伟大梦想，提出必须坚持把全面依法治国摆在全局性、战

略性、基础性、保障性位置。

同时，随着中国与世界关系的变化，习近平总书记还提出必须坚持统筹推进国内法治和涉外法治。他明确指出："中国走向世界，以负责任大国参与国际事务，必须善于运用法治。""要加快涉外法治工作战略布局，协调推进国内治理和国际治理，更好维护国家主权、安全、发展利益。"

只有牢牢抓住推动构建人类命运共同体这条主线，不断丰富和完善新时代中国国际法理论体系，以建设性态度积极参与国际规则制定，推动国际法治朝着更加公正合理方向发展，同时进一步提高科学运用国际法维护我国主权、安全、发展利益的能力，才能让我们在激荡的大变局中站稳脚跟。

扎根中国特色社会主义法治实践沃土。习近平法治思想是在推进社会主义法治建设的伟大实践过程中应运而生的，紧扣时代主题，具有强烈问题意识和鲜明问题导向，彰显实践品格和实践伟力。

党的十八大以来，以习近平同志为核心的党中央以前所未有的决心、举措和力度推进全面依法治国，全面系统研究解决全面依法治国重大事项、重大问题，协调推进中国特色社会主义法治体系和社会主义法治国家建设。从依法治国到全面依法治国，从建设中国特色社会主义法律体系到建设中国特色社会主义法治体系，从"有法可依、有法必依、执法必严、违法必究"到"科学立法、严格执法、公正司法、全民守法"，从建设法治中国到统筹国内法治和涉外法治，我们解决了法治领域许多长期想解决而没有解决的难题，办成了许多过去想办而没有办成的大事，社会主义法治国家建设取得历史性成就、发生历史性变革。

把握法治对国家治理体系和治理能力的重要依托作用。习近平总书记明确全面推进依法治国总目标是建设中国特色社会主义法治体系、建设社会主义法治国家，深刻阐明"法治是国家治理体系和治理能力的重要依托"。

全面依法治国是国家治理的一场深刻革命，是实现国家治理体系和治理能力现代化的必然要求。只有全面依法治国，才能有效推进多层次多领域依法治理，提升社会治理法治化水平，保障国家治理体系的系统性、规范性、协调性、稳定性，最大限度凝聚社会共识；才能发挥制度优势，使党和国家各项事业、各项工作都在法治框架内有序运行，推动中国特色社会主义制度更加成熟更加定型，提升国家治理体系和治理能力；才能更好把社会主义法治优势转化为国家治理效能，依法应对重大挑战、抵御重大风险、克服重大阻力、解决重大矛盾，助力"中国之治"。

习近平法治思想深刻阐明了法治在推进国家治理体系和治理能力现代化中的重要作用，为我们在法治轨道上推进国家治理体系和治理能力现代化、不断谱写"中国之治"新篇章提供了行动指南。

具有鲜明政治导向

全面推进依法治国这件大事能不能办好，最关键的是方向是不是正确、政治保证是不是坚强有力。习近平总书记指出："法治领域改革政治性、政策性强，必须把握原则、坚守底线"。

习近平法治思想具有鲜明政治性，揭示出法治的内在政理，指引我们善于从政治的高度认识和处理法治问题，从政治上看问题、把方向，不断增强在法治领域的政治判断力、政治领悟力、政治执行力。

强调党对全面依法治国的领导，突出政治导向。习近平总书记指出："党的领导是中国特色社会主义法治之魂，是我们的法治同西方资本主义国家的法治最大的区别。"

党的领导和依法治国是高度统一的。党提出依法治国基本方略，带领人民在实践中推进依法治国，依法治国伟大实践充分体现了党和人民意志；同时，党自身必须依法办事，在宪法法律范围内活动，必须推进党的领导制度化、法治化，这既是加强党的领导的应有之义，也是法治建设的重要任务。

只有在党的领导下依法治国、厉行法治，人民当家作主才能充分实现，国家和社会生活法治化才能有序推进。把党的领导贯彻到依法治国全过程和各方面，是我国社会主义法治建设的一条基本经验。

厘清法治和政治的关系，体现政治底色。习近平法治思想明确党和法的关系是政治和法治关系的集中反映。一方面，政治决定法治，为法治指明方向。全面推进依法治国，就是要坚定走中国特色社会主义法治道路，建设中国特色社会主义法治体系，建设社会主义法治国家。

另一方面，法治服务政治，为政治提供保障。坚持依宪治国、依宪执政，加强宪法实施和监督，就是要坚决维护宪法确定的中国共产党领导地位不动摇，维护宪法确定的人民民主专政的国体和人民代表大会制度的政体不动摇。既要立足当前，运用法治解决人民群众反映强烈的突出问题、经济社会发展面临的深层次问题；又要着眼长远，促进各方面制度更加成熟定型，为党和国家事业发展提供长期性的制度保障。

习近平法治思想强调通过法治保障党的路线方针政策有效实施，通过法定程序使党的主张成为国家意志，彰显了全面依法治国的政治逻辑和政治立场。

把全面依法治国纳入"四个全面"战略布局，展现政治智慧。习近平总书记从宏观和战略高度谋划法治发展，突出法治在经济社会发展和"四个全面"战略布局中的重要地位和关键作用，体现了深邃的政治思维。

习近平总书记指出，在"四个全面"中，全面依法治国具有基础性、保障性作用。习近平总书记从实现党长期执政、党和国家长治久安的战略高度认识法治，重视依法治国在党和国家大局中的重要地位，亲自谋划、亲自部署、亲自推动。在党的十八大以来的历次中央全会、党的十九大上都强调了全面依法治国工作，还在多次中央政治局会议、中央政治局常委会会议，多次中央政治局集体学习，每年全国两会，多次中央有关委员会会议、工作会议以及工作考察等重要场合，习近平总书记就推进全面依法治国发表一系列重要讲话、作出一系列重要指示，并亲自担任中央全面依法治国委员会主任。

法律是治国理政最重要的规矩。全面依法治国，就是要用法治的方式为党和国家各项事业发展提供根本性、全局性、长期性的制度保证。

坚持以人民为中心

进入新时代，人们不仅对物质文化生活提出更高要求，也在法治方面提出了更高要求。习近平法治思想坚持人民主体地位，坚持法治为了人民、依靠人民、造福人民、保护人民，彰显人民至上的价值取向，具有鲜明的人民性。

始终维护社会公平正义。公正是法治的生命线。公平正义是我们党追求的一个崇高价值。习近平总书记强调指出："必须牢牢把握社会公平正义这一法治价值追求，努力让人民群众在每一项法律制度、每一个执法决定、每一宗司法案件中都感受到公平正义。"全面依法治国，必须紧紧围绕保障和促进社会公平正义来进行。

从司法体制改革的深化到司法为民理念的贯彻，从执行难问题的破解到一系列重大冤假错案的坚决纠正，从法律援助工作的长足发展到"阳光司法"机制的建立……在习近平法治思想指导下，一系列影响司法公正的深层次问题被逐一解决，司法管理体制和司法权力运行机制更加顺畅高效，司法质效显著提升。

以民为本，循法而行，对公平正义的探索和实践使人民群众的获得感、幸福感、安全感不断增强，法治精神深入人心，法治社会的基础日渐稳固。

始终保护人民权益。民之所向，政之所行。习近平总书记明确指出，"保护人民权益，这是法治的根本目的"。在习近平法治思想指引下，社会主义法治建设使人民的权利和自由得到更加充分、更加有效的保障，人民政治、经济、文化、社会、生态文明等方面的权利得以协调增进，权益保护的力度、广度和深度全面提升。

始终坚持法治依靠人民。法治的根基在人民。习近平总书记指出："全面依法治国最广泛、最深厚的基础是人民，必须坚持为了人民、依靠人民。""人民权益要靠法律保障，法律权威要靠人民维护。"

因此，必须坚持以人民为中心推进全面依法治国，必须坚持人民主体地位，扩大人民有序政治参与，保证人民依法实行民主选举、民主协商、民主决策、民主管理、民主监督，不断发展全过程人民民主，支持和保证人民通过人民代表大会等各种途径和形式行使国家权力；必须推进科学立法、民主立法、依法立法，创新公众参与立法方式，充分听取各方面意见，努力使每一项立法都符合宪法精神、反映人民意愿、得到人民拥护，增强立法系统性、整体性、协同性、时效性，保障良法善治；必须充分调动人民群众投身依法治国实践的积极性和主动性，使全体人民都成为社会主义法治的忠实崇尚者、自觉遵守者、坚定捍卫者，使尊法、信法、守法、用法、护法成为全体人民的共同追求。在全面依法治国的各个环节各个方面落实好广察民情、广纳民意、广聚民智的重要举措，使人民群众的创造伟力和实践热情得到充分激发，从而有效推动全面依法治国不断开创新局面。

闪耀马克思主义理论光辉

习近平法治思想贯穿马克思主义立场观点方法，切实把马克思主义法治理论和我国社会主义法治建设实际相结合，深刻总结了共产党依法执政规律、社会主义法治建设规律和人类社会法治文明发展规律。

创造性地继承和发展马克思主义法治理论。习近平法治思想从历史和现实相贯通、国际和国内相关联、理论和实际相结合上，创造性回答了中国特色社会主义法治建设中面临的一系列重大理论和实践问题。比如，关于全面依法治国的理论，关于中国特色社会主义法治发展道路的理论，关于党的领导、人民当家作主和依法治国有机统一的理论，关于中国特色社会主义法治体系的理论等。

习近平法治思想是具有开创性、实践性、真理性、前瞻性的科学思想体系，为发展马克思主义法治理论作出了重大原创性贡献。

创造性地运用辩证唯物主义。习近平法治思想科学运用辩证唯物主义的科学方法，为全面依法治国提供了"大逻辑"。

习近平总书记运用事物普遍联系和发展的基本观点，分析全面依法治国与国家治理体系其他领域之间的内在关联，把全面依法治国放在"四个全面"战略布局加以把握，揭示全面依法治国这个系统工程内部各个领域、部分、要素、环节之间的相互联系、相互作用，增强全面依法治国系统性、整体性和协同性；运用辩证法，强调全面依法治国必须正确处理政治和法治、改革和法治、依法治国和以德治国、依法治国和依规治党的关系，为深刻认识全面依法治国的辩证关系提供了根本遵循；运用对立统一的矛盾观，牢牢抓住法治建设的主要矛盾和矛盾的主要方面，紧扣法治领域突出问题和法治建设薄弱环节，着眼推进国家治理体系和治理能力现代化，固根基、扬优势、补短板、强弱项，切实增强法治中国建设的时代性、针对性、实效性。

创造性地运用历史唯物主义。习近平法治思想是基于历史唯物主义的法治观点形成的。关于法治的重要性，习近平总书记纵观全球历史总结指出："人类社会发展的事实证明，依法治理是最可靠、最稳定的治理。"

关于中国法治建设的路线方针政策，习近平总书记立足于我国社会主义初级阶段的基本国情指出："走什么样的法治道路、建设什么样的法治体系，是由一个国家的基本国情决定的。""全面推进依法治国，必须从我国实际出发，同推进国家治理体系和治理能力现代化相适应，既不能罔顾国情、超越阶段，也不能因循守旧、墨守成规。"

关于法治与经济基础的关系，习近平总书记强调两者间的相互作用指出："在观察社会发展时，一定要注意这种决定和被决定、作用和反作用的有机联系。""一手抓经济建设、一手抓法治建设……是符合历史唯物主义要求的。"

习近平总书记用这种历史唯物主义的法治思想教育全党和全国人民要坚定不移走

奉法强国之路，更好发挥法治固根本、稳预期、利长远的保障作用。

吸收借鉴中华优秀传统文化和世界法治文明

习近平法治思想既植根于中华优秀传统法律文化，又广泛借鉴人类法治文明有益成果，既凝结中国历史经验，又体现世界法治文明的一般规律，在理论上有许多重大创新、重大突破、重大发展，凸显开放融合、守正创新精神。

深刻总结中国古代法制历史的成败得失。中华优秀传统文化是我们最深厚的文化软实力。习近平总书记多次强调要重视中华传统文化研究，继承和发扬中华优秀传统文化。从我国古代看，凡属盛世都是法制相对健全的时期。中华法系凝聚了中华民族的精神和智慧，习近平法治思想深刻挖掘和传承中华法律文化精华，汲取营养、择善而用。

充分吸取世界法治文明的有益经验。从世界历史看，国家强盛往往同法治相伴而生。习近平总书记非常注重与其他民族和国家的交流互鉴，他指出："法治是人类文明的重要成果之一，法治的精髓和要旨对于各国国家治理和社会治理具有普遍意义，我们要学习借鉴世界上优秀的法治文明成果。"

同时，习近平总书记也明确指出，学习借鉴不等于是简单的拿来主义，必须坚持以我为主、为我所用，认真鉴别、合理吸收，不能搞"全盘西化"，不能搞"全面移植"，不能照搬照抄。

科学赋予中外法治精华新的时代内涵。习近平法治思想对中外法治成果取其精华、去其糟粕，积极赋予其新的时代内涵，深入阐发其时代价值。

习近平总书记借鉴"礼法合治""德主刑辅""德法融促"等中国古代治国理政思想，强调将依法治国和以德治国相结合，使道德教化体系与社会主义法律规范相协调促进，共同保障我国社会的和谐发展；引用中国古代政治家管仲和英国哲学家培根关于公正法度、公正裁判的论述，来指出司法公正对社会公正的重要引领作用，强调司法是维护社会公平正义的最后一道防线；通过比较分析已经实现现代化国家的法治化进程，总结出我国"实现社会主义现代化，就必须自上而下、自下而上双向互动地推进法治化"的经验。

悠远浩瀚的中华文明和世界文明都蕴含丰富的法律文化精华和国家与社会治理经验，深入发掘、传承和弘扬优秀传统文化，学习借鉴世界优秀法治文明成果，使习近平法治思想的真理力量激发出更加蓬勃的生机。

放眼中华民族伟大复兴战略全局，我们的征途必定波澜壮阔，必定充满挑战，全面依法治国在党和国家事业长远发展中显现出更加重要的保障地位。新征程上，我们必须始终坚持习近平法治思想在全面依法治国工作中的指导地位不动摇，坚定不移走中国特色社会主义法治道路，在全面建设社会主义现代化国家新征程上不断推进全面依法治国、加快建设法治中国，让法治的阳光普照大地。

（资料来源：孙迪，中共中央党史和文献研究院，《瞭望》2023 年第 17 期）

九、章节题库

十、教学参考

1. 中共中央关于全面推进依法治国若干重大问题的决定［EB/OL］. 人民网，2014-10-28.

2. 中华人民共和国宪法［M］. 北京：法律出版社，2018.

3. 刘平. 法治与法治思维［M］. 上海：上海人民出版社，2013.

4. 凌斌. 法治的中国道路［M］. 北京：北京大学出版社，2013.

5. 中共中央文献研究室. 习近平关于全面依法治国论述摘编［M］. 北京：中央文献出版社，2015.

6. 王利明. 法治：良法与善治［M］. 北京：北京大学出版社，2015.